individuum

Harald
Jähner

Wolfszeit

Deutschland
und die Deutschen
1945–1955

Rowohlt, Berlin, 2019

Харальд
Йенер

Волчье время

Германия и немцы:
1945–1955

Перевод с немецкого
Романа Эйвадиса
под редакцией
Виктора Зацепина

Individuum, Москва, 2024

УДК 94(430)
ББК 63.3(4Гем)63
И30

Перевод этой книги осуществлен при поддержке Гёте-Института.

Йенер, Харальд.

И30 Волчье время. Германия и немцы: 1945–1955 / Харальд Йенер ; [пер. с нем. Р. Эйвадиса; под ред. В. Зацепина]. — М.: Individuum, 2024. — 480 с.

ISBN 978-5-907696-15-0

Каково это — жить в стране, потерпевшей чудовищное военное и нравственное поражение? «Волчье время» — панорамный рассказ о первом десятилетии после Второй мировой войны, когда Германия выбиралась из-под обломков гитлеровского режима и превращалась в современную демократию. Страна была поделена на оккупационные зоны, города лежали в руинах, бóльшая часть населения лишилась крыши над головой. Все, что объединяло людей прежде, было полностью уничтожено. Немцы не спешили признавать свою вину за нацистские преступления — травма послевоенного времени для многих оказалась страшнее самой войны. Но разруха, голод и необходимость бороться за выживание не мешали им влюбляться, веселиться и мечтать. Это было время волков, когда каждый заботился только о себе и своей стае, — но также время изобретения новой политики, новой литературы, нового искусства и нового мировоззрения. Книга немецкого публициста Харальда Йенера, ставшая бестселлером в Германии и переведенная на шесть европейских языков, — захватывающий портрет общества, которое очнулось после катастрофы и смогло отыскать путь в будущее.

УДК 94(430)
ББК 63.3(4Гем)63

ISBN 978-5-907696-15-0

Оглавление

Берлин, май 1945 года

Предисловие

18 марта 1952 года в газете Neue Zeitung появилась статья писателя и редактора Курта Кузенберга. Она называлась «Нет ничего само собой разумеющегося. Гимн эпохе бедствий». Всего через семь лет после окончания войны автор в своей статье предается тоске по той растерянности и беспомощности, которая овладела людьми в первые мирные дни. Несмотря на то что все остановилось — не работали ни почта, ни железная дорога, ни общественный транспорт; несмотря на бездомность, голод и все еще гниющие под завалами трупы, это время воспринимается им как старые добрые времена. Люди после войны, «словно дети, принялись чинить разодранную в клочья сеть человеческих отношений». Словно дети?..

Кузенберг настойчиво рекомендовал своим читателям вспомнить это «страшное, зловещее, оборванное, голодное и холодное время», это безвременье, когда в отсутствие государственного порядка разобщенный, раздробленный, рассеянный народ создавал новую мораль и новые социальные основы: «Порядочность теперь не означала, что нельзя ловчить и хитрить, а то и красть еду. Однако в этой полуразбойничьей жизни была своя разбойничья честь, возможно, более нравственная, чем сегодняшняя чугунная совесть».

Звучит это странно. Так ли уж оно привлекательно, это время с его «разбойничьей честью», с его невинностью? То, что объединяло немцев до конца войны, теперь — к счастью — было полностью разрушено. Старый порядок остался в прошлом, новым пока еще и не пахло, решением насущнейших проблем пока занимались победители-союзники. 75 миллионов человек, которые сбились в кучу летом 1945 года на территории, некогда звавшейся Германией, едва ли можно было назвать народом. Эту эпоху стали называть безвременьем, или же волчьим временем, когда человек стал человеку волком. То, что каждый заботился только о себе или о своей стае, определяло облик страны до начала пятидесятых, когда жизнь уже более или менее наладилась, но люди все еще упорно стремились обратно в семью как свое индивидуальное убежище. Даже в пресловутом «господине Онэмихеле»*, том типе аполитичных немцев, составлявших большинство населения, излюбленном объекте критики общественной организации «Солидарность», уже во второй половине пятидесятых все еще прятался — под личиной добропорядочного гражданина — волк, до состояния которого скатился в 1945 году бывший доблестный «фольксгеноссе»**.

Более половины людей на территории послевоенной Германии находились не там, где им следовало или где они хотели бы находиться, в том числе девять миллионов эвакуированных и бездомных, лишившихся жилья в результате бомбежек, четырнадцать миллионов беженцев и депортированных, десять миллионов угнанных в Германию на работу с оккупированных территорий и освобожденных узников концентрационных лагерей, а также миллионы военнопленных, которые постепенно возвращались домой. То, как эта человеческая мешанина, все эти оторванные от своих семей, от своих корней, угнанные в рабство, чудом выжившие и оказавшиеся на свободе люди постепенно вновь социализировались и взаимодействовали друг с другом, как «фольксгеноссе» вновь становились гражданами, и стало темой данной книги.

---

* От нем. *ohne mich* — «без меня». — *Прим. пер.*

** *Volksgenosse* (нем.) — существовавшее во времена третьего рейха обращение «товарищ по нации», в отличие от «партайгеноссе» («товарищ по [национал-социалистической] партии») и «геноссе» («товарищ» как обращение, бывшее в ходу у немецких коммунистов). — *Прим. ред.*

Это одна из тех историй, которые могут затеряться в тени великих исторических событий. Однако важнейшие перемены зрели и зарождались в обыденной жизни, в самых прозаичных, будничных процессах, таких как добыча пропитания, мародерство, купля-продажа, обмен товарами. Или любовь. Война породила неуемную жажду сексуальных приключений, но принесла и немало горьких разочарований, связанных с долгожданным возвращением мужчин домой. Многое люди увидели другими глазами, многое хотелось начать сначала; число разводов росло в геометрической прогрессии.

Коллективное воспоминание о послевоенном времени въелось в память в виде каких-то характерных образов эпохи: русский солдат, вырывающий из рук женщины велосипед; безликие фигуры на черном рынке, торгующиеся из-за пары яиц; ниссеновские бараки*, в которых размещали беженцев и тех, чьи дома были разрушены; женщины, с надеждой показывающие возвращающимся военнопленным фото своих пропавших без вести мужей. Эти немногие, но необыкновенно яркие образы, словно закольцованный немой фильм, четко структурировали первые послевоенные годы в общественной памяти. При этом добрая половина послевоенной жизни в этот фильм не попала.

Если обычно вспоминание окрашивает прошлое по мере его отдаления во всё более мягкие тона, то с послевоенным временем дела обстоят наоборот. С годами оно представляется все более мрачным. Одна из причин заключается в характерной для многих немцев потребности считать себя жертвами. Чем страшнее изображают и в самом деле жуткую голодную зиму 1946–1947 годов, тем меньше — во всяком случае, так, судя по всему, полагают многие — их вина.

---

* Тип сборного полукруглого строения с каркасом из гофрированной стали, который использовался в различном качестве в период Первой и Второй мировых войн. Назван по имени британского горного инженера и изобретателя Питера Нормана Ниссена, который в 1916 году получил на это изобретение патент. — *Прим. пер.*

Вот уже снова звучит смех. По зловеще обезлюдевшему Кёльну в 1946 году уже вновь движется спонтанное карнавальное шествие. Журналистка Маргрет Бовери вспоминала, что «чувство остроты жизни невероятно усилилось из-за близости смерти». В те годы, когда ничего нельзя было купить, она была так счастлива, что позже решила вообще отказаться от крупных покупок.

Страдания не понять без той радости, которая им сопутствует. Одни, избежав гибели, погружаются в апатию, другие испытывают бурную, невиданную радость бытия. Привычный уклад жизни был уничтожен, семьи разрушены, старые связи утрачены, но судьба заново перемешивала людей, как колоду карт, и те, кто был молод и не боялся жить, воспринимали послевоенный хаос как своего рода народные гулянья, на которых надо было день за днем искать свое счастье. Как это счастье свободы, которое едва успели почувствовать многие женщины, так быстро улетучилось в годы подъема? А может быть, оно вовсе не исчезало в той мере, как это представлено в уже привычных нам карикатурных изображениях пятидесятых годов?

Холокост в послевоенные годы занимал поразительно мало места в сознании большинства немцев. Многие, правда, знали о преступлениях на Восточном фронте и признавали определенную коллективную ответственность за то, что эта война вообще была развязана, но убийство миллионов немецких и европейских евреев не находило отклика ни в их умах, ни в их сердцах. Лишь немногие, например философ Карл Ясперс, публично поднимали эту тему. Евреи не упоминались даже в признаниях вины евангелической и католической церквей — признаниях, ставших предметом долгих дискуссий.

Неспособность даже представить себе такое явление, как Холокост, распространилась и на весь немецкий народ. Преступления были настолько масштабны, что вытеснялись из коллективного сознания еще в момент их совершения. А тот факт, что даже, казалось бы, вполне добропорядочные люди не желали думать о дальнейшей судьбе депортированных соседей, и по сей день подрывает веру в человеческий род. Особенно, конечно, это касается большинства тогдашних граждан Германии.

Вытеснение из сознания и замалчивание лагерей смерти продолжилось и после войны, хотя союзники пытались принудительно, с помощью, например, таких фильмов, как «Мельницы смерти»*, напоминать побежденным о преступлениях нацистского режима.

Гельмут Коль говорил о «благодати позднего рождения», о том, что младшим поколениям «легко судить» своих отцов. Однако была еще и благодать пережитых ужасов. Воспоминания о ночных бомбежках, суровых голодных зимах первых послевоенных лет и борьба за выживание в условиях хаоса и разрухи отбивали у многих немцев желание задумываться о прошлом. Они сами чувствовали себя жертвами и не желали утруждать себя мыслями о подлинных жертвах. Ибо у тех, кому удалось, насколько это было возможно, сохранить честь и совесть и кто теоретически мог бы в полной мере осознать масштаб массовых убийств, систематически совершавшихся от их имени благодаря их терпимости и нежеланию замечать происходящее, просто не хватило бы на это мужества и сил, которые были нужны для другого — чтобы выжить в послевоенные годы.

Инстинкт самосохранения отключает чувство вины. Это коллективный феномен, который наглядно проявился именно в послевоенный период и сильно подточил веру людей в человека как такового и в собственное «я». Как на основе вытеснения и извращения исторических фактов тем не менее смогли воз-

---

* «Death Mills» (1945) — первый документальный фильм об освобождении узников концлагерей, смонтированный Билли Уайлдером и Ханушем Бургером. Бóльшая часть семьи Уайлдера погибла в Освенциме. — *Прим. ред.*

никнуть два таких разных антифашистских, вполне респектабельных общества, — остается загадкой. Попытка разгадать ее посредством анализа тяжелейших условий послевоенной жизни и весьма своеобразных стилей этой жизни и составляет задачу предлагаемой книги.

Хотя такие книги, как «Дневник Анны Франк» или «Эсэсовское государство. Система немецких концентрационных лагерей» Ойгена Когона, мешали этому вытеснению, многие немцы лишь с 1963 года, после судебных процессов, связанных с Освенцимом, начали всерьез задумываться о злодеяниях, совершённых германским нацизмом. В глазах следующего поколения они дискредитировали себя не в последнюю очередь именно этой отсрочкой, хотя их детям такая практика вытеснения принесла немалую материальную выгоду. В истории с трудом можно найти примеры конфликта поколений, протекающего с таким ожесточением, с такой злостью и в то же время с такой уверенностью в собственной правоте, как между молодыми немцами — так называемым поколением 1968 года — и их учеными наставниками.

Наше впечатление о послевоенных годах сложилось под влиянием воспоминаний тех, кто был тогда молод. Дети с антиавторитарными взглядами испытывали настолько сильную неприязнь к поколению своих отцов — к которому и правда было трудно испытывать большую симпатию, — а их критика была настолько изощренной, что миф об удушающей все живое затхлости, которую они, молодые, стремились побороть, до сих пор определяет образ пятидесятых, несмотря на то что исследования этой эпохи дают более сложную картину. Поколение немцев, родившихся в конце 1940-х и начале 1950-х, охотно позиционирует себя как поколение, оздоровившее жизнь в ФРГ и вдохнувшее живую душу в демократию, и неустанно подогревает этот образ. В самом деле, засилье представителей старой национал-социалистической элиты в различных ведомствах новой республики не могло не вызывать возмущения, как и легкость, с которой нацистские преступники получали амнистию. Однако во время сбора материалов для данной книги автор то и дело находил подтверждения тому, что послевоенное время было более неоднозначным, отношение к жизни — более открытым, интеллигенция — более критически настроенной, спектр взглядов — более широким, искусство — более новаторским, а будни — более противоречивыми, чем это до сих пор пытаются представить с точки зрения поворотного 1968 года.

Существует еще одна причина, по которой четыре первых послевоенных года в значительной мере остались белым пятном в исторической памяти. Среди важных периодов и разделов изучения они представляют собой своего рода лакуну, период безвременья, за который, мягко выражаясь, никто не отвечает. Одна важная глава школьной истории посвящена национал-социалистическому режиму, прекратившему свое существование с капитуляцией Вермахта, другая — истории ФРГ и ГДР, которая начинается в 1949 году и сосредоточена главным образом на денежной реформе и блокаде Берлина как прелюдии к образованию этих двух государств. Годы же, отделяющие окончание войны от денежной реформы и «немецкого экономического чуда», — в определенном смысле потерянное время для историографии, потому что в нем отсутствует институциональный субъект. Наша историография, в сущности, все еще строится как национальная история, в центре внимания которой лежит государство как политический субъект. Но судьбы немецкого народа с 1945 года определяли четыре политических центра: Вашингтон, Москва, Лондон, Париж — не самые подходящие предпосылки для построения национальной истории.

Описание преступлений против евреев и вывезенных в Германию на принудительные работы тоже чаще всего заканчивается счастливым освобождением выживших жертв нацизма союзными войсками. Но что стало с ними потом? Что делали около десяти миллионов обессилевших от голода, угнанных на чужбину узников в стране своих мучителей и убийц их родных и близких? То, как взаимодействовали друг с другом солдаты союзных войск, побежденные немцы и освобожденные узники, относится к самым мрачным, но интереснейшим сторонам послевоенной действительности.

В нашей книге акценты постепенно смещаются от социальных аспектов жизни, от расчистки завалов, любви, воровства и купли-продажи к аспектам культурным, к духовной жизни и эстетике. Острее встают вопросы совести, вины и вытеснения. На первый план выступают разные формы денацификации, у которой есть и эстетическая сторона. То, что именно дизайн 1950-х годов снискал себе такую стойкую славу, объясняется его поразительной действенной силой: преображая окружавшую их действительность, немцы и сами изменялись. Но кто на самом деле так радикально изменял окружающий мир: немцы или все же кто-то другой? Параллельно с расцветом дизайна разгорелись споры об абстрактном искусстве, немалую роль в которых играли и оккупационные власти. Речь шла об эстетическом оформлении обеих немецких республик, о чувстве прекрасного в условиях холодной войны, ни больше ни меньше. В этом противостоянии участвовало даже ЦРУ.

После войны люди больше, чем сегодня, были склонны к серьезным разговорам, неустанно предавались глубокомысленным рассуждениям, эстетствовали, как будто можно легко, плавно вернуться к манерам, которые ушли в прошлое вместе со славным XIX веком. Сегодня мы знаем о Холокосте очень много. Гораздо меньше мы знаем, как можно было спокойно жить дальше, имея в анамнезе такой зловещий недуг. Как может говорить о нравственности и культуре народ, от имени которого были убиты миллионы людей? Может, ему вообще следует отказаться от разглагольствований о порядочности и предоставить детям самим разбираться в том, что есть зло, а что — добро?

Толкователи в СМИ и другие институции работали на полную мощность, стремясь внести свой вклад в восстановление общества. Все говорили о «жажде смысла». Философствование «на обломках существования» направило сознание на путь духовного мародерства. Смысл стали воровать так же, как воровали картошку.

Глава первая

«Час ноль»?

Когда все было кончено — и все началось

Театральный критик Фридрих Люфт пережил конец войны в подвале берлинской виллы неподалеку от Ноллендорфплац. Там, в полумраке, пропитанном «запахом дыма, крови, пота и сивухи», он вместе с другими товарищами по несчастью отсиживался в последние дни решающей битвы. В подвале было безопаснее, чем в квартирах, находившихся под перекрестным огнем Красной армии и вермахта. «Наверху был ад. Осторожно выглянув в окошко, можно было увидеть немецкий танк — как он беспомощно полз по охваченной огнем улице, останавливался, стрелял, поворачивался, полз дальше. Время от времени по развороченной снарядами мостовой перебежками, от укрытия к укрытию, спешил куда-то какой-нибудь штатский. Из разбитого горящего дома выскакивала женщина с детской коляской и неслась в направлении ближайшего бомбоубежища»[1].

Одного старика, который постоянно торчал у подвального окошка, на куски разорвало снарядом. Как-то раз в подвал занесло кучку солдат из штаба верховного главнокомандующего вермахта — это были «озлобленные, сломленные, больные типы». У каждого была с собой коробка со штатской одеждой — «на всякий пожарный случай», как они выразились: чтобы вовремя смыться. Какой же им еще нужен был «пожарный случай»? «Катитесь отсюда поскорее!» — шипели на них обитатели подвала. Никому не хотелось быть с ними рядом, «когда речь идет о жизни и смерти». Мимо провезли на тележке труп блокварта*, которого еще вчера все боялись как огня; он выбросился из окна.

Кто-то вдруг вспомнил, что в доме напротив видел груду знамен со свастикой и портретов Гитлера. Несколько смельчаков отправились туда, чтобы сжечь все это, пока не поздно, пока не пришли русские. Потом ружейный огонь снова усилился, и когда театральный критик осторожно выглянул на улицу из подвального окошка, он увидел эсэсовский патруль — нескольких солдат, которые тоже выглядывали из-за обломков стены дома напротив. Этим типам «не лень было в такие минуты в последний раз прочесывать местность в поисках дезертиров», чтобы напоследок прихватить с собой в могилу еще хоть когонибудь. «Потом все стихло. Когда мы, выждав какое-то время, показавшееся нам вечностью, осторожно поднялись по узкой лестнице наверх, шел мелкий дождь. На домах по ту сторону Ноллендорфплац развевались белые флаги. Мы тоже соорудили себе из подручных тряпок белые повязки на рукава. И тут появились двое русских. Они перелезли через те самые обломки стены, из-за которых выглядывали эсэсовцы. Мы подняли руки вверх, потом показали на наши белые повязки. Русские улыбнулись и махнули рукой. Война кончилась».

«Час ноль», как это стали называть позже, пробил для Фридриха Люфта 30 апреля. В 640 километрах дальше на запад, в Ахене, война закончилась еще полгода назад: город был взят американскими войсками в октябре 1944-го. В Дуйсбурге, в той части города, что расположена на левом берегу Рейна, война закончилась 28 марта, в правобережной части города — на шестнадцать

---

* Должностное лицо нацистской партии, отвечавшее за работу местных (квартальных) ячеек НСДАП. — *Прим. ред.*

дней позже. Даже официальная капитуляция Германии имеет целых три даты. Генерал-полковник Альфред Йодль подписал безоговорочную капитуляцию 7 мая в Реймсе, в ставке генерала Дуайта Д. Эйзенхауэра. Хотя в этом документе победителями однозначно объявлялись западные союзные войска и Красная армия, Сталин настоял на повторении церемонии. Поэтому 9 мая Германия капитулировала еще раз; на этот раз акт о капитуляции подписал генерал-фельдмаршал Вильгельм Кейтель в советской ставке в Карлсхорсте, в Берлине. А для учебников истории в странах-победительницах была выбрана третья дата — 8 мая, день, в который, собственно, ничего не произошло[2].

Для Вальтера Айлинга, напротив, «час ноль» не наступил даже через четыре года. Он продолжал отбывать наказание в тюрьме города Цигенхайн за нарушение Закона о борьбе с врагами народа. Этого официанта из Гессена в 1942 году арестовали за то, что он в Рождество купил гуся, три курицы и десять фунтов солонины. Участковый суд, рассмотревший дело в ускоренном порядке, приговорил его к восьми годам лишения свободы с последующим дополнительным содержанием под стражей до заключения экспертов об окончательном исправлении — за «пренебрежение законами экономики военного времени». После окончания войны Вальтер Айлинг и его близкие надеялись на скорое освобождение. Однако судебные органы и не думали пересматривать дело. Когда министр юстиции земли Большой Гессен, находившейся под военным контролем американцев, наконец отменил абсурдный срок наказания, судебные власти сочли, что отменен срок заключения, но не арест. Вальтер Айлинг остался в тюрьме. Все прошения об освобождении отклонялись со ссылкой на то, что заключенный Айлинг отличается неустойчивой психикой, склонен к заносчивости и пока еще нетрудоспособен.

В камере Айлинга власть национал-социалистического режима оставалась незыблемой до самого основания ФРГ и даже дольше[3]. Подобные судьбы впоследствии сделали понятие «час ноль» предметом ожесточенных дискуссий. В главных офисах концернов, в университетских аудиториях и чиновничьих кабинетах как ни в чем ни бывало продолжала трудиться бóльшая часть нацистской элиты. Такая преемственность власти вуалировалась разговорами о «часе ноль». С другой стороны, эти разговоры подчеркивали волю к строительству новой жизни и четкую нормативную цезуру между старым и новым государствами, хотя жизнь, естественно, продолжалась и тянула за собой широкий шлейф наследия Третьего рейха. К тому же понятие «час ноль» для многих было настолько очевидно связано с коренным переломом в их жизни, что оно не только сохранилось в быту, но даже переживает некий ренессанс в историографии[4].

В то время как в камере Вальтера Айлинга по-прежнему господствовала преступная власть во всей ее жестокости, за стенами тюрьмы рухнули любые формы общественного порядка. Полицейские растерянно смотрели друг на друга и не понимали, полицейские они еще или нет. Кто был в форме, спешил поскорее ее снять и сжечь или перекрасить. Большие чиновники травились, маленькие выбрасывались из окон или вскрывали себе вены. Наступило безвременье; законы утратили силу, никто ни за что не отвечал. Никому больше не принадлежало ничего, кроме того, чем был прикрыт зад. За правопорядком тоже никто не следил. Старая власть бежала, новая еще не пришла — о том, что она рано или поздно придет, говорила лишь канонада. Даже самые возвышенные натуры принялись мародерствовать. Толпы людей взламывали продовольственные склады, прочесывали покинутые квартиры в поисках пищи и ночлега.

30 апреля берлинский дирижер Лео Борхард вместе с журналисткой Рут Андреас-Фридрих, врачом Вальтером Зайтцем и актером Фредом Денгером прямо посреди города, в котором кипели ожесточенные бои, обнаружил белого вола. Они только что благополучно пережили авианалет и, выбравшись из своих

Как выжить в большом городе: берлинец заготавливает дрова. Парк Тиргартен вырублен почти подчистую

укрытий, неожиданно увидели перед собой это сюрреалистическое зрелище: целое и невредимое животное с кротким взглядом больших воловьих глаз посреди дыма, огня и стихии разрушения. Обступив его, они осторожно оттеснили его во двор полуразрушенного дома, где несколько минут назад прятались от бомбежки. Но как быть дальше? Как четырем городским жителям с высшим образованием зарезать вола? Дирижер, говоривший по-русски, собравшись с духом, обратился к оказавшемуся поблизости советскому солдату за помощью. Тот застрелил вола двумя выстрелами из пистолета. Друзья нерешительно, вооружившись кухонными ножами, принялись за добычу. Однако очень скоро у них появились соперники. «Совершенно неожиданно, словно выскочив из преисподней, тушу животного обступила горластая толпа, — записала позже в дневнике Рут Андреас-Фридрих. — Они вылезли из своих подвальных нор — женщины, мужчины, дети. Может, их привлек запах крови?» Через минуту толпа уже дралась из-за кусков мяса. Пять перепачканных кровью рук выдирали из глотки вола язык. «Вот, значит, как выглядит час освобождения, которого мы ждали двенадцать лет?..»[5]

Одиннадцать дней Красная армия пробивалась от пригородного поселка Мальхов у берлинской городской черты до последних центральных районов. Здесь, в столице, война тоже закончилась не везде одновременно. Марта Хиллерс, берлинская журналистка (впоследствии писавшая под псевдонимом «Безымянная», Anonyma), 7 мая, движимая любопытством, отважилась проехать на велосипеде по разрушенному городу. Она проехала несколько километров на юг от Темпельхофа и вечером записала в свой дневник: «Там война кончилась на день раньше, чем у нас. Там уже можно видеть горожан, подметающих тротуары. Две женщины то тащили за собой, то толкали вперед черные обгоревшие медицинские носилки на колесах, которые, наверное, нашли под завалами. На носилках лежала укрытая одеялом старуха с белым бескровным лицом, но она была еще жива. Чем дальше я ехала, тем дальше отступала война. Там люди уже собираются на улицах, стоят и спокойно о чем-то болтают. У нас они еще боятся вылезать из щелей»[6].

Когда белый вол был расчленен и разорван на куски, дирижер Борхард и его друзья вошли в какую-то разбомбленную квартиру и перерыли там все шкафы. Но вместо еды они нашли огромное количество порошка для приготовления лимонада и, развеселившись, набили им себе рты. Потом шутки ради все стали примерять одежду неизвестных хозяев квартиры по фамилии Машульке, о чем свидетельствовала табличка на двери, но вдруг устыдились собственной дерзости. Веселье прошло, они с тягостным чувством вчетвером улеглись в чужую супружескую кровать, над которой красовалась надпись, вышитая по шелку разноцветными нитками: «В гостях хорошо, а дома лучше».

На следующий день Рут Андреас-Фридрих отправилась в город проведать своих коллег, друзей, родственников. Она, как и все, жаждала новостей, сводок, оценок ситуации. Еще через несколько дней в Берлине стало настолько спокойнее, что она смогла вернуться в свою сильно пострадавшую квартиру. Из камней она соорудила на балконе импровизированную кухонную плиту, чтобы приготовить хоть какую-нибудь еду. Робинзонада в центре столичного города. Ни о каком газе или электричестве не могло быть и речи.

В своем дневнике она фиксировала резкие смены настроения. С Гитлером было покончено, наступило лето, и ей хотелось наконец сделать что-нибудь со своей жизнью. Ей не терпелось снова погрузиться в работу, применить свой дар наблюдения, свои литературные навыки. Со дня окончания войны прошло всего два месяца, когда она в приступе эйфории написала: «Весь город опьянен ожиданием. Жажда деятельности просто распирает, хочется иметь тысячу рук и тысячу мозгов. Американцы, англичане, русские уже здесь, французы, говорят, на подходе... Главное — что мы в эпицентре созидания. Что среди наших развалин встретились мировые державы и мы можем показать их представителям, как важно, как невероятно важно для нас сделать все возможное для искупления вины и возрождения Германии. Берлин работает на полную мощность. Если нас сейчас поймут и простят, мы будем готовы на любые подвиги и жертвы. На любые! Мы отречемся от национал-социализма, выберем новую жизнь, мы будем честно работать и честно жить. Мы еще никогда не были настолько созревшими для спасения»[7].

Можно было бы предположить, что берлинцы чувствовали себя так же, как выглядел их город: разбитыми, побежденными, отправленными на свалку истории. Однако эта 44-летняя журналистка испытывает «опьянение ожиданием» — и далеко не она одна. В ее представлении весь город был готов, засучив рукава, окунуться в работу. Рут Андреас-Фридрих была членом

Берлин, 1945 год. Вид на разрушенную мемориальную церковь кайзера Вильгельма

маленькой группы сопротивления «Дядюшка Эмиль»; национальный мемориал «Яд ва-Шем» в Израиле увековечил ее как одного из «праведников народов мира». То есть среди немцев, готовых окунуться в работу, были не только бесчувственные, неспособные скорбеть. Со дня самоубийства Гитлера прошло всего два месяца, а Берлин, по свидетельству этой женщины, боровшейся с национал-социалистическим режимом, уже в «эпицентре созидания», жаждет возрождения и прощения.

За этим криком души и жаждой возрождения стоит катастрофа, о подлинных масштабах которой многие еще даже не подозревают, — ее изучением и описанием занято уже третье поколение историков. Но эти масштабы по-прежнему невозможно вообразить. Никто не может представить себе, что значит 60 миллионов погибших во время войны. Есть разные способы, позволяющие осмыслить эту цифру хотя бы со статистической точки зрения. Например, 40 тысяч человек погибли в огне во время бомбардировок Гамбурга летом 1943 года. Этот ад, глубоко врезавшийся в память из-за своей жестокой наглядности, уничтожил около трех процентов населения Гамбурга. Какой бы страшной ни была гамбургская трагедия, общеевропейское количество жертв превысило эти показатели более чем в два раза. Война стоила жизни шести процентам всех европейцев. В Польше была истреблена одна шестая часть населения — шесть миллионов человек. Больше всех пострадали евреи: в их семьях считали не убитых, а уцелевших.

Историк Кейт Лоу пишет: «Даже те, кто пережил войну, стал свидетелем чудовищной бойни, видел усеянные трупами поля или наполненные человеческими телами братские могилы, не могут постичь истинный масштаб массового уничтожения людей в Европе»[8]. Тем более в первые дни после окончания войны. Выходя из бомбоубежища с поднятыми руками, человек был просто не в состоянии адекватно оценивать бушевавший вокруг грозный хаос. Как из этого кошмара, особенно в Германии, которая во всем была виновата, вообще могло родиться что-то, хоть отдаленно напоминающее жизнь? Многие воспринимали как несправедливость сам факт того, что они выжили, и, образно говоря, ненавидели свое сердце за то, что оно продолжало биться.

А 26-летний Вольфганг Борхерт, который запомнился последующим поколениям как мрачный глашатай стороны обвинения, попытался превратить бремя дальнейшего существования в яростный манифест своего поколения. В 1941 году Борхерт был призван в вермахт и отправлен на Восточный фронт, где не раз подвергался наказаниям за «высказывания, подрывающие боевой дух армии». Тяжело травмированный фронтовым и тюремным опытом, измученный запущенной болезнью печени, он в 1945 году, пройдя 600 километров пешком, вернулся в Гамбург.

Там он написал крохотный текст, всего на полторы страницы, — «Поколение, которое ушло не попрощавшись». В нем он с отчаянной решимостью воспевает поколение, лишенное прошлого, которое словно оторвало снарядом. К нему уже были неприменимы законы психологии — то ли из-за его травмированности, то ли от непостижимости произошедшего, то ли в результате грубого вытеснения этой трагедии из сознания. «Поколение, которое ушло не попрощавшись» — это манифест «часа ноль». «Мы — поколение, оторванное от мира, лишенное глубины. Наша глубина — бездна. Мы — поколение, лишенное счастья и родины, поколение, которое ушло не попрощавшись. Наше солнце — узкий луч, наша любовь жестока, в нашей юности не было юности»[9].

Рапсодический текст Борхерта, своим ритмом напоминающий монотонные удары тяжелого молота, проникнут эйфорической дезориентированностью. Автор не без гордости изображает холодное бесчувствие. Его поколение слишком часто прощалось с мертвыми, чтобы испытывать при этом какие-то чувства; в самом деле, имя этим прощаниям — легион. В заключительных строках текста говорится о силе, которую хотел найти в себе для будущего даже этот смертельно больной молодой человек: «Мы — поколение, не вернувшееся домой, потому что нам некуда было возвращаться. Но мы — поколение, прибывшее в конечный пункт. Может, этот пункт — совершенно другая, новая планета, новая жизнь. Жизнь под новым солнцем, с новыми сердцами. Может, мы прибыли в новую жизнь, к новым радостям, к новому богу. Мы — поколение, которое ушло не попрощавшись, но мы знаем, что нам принадлежит если не будущее, то во всяком случае конечный пункт».

«Поколение, которое ушло не попрощавшись» — это поэтическая декларация основных жизненных принципов уцелевших в катастрофе, которые не имеют душевных сил, чтобы оглянуться назад. Шокирующий отказ многих немцев задаваться вопросом, как такое могло произойти, здесь возводится в ранг доктрины.

Пережитое становится *tabula rasa*, свободным местом для новых записей, для «нового бога». Конечным пунктом на новой планете.

Слово «вытеснение» — своего рода эвфемизм. На самом деле это осознанная программа, решительное подведение черты и упоение новым стартом. Вольфганг Борхерт прекрасно понимал, что *tabula rasa* — это иллюзия. И что́ такое мучительные воспоминания, ему тоже не надо было объяснять. Забвение — вот главная утопия тех дней.

Написанное в конце 1945 года стихотворение Гюнтера Айха «Инвентаризация» приобрело даже статус своеобразного манифеста. Человек перечисляет свои пожитки, свое «приданое» для новой жизни:

Вот моя фуражка,
вот моя шинель,
вот моя бритва
в холщовом мешочке.

<...>

В моем подсумке пара
носков шерстяных
и что-то, о чем
не скажу никому.

<...>

Вот мой блокнот,
вот мой дождевик,
вот мой утиральник,
вот моя дратва*.

* Пер. Юрия Лифшица.

Это стихотворение благодаря своей вызывающей лаконичности стало хрестоматийным примером послевоенной литературы. Представители так называемой литературы руин отвергали пафос, потому что сами когда-то злоупотребляли им и теперь чувствовали себя жертвами самообмана. В руинах лежала и способность испытывать восторг. Люди теперь предпочитали лишь самое простое и свое собственное, то, что можно положить на стол, — таково было лирическое воззвание «скептического поколения», как окрестил это поколение с его ментальной амбивалентностью в 1957 году социолог Гельмут Шельски, что вызвало громкий резонанс[10]. Лирическая инвентаризация Гюнтера Айха тоже обходит стороной воспоминания: автор не берет с собой в новую жизнь ничего, кроме недоверия и самых простых вещей — шинели, карандаша и дратвы (и чего-то, «о чем не скажу никому», — слова, которые являются, по сути, ключевым моментом стихотворения).

Марта Хиллерс в своем дневнике тоже занималась «инвентаризацией». Этот дневник приобрел известность благодаря холодному лаконизму и предельной откровенности, с которой Хиллерс описывала шквал изнасилований, обрушившийся на немецких женщин с приходом Красной армии. «Час ноль» остался в ее памяти как непрекращающийся сексуальный террор. Когда наконец все было позади, она 13 мая подвела итог: «С одной стороны, дела мои не так уж плохи. Я свежа и здорова. Физически совершенно не пострадала. У меня такое чувство, что я приобрела важные для дальнейшей жизни качества и свойства — что-то вроде перепонок для плавания в навозной жиже. Я вписываюсь в окружающий мир, я не боюсь испачкаться… С другой стороны — одни минусы. Я не понимаю, зачем мне жить дальше. Я никому не нужна, я просто торчу на месте и жду, не вижу перед собой ни цели, ни задач». Она проигрывает в уме несколько вариантов: уехать в Москву? Стать коммунисткой? Или художницей? Ни один вариант ее не устраивает. «Любовь?

Любовь втоптана в грязь... Искусство? Оно для тех, у кого есть к нему призвание, а я всего лишь жалкий ремесленник и должна довольствоваться этой скромной ролью. Единственное место, где я могла бы быть полезной и желанной, — это узкий круг друзей. Остальное — просто ожидание конца. И все же жизнь, эта странная и темная авантюра, меня манит. Я продолжаю жить хотя бы из любопытства. И потому, что мне приятно дышать и чувствовать свое здоровое тело»[11].

А что же Фридрих Люфт? Театральный критик, который вышел из подвала с поднятыми руками и белой повязкой на рукаве и пошел навстречу русским солдатам, тоже продолжал жить, движимый ненасытным любопытством. Он регулярно писал иронические заметки для основанной в сентябре 1945 года берлинской газете Tagesspiegel под псевдонимом Урбанус. Речь в них шла об эротическом флюиде большого города, о красивой весенней одежде, о напряженном ожидании, с которым по утрам встречают почтальона.

Фридрих Люфт был «голосом критики» на западноберлинском радио RIAS*. С февраля 1946 по октябрь 1990 года, почти до самой смерти, он каждую свою еженедельную передачу заканчивал фразой, которая бальзамом ложилась на души слушателей, потому что воспринималась как символ надежности и стабильности: «Встретимся через неделю. Как всегда. В то же время, в том же месте, на той же волне».

Фридрих еще не одно десятилетие жил со своей женой, художником-графиком, в том самом доме, из подвала которого вышел в 1945 году. В начале семидесятых годов Хайде Люфт часто тянуло в пивную на Винтерфельдтплац неподалеку от их дома. Эта пивная называлась «Руина». Впрочем, она не только так называлась — она и была руиной. Переднюю часть и внутренности дома уничтожила бомба, а уцелевшие зазубренные

* Rundfunk in amerikanischen Sektor — «Радио в американском секторе». — *Прим. ред.*

стены создавали причудливый антураж для маленькой пивной под открытым небом. В примыкающем к нему сзади здании располагался ресторан, в котором обычно яблоку негде было упасть. Из засыпанного подвала росло дерево. На ветвях его сам бог велел повесить пару лампионов. В начале семидесятых эта пивная была излюбленным местом встреч начинающих литераторов, большей частью студентов. Необычный антураж вызывал иллюзию, как будто война только закончилась. Пока ее муж шлифовал дома свои тексты для радио, фрау Люфт сидела в своей элегантной шубке среди длинноволосых юношей, была не прочь немного поболтать, всегда во всеоружии остроумия, охотно угощала собеседников. Она принадлежала к числу многих, кто любил возвращаться в «час ноль», каждый по-своему.

Глава вторая

Среди развалин

Кто и когда все это расчистит?

Стратегии расчистки завалов

Война оставила в наследство Германии около 500 миллионов кубометров развалин. Чтобы было легче представить себе этот объем, люди прибегали к различным сравнениям и расчетам. Газета Nürnberger Nachrichten предлагала в качестве примера Цеппелинфельд — часть обширной территории, на которой проходили съезды НСДАП. Если разместить все обломки строений на этом квадратном поле со стороной 300 метров, получилась бы гора высотой 4 тысячи метров, вершина которой была бы покрыта вечными снегами. Другие мысленно возводили из берлинских обломков — 55 миллионов кубометров — огромный вал шириной тридцать и высотой пять метров, который, по их расчетам, протянулся бы до Кёльна. С помощью подобных арифметических упражнений люди пытались осмыслить чудовищные масштабы разрушений. Те, кому довелось побывать в свое время в полностью разрушенных городах, таких как Дрезден, Берлин, Гамбург, Киль, Дуйсбург или Франкфурт, просто не в состоянии были представить себе, что все это можно когда-нибудь расчистить, не говоря уже о восстановлении. На каждого уцелевшего жителя Дрездена приходилось по 40 кубометров строительного мусора. И этот мусор отнюдь не был компактно уложен кубометрами — развалины простирались во все стороны до границ города, и передвигаться между ними было далеко не безопасно. Обитателям этих руин, многие из которых жили всего в трех стенах и без крыши, чтобы попасть к себе домой, приходилось карабкаться по высоким горам из обломков зданий и ходить посреди отдельно стоящих стен, которые в любой момент могли рухнуть. Над головами жильцов грозно нависали стальные балки с остатками кладки; часто из стены торчал бетонный пол, держащийся на честном слове. А внизу играли дети.

Поводов для отчаяния было предостаточно. Однако большинство немцев не могли себе позволить ни минуты растерянности. 23 апреля 1945 года — война официально еще не закончилась — в информационном бюллетене в Мангейме было опубликовано воззвание к горожанам «Мы восстанавливаем город»: «Пока мы ставим перед собой очень скромные задачи, потому что сначала нужно устранить горы обломков, чтобы добраться до земли, на которой можно будет приступить к строительству. Лучше всего начать с расчистки завалов и прежде всего, как говорится в известной пословице, убрать мусор перед собственным порогом. С этим мы как-нибудь справимся. Труднее будет, когда люди начнут возвращаться к родным очагам, от которых ничего не осталось. И тут придется, засучив рукава и мобилизовав весь столярский и плотницкий опыт, пилить, строгать и стучать молотками, пока эти хижины вновь не станут пригодными для проживания... Самопомощь возможна лишь при условии, что у вас имеется кровельный материал. Чтобы как можно скорее и как можно больше людей обрели жилье, всем необходимо незамедлительно сдать весь оставшийся с лучших времен стройматериал в строительный комитет... Так мы намерены восстанавливать город, сначала малыми темпами, шаг за шагом, сосредоточившись прежде всего на окнах и крышах, а дальше будет видно»[1].

Мангейм нещадно бомбили британцы, и половина домов была разрушена, но, благодаря почти безупречной системе бомбоубежищ, погибло всего полпроцента населения. Может быть, этим и объясняется странное веселье, с которым авторы воззвания изображают столярно-плотницкую идиллию. В других городах тоже сразу после окончания боевых действий принялись за расчистку завалов с воодушевлением, которое сторонним зрителям казалось почти зловещим.

Главный девиз гласил: «Сначала надо снова почувствовать почву под ногами», что буквально означало «добраться до земли». Как ни странно, но некое подобие относительного порядка в этом каменном хаосе удалось восстановить довольно быстро. Были расчищены узкие проходы, по которым можно было хоть как-то передвигаться. В разрушенных городах возникла новая топография улиц, больше похожих на горные тропы. Посреди пустынь строительного мусора возникли оазисы, расчищенные от завалов. Некоторые улицы были настолько тщательно убраны, что булыжная мостовая блестела, как в былые времена, а на тротуарах красовались аккуратные штабеля обломков, с педантичной точностью рассортированных по размерам. Во Фрайбурге-им-Брайсгау, который и без того всегда славился своей стерильной чистотой («Во Фрайбурге красота — порядок и чистота», гласит заимствованный у Иоганна-Петера Хебеля девиз этого города), так любовно складывали обломки перед руинами, что это вносило в апокалиптический пейзаж чуть ли не ноту своеобразного уюта.

На одном фотоснимке 1945 года, сделанном Вернером Бишофом, какой-то по-воскресному одетый мужчина идет по этой чисто выметенной преисподней. Он снят со спины. Черная шляпа сдвинута на затылок, заправленные в высокие сапоги рейтузы в сочетании с элегантным пиджаком придают ему сходство с ротмистром. В руке у него плетеная корзинка, словно он идет за покупками, из-за чего фотография получила название

«Мужчина в поисках пищи». Его бодрая походка и осанка выражают оптимизм и решимость; внимательный и любопытный взгляд устремлен вверх, и все это производит трогательное впечатление — мы словно видим кадр из какого-то совершенно другого фильма.

Все так и было, и в то же время все было совсем не так. У немцев было достаточно времени, чтобы привыкнуть к разрушениям, и они уже имели определенные навыки в расчистке завалов. Ведь они начали заниматься этим не в конце войны. С самого начала первых бомбежек, еще в 1940 году, им приходилось после жестоких авианалетов расчищать улицы и наводить хоть какой-то временный порядок. Правда, тогда в их распоряжении было огромное количество военнопленных и заключенных, которых они безжалостно использовали как рабочий скот, заставляя трудиться в нечеловеческих условиях. Сколько из них при этом погибало, в последние месяцы войны уже никто не считал. Теперь же немцы должны были выполнять эту работу сами. Естественно, они старались в первую очередь привлекать к этой повинности главных виновников катастрофы. В первые послевоенные недели почти повсеместно союзники и немецкие бургомистры организовывали трудовые десанты с использованием членов НСДАП, которые должны были работать на расчистке. В Дуйсбурге в начале мая по городу были расклеены объявления о том, что членам НСДАП вменяется в обязанность «участвовать в очищении улиц от завалов». «Все препятствия, мешающие проходу и проезду граждан, должны быть немедленно устранены членами партии, а также лицами, сочувствовавшими нацистской клике. Они обязаны сами обеспечить себя необходимым инструментом»[2]. Нацисты поименно получали соответствующие указания, сопровождавшиеся угрозой: «В случае отказа явиться на работы вашу явку обеспечат выпущенные на свободу политические заключенные».

«Мужчина в поисках пищи», 1945, Вернер Бишоф

Впрочем, надо отметить, что эти приказы отдавались не британской военной администрацией и не бургомистром Дуйсбурга. Подписаны они были «Комитетом восстановления», за которым стоял так называемый Антифашистский комитет — объединение противников национал-социализма, которые стремились без всяких бюрократических процедур взять в свои руки денацификацию и восстановление Германии. В отличие от других городов, где антифашистские комитеты в первое время действовали в тесном сотрудничестве с городской администрацией, дуйсбургский бургомистр усмотрел в этих карательно-исправительных мероприятиях посягательство на свою власть и попытался отменить их собственными объявлениями, однако в условиях хаоса и неразберихи не смог добиться успеха; самопровозглашенному «Комитету восстановления» и в самом деле удалось несколько раз принудить внушительное количество возмущенных членов НСДАП к участию в воскресниках.

Хотя подобные штрафные акции против национал-социалистов, инициированные гражданскими комитетами, оставались скорее частными случаями, дуйсбургский пример показывает, что немцы все же не были закоснелой однородной массой, какой они стали представлять себя позже. Однако описанная ситуация характерна для административного хаоса первых послевоенных месяцев. Союзники, заняв очередной регион, сразу же автоматически снимали действующих бургомистров и наспех назначали новых для обеспечения хотя бы элементарного порядка. В лучшем случае они предварительно выясняли, кто занимал эту должность до 1933 года, или привлекали к административной работе бывших социал-демократов. Иногда немецкие граждане сами предлагали свои услуги — по разным причинам, нередко из идеалистических соображений. Часто они оставались у власти всего несколько дней, потому что их кандидатуры не устраивали ведомства, которые занимались денацификацией.

Во Франкфурте-на-Майне журналист Вильгельм Хольбах, например, продержался на своей должности бургомистра довольно долго — 99 дней. Он стал главой города совершенно случайно: рассудив, что лучше слишком рано, чем слишком поздно, он сразу после капитуляции отправился в штаб-квартиру американской военной администрации, чтобы получить разрешение на открытие газеты. Разрешение американцы ему не дали, зато тут же предложили пост бургомистра, потому что как раз ломали себе голову над подходящей кандидатурой и очень обрадовались неожиданному появлению Хольбаха. И, как оказалось, Франкфурту повезло: едва успев приступить к исполнению своих обязанностей, Хольбах организовал комитет по использованию обломков в восстановительных работах, который начал расчистку завалов довольно поздно, но зато очень эффективно.

Меньше повезло писателю Гансу Фалладе, тоже на скорую руку назначенному бургомистром в мекленбургской деревне

Фельдберг. Сначала русские хотели расстрелять его или отправить за колючую проволоку, потому что нашли в его огороде брошенную кем-то эсэсовскую форму, но во время допроса быстро убедились, что более подходящей кандидатуры на пост бургомистра им не найти. Так отпетый пьяница и морфинист в одночасье стал связующим звеном между крестьянами, бюргерами и оккупантами. Чаще всего ему приходилось заниматься экспроприацией запасов и организацией общественных работ. Через четыре месяца, не выдержав бремени этой неблагодарной миссии, он угодил в больницу в Нойштрелитце и в Фельдберг уже не возвращался, тем более что его подчиненные, воспользовавшись отсутствием бургомистра, разграбили его дом[3].

Если бургомистров и других чиновников сначала увольняли, то администраторов среднего и младшего звена, как правило, пока оставляли на местах; так представители военной администрации стран-победительниц могли первое время не думать о проблемах городского управления. Хаос и рутина находились в некотором равновесии. И, хотя еще было неясно, в каком направлении Германия будет развиваться дальше, пока что чиновники действовали по привычным правилам.

Глубина потрясения странным образом контрастировала с их административной ловкостью. Службы, отвечавшие за расчистку завалов, — комитет по расчистке, комиссия по восстановительным работам, служба разбора завалов[4], строительно-восстановительный комитет и т. п. — были те же, что и во время войны. Там рассуждали следующим образом: «Если раньше были принудительные работы, почему бы не организовать их и сегодня? Надо только запросить в соответствующих инстанциях бесплатных рабочих. Кто-то же должен убирать все это дерьмо». Раньше это были русские или евреи, сейчас будут немцы — какая разница? Главное — результат. И местные городские власти стали получать рабочую силу уже не от СС, а от представителей американской или британской военной администрации, которые охотно поставляли им своих немецких *prisoners of war**[5]. Любопытно было бы узнать, как себя при этом чувствовали немецкие бургомистры. Было им это безразлично или они все же испытывали угрызения совести? Хотя особых оснований у них для этого не было, ибо какой бы тяжелой ни была жизнь в лагерях для интернированных, она могла показаться курортом после эсэсовских лагерей для военнопленных. Не говоря уже о том, что заключенные американцев и британцев не рассматривались как «расходный материал» и не подвергались целенаправленному уничтожению тяжелой работой, как это практиковалось в концентрационных лагерях.

На разборе огромных гор из обломков, в которые превратился Берлин, подневольный труд тоже стал нормой. В первые дни после начала оккупации широко использовался труд добровольцев. Их было немало, потому что после работы они получали тарелку супа. Потом дошла очередь до членов НСДАП. Находить их было нетрудно, поскольку районные управления городской администрации прервали работу всего на несколько дней во время штурма Берлина. Руководили ими члены группы Ульбрихта и другие коммунисты, вернувшиеся вместе с Красной армией, чтобы восстановить городскую жизнь и укрепить доверие к русской военной администрации. В поисках членов нацистской партии им помогали старосты домов и улиц, назначенные в первые же дни оккупации.

Среди первых откомандированных на принудительные работы была и восемнадцатилетняя секретарша Бригитте Айке. Она была членом СНД**, вступила в партию перед самым падением гитлеровского режима и теперь должна была расплачиваться за это участием в «нацистском трудовом десанте». 10 июня 1945 года она записала в своем дневнике:

---

* «Военнопленные» (англ.). — *Прим. пер.*

** Союз немецких девушек — женская молодежная организация в нацистской Германии. — *Прим. ред.*

«Нам было приказано явиться на Эсмарх-штрассе в половине седьмого утра. Меня удивляет, что наших вожатых из СНД и других девушек из нашего района, которые тоже были в партии, например Хельги Дебо, там не оказалось. Им удалось как-то отвертеться. Похоже, они большие мастера пускать пыль в глаза. Это ужасно несправедливо. Нам нужно было на станцию „Вайсензее", но там уже было полно народа, и они отвели нас назад, на бульвар, где горы обломков и мусора выше человеческого роста. Попадались даже человеческие кости. Мы работали до 12 часов, потом два часа отдыхали и снова работали. А сегодня была такая чудесная погода, все вокруг гуляли и проходили мимо нас... Мы работали до десяти часов вечера. Это ужасно долго, особенно когда на тебя смотрят все прохожие. Мы старались стоять спиной к улице, чтобы не видеть их злорадные ухмылки. Хотелось плакать. Хорошо, что среди нас было несколько человек, которые сами не теряют чувства юмора и другим не дают вешать нос»[6].

Конечно, берлинское строительное управление и военная администрация понимали, что для уборки 55 миллионов кубометров обломков эти принудительные работы — капля в море. Чтобы перевести решение задачи на профессиональный уровень, стали привлекать строительные фирмы. В зависимости от политической ситуации их либо принуждали к выполнению тех или иных работ, либо заключали с ними контракты. Во всех четырех оккупационных зонах стали нанимать чернорабочих, которые разгребали эти каменные пустыни за низкую плату, а главное — за вожделенные продуктовые карточки для трудящихся, занятых на особо тяжелых работах.

Особую роль в послевоенные месяцы сыграли женщины, работавшие на расчистке завалов. Больше всего их было в Берлине, где тяжелая работа вообще стала «привилегией» женщин[7]. В самый разгар работ по расчистке там трудились 26 тысяч женщин и всего 9 тысяч мужчин. Сотни тысяч солдат пали на войне или находились в плену, и в Берлине нехватка мужчин ощущалась гораздо острее, чем в других городах, потому что Берлин еще до войны был столицей одиноких женщин, преимущественно провинциалок, которых манили запах бензина и свободы и возможность зажить самостоятельно, освоив одну из новых женских профессий. Теперь же труд на расчистке завалов стал единственным средством получить нечто лучшее, чем обыкновенная продуктовая карточка с ее семью граммами жира в день, едва спасавшими от голодной смерти.

В то же время на западе Германии женщин очень редко привлекали на работы по расчистке улиц. Там принудительный труд применяли прежде всего в рамках денацификации и воспитательно-профилактических мероприятий в отношении «девушек сомнительного поведения, а также часто меняющих половых партнеров». А то, что женщины, работавшие на расчистке завалов, все же стали легендой послевоенного восстановительного периода, связано с незабываемым впечатлением, которое производил их труд среди руин. Если уж сами руины были фотогеничными, то эти женщины — и подавно. На наиболее известных снимках того времени их можно видеть стоящими цепью на развалинах и передающими друг другу ведра со строительным мусором, который внизу, на дороге, сортируют и складывают подростки. Они в фартуках или просто в платьях, в косынках с узлом на голове; из-под платьев выглядывают грубые сапоги.

Подобные картины врезались в память, потому что эти цепи женщин, передающих друг другу ведра с камнями, стали великолепной метафорой коллективизма, который был так необходим населению погибшей страны. Какой контраст! Груды развалин с одной стороны — и сплоченность борющихся с ними людей с другой! Восстановление городов на этих фото приобрело героически-эротический характер — с этими образами было легко отождествлять себя, и этим трудом можно было гордиться, несмотря на поражение. Женщина в фартуке и в грубых рабочих сапогах на грудах развалин — иконографический антипод «фройляйн», американской «подстилки» — другого стереотипа, который столь же крепко засел в коллективной памяти.

Кое-кто из этих женщин вызывающе показывает фотографу или кинооператору язык. На некоторых из них нарядные платья из легких цветных тканей с белыми воротничками — совсем не для грязной работы. Это, скорее всего, означает, что у хозяйки просто не осталось ничего другого. Отправляясь в бомбоубежище или в эвакуацию, люди обычно берут с собой самое ценное из всего, что имеют. Свои лучшие платья женщины берегли до последнего, до лучших времен. И вот они наступили…

В других случаях нарядность женщин связана с постановочным характером снимков. В некоторых сценах киножурналов женщины перебрасываются друг с другом обломками и камнями так изящно и уверенно, словно это тренировка по гимнастике. Зрелище весьма эффектное, но недостоверное и довольно нелепое. Однако особенно лживы и фальшивы снимки, сделанные в разбомбленном Гамбурге еще по указанию Геббельса. Там женщины, «работающие» на расчистке завалов, так весело смеются в объектив, бросая кирпичи, что только самый наивный зритель может принять это за чистую монету. На самом деле это были актрисы[8].

Холодно, без всякого умиления и даже сочувствия смотрит американская фотожурналистка Маргарет Бёрк-Уайт на немецких женщин, изнемогающих от тяжелой и грязной работы среди руин. «Эти женщины образовали живой конвейер, какие можно видеть по всему городу, и передавали друг другу ведра, наполненные кирпичами и обломками, с такой привычной неторопливостью — как в замедленной съемке, — что у меня возникло ощущение, будто они сознательно выбрали минимальный темп, при котором это еще может считаться работой и обеспечить им надежный заработок: 72 пфеннига в час»[9], — писала она в 1945 году в Берлине в одном из своих репортажей.

Да, первые, наспех организованные, мероприятия по расчистке завалов были не очень эффективными. Часто женщины просто сбрасывали строительный мусор в шахту ближайшей станции метро, откуда его потом с огромным трудом убирали другие. В августе 1945 года берлинский магистрат обратился к районным властям с призывом прекратить практику «бесконтрольных живых конвейеров», положить конец «примитивным самодеятельным инициативам по расчистке завалов», которые отныне надлежало проводить под руководством строительных комитетов, на профессиональном уровне.

«Профессиональная» крупномасштабная расчистка завалов предполагала создание эффективной транспортной системы, с помощью которой строительный мусор можно было бы вывозить из города на специальные свалки. Для этой цели использовали маленькие локомотивы, которые раньше применялись в сельском хозяйстве, а теперь таскали по городу крохотные вагончики по временно уложенным рельсам. Дрезденцы проложили сразу целых семь таких узкоколеек. Одна из этих линий, T1, шла от центра города до свалки на бывшем стадионе Острагехеге. Сорок локомотивов с женскими именами колесили по городу. Время от времени они сходили с наспех проложенных рельс, но в общем и целом все шло гладко и было прекрасно организовано — главные и второстепенные линии, станции смены локомотивов, площадки для погрузки и разгрузки. Эту странную железную дорогу, поезда которой курсировали посреди черных обуглившихся останков Дрездена, словно в призрачной Нетландии, обслуживали почти 5 тысяч сотрудников. Последний рейс состоялся в 1958 году, что считается официальным окончанием расчистки Дрездена. Впрочем, даже к тому времени расчищены были далеко не все районы. И хотя еще в 1946 году значительная часть территории города в центральных районах была настолько чисто «выметена», что Эрих Кестнер почти час шел по городу, прежде чем наконец увидел первый относительно сохранив-

Частью «профессиональной масштабной уборки завалов» было строительство транспортной системы. Дрезденская железная дорога состояла из семи узкоколейных линий с 40 маленькими локомотивами, и все они носили женские имена

шийся дом[10], последняя бригада, работавшая на расчистке завалов, смогла завершить свою работу лишь в 1977 году, через 32 года после окончания войны[11].

Завалы изменили топографию городов. В Берлине возникли морены из развалин, которые стали продолжением своих естественных сестер на севере города. На территории бывшего оборонно-технического факультета в течение 22 лет ежедневно до 800 самосвалов сгружали строительный мусор, в результате чего выросла так называемая Чёртова гора, самая высокая точка местности в Западном Берлине.

Работы по расчистке завалов наложили определенный отпечаток на дальнейшее экономическое развитие городов. Тот факт, что Франкфурт, вопреки ожиданиям, не стал в 1949 году столицей ФРГ, зато стал «столицей экономического чуда», неразрывно связан именно с устранением завалов. Жители города показали, что на строительном мусоре можно зарабатывать деньги. Правда, сначала все выглядело так, как будто там вообще ничего не происходило. В то время как в других городах в первые же дни жителей призвали, не мешкая, браться за лопаты, франкфуртские городские власти все поставили на научную основу. Они думали, анализировали, экспериментировали. Граждане уже начали возмущаться, потому что город был погружен в хаос и, как им казалось, никто ничего не предпринимал. В других городах на расчистке работают толпы народа, а во Франкфурте ничего не делается, «чтобы привести город в божеский вид», говорилось в заявлении, с которым обратились в магистрат представители профсоюзов. Однако кажущаяся бездеятельность властей вскоре принесла свои плоды. Франкфуртские химики установили, что термическая обработка строительного мусора дает возможность добывать гипс, из которого затем можно получать диоксид серы и оксид кальция, а конечный продукт этого процесса — шлаковую пемзу — можно успешно продавать как присадку для цемента.

Совместно с акционерным обществом Philipp Holzmann город основал компанию по утилизации строительного мусора (TVG*), которая начала разборку завалов с опозданием, но зато гораздо эффективнее. После запуска предприятия по переработке кирпичей, бетона, арматуры и стекла стало возможно использование в строительстве даже мелкого щебня, который в других городах просто ссыпали в кучи. Благодаря построению частно-государственного партнерства, как это назвали бы сегодня, Франкфурту удалось радикально снизить строительно-ремонтные расходы и к тому же получить существенную выгоду: с 1952 года TVG уже приносила прибыль[12]. Экономическое процветание города, о котором сегодня красноречиво

* Сокращенное нем. *Trümmerverwertungsgesellschaft*. — *Прим. ред.*

свидетельствует его силуэт, началось с обломков старого Франкфурта.

Однако восстановительные работы вдохновляли немцев лишь там, где они принимали серьезные масштабы. Одной из самых популярных метафор того времени было строительство муравейника. В понедельник на Троицу в 1945 году бургомистр Магдебурга обратился к горожанам с призывом выйти на воскресник по расчистке завалов — диаметрально противоположный подход к делу в сравнении с Франкфуртом. Сначала он напомнил о полном разрушении города во время Тридцатилетней войны, затем перешел к актуальным задачам: «Магдебуржцы должны на деле доказать, что они не утратили чувства коллективизма, которое зиждется на любви к родному городу... Ни один город в Германии, если он не испытал таких ударов судьбы, как Магдебург, не способен за счет наемного труда освободиться от обломков, оставленных войной. О том, каких поразительных результатов можно добиться одним только слаженным коллективным трудом, извлекая из завалов и сортируя кирпичи, наглядно свидетельствует простая арифметика: для одной нормальной квартиры требуется 8 тысяч кирпичей; если тысячи добросовестных тружеников за один воскресный день добудут миллион кирпичей, этого материала хватит на 120 квартир... Магистрат призывает каждого горожанина, каждого мужчину, каждого юношу: проявите добрую волю! Судьба посылает нам серьезное испытание. Не откажите в бескорыстной помощи своему родному городу!»[13]

Собираться и строиться в колонны по четыре нужно было в семь часов утра, «без предварительного распределения на группы». Явка была обязательна. Каждому вменялось в обязанность обработать по 100 кирпичей, очистив их от остатков цементного раствора, чтобы их можно было использовать для новой кладки. В первый раз пришло 4500 мужчин, в следующие воскресенья — в два раза больше. В разных городах по-разному восприняли подобные инициативы: где-то эти воскресники проходили из-под палки, где-то с большим энтузиазмом. В Нюрнберге, например, из 50 тысяч мужчин на работы вышли всего 610 человек.

Очищенные камни укладывались в квадратные штабеля по 200 штук в каждом. В подтверждение того, что они точно сочтены, один кирпич наверху каждого штабеля устанавливали вертикально. Таким способом в одном только в Гамбурге было собрано, очищено и уложено в штабеля 182 миллиона кирпичей.

В фильме 1947 года «...А над нами небо»* кинокомпании UFA Ганс Альберс гуляет в тренче по разрушенному Берлину. За кадром звучит песня в его исполнении: «Дует северный ветер, он носит нас туда-сюда. Во что мы превратились? В прибрежный песок...» В кадре — пустыня, усеянная обломками домов. Кучка людей копается в развалинах. К ним присоединяются другие, все больше и больше. Повсюду раздается стук молотков, кирпичи очищают от цемента, грузят на тележки-вагончики узкоколейки. «Эта песчаная буря напоминает нашу жизнь. Мы стали легкими, как песчинки...» Вступает хор в сопровождении оркестра: «Но как-то надо жить дальше, мы начинаем сначала». «Ах! — скорее восклицает Ганс Альберс, чем поет. — Ах, пусть дует ветер!» В кадре опять каменная пустыня; зритель видит улыбающихся людей, занятых генеральной уборкой в своем разрушенном мире. Кончается фильм молитвой «Отче наш»: «...И прости нам долги наши, как и мы прощаем должникам нашим. И не введи нас во искушение, но избавь нас от лукавого»[14].

«Мы еще никогда не были настолько созревшими для спасения», — ликующе писала в своем дневнике Рут Андреас-Фридрих. Фильм «...А над нами небо» относится к так называемому

* «...Und über uns der Himmel» — мелодрама Йозефа фон Баки, снимавшаяся в американской зоне послевоенного Берлина. Один из самых известных фильмов Альберса, в нацистский период часто игравшего роли победоносных немцев, — фантастическая комедия «Мюнхгаузен» (1943), снятая тем же фон Баки. — *Прим. ред.*

руинному кинематографу. Он очень реалистично показывает жизнь в разрушенном Берлине, чудовищную бедность и новое богатство «рыцарей» черного рынка. Однако финал фильма — это апофеоз возрождения, увлекательное зрелище, вышибающее слезу, пробуждающее чувство коллективизма. Титанический труд, общность героев, задачи, требующие нечеловеческих усилий, — вся эта героическая кинориторика студии UFA, прежде прославлявшая нацистский режим, вновь оживает здесь, обнаруживая в расчистке завалов безобидный сюжет для подвига.

Но кое-кому от этого героизма стало не по себе. В то время как публика приняла фильм с восторгом, а большинство критиков — довольно благосклонно, критик еженедельной газеты Filmpost увидел в нем пропаганду, которой был сыт по горло: «Неправдоподобный хоровой гимн возрождению, звучащий за кадром в картине „…А над нами небо“, — сомнительная перекличка с фильмами Харлана* — не уступает по фальши лживой заключительной сцене картины „Где-то в Берлине“, в которой ватага подростков устраивает праздник в духе экзерсисов „Имперской службы труда“. Нет уж, довольно! Мы больше не хотим видеть ничего подобного. Никогда!»[15]

---

* Файт Харлан (1899–1964) — немецкий актер, деятель театра и кино, режиссер антисемитского фильма «Еврей Зюсс» (1940), активно использовавшегося в нацистской пропаганде. Вероятно, рецензент посчитал, что «А над нами небо» перекликается с другим фильмом Харлана — «Кольберг», — законченным в 1945 году. Этот фильм снимался на фоне немецких неудач на обоих фронтах и повествует о народном единении при обороне Кольберга от наполеоновских войск в 1807 году. — *Прим. ред.*

Красота руин и руинный туризм

Популярность фильмов «руинного кинематографа» объясняется очень просто: разрушенные города являют собой потрясающее, завораживающее зрелище. И было бы неверным утверждать, что это зрелище вызывает исключительно отрицательные эмоции. Многие не могли наглядеться на руины. Они воспринимали их как своего рода зеркало своего внутреннего состояния; у некоторых даже возникало чувство, будто только теперь наконец стало ясно, чтó представлял собой мир до войны. Они бродили среди руин, погруженные в мрачные думы, как дюреровская Меланхолия в окружении своих инструментов, и искали скрытые глубинные причины этой чудовищной катастрофы.

Архитектор Отто Бартнинг увидел в руинах «образ внезапно вскрытой войной латентной болезни»: «Руины молча смотрели на нас и казались не результатом бомбежек и артиллерийских обстрелов, а следствием каких-то внутренних причин. Можем ли мы, хотим ли мы вновь воссоздать всю эту беспощадно разоблаченную машинерию нашего технизированного бытия со всей ее тяжестью и суетливостью, бездумностью и демоничностью? Внутренний голос говорит: нет»[16].

Ощущение, что руины показывают подлинное лицо мира, возникало у многих. Они ходили по разрушенным городам и делали «снимки-предостережения». Они, конечно, хотели отобразить тот ужас, который сами испытали при виде зловещих картин. Но даже такой апокалиптический пейзаж, как разбомбленный, черный, обугленный Дрезден, не останавливал людей в их честолюбивых попытках извлечь из этого зрелища еще больше инфернального, чем оно и без того в себе заключало. В полуразрушенном здании Академии художеств был случайно найден скелет, служивший учебным пособием в натурных классах.

Этот скелет — сам по себе весьма оригинальное зрелище среди развалин — производил особенно зловещее впечатление, потому что был механическим и мог изображать бег на месте или резко выбрасывать вперед ногу, словно за ним гнался сам дьявол.

Фотограф Эдмунд Кестинг поставил скелет таким образом, что казалось, будто он танцует среди развалин. А его коллега Рихард Петер растопырил ему руки и ноги, чтобы получился своего рода образ смерти, собирающей свою законную дань.

Разумеется, оба фотографа понимали, что впечатление от зрелища уничтоженного Дрездена не нуждается в усилении, но в пылу профессионального азарта не смогли побороть соблазн сделать снимок еще более эффектным с помощью разных фокусов.

Главным образом разрушения в немецких городах стал снимок Рихарда Петера «Вид на Дрезден с башни ратуши», который часто называют также «Статуя-обвинитель». На нем с высоты птичьего полета показан разбомбленный город. На переднем плане справа стоит статуя, похожая на ангела, который жестом, полным отчаяния, указывает на место трагедии. Чтобы добиться такого ракурса и снять трехметровую статую на галерее башни сверху, на фоне зияющего пустыми глазницами окон города, фотограф проявил чудеса изобретательности и потратил немало сил и времени. Прежде всего ему пришлось раздобыть четырехметровую лестницу. Усилия его окупились сторицей: «Через два дня я, вооружившись камерой „Роллейфлекс“, в третий раз поднялся по бесконечной башенной лестнице наверх и сделал это фото статуи-обвинителя — после целой недели подготовки, беготни и поисков. Снимок приобрел мировую известность, принес мне кучу солидных гонораров, не раз становился жертвой пиратства и плагиата»[17]. Ангел, часто упоминающийся в описаниях фото, на самом деле вовсе не ангел, а аллегория *bonitas*, добра, доброты. Какая горькая ирония!

Конкурент Петера на Западе, кёльнский фотограф Герман Клаазен, был тоже не прочь усилить эмоциональное воздействие образов разрушения с помощью художественных приемов. В конце мая 1945 года он сфотографировал первую торжественную процессию в Праздник Тела Христова после войны. Невероятное зрелище — мимо разрушенных домов, силуэты руин которых врезались в серое небо, по истерзанной земле, по камням, превращенным в труху, тянется длинная процессия одетых в черное людей, словно некое призрачное шествие кающихся грешников, словно колонна отверженных перед сте-

Длящийся ужас: Герман Клаазен, «Шествие на праздник Тела Христова», Кёльн, 1945 год. Если присмотреться, то можно увидеть фотографический трюк: изображение собрано из двух кадров, а центральная часть повторена дважды

нами опустевшего, умершего города. Чтобы усилить драматизм сюжета, Клаазен прибегает к простому трюку. Для своего фотоальбома «Песнь в пещи огненной», впервые опубликованного в 1947 году, он удлинил панораму этой многофигурной композиции, скопировав среднюю часть снимка и смонтировав ее дважды. Таким образом он как бы расширил границы кёльнской трагедии. Чтобы заметить этот обман зрения, нужно внимательно всмотреться в снимок.

Однако в разрушенных городах и без того не было недостатка в оптических сенсациях. Рухнувшие с фасадов фигуры

Христа лежали в пыли с распростертыми руками, посреди обрушившихся колонн паслись овцы, перед Бранденбургскими воротами рос картофель.

Вскоре появилась реклама руинных фотокурсов. Фотографы-любители под руководством преподавателей-профессионалов карабкались по грудам развалин и учились эффектно снимать причудливые сцены. Это было куда более волнующим занятием, чем фотосафари по полям и лугам. Вид сквозь разбитые окна давал глубину, изогнутая арматура — ритм и структуру, свисающие потолки повышали драматизм сюжетов. Такие образы надолго оседали в сознании. Даже шестьдесят лет спустя в некрологе кассельскому фотографу Вальтеру Тиме было написано: «Умер певец развалин»[18].

Особенно часто на фоне руин снимали детей, любовные пары; популярна была и реклама моды. Пока одни еще ползали по развалинам и жили в разрушенных домах, другие уже представляли в этом антураже вечерние туалеты первого послевоенного сезона. Профессиональный фотограф Регина Реланг устроила презентацию роскошного белого платья из тафты в разрушенном мюнхенском кафе «Аннаст». Плетеный диван на переднем плане сломан; манекенщица озабоченно смотрит наверх, словно опасаясь, что потолок рухнет ей на голову. Этот вопросительный взгляд придал сцене особую выразительность.

Лежащий в развалинах город как нельзя лучше иллюстрирует тему бренности человеческого бытия и посылает чувственный импульс, хорошо известный в католических городах по барочной риторике о суетности и тщетности жизни. В предисловии к альбому Германа Клаазена «Песнь в пещи огненной» писатель Франц А. Хойер говорит о разрушенном Кёльне: «И кажется почти абсурдом, что в этой разрушенности проявляется красота, которая прежде была незаметна. Например, в какой-нибудь архитектурной форме. Похоже, именно поэтому иная деталь, скажем, торс, говорит о содержании и форме несравнимо

Развалины ей к лицу. В 1946 году модный фотограф Регина Реланг пригласила модель в развалины мюнхенского кафе «Аннаст»

больше, чем целое. Так, например, статуя Богоматери в церкви св. Колумбы, можно сказать, „выигрывает“ от своего нового состояния. Разве скульптор, изваявший ее много столетий назад, не наделил ее совершенством, в котором — как нам сегодня может показаться — кроется нечто сомнительное?»[19]

Поразительно, что посреди этого апокалиптического ужаса, при виде которого, судя по свидетельствам американских и британских военнослужащих из Кёльна, даже бывалый солдат с огрубевшим сердцем теряет дар речи, некто философствует по поводу того, что в перфекционизме готической скульптуры «кроется нечто сомнительное»! Это, мол, приговор истории, властно отредактировавший и перечеркнувший прежний образ. И совершенное творение средневекового честолюбца в известном смысле было заслуженно низвергнуто в прах: «Сколько дерзкой, часто поистине вавилонской строительно-созидательной самонадеянности наросло и налипло и здесь на настоящее, здоровое зодчество и искусство! И порой только теперь вновь открывается подлинная первооснова!»[20]

Хойер разгуливал по разгромленному Кёльну и радовался, что из-под сгоревшей мишуры снова проступила «первооснова». Что это было? Что породило такую трактовку катастрофы? Неукротимая «жажда смысла»? Возможность релятивизировать немецкую вину и списать все на «вавилонскую строительно-созидательную самонадеянность»? Или в нем просто говорил профессионал, искусствовед с тонким восприятием, который, абстрагировавшись от множества смертей, способен радоваться тому, что скульптура Мадонны «выигрывает» на фоне руин?

В пользу последнего говорит замечание историка искусств Эберхарда Хемпеля, который в журнале Zeitschrift für Kunst тоже предается раздумьям о «красоте руин»[21]. Удручающее чувство невосполнимой утраты, конечно, переполняет еще многие сердца, говорит он, но «зоркий глаз, открытый для художественного восприятия», скоро замечает, что «проявление ядра здания» обнажает его внутреннее единство и часто наделяет архитектурные произведения красотой, которой они раньше были лишены из-за «разукрашенной на все лады штукатурки и множества несущественных деталей». Сила воздействия их еще более возрастает, когда уцелевшие стены оказываются в безраздельной власти природы.

Этот взгляд отражает и нечто другое — современную ненависть к орнаменту, которая еще больше усилилась в результате произошедшей катастрофы. Орнамент считался знаком, символом омерзительного прошлого, которое лживыми обещаниями и пустыми фразами и привело к этой катастрофе. Неприятие украшений и штукатурки, усвоенное в эпоху новой вещественности и приобретшее в условиях фашизма народный характер, продолжало жить и после войны и привело во время восстановления городов к возникновению особого феномена, который получил название «энтштукунг»: все, что осталось от декора, удалялось, с тем чтобы последние импозантные здания обнажились и приобрели «более естественный» вид. Иногда это обосновывалось соображениями безопасности, потому что куски поврежденной штукатурки падали с фасадов зданий. Но истинной причиной чаще всего было отвращение ко всякого рода излишествам. Строители с восторгом сбивали с фасадов эпохи грюндерства так горячо любимый сегодня декор и представляли взорам сограждан «очищенные от шлаков» голые кубы как наиболее созвучную времени эстетическую норму. В некоторых городах даже учредили «энтштукунгские премии».

Даже такая высокообразованная и политически мудрая писательница, как Элизабет Ланггессер, находила красоту в гибели городов и извлекала из этого предмета лирические ноты. Глубоко верующая дочь еврея, обратившегося в католичество, в 1947 году она вернулась в свой родной Майнц. Там она с восторгом приняла участие в карнавале и написала об этом текст, который был опубликован 16 марта 1947 года в берлинской Tagesspiegel под названием «Холодное путешествие в Фастнахт». После известной дозы «Домталя» урожая 1945 года, «которое еще имеет легкий привкус виноградного сусла и только через пять-шесть лет раскроет свой подлинный букет», ей вдруг открылось очарование разбомбленного Майнца.

Одним из главных образов разрушения в немецких городах стала фотография Рихарда Петера «Вид на Дрезден с башни ратуши», которую часто называют также «Статуя-обвинитель»

«Разрушенная прелесть. Ни один Капитолий не выглядит более античным, ни один храм — более изящным, ни один фасад не дышит большей мощью. Но если другие города рейха, современные мегаполисы... не более чем просто разрушены — руины, похожие на обломки огромных зубов, разверстые пасти древних амфибий и сломанные хребты, — то достоинство и значительность, человеческая мера и духовная свобода римско-барочного города, такого как этот, вновь вырастают в полный свой рост лишь теперь, из хаоса разрушения; он еще раз обнажает свой фундамент и первооснову, из которой вырос; органичность и лапидарность; семя и камень. Как отчетливо выделяются на фоне неба изогнутые, пустые фронтоны, какими легкими кажутся отдельно стоящие стены с пустыми проемами окон! Здесь сохранился нежный лиственный орнамент, там — изящный фриз, и когда речка струится по камням, кажется, будто она высвобождает родничок, обол из недр могилы*, улыбку пенат. В этих руинах не осталось ничего — только мечты и воспоминания. Очень глубокие и неразрушимые, окаменевшие воспоминания: плоские камни, которые осеняют путь или не-путь в выложенных кирпичом арках по подобию римских акведуков. Какая мощь! Обнаженная, как сила великанов, и в то же время низвергнутая и побежденная, как древний род гигантов. Как все это будет выглядеть, когда луна прольет на землю свое волшебное сияние, загадочный свет Гекаты? Когда весной этот могильник прорастет травами и сорняками, печеночницей, анагаллисом и плоскими розетками подорожника, а на какой-нибудь колонне, словно кем-то приклеенная и забытая, замрет раковина улитки, перекликаясь своей спиралевидной формой с изгибом волют — мелодичней и сильнее, чем рисунок какого-нибудь Родена, когда его грифель скользит по листу бумаги, копируя барельеф».

Этот текст нужно прочесть несколько раз, чтобы полюбоваться всеми гранями духовной флоры, взращенной фантазией автора на руинах Майнца. Он великолепен, точно выстроен, но в то же время неудобоварим в этой выставленной напоказ культурно-исторической эрудиции, с которой автор увязывает ужасы войны с мифологическими сюжетами и мысленно чокается очередным бокалом «Домталя» урожая 1945 года с геройски павшими стенами.

Если даже поэтесса Лангтессер могла смотреть на руины своего родного города с таким философским спокойствием, то неудивительно, что как раз архитекторы находили в разрушенных городах множество источников положительных эмоций. Они недолго пребывали в шоке и ужасе; очень скоро они уже предавались нескрываемой радости по поводу творческой

---

* Имеется в виду древнегреческий обычай класть мелкую монету (обол) в гроб покойника как плату Харону за переправу души умершего в мир мертвых. — *Прим. ред.*

свободы, которую им обеспечили бомбы. Базельский архитектор Ганс Шмидт был в восторге от «гигантских лакун в городском организме» и видел в них предвестие будущего. Во время своего визита в Берлин он написал: «Груда камней... обрела воздух и пространство. Отдельные строения кажутся невероятно пластичными. Неужели это невозможно — дать городу, который вновь отстроят, это величие и пространство, эту глубину и ширь разверстого над ним неба?»[22]

А Ганс Шарун, назначенный в 1945 году председателем комиссии по восстановлению Берлина, видел в разрушении прежде всего сэкономленные расходы на снос поврежденных зданий: «Механическое разрежение застройки за счет бомбардировок и штурма дает нам возможность широкомасштабного, органичного и функционального восстановления»[23].

Пожалуй, самое благотворное влияние руины оказали на творчество берлинского художника Вернера Хельдта. В двадцатые годы он писал меланхолические городские пейзажи, главным образом окрестные улицы, которые превращал на своих полотнах — очистив от рекламы, декора, а чаще всего и от людей — в воображаемое, совершенно свободное городское пространство. После войны, вернувшись из плена, Хельдт открыл для себя новый Берлин, который странным образом оказался ближе к его довоенному видению города. Еще до войны, когда его одолевали, как он выражался, «хузумские настроения»*, он воспринимал Берлин как некий серый приморский город. В стихотворении «Моя родина» в 1932 году он писал:

И тысячи бледных домов с пустыми глазами
Стоят, погруженные в думы, грезят о море.

---

* Хузум — портовый город на севере Германии, меланхоличные морские пейзажи которого прославлены в поэзии уроженца Хузума, немецкого классика Теодора Шторма. — *Прим. ред.*

Застывшая скорбь лежит на высоких фронтонах.
Над ними бесцветный тяжко навис небосвод[24].

И вот в 1946 году Хельдт ходит по разбомбленному городу и ликует: «Теперь Берлин и в самом деле стал приморским городом!» Широкие, уже расчищенные «залежные поля» темнели между домами, как огромное море. На берегах стояли уцелевшие улицы, словно вереницы домов портового города. Хельдт, сын священника, всю жизнь страдал тяжелыми депрессиями, но зрелище разрушенного города не стало для него очередным источником тоски и подавленности[25]. «Приезжай к нам в Берлин, он очень похорошел благодаря руинам», — писал он в Штутгарт своему другу Вернеру Жилю[26].

Послевоенные годы оказались самым продуктивным периодом в творчестве Хельдта. Сразу несколько его картин носят одно и то же название: «Берлин на море». На них вздымаются песчаные волны, плещут в фасады домов; на некоторых полотнах можно даже видеть рыболовный катер, «проплывающий» мимо памятника. До самой смерти Хельдта в 1954 году его живопись развивалась в направлении все более абстрактного образа города, в котором дома редуцированы до своих изначальных кубических форм и уподоблены деталям натюрморта. Иногда дома словно качаются на волнах, иногда напоминают раскрытый веер или игральные карты в руке. Грубые брандмауэры оживляются нанесенными кистью или шпателем пятнами, которые кажутся экспериментами с материалом — деревом или мрамором с прожилками. Это какой-то странным образом просеянный, утрясенный Берлин, ставший своей собственной мечтой, — ведь на этих рисунках, что характерно, почти не встречаются настоящие руины: чаще всего это «пробелы», оставшиеся от разрушенных домов.

Эти городские натюрморты в своей пророчески-таинственной отрешенности — может, и не самые жизнеутверждающие

Вернер Хельдт: «Развалины», 1947 год. «Теперь Берлин и в самом деле стал приморским городом! — писал художник своему другу Вернеру Жилю в Штутгарт, — Приезжай к нам в Берлин, он очень похорошел благодаря руинам»

картины, но они переводят образ разрушенного города на язык некой горькой красоты, которая ложится зрителю на сердце. Хельдт стал одним из популярнейших художников Берлина. В галерее «Розен», открывшейся 9 августа 1945 года на Курфюрстендамм, он был гвоздем программы. По поводу «Берлина у моря» Хельдт произнес речь[27], в которой среди прочего сказал: «Под мостовой Берлина всюду песок, сердцевина города. А когда-то это было дно моря. Но и творения рук человеческих — тоже часть природы. Дома вырастают по берегам, увядают, обращаются в прах… Дети любят играть с водой и песком; возможно, они еще догадываются, из чего сделан город»[28].

«Под мостовой — пляж» — этот романтический девиз парижской весны 1968 года был понятен и в 1946-м. В воронках от бомб Хельдт видел песок былого морского дна и мелкий щебень размолотых руин. И то и другое напоминало ему прах, из которого город возник и в который однажды снова обратится. А пока что дома плясали на песке, качались на песчаных волнах и противились времени. До поры. До сегодняшнего дня.

Глава третья

Великое переселение народов

Летом 1945 года в четырех оккупационных зонах жили приблизительно 75 миллионов человек. Многие из них оказались не там, где должны были или хотели бы находиться. Одни были мобилизованы, другие изгнаны из своих жилищ или стран, третьи угнаны на работу в Германию. Великая мясорубка войны выплюнула уцелевших вдали от их родины или от дома.

В числе этих сорока миллионов выкорчеванных из родной почвы людей была и бóльшая часть десяти с лишним миллионов попавших в плен немецких солдат[1]. Большинство из них постепенно, начиная с мая 1945 и до конца 1946 года, отпустили домой, за вычетом трех с половиной миллионов военнопленных, интернированных в Советский Союз, и 750 тысяч увезенных во Францию. Немецкие военнопленные сидели в лагерях, разбросанных по всей Европе и в США. Несколько миллионов солдат оказались в плену уже после того, как британцы и американцы вступили на немецкую землю; большинство из них сдались добровольно.

Девять миллионов горожан из страха перед бомбежками или из-за того, что лишились жилья в результате авианалетов, бежали в сельскую местность или были эвакуированы. Большинство из них желали вернуться домой, тем более что деревенские жители не питали к ним особой симпатии. Однако из-за того, что транспортная система была разрушена, возвращение в родные пенаты оказалось непростой и часто невыполнимой задачей. Чемоданы превратились чуть ли не в самый ходовой товар. Достать их было практически невозможно; они стали дефицитом еще во время постоянной беготни из квартиры в бомбоубежище и обратно.

К числу тех, кто был оторван от своей родины, относились и от 8 до 10 миллионов вчерашних узников концентрационных и трудовых лагерей. У них не было ничего, кроме арестантских лохмотьев. А освобождение еще совсем не означает быстрое возвращение домой — если вообще есть куда возвращаться. Те, кому не выпало счастье сразу же после освобождения получить от оккупационных властей все необходимое и с их же помощью уехать на родину, кочевали по побежденной стране, жители которой еще совсем недавно жестоко их угнетали (а многие по вине этого государства, узаконившего массовые убийства, к тому же лишились всех своих родных и близких). Но большинство освобожденных узников, изможденные и бездомные, оставались в новых или старых лагерях и апатично ждали решения своей участи. Еще двенадцать с половиной миллионов немцев, изгнанных из бывших восточных областей рейха, шли большими или малыми группами по Германии, чаще по совершенно незнакомым местам, где им недвусмысленно давали понять, что они тут никому не нужны. Однако они все же должны были найти место, где смогут обосноваться.

Ответственность за всех этих людей со дня капитуляции формально легла на военную администрацию четырех оккупационных зон. Сорок миллионов человек, по тем или иным причинам оторванных от своих корней, — беженцев, дезертиров, бездомных, потерявших все, лишившихся средств к существованию, — вынужденное переселение немыслимого масштаба! Конечно, не все эти толпы людей на самом деле были в движении. Большинство из них, как раз наоборот, застряли в лагерях, которые лишь мучительно медленно, с большими задержками, освобождались от своих обитателей. Одних нужно было как можно скорее отправить по домам, других для начала хотя бы временно где-нибудь расселить. А кормить нужно было всех — логистическая задача космических масштабов, которая далеко не всегда решалась успешно. Количество немецких военнопленных, подлежавших предварительному заключению, после капитуляции было настолько велико, что союзники не нашли иного выхода, как разместить около миллиона человек под открытым небом за колючей проволокой в так называемых прирейнских лагерях, которые официально назывались «временными изоляторами для военнопленных». Только к концу июня большинство из этих 23 лагерей оборудовали туалетами, крытыми кухнями и бараками для больных. Последний из этих лагерей расформировали в сентябре 1945 года, когда бóльшая часть заключенных была допрошена и отпущена или переведена в другие лагеря.

Набитые битком лагеря, в которых солдаты спали на голой земле, терпели зной и холод, производили жуткое, шокирующее впечатление, олицетворяли людскую массу, до уровня которой нацистский режим и война низвели общество. Жившим по ту сторону заборов из колючей проволоки приходилось ненамного легче. Те, кто, имея крышу над головой, отваживался пуститься в путешествие, видели толпы людей на улицах, на перронах и в залах ожидания. Журналистка Урсула фон Кардорфф в сентябре 1945 года так описала увиденное ею на вокзале в городе Халле: «Жуткое зрелище. Груды развалин, между которыми бродят существа не от мира сего. Возвращающиеся домой солдаты в рваных зимних мундирах, покрытые гнойными ранами, с самодельными костылями… Живые трупы»[2].

Сорок пять процентов всего жилья было разрушено. В городах миллионы бездомных людей отчаянно искали хотя бы временное прибежище, ночевали в домиках на пригородных садоводческих участках, в переполненных квартирах родственников,

Военнопленные за колючей проволокой. Во время наступления союзных войск миллионы немецких солдат попали в плен. На фотографии изображен один из «лагерей на Рейнском лугу» вблизи Ремагена в апреле 1945 года

в бункерах или на уличных скамейках, которые еще не успели пустить на дрова. Многие спали прямо на тротуаре, иногда на ступеньках крытой лестницы в подвал, под мостом или среди развалин, рискуя быть раздавленными рухнувшими остатками здания. Еще более реальным был риск стать жертвой грабежа или насилия. Количество только зарегистрированных грабежей выросло на 800 процентов. На самом деле их было еще больше, просто многие не обращались в полицию, полностью утратив доверие к правоохранительным органам.

Многие люди устраивались в подземных коммуникациях. В Кёльне британские солдаты обнаружили группу из шестидесяти человек, которые образовали коммуну под землей. Похитив в подвале одного из универмагов большое количество продуктов, они обеспечили себя питанием на несколько месяцев, а излишки активно продавали на черном рынке. В Мюнхене такие же предприимчивые горожане приспособили для комфортного проживания подвал разбомбленного отеля «Регина». Спали они в расположенных вокруг бывшего бассейна ванных комнатах с кушетками и шезлонгами, покрытыми белыми простынями, на завтрак собирались в бельевой комнате и ели то, что им удалось раздобыть накануне. В подвале каким-то чудом уцелел водопровод; работали даже душевые кабины[3].

Другим приходилось довольствоваться менее комфортабельным жильем. Особой популярностью, несмотря на свою дурную славу, пользовались вокзалы. С их завсегдатаями приходилось делить спальные места на полу даже самым зажиточным пассажирам, потому что поездов часто было не дождаться по несколько дней.

Все постоянно куда-то шли — в том числе и для того, чтобы узнать новости. Ввиду отсутствия почты и телефона связи поддерживались при помощи ног. В тревожном хаосе первых послевоенных месяцев новости были жизненной необходимостью. Кто остался в живых, кто пропал без вести, где и что можно получить — пусть даже всего лишь полезную информацию — все это люди могли узнать, только если не сидели сложа руки. Положение было неясным, снабжение прервано. Поэтому каждому хотелось оставить хоть какую-то весточку, подать родным и близким знак, что он жив. Уезжая или перебираясь на новое место жительства, люди писали на двери свой новый адрес, например: «Ганс Зиберт живет в Веддинге, Зольднерштрассе, 98, в семье Винцеров». Все жаждали полезных советов и новостей, ходили по знакомым и друзьям послушать других и поделиться информацией. Чтобы раздобыть что-нибудь на черном рынке, тоже иногда приходилось отправляться на другой конец города, преодолевая немыслимые расстояния.

На кадрах берлинской кинохроники лета 1945 года люди бегают взад-вперед, как потревоженные муравьи: русские и американские солдаты, немецкие полицейские, подростки, целые семьи, спешащие куда-то со всем своим скарбом на ручных тележках, оборванные бывшие военнопленные, инвалиды на костылях, господа в элегантных костюмах, велосипедисты в белых сорочках и с галстуком, женщины с пустыми рюкзаками, женщины с полными рюкзаками — во всяком случае, гораздо больше женщин, чем мужчин. Одни движутся целеустремленно, другие бесцельно бродят по городу, ищут общения, остро нуждаясь в еде или крыше над головой. В жизни одних, судя по всему, мало что изменилось в бытовом плане, другие растерянно бродят по городу в поисках пристанища. Социальные контрасты разительны: пока одни люди под открытым небом, прямо на тротуаре принимают скудную пищу, приготовленную на маленьком импровизированном костре, другие уже через месяц после окончания войны попивают послеобеденный чай на террасе кафе на Курфюрстендамм, глядя на прохожих, прогуливающихся по бульвару, как в старые добрые времена. Уже ходят первые трамваи, продираются сквозь густую толпу черные лимузины, военные джипы и запряженные лошадьми повозки. Толкучка — самая благоприятная среда для торговли из-под полы. Многим это неприятно. Одни чувствуют себя как рыба в воде, другие испытывают отвращение от столь тесных контактов. «Добро пожаловать на дезинсекцию ночью в Вустерхаузен», — пел Булли Булан в своем знаменитом шлягере на мелодию Гленна Миллера «Chattanooga Choo Choo»[4].

Расхожее мнение, будто Германия после окончания войны опустела, обезлюдела и наконец-то затихла, ошибочно. Конечно, были и безлюдные места, где раннее лето, как и каждый год, рисовало идиллические картины, сотканные из света и зелени, но даже по этим внешне, казалось бы, нетронутым войной пейзажам куда-то брели оторванные от своих корней люди. В своем романе «Off Limits»*, опубликованном в 1955 году и наделавшем много шума, а сегодня практически забытом, бывший американский офицер службы пропаганды Ганс Хабе описывает встречи побежденных и освобожденных на дорогах бывшего рейха в 1945 году: «Колонны грузовиков, везущих назад, на родину, тех, кто был угнан в Германию, — женщин и детей с постельным бельем и трофеями. Водители-негры из Алабамы, Джорджии или Миссисипи везли их на восток, в Варшаву. На запад же двигались другие колонны — с освобожденными французскими военнопленными, с развевающимися триколорами. Это был целый мир на колесах: военные машины, цыганские кибитки, танки, цирковые повозки, победители и побежденные — все моторизированы. Между ними сочился тоненький ручеек — мир пешеходов, немецкий мир. Мужчины и женщины брели по разбитым полевым дорогам. Кто-то искал кусок хлеба, кто-то — своих детей. Одни проклинали победителей, другие вели с ними примитивную торговлю. Когда какая-нибудь автоколонна останавливалась, останавливались и пешеходы. Иногда сверху, с танка или грузовика им протягивали буханку хлеба... Женщины стояли между танками, пышущими жаром, и грузовиками с военнопленными. Кому улыбаться? Победителям или побежденным?»[5]

---

* «Вход воспрещен» (англ.). — *Прим. ред.*

Освобожденные «рабы» и узники концлагерей, навсегда лишенные родины

Основная масса людей на дорогах бывшего рейха состояла из двух диаметрально противоположных по своему характеру групп: *displaced persons* и переселенцев, изгнанных с бывших немецких территорий. «Перемещенными лицами» (*displaced persons, DP*) западные союзники называли людей, угнанных нацистами на работы в Германию, которые после освобождения из своих лагерей еще оставались в Германии и за дальнейшую судьбу которых отвечали оккупационные власти. *Displaced* несколько неуклюже, но, в сущности, очень точно переводилось на немецкий словом *entheimatet*, «лишенный родины». Оно верно отражало суть явления, потому что вина за произошедшее возлагалась не на угнанных, а на тех, кто угнал их в неволю. Впрочем, более распространенным было выражение *heimatlos*, «безродный», к которому часто присовокуплялось существительное *Gesindel*, «сброд»; большинство же немцев называли DP просто *Ausländer*, «иностранцами»[6].

За годы войны Германия депортировала в рейх около семи миллионов иностранцев, чтобы восполнить нехватку рабочих рук в тылу, вызванную мобилизацией. Эти рабы в полной мере испытали ужасы последних дней войны. С ними обращались еще более жестоко, чем раньше. Они, как и немцы, становились жертвами бомбардировок, только в отличие от своих хозяев не имели возможности укрыться хотя бы в бомбоубежищах. Многим из них удалось бежать, воспользовавшись хаосом во время авианалетов, и теперь они кочевали по стране — вне закона, абсолютно беззащитные и бесправные. В поисках пищи они бродили по лесам или пытались раствориться в сутолоке городов. Их более или менее ощутимое присутствие у многих немцев подпитывало паранойю. А на тех, что пока еще продолжали работать до упаду на фабриках, нацисты смотрели с растущей тревогой. Чем труднее становилось положение, тем больше местные власти опасались восстания рабов. Эта опасная перспектива всегда беспокоила нацистов даже больше, чем сопротивление немцев; теперь же их страх стал паническим. А в конце войны, убедившись в невозможности извлечь хоть еще какую-то пользу из иностранных рабочих, нацисты стали просто целенаправленно уничтожать их в промышленных масштабах[7]. Эта бойня объяснялась отчасти страхом перед возмездием, отчасти общими апокалиптическими настроениями[8]. Нацистам хотелось забрать с собой в могилу как можно больше «врагов», даже если те были безоружны и беззащитны.

Опасение, что депортированные рабочие могут поднять восстание, было далеко не беспочвенным, если учесть то, что́ им пришлось пережить. Поляки и французы начали готовить сопротивление еще за несколько недель до конца войны: они тайно изготавливали простейшее оружие — дубинки и ножи — и кое-где уже даже пускали его в ход. И жертвами их становились не только те, кто был непосредственно причастен к их порабощению. Жестокость лагерной жизни ожесточила и самих узников. Массовые убийства их товарищей по несчастью породили в них ненависть и жажду мести. После освобождения нередко целые группы иностранных рабочих нападали на деревни или хутора, грабили и убивали[9]. Схваченные солдатами оккупационных войск, они искренне удивлялись тому, что их привлекают к ответственности. На допросах они — чаще всего русские, поляки или венгры — выражали убежденность в том, что не нарушали никаких законов, что немцы теперь вне закона и такие же бесправные существа, какими под их властью были они сами[10]. Многие из них в свое время были схвачены у себя на родине во время облав прямо на улице и угнаны в Германию. Причем немецкие оккупанты не считали нужным даже сообщить причину ареста, не говоря уже о том, чтобы сообщить родным или близким задержанных, куда и надолго ли их увезли.

Союзные войска никак не ожидали, что DP станут для них настоящим стихийным бедствием и настолько затруднят их попытки поддержать элементарный общественный порядок. Они оказались совершенно не готовы решить эту проблему, поскольку все их силы были направлены на военные действия и дальнейшее продвижение вперед. Один штабной офицер американской армии даже принял «орды» DP за новое вундерваффе*, направленное на деморализацию противника[11]. Когда американцы взяли Франкфурт, они сформировали команду в количестве двадцати одного солдата, которая должна была заниматься 45 тысячами военнопленных. Они то и дело сталкивались с огромными толпами растерянных узников, охранники которых разбежались. Так, например, перед военной фабрикой, производившей детали для самолетов, их вдруг встретили три тысячи французских рабочих, ни слова не понимавших по-английски. А из американцев никто не говорил по-французски. Кого и куда надо было отправлять, кто и где должен был добывать продовольствие для этих французов, никто не знал. Никто не мог распутать этот гордиев узел. Часть рабочих добровольно осталась в своих ненавистных бараках, другие разбрелись куда глаза глядят[12].

На дорогах скапливалось все больше бродяг, которые спасались от голода грабежом и насилием. Один англичанин писал, что «за считаные дни рабство превратилось в бродяжничество»: «На дорогах можно наблюдать толпы бродяг, кочующих в одиночку или небольшими группами, с ручными тележками, груженными незамысловатым скарбом. Одни в лохмотьях, другие в старых солдатских мундирах разных армий»[13].

---

* От нем. *Wunderwaffe*, «чудо-оружие».

Особенно кровавый инцидент случился 20 ноября 1945 года под Бременом. Группа польских DP из относительно благополучного лагеря Тирпиц ночью ворвалась на отдаленный хутор, где находились тринадцать человек, в том числе дети. Отняв у них все продукты питания и более или менее ценные вещи, поляки расстреляли их всех в подвале. Выжил только один человек, который притворился мертвым, — 43-летний Вильгельм Хамельманн. Эта трагедия вызвала большой резонанс, потому что Хамельманн публично простил злоумышленников и добивался их помилования, несмотря на то что они отняли у него жену и детей.

Прошло немало времени, прежде чем союзники смогли сориентироваться в хаосе, предшествовавшем капитуляции и разразившемся с еще большей силой после окончания войны, и разместили DP в относительно приемлемых условиях. Но и после этого проблем и жестоких стычек было предостаточно. Поведение военных по отношению к освобожденным иностранным рабочим постепенно менялось. Сначала DP как жертвы нацистского режима повсеместно пользовались широкой поддержкой оккупационных властей. В магазинах они по особому распоряжению администрации обслуживались в первую очередь и пользовались привилегиями, из-за чего их вскоре возненавидели местные жители, поскольку продуктов было крайне мало и они были строго рационированы. Росту недовольства немцев способствовали и претензии иностранцев получить более или менее достойное жилье. Поскольку эти огромные массы людей можно было обеспечить жильем лишь с помощью радикальных мер, оккупационные власти реквизировали не только фабричные цеха и госпитали, но зачастую и целые рабочие поселки с благоустроенными домами, причем без предупреждения: иногда жителям приходилось немедленно покидать свои квартиры, чтобы освободить место для «иностранцев». Когда DP спустя несколько месяцев по распоряже-

Пригород Берлина, май 1945 года

нию военной администрации отправляли в новые, специально подготовленные для них лагеря, они нередко устраивали скандалы и в ярости громили покидаемые жилища, а иногда даже поджигали их.

Многолетнее рабство и лагерная жизнь привели многих DP к серьезным поведенческим расстройствам. Они стали вспыльчивыми и агрессивными даже в общении с доброжелательными людьми, тем более что работавшие с ними солдаты оккупационных войск далеко не всегда проявляли деликатность и терпение. Сталкиваясь с деструктивным поведением своих подопечных, они часто теряли уважение и сочувствие к ним. Шокирующий случай, наглядно иллюстрирующий масштабы огрубления нравов, произошел в освобожденной Франции. Там в начале 1945 года в лагере Шалон-сюр-Марн находились 3500 советских DP. Когда американцы решили перенести лагерь в другое место, в одном из задействованных поездов дело неоднократно доходило до эксцессов. Русские DP еще до отправки разгромили и сожгли лагерь, а в поезде продолжили бесчинства. Во время многократных остановок, которые они сами устраивали с помощью стоп-крана, они грабили окрестные поселения и вступали в стычки с французами. В конце концов об этом доложили представителю советского главнокомандующего при главной ставке объединенных союзных войск в Париже, генералу Драгуну. Тот прибыл на место, произвольно выбрал десять DP и приказал их расстрелять[14]. Он поступил с ними так же, как с ними много лет обращались нацисты. Логика «расчеловечивания», царившая в нацистских концентрационных лагерях, продолжала действовать и после войны — в поведении как жертв нацизма, так и не готовых к такой ситуации, растерянных победителей[15].

После войны союзники антигитлеровской коалиции столкнулись с логистической задачей невообразимого масштаба — отправить обратно на родину от 8 до 10 миллионов иностранных рабочих. В условиях массового переселения отдельные люди уподоблялись песчинке, до которой никому нет дела. Были длинные товарные поезда, в которых освобожденные узники и рабы радостно, с песнями ехали домой, но были и такие, в которых люди подавленно молчали, прекрасно понимая, что той родины, с которой их угнали на чужбину, больше не существует. Число репатриантов было таким огромным, что исчислялось суточными нормами перевозки. В «лучшие времена», в мае 1945 года, союзным войскам удавалось отправлять домой по 107 тысяч человек в день. Этот результат кажется тем более поразительным, что он достигался в условиях разрухи и хаоса, несмотря на разрушенные мосты, взорванные железнодорожные пути и острую нехватку транспортных средств. На запад транспортировка осуществлялась и самолетами, и грузовиками, на восток — чаще всего в железнодорожных вагонах, мало отличавшихся от тех, в которых возили людей в Освенцим. Война нанесла тяжелый ущерб железнодорожным сетям. Часто поезда неожиданно останавливались, потому что бастовали машинисты или были повреждены рельсы, и тогда более тысячи пассажиров приходилось как-то обеспечивать едой вдали от населенных пунктов. Поездка в таких условиях могла длиться до шести дней — в поездах без отопления и санитарно-технического оборудования.

В сентябре 1945 года число репатриантов сократилось на 90%, в том числе и потому, что многие DP не желали возвращаться на родину. Замедление темпов репатриации стало для военной администрации и ЮННРА (Администрации Объединенных Наций по вопросам помощи и восстановления) серьезной проблемой, поскольку в Германии в лагерях до сих пор находилось более миллиона DP, и приближение зимы грозило еще сильнее ухудшить ситуацию.

Тем временем в лагерях отношение солдат к DP стало гораздо более суровым. Из «социальных работников» солдаты постепенно превращались в охранников. Заборы — нередко из колючей проволоки — стали выше, ворота запирались и охранялись часовыми. Покинуть лагерь можно было лишь по «уважительной причине». Дисциплинированные, послушные — чтобы не сказать подобострастные и угодливые — немцы были для солдат оккупационных войск самыми удобными «клиентами», зато их вчерашние жертвы — угнанные в Германию на работы иностранцы — отличались анархизмом и своеволием. Это привело к довольно зловещему альянсу: облавы и обыски в лагерях с целью изъятия оружия, краденых вещей и нелегальных товаров солдаты союзных войск часто проводили совместно с немецкими правоохранителями, что, естественно, воспринималось DP как чудовищная провокация. В полицейских и солдат летели камни, в ход шли дубинки; злость и ожесточение росли с обеих сторон.

Обращение с DP улучшилось только после так называемого отчета Харрисона. По поручению американского президента Трумэна представитель США в Межправительственной комиссии по делам беженцев Эрл Г. Харрисон в июле 1945 года отправился в Германию, чтобы изучить ситуацию с перемещенными лицами, прежде всего с евреями, поскольку они, получив свободу, пока что не могли ею воспользоваться и вынуждены были оставаться в лагерях: одним просто некуда было идти, физическое и психическое здоровье других исключало их транспортировку. Некоторым из них повезло: их временно разместили в домах их бывших охранников. 24 августа Харрисон вместе с другими инспекторами международной организации по правам человека отослал президенту свой отчет, который шокировал жителей Нью-Йорка, Флориды и Айдахо. Они совершенно иначе представляли победу своих войск.

«Многие евреи из числа *displaced persons* живут под охраной за колючей проволокой, в разного рода лагерях, в том числе и в самых страшных концентрационных лагерях, часто в ужасных, нечеловеческих, антисанитарных условиях, в полной апатии, не имея никакой законной возможности сообщаться с внешним миром, в ожидании помощи или хотя бы слов ободрения... Многие евреи-DP на конец июля не имели из одежды ничего, кроме своей лагерной робы — отвратительной полосатой пижамы, — а кому-то даже пришлось надевать ненавистную эсэсовскую форму... Во многих лагерях причитающиеся людям 2 тысячи калорий выдаются в виде черного, сырого и чрезвычайно неаппетитного хлеба. У меня сложилось твердое впечатление, что значительная часть немецкого населения получает более вкусную и разнообразную пищу, нежели *displaced persons*»[16].

В своем отчете Харрисон пришел к выводу, что его соотечественники вели себя ненамного лучше, чем немцы: «Похоже, мы обращаемся с евреями точно так же, как с ними обращались нацисты. Разница заключается лишь в том, что мы их не уничтожаем. Они по-прежнему содержатся в концентрационных лагерях, только охраняют их теперь не эсэсовцы, а наши солдаты. Напрашивается вопрос: не думают ли немцы, наблюдая все это, что мы продолжаем нацистскую политику или по крайней мере одобряем ее?»[17]

Доклад Харрисона принес некоторые положительные результаты. Самым важным из них, пожалуй, было то, что спасшихся от уничтожения евреев разместили в особых лагерях, отделив их от поляков и украинцев. Харрисон долго не решался удовлетворить это требование еврейских DP: ему было не по себе при мысли о новой сепарации евреев, но, поскольку многие из них в обычных, этнически смешанных, лагерях подвергались антисемитским нападкам со стороны представителей восточноевропейских народов, он все же добился принятия решения о создании чисто еврейских лагерей. Поскольку «евреи как таковые (а не как граждане своих стран) гораздо больше пострадали [от нацистов], чем нееврейские представители германской или других национальностей», теперь они заслуживают привилегированного положения, считал Харрисон.

И без того напряженная ситуация в лагерях осложнилась еще и в связи с тем, что начиная с лета 1946 года, когда военная администрация изо всех сил старалась отправить на родину как можно больше DP, в Германию хлынул поток еврейских беженцев из Восточной Европы, особенно из Польши. Их было свыше 100 тысяч человек — к таким масштабам миграции никто не был готов. И по горькой иронии судьбы именно Мюнхен, столица национал-социалистического движения, стал промежуточной станцией массового исхода евреев из Восточной Европы. Нет, они не хотели остаться в Германии, их конечной целью была Америка или Палестина. Но занятая американцами Бавария казалась им своего рода американским эксклавом в Европе, откуда было легче добраться до Земли обетованной. А если этот план и оказался бы утопией, все равно они чувствовали себя в контролируемой американцами Германии в гораздо большей безопасности, чем в Польше, где летом 1945 года, всего через два месяца после окончания войны, им пришлось пережить сразу несколько погромов. Те немногие уцелевшие польские евреи, что испытали на себе все ужасы нацизма, снова подверглись жестокому преследованию, на этот раз со стороны поляков. Некоторые из них, избежав ареста и немецкого плена, скрывались в польских лесах, а кое-кто и в России или на Украине, подвергаясь не меньшей опасности и живя на нелегальном положении. Других освободила из концентрационных лагерей стремительно наступавшая Красная армия, и они вернулись в Галицию или Литву, в свои родные места. Однако родиной эти места называть было трудно: их семьи и друзей уничтожили немцы, их города и села лежали в руинах. Поляки нередко встречали их враждебно и даже агрессивно. Эту агрессию питала жестоко униженная во время немецко-фашистской оккупации национальная гордость, которая теперь снова расцвела пышным цветом.

В Кельце, в 180 километрах от Варшавы, через год после окончания войны произошла ужасная трагедия. Из 25 тысяч евреев, проживавших в этом городе до войны, назад вернулось всего 200, то есть лишь сотая часть. Но и этого оказалось достаточно, чтобы спровоцировать взрыв злобы их бывших сограждан. В июле 1946 года местные антисемиты принудили десятилетнего мальчика заявить, что он был похищен евреями и стал жертвой сексуального насилия. В результате разъяренная толпа убила сорок и тяжело ранила восемьдесят евреев. Это окончательно убедило большинство уцелевших во время войны польских евреев в том, что здесь у них нет будущего. Треть из них бежали в оккупированную Германию и — отчасти самостоятельно, на свой страх и риск, отчасти при поддержке агентов еврейских благотворительных организаций — окольными путями пробивались в Баварию.

Таким образом, когда миллионы польских DP еще только возвращались на родину, навстречу им устремились потоки их еврейских соотечественников, которые заняли только что освободившиеся места в лагерях. Исход польских евреев активно поощряло находившееся в Лондоне польское правительство в изгнании, а также еврейская организация «Бриха» («Бегство»), занимавшаяся переправкой евреев из Восточной Европы в подмандатную Палестину. Целью этой организации было побудить как можно больше евреев-DP переехать в Израиль, чтобы оказать серьезное давление на американцев и заставить их добиться у британцев снятия запрета на переселение евреев в Палестину[18].

Бегство польских евреев в Германию относится к числу самых потрясающих миграций в то сложное время, прошедшее под знаком изгнаний и депортаций. Искать прибежища не где-нибудь, а в стране нацистов было для многих евреев еще и тяжелым моральным испытанием, на которое они решались лишь потому, что оккупированная Бавария была в их глазах уже не немецкой, а американской. И все же восточноевропейские евреи на удивление быстро сориентировались и адаптировались в стране своих поверженных врагов. Свой главный лагерь они устроили в мюнхенском районе Богенхаузен. Там, рядом с улицей Мёльштрассе, неподалеку от черного рынка, возник маленький торговый центр из сотни дощатых ларьков, многим напоминавший канувший в Лету базар на улице Налевки в Варшаве[19]. В этих ларьках можно было приобрести шоколад, кофе, дамские чулки, морфий и любые консервы — почти все это из запасов оккупационных войск. Мюнхенцы были и рады этому явлению, и в то же время неприятно поражены: они в меру сил участвовали в этой торговле, старались извлечь максимум выгоды и все же постоянно чувствовали себя обделенными, как это бывает на любом черном рынке.

На Мёльштрассе бок о бок с немецкими спекулянтами торговали греки, венгры и чехи, но главную скрипку в этом оркестре играли польские евреи. Их обвиняли во всех смертных грехах. Людей в кафтанах и с пейсами мюнхенцы раньше видели только на нацистских карикатурах, и их реакция на этих «персонажей» была весьма далека от искреннего радушия.

Один современник вспоминал: «Довоенные евреи, которые здесь жили, были очень умными, вежливыми, необыкновенно приветливыми и благородными людьми. Те же, что приехали сюда после войны, не имели с ними ничего общего; среди них было полно разного рода проходимцев»[20]. «Довоенные» евреи стали теперь «хорошими» евреями, которым многие были бы рады, а новые — «плохими», которые всех только раздражали. Это были, как писал один мюнхенец, вовсе не те, что подвергались преследованиям, а, скорее, «отбросы общества, подонки, выродки и оборванцы, которых никто никуда не угонял, которые сами, просто не желая трудиться, притащились сюда из Восточной Европы — многие даже нелегально — и хозяйничают как у себя дома»[21].

Но на этот раз еврейские беженцы и DP не дали себя в обиду. После публикации очередного расистского письма в Süddeutsche Zeitung в августе 1949 года несколько сотен человек двинулись в направлении редакции газеты. Это письмо, правда, не отражало мнения редакции, но такие мелочи уже никого не волновали. Когда полиция попыталась разогнать демонстрантов, дело дошло до ожесточенных уличных боев, в которых двадцать полицейских получили травмы, нанесенные дубинками и камнями, а трое DP были госпитализированы с огнестрельными ранениями.

Многим из уцелевших во время войны немецких евреев тоже было не по душе поведение их восточноевропейских собратьев. Писатель Вольфганг Хильдесхаймер писал своим родителям в связи с упомянутым инцидентом: «Здесь, без сомнения, еще много антисемитизма, но его, к сожалению, кроме того, то и дело провоцируют своим поведением сами DP. Тут ничего не поделаешь»[22]. Мюнхенские евреи относились к восточноевропейским с растущим недоверием — и наоборот.

Из 11 тысяч членов, которые мюнхенская еврейская община насчитывала до 1933 года, выжило менее 400 человек. Большинство из них — крещеные или жившие в смешанных браках евреи, часть которых избежала депортации. Сюда же относятся 160 мюнхенских евреев, вернувшихся из концентрационного лагеря Терезиенштадт. Большинство членов этой маленькой общины составляли евреи, «которые еще до 1933 года имели чисто формальное отношение к иудаизму»[23] и причисляли себя к современному, секуляризованному миру. Им эти хлынувшие в Баварию потоки еврейских DP из Восточной Европы с их традиционным местечковым поведением были так же чужды, как и нееврейским мюнхенцам, и они опасались, что окажутся у них под пятой. Им внушало серьезную тревогу не только их численное превосходство, но и их религиозный фанатизм. Ведь восточноевропейские евреи отличались от них более ортодоксальным иудаизмом и твердой решимостью выехать в Землю обетованную, что поднимало их в глазах многих, в том числе в глазах международной еврейской общественности, в ранг евреев «лучшего сорта».

Восточноевропейские ортодоксы презирали мюнхенских евреев за их «светскость» и «немецкость», которые делали их неотличимыми от баварцев. Они считали их «неправильными евреями», упрекали их в предательстве еврейства за то, что те хотели остаться в стране убийц. Этот конфликт был особенно опасен для мюнхенских евреев потому, что он затрагивал и их притязания на возмещение ущерба: по мнению восточноевропейских евреев — совпадавшему с позицией международных еврейских организаций, — права на так называемое выморочное имущество, отнятое нацистами, то есть совместное имущество уничтоженных еврейских общин, должны были перейти не к выжившим в Германии евреям, а ко всему еврейскому народу, рассеянному по миру[24].

Большое значение придавалось миллионам исторических книг, отнятых национал-социалистами у еврейских общин Европы и переданных в немецкие библиотеки и музеи. Были основаны (чаще всего при поддержке США) различные еврейские организации с целью идентифицировать остатки разрушенной еврейской культуры и добиться от Германии возвращения их законным владельцам. С такой миссией, затрагивающей библиотеки и музеи, например, отправилась в Германию философ Ханна Арендт, директор фонда Jewish Cultural Reconstruction. Там она оказалась в эпицентре глубоких драматических раздоров между еврейскими общинами, касавшихся вопросов идентичности и интеграции. Мюнхенские евреи хотели, чтобы восточноевропейские ортодоксы поскорее отправились в Палестину — несмотря на то, что в определенном смысле получали от них немалую пользу.

Американские власти тоже были заинтересованы в том, чтобы как можно скорее избавиться от еврейских DP из Польши, оказавшихся на их попечении. Их содержание и размещение обходилось слишком дорого. Однако британцы были против эмиграции на их подмандатную территорию на Ближнем Востоке, опасаясь еще большего обострения этнических противоречий, возникших там после окончания Первой мировой войны и падения Османской империи. Политика быстрой репатриации в данном случае тоже была исключена, поскольку родины у восточноевропейских евреев при трезвом взгляде на проблему уже не было. Будучи отправленными на свою историческую родину, эти люди все равно остались бы DP, а в Польше — и в буквальном смысле этого слова. Ведь на Тегеранской конференции в 1943 году и на последовавших за ней Ялтинской и Потсдамской конференциях западные союзники и Советский Союз решили вернуть Польше суверенитет, но сдвинуть ее границы на запад. Восточная Польша стала частью СССР; зато на западе к польской территории отошли бывшие немецкие земли восточнее границы по Одеру-Нейсе. Немецкое население вынуждено было покинуть эту территорию — это было переселение гигантских масштабов, затронувшее как немцев, так и поляков. После этого раздела часть Польши, из которой происходит значительная часть евреев, отошла к Советскому Союзу. Теперь они навсегда потеряли родину. И чем больше нарастала напряженность между западными союзниками и Советским Союзом в ходе холодной войны, тем меньше американцы склонялись к тому, чтобы отправить евреев-DP на восток. Так многие из этих DP застряли в Германии на несколько лет. Они сидели в построенных по решению ООН лагерях и грезили о новой родине, на которой уже никто не станет покушаться на их жизнь.

Отгороженные высокими заборами или стенами, часто на значительном отдалении от населенных пунктов или на окраине города, они постепенно превращались в эксклавы восточноевропейской еврейской жизни в Германии. Самым известным из них был лагерь Фёренвальд, рабочий поселок компании I. G. Farbenindustrie в Вольфратсхаузене под Мюнхеном. Там во время войны проживало 3200 рабочих оружейных заводов, половину из которых составляли немцы, половину — иностранные рабочие. Заселенный после окончания войны DP разных национальностей, лагерь в сентябре 1945 года был очищен от всех нееврейских обитателей и объявлен лагерем исключительно еврейских DP. В Фёренвальде было пятнадцать улиц, в том числе Кентукки-штрассе, Нью-Йорк-штрассе, Миссури-штрассе. В безликих домах-коробках, стоявших стройными рядами, как шеренги солдат, имелись центральное отопление и сантехника. За двухметровым забором «возникла типичная местечковая еврейская жизнь с собственными администрацией, полицией, судебной системой, с собственными партиями, синагогами, миквами, школами, детскими садами, театрами, оркестрами, спортивными клубами, больницами, профессиональными курсами, с кошерной кухней и многим другим»[25].

В Фёренвальде и нескольких других лагерях издавались собственные газеты на идише. Фёренвальдская газета называлась «Бамидбар. Еженедельная газета для освобожденных евреев».

Published with approval of UNRRA

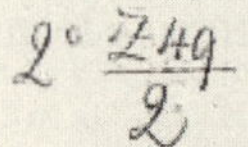

Landsberger LAGER-CAJTUNG

Arojsgegebn fun Komitet fun gewezene jidisze politisze gefangene

Numer 1 | Montik, 8 Oktober 1945 | 1-er jorgang

Cum arajnfir

Landsberger jidn tretn on cu der arbet.

Di arajnfirung fun a najem sejder - der erszter szrit cu produktiwizacje.

REGULATIONS

about system of working in D. P. Centre Landsberg.

Farordnung wegn arbets-ajnzac.

Газета Landsberger Lager-Cajtung издавалась на идише, но набиралась латиницей, поскольку ивритских печатных литер в Германии больше не было

Она выходила каждую среду. Главным редактором был Менахем Штайер. Название «Бамидбар» означает «в пустыне» и связано с еврейским мифом о скитании израильтян по пустыне после исхода из Египта. Однако это название символизировало и мучительное ожидание в Баварии, в немецкой пустыне, перед исходом в Землю обетованную, Израиль. На первой странице каждого номера можно было прочесть девиз: «В пустыне. В глуши.

На промежуточной станции. Мы выдержим. Мы дождемся. В пустыне. В глуши. Мы не вернемся, не повернем вспять. Есть лишь одна цель: Эрец-Исраэль»[26].

Самой известной еврейской газетой в послевоенной прессе была Landsberger Lager-Cajtung, которую читали не только в Ландсберге и тираж которой одно время достигал 15 тысяч экземпляров. Поскольку в Германии в первый год после освобождения невозможно было достать пишущую машинку с ивритскими буквами, почти все еврейские лагерные газеты первое время печатались латиницей — явление редкое в еврейской журналистике. Шапка газеты Ibergang выглядела следующим образом: «Jewish Newspaper», а под этой строчкой было написано: «Organ fun der Federacje fun Jidn fun Pojln in der amerik. Zone» («Печатный орган Федерации польских евреев в американской зоне»).

В Фёренвальде под руководством Якоба Бибера был основан также первый послевоенный еврейский театр. В нем устраивались вечера с разнообразными программами, давались короткие комедии, ставились пьесы, которые помогали людям справиться со страданиями, пережитыми в концлагерях. Некоторые постановки рисовали зрителям картины лучезарного будущего в Палестине. Труппа из двадцати артистов создала спектакль по роману Шолома Алейхема «Тевье-молочник», трагикомическую историю, действие которой происходит в украинских деревнях Мазеповка, Байберик и Анатевка, нанесенных на карту мировой литературы благодаря опубликованному в 1916 году роману.

Но на первом месте в этом лагере была любовь. Фёренвальд очень скоро прославился самой высокой рождаемостью среди всех еврейских общин в мире. К тому же он был центральным сборным пунктом для еврейских сирот, привезенных в Германию бывшими партизанами или подобранных сердобольными беженцами, так что детей в нем хватало и без того. Уже в ноябре

1945 года в Фёренвальде в начальной школе с гимназическими классами на Мичиган-штрассе, 3 работали 27 учителей. Затем там появилось профессиональное училище, в котором готовили слесарей, портных, плотников, электриков, парикмахеров и часовщиков[27].

В Фёренвальде была довольно высокая «текучесть кадров». С одной стороны, многим обитателям лагеря удавалось выехать в Америку, Палестину или основанное на ее территории в 1948 году государство Израиль, с другой — туда то и дело прибывали новые люди, потому что другие лагеря закрывались и Фёренвальд скоро стал последним прибежищем для еврейских DP. Когда в 1951 году лагерь перешел под контроль немецких властей — с этого момента он назывался «Правительственным лагерем для лишившихся родины иностранцев», что было очень важно для федерального правительства, поскольку в этом названии не упоминались подлинные причины безродности упомянутых «иностранцев», — там оставался еще 2751 DP, проживавший между Огайо-штрассе и Нью-Джерси-штрассе.

Последние обитатели покинули лагерь лишь в 1957 году. Среди них были не только «старожилы», но и евреи, которые вернулись назад из Израиля и других стран, потому что не смогли закрепиться на новой родине. Не каждой эмиграционной одиссее суждено было увенчаться успехом, и многие переселенцы возвращались назад в лагерь. Этих несчастных чаще всего встречали презрением. В одном опубликованном в Тель-Авиве «Специальном репортаже из Германии» говорилось: «Одно из самых неприятных явлений, с которыми сталкиваются евреи, приезжая в Германию, — это еврейские возвращенцы из Израиля... Они опять сидят в лагере, как и в первые годы после крушения Третьего рейха, и тянут деньги из еврейских благотворительных организаций. Нетрудно представить себе, что среди обитателей Фёренвальда немало сомнительных личностей, которые не в ладах с законами этой страны»[28].

Лагерь Фёренвальд в Верхней Баварии для перемещенных лиц еврейского происхождения. Все 15 улиц в нем назывались по имени какого-нибудь штата: Кентукки-, Висконсин-, Нью-Йорк- или Миссури-штрассе. Последние жители покинули лагерь в 1957 году

Одной из таких «сомнительных личностей» был человек по имени Йоссель. В 1946 году он уехал в Палестину, но в 1952 году вернулся в Фёренвальд. Йоссель так объяснил свое решение одному американскому военному раввину: «Вы, наверное, принимаете меня за сумасшедшего. Возможно, так оно и есть. Но последние четырнадцать лет своей жизни, то есть с 21 года, я провел в лагерях. Сначала меня таскали из одного концлагеря в другой. Потом, после освобождения, я жил в лагере для *displaced persons*. Когда я наконец выбрался в Израиль, меня посадили в британский лагерь для интернированных. Через год я поступил на службу в израильскую армию. Да, это было хорошо. Я воевал в Негеве и в Галилейских горах. В 1951 году я снял солдатскую форму и попытался стать тем, кем я всегда хотел быть, — нормальным человеком. Но мне было уже тридцать три. Учиться — поздно, уходить на покой — рано. Я нашел работу, но не нашел удовлетворения. Я получил собственную комнату, но чувствовал себя в ней одиноким»[29].

Только в казарме и в лагере Фёренвальд Йоссель чувствовал себя относительно комфортно. Ему посчастливилось выжить в концентрационных лагерях, но они сформировали его психику. Он сам называл свою жизнь лагерной карьерой, которая сделала его непригодным для жизни на свободе и в конце концов привела в Фёренвальд, где он жил как объект, управляемый чужой административной волей.

Hardcore-DPs — так назывались на военно-административном жаргоне перемещенные лица, не желавшие возвращаться на прежнее место жительства, — 150 тысяч человек, которые, несмотря на многочисленные программы репатриации, в 1950 году все еще продолжали жить в лагерях. Следует отметить, что с евреями-DP все было гораздо проще: большинство евреев хотели как можно скорее покинуть Германию. В силу своей ярко выраженной культурной идентичности, надежд на светлое будущее в Израиле и деятельной поддержки еврейских общин во всем мире они чаще всего делали все возможное, чтобы уехать самостоятельно.

Особенно упорно противились возвращению на родину поляки. Бо́льшую часть польских DP репатриировали до конца 1946 года; оставшиеся 300 тысяч[30] человек решительно отказывались покидать лагеря. Главная причина заключалась в страхе перед социалистическим режимом; ходили слухи, что их могут депортировать в Советский Союз. Польское правительство засылало в лагеря вербовщиков из числа уже возвратившихся в Польшу, которым надлежало рассказами о счастливой жизни на родине пробудить в своих соотечественниках патриотические чувства. Вспомогательные организации ЮНРРА обещали в течение двух месяцев финансировать продовольственное обеспечение тех, кто вернется в Польшу. Лагеря пестрели транспарантами и плакатами, призывавшими возвращаться домой. Каждые проводы уезжающих превращали в праздник с музыкой, флагами и речами.

Однако никакая агитация и никакое давление не помогали. Остались самые «несгибаемые», которые упрямо цеплялись за свою лагерную жизнь — кто из страха перед коммунизмом, кто от неспособности стряхнуть с себя летаргический сон, побороть апатию. Это было следствием тактики, первоначально выбранной британцами и американцами, которые стремились отгородить DP от немцев и уберечь их от расизма во время конфликтов с местным населением по поводу жилья, работы и продуктов питания. Эта «охранная благотворительность» за последующие годы превратилась в изоляцию и принудительную опеку; лагерь стал для своих обитателей искусственной родиной, которую они отказывались покидать добровольно[31].

У многих русских военнопленных и угнанных на работу в Германию были веские причины опасаться возвращения на родину. Советские власти огульно подозревали их в сотрудничестве с немцами. Военнопленных обвиняли в трусости и дезертирстве. Соответствующим было и отношение к ним: их жестко допрашивали, отправляли в штрафные лагеря. Правда, среди русских и в самом деле было немало перебежчиков, воевавших на стороне немцев; были казачьи полки и армия Власова, которая с 1944 года частично формировалась из числа русских военнопленных. Но это не оправдывало огульных обвинений в адрес миллионов русских DP.

В принятом на Ялтинской конференции соглашении западные союзники СССР обязались выдать всех без исключения русских военнопленных и угнанных на работу в Германию, а к тем, кто откажется возвращаться, применить силу. Поскольку Советский Союз заплатил за победу миллионами жизней своих граждан — на одного погибшего солдата союзников приходилось по 16–20 красноармейцев, — логика этого требования была вполне понятна: русские хотели вернуть на родину каждого из восьми миллионов своих DP. Однако многие из них так ожесточенно сопротивлялись отправке на родину, что британским или американским солдатам приходилось загонять их в вагоны дубинками и прикладами. Иногда они отказывались выполнять этот приказ.

Конечно, многие русские военнопленные не могли дождаться отправки домой и радовались возвращению на родину. Но были и другие, не разделявшие их энтузиазма, причем далеко не всегда это были коллаборационисты. В Дахау американцам в январе 1946 года пришлось применить слезоточивый газ, чтобы очистить два барака с русскими DP. Потом, войдя внутрь, они стали свидетелями жуткой сцены — массового самоубийства. «Большинство повесившихся солдат успели спасти, перерезав веревки. Те, что еще были в сознании, кричали что-то по-русски, показывая на наше оружие и на себя, и умоляли нас пристрелить их»[32].

Изгнанники и шокирующая встреча немцев с самими собой

В июне 1945 года Рут Андреас-Фридрих вместе со своим другом ехала на велосипеде из Берлина в восточном направлении, в сторону района Одер-Шпрее. Через несколько часов они наткнулись на дорожный указатель «Автострада». «Мы вскарабкались на насыпь и остолбенели, — вспоминала Рут. — Боже милостивый! Что это? Великое переселение народов? Бесконечный поток людей медленно двигался с востока на запад. Женщины и мужчины, старики и дети, перемешанные судьбой в одну густую толпу. Одни из Позена, другие из Восточной Пруссии, те из Силезии, эти из Померании. Свои пожитки они несли на спине. Они шли куда глаза глядят. На чужбину. Мимо ковылял босиком какой-то несчастный мальчишка. „Ой, как больно!“— всхлипывал он, с трудом переставляя свои стертые до крови ноги. „Прямо от кадушки с тестом!.. Прямо от печи!..“ — монотонно причитала шедшая за ним женщина. Она явно повторила это уже тысячу раз и продолжала твердить это как заведенная, на одной и той же ноте, с одним и тем же отчаянием в голосе. „Прямо от кадушки с тестом!.. Прямо от печи!..“ На спине у нее болтались две кастрюли, ритмично позвякивая, как бубенцы. <…> „А вот кто-то умирает“, — подумала я, глядя на шаткую тележку, которую тащил за собой какой-то мужчина. Это была детская тележка, короткая, узкая и низкая. В ней на соломе и на двух подушках, покрытых ватным одеялом, лежала старушка, седоволосая, в воскресном деревенском платье, сложив руки на груди и устремив торжественный взгляд в небо. На впавших щеках темнели тени. Тележка подскакивала на камнях и кочках, голова старушки безжизненно болталась из стороны в сторону. Еще с десяток вдохов и выдохов — и мужчина будет тащить за собой труп»[33]. Рут в ужасе произнесла: «Что же с ними будет?

Куда их отправляют, эти десять миллионов?» Ее спутник пожал плечами: «Куда? Куда-нибудь! По возможности в Царство небесное. Разве что найдется какой-нибудь архитектор, который надстроит Германию и возведет еще один этаж»[34].

И в самом деле, население Западной Германии через пять лет после войны увеличилось почти на 10%, притом что четвертая часть жилого фонда была уничтожена. Двенадцать миллионов изгнанников-переселенцев устремились на запад — главным образом женщины, дети и старики, которых безжалостно заставили покинуть свои дома. Они получили страшную квитанцию за еще более безжалостную войну на полное уничтожение гражданского населения Восточной Европы, развязанную Гитлером.

В итоге переселенцы из потерянных восточных областей рейха составляют 16,5% населения Западной Германии, а в Восточной Германии — и вовсе четверть населения. Эта людская масса была настолько же неоднородна, как и любой другой народ — нацисты и антифашисты, достойные и алчные, вчера еще состоятельные и респектабельные и прожившие всю жизнь в нищете. Довольно характерный пример — судьба шестнадцатилетней Урсулы Траутман, урожденной Вулленкордт, из Марктхаузена в Восточной Пруссии[35].

Ее мать одна управлялась с животноводческой фермой, отец был где-то на фронте, когда в январе 1945 года они получили приказ бургомистра покинуть усадьбу. Бросив дом, коров и свиней, они со своей повозкой, на которую погрузили самое необходимое, присоединились к потоку беженцев. Фронт был уже где-то совсем близко; они отчетливо слышали канонаду. После череды страшных приключений, леденящих душу картин убийства и грабежа, насмотревшись на мародерствующих солдат, мать и дочь потеряли друг друга в Пилау во время очередного авианалета. Через четыре месяца после ухода из родной деревни Урсула Траутман добралась до полуострова Хела в районе Данцига, 7 мая вместе с другими беженцами попала на морском пароме на датский остров Борнхольм, а оттуда с разоруженными немецкими солдатами на рыбацкой шхуне прибыла в Эккернфёрде. Британская военная комендатура направила ее в деревню Гюби. Казалось бы, злоключения кончились, но жилось девушке по-прежнему тяжело. Вдова Хармс, у которой ее разместили, отвела беглецам чердак, хотя места в доме было предостаточно. Другие жители деревни хоть и предоставили своим постояльцам комнаты, но предварительно убрали всю мебель на чердак и вывернули все лампочки, чтобы «поляки» не расходовали электричество. Английские военные, заметив, что их требования достойно обращаться с беженцами игнорируют, построили всех жителей деревни на площади перед церковью и пригрозили конфискацией жилья. После этого Урсулу с восемью другими беженцами разместили в одной комнате в доме деревенского кузнеца. Но ей при каждом удобном случае недвусмысленно давали понять, что желают ей поскорее отправиться к чертовой бабушке, и выражали сожаление, что пароходы с беженцами тонут не так часто, как хотелось бы. К счастью, семья Урсулы в конце концов воссоединилась; сарафанное радио, которым широко пользовались беженцы за неимением других источников информации, сделало свое дело: в июле 1945 года с фронта прибыл на костылях отец, осенью 1946 года нашлась и мать — она сидела в одном из датских лагерей для перемещенных лиц.

Поскольку Вулленвордты хорошо знали сельское хозяйство, им удалось в 1955 году взять в аренду запущенную ферму и привести ее в порядок. Однако арендная плата быстро выросла до небес, и им пришлось снять и поставить на ноги другую обанкротившуюся ферму. Но и тут аренда скоро стала им не по карману. Так они усердным трудом и умением реанимировали одну ферму за другой, перебираясь с места на место — «из Хардиссена в Рот, оттуда в Рансбах-Баумбах, потом на рейнский остров

Кёнигсклингер-Ауэ, в Биркенфельд на границе с Саарландом, в Нойнкирхен под Санкт-Венделем и наконец в Райденхаузен в Пфальце»[36] — реанимационно-восстановительная одиссея, которая провела их через всю Западную Германию и обогатила многих, но только не их самих. В 1967 году Урсула вышла замуж за бывшего немца, который тоже был родом из Восточной Пруссии и теперь, будучи вольнонаемным сотрудником американской армии, мог принять участие в этой одиссее. После объединения Германии и его выхода на пенсию в 1992 году начинается следующий этап странствий: семья отправляется на родину. От их фермы ничего не осталось, но неподалеку, в сегодняшнем Славске Калининградской области (до 1946 года — Хайнрихвальде), им удалось взять в аренду часть крестьянской усадьбы. Вскоре они расширили ее и успешно наладили хозяйство.

Эта послевоенная одиссея Урсулы Вулленкордт с ее успехами и горькими разочарованиями похожа на судьбы многих переселенцев. Типична и их в конце концов провалившаяся попытка пустить корни на бывшей родине, хотя вернуться в родные места стремились лишь немногие. То самодовольство, с которым Германия в шестидесятые годы гордо хвасталась «интеграционным чудом», изрядно потускнело благодаря исследованиям последних лет. Многие немцы вели себя по отношению к своим соотечественникам-переселенцам не менее враждебно, чем к иностранным DP. Из этого факта, впрочем, можно сделать утешительный вывод, что их эгоизм по крайней мере не был продиктован расизмом. Но переселенцев часто и с удовольствием называли «цыганским сбродом», какими бы голубоглазыми и светловолосыми они ни были. Они переняли у своих венгерских или румынских соседей много привычек и пристрастий, например любовь к перцу и чесноку, что вызвало у западных немцев отвращение. Правда, многие из них, более лояльно относившиеся к пришлым, охотно говорили об общих национальных корнях. Так, житель Мюнстера Тео Брайдер, который по долгу службы, будучи директором общества содействия развитию туризма, должен был заботиться о переселенцах, даже написал стихотворение на местном диалекте, надеясь внедрить в сознание соотечественников идею народной солидарности: «Впустите их! Это люди нашей крови, потерявшие родину и все, что имели. Это немцы, это наши родственники. Мужчины были нашими солдатами. Откройте ваши сердца, откройте ваши двери!»[37]

Напрасный труд. «Иммигранты», как их называли чиновники, наткнулись на стену враждебности[38]. В переполненных городах, где уже вводились ограничения на въезд, им разрешалось находиться не более двух суток. Многие общины наглухо закрывали двери перед переселенцами. В Бремене, где было разрушено более 50% жилого фонда и только за одну ночь в результате бомбежки остались без крова 50 тысяч человек, висели плакаты: «Мы не можем больше никого принять! Пребывание в городе без разрешения властей категорически запрещено!»

Союзники создали «иммиграционную комиссию», которая и в самом деле начала распределять 12 миллионов переселенцев — главным образом в сельских районах. При этом переселенцев, старавшихся держаться на чужбине вместе, — часто целым деревенским общинам удавалось добраться до места почти в полном составе — сознательно разлучали, чтобы облегчить интеграцию. Союзники опасались серьезных столкновений местных жителей с переселенцами и даже восстаний. Местные, будь то в Баварии или Шлезвиг-Гольштейне, нередко так отчаянно сопротивлялись размещению переселенцев, что заселить этих несчастных в отведенное им жилье можно было только под прикрытием пулеметов. При этом деревенские жители проявляли упрямство, которому позавидовали бы даже их быки.

Писатель Вальтер Кольбенхофф так комментировал эти события, которые наблюдал в 1946 году в одной верхнебаварской деревне: «Эти крестьяне никогда не сидели в бомбоубежищах, когда бомбы сыпались с неба как горох, и не видели, как погибают их родные и близкие. Они никогда не ходили с сумой по дорогам чужбины, страдая от голода и холода. Когда другие благодарили судьбу за каждый подаренный им лишний день жизни, они сидели на своих фермах и зарабатывали деньги. Судьба не смирила их дух. Такое впечатление, будто никакой войны вовсе не было, будто все это их не касается»[39]. Один домовладелец убил переселенца вместе с его тремя детьми, потому что не желал видеть их под своей крышей. А соседям сказал, что те просто ушли.

«Интеграционное чудо» совершалось с помощью полиции. Сотрудники районной администрации разъезжали по деревням и маленьким городам в сопровождении немецкой и военной союзнической полиции и систематически искали «горницы», которые использовались лишь по праздникам, или пустовавшие комнаты для прислуги. Особенно отвратительные сцены разыгрывались, когда крестьяне сами могли выбирать себе постояльцев из числа прибывших переселенцев. Все происходило, как на невольничьем рынке: из мужчин хозяева выбирали самих крепких, из женщин — самых красивых. Остальных отправляли дальше, не скупясь на насмешки и глумливые замечания. Многие крестьяне видели в переселенцах законную замену бесправным батракам-иностранцам и агрессивно реагировали на требование достойной заработной платы для «поляков».

Даже ужасное физическое состояние беженцев оборачивалось против них. Когда в 1946 году из Польши и Чехословакии прибыли эшелоны с переселенцами, подвергшимися там всем издевательствам, какие только были возможны, и те, полуживые, вылезли из вагонов, в которых обычно перевозили скот, местные жители стали дружно называть их цыганскими дистрофиками. Фантазия идейных противников переселенцев не знала границ. Особенно бесстыдным и циничным аргументом против восточных беженцев было утверждение, что они гораздо больше заражены «коричневой чумой», чем западные немцы, и потому представляют собой серьезную опасность для строящейся демократии. Они, мол, как все пруссаки — отпетые милитаристы и лицемеры и более, чем кто-либо другой, виноваты в «гитлеризме». Так, например, в 1947 году северонемецкий фермер Ганс Охем писал: «Те, кто думает, что прусский дух умер с падением нацистского режима и упразднением Пруссии, ошибаются: он живет во всех этих беженцах, которые прибыли к нам с востока и под чужеземным владычеством которых нам теперь придется жить»[40]. Охем имел в виду тот факт, что победа социал-демократов на выборах — нетипичное явление для крестьянского региона — стала возможной лишь благодаря голосам беженцев.

Датская диаспора в Южном Шлезвиге особенно активно боролась против притока переселенцев по одной простой причине: те существенно уменьшили бы процентное соотношение датского и немецкого населения. Датский журналист Таге Мортенсен назвал переселенцев «гостями Гитлера» и, характеризуя поток беженцев, хлынувший на север Германии, так описал некую вымышленную «фрау Шиддрихкайт» из Восточной Пруссии: «Волосы фрау Шидрихкайт — что-то среднее между черными и каштановыми, глаза зеленоватые, скулы широкие, а пальцы толстые и короткие, как у полек, работавших в прежние времена на южных островах Дании во время сбора урожая репы... Жители Южного Шлезвига называют беженцев из Восточной Пруссии мулатами, „смешенцами“, гибридами. По своей внешности Маргарита Шидрихкайт — типичная „смешенка“, потомок многих рас и многих национальностей»[41].

Расизм продолжал жить; теперь он развивался внутри нации. В то время много говорилось о «немецких племенах» и о том, что их смешение угрожает сложившимся региональным особенностям этнических групп, будь то верхнебаварцы, франконцы, тюрингцы, мекленбуржцы или шлезвигцы. После падения Третьего рейха идея национального единства померкла, но высокомерие осталось. Понятие «народ» было скомпрометировано, и люди снова стали определять себя по региональной принадлежности. Внутригерманскую миграцию многие воспринимали как мультикультурное нападение на самих себя. Трайбализм расцвел пышным цветом, люди отмежевывались от собственных сородичей — не говоря уже о богемских и бессарабских немцах, банатских швабах, силезцах и померанцах, то есть о «всяких там поляках»[42], — на основании различий в нравах и обычаях, религиозных обрядах и диалектах.

Малейшие особенности религиозной практики или праздничных традиций переселенцев вызывали у местных враждебное недоверие. Как служится майский молебен Деве Марии — на кладбище, под открытым небом или в церкви, как должно выглядеть «майское дерево», как жечь пасхальные костры, кто где должен сидеть в церкви и т. п. — все эти вопросы стали источником конфликтов, нередко перераставших в массовые драки. Если раздоры на религиозной почве порой случались между католиками, например между баварцами и судетскими немцами, то протестантам ужиться с католиками было еще труднее. Франконский пастор общины Бюргляйн в 1946 году сетовал: «Недопустимо, что конфессия, существующая сегодня в нашей протестантской Франконии еще на правах гостьи, бесцеремонно пытается хозяйничать в наших церквях и вмешивается в наши дела»[43].

На этом как бы вдруг уменьшившемся пространстве столкнулись немецкие региональные культуры. Разница в ментальности представителей этих культур после войны была гораздо более ощутимой, чем сегодня. Когда в пиетистские регионы Вюртемберга вдруг хлынул поток жизнерадостных судетских католиков, местные святоши, конечно же, испытали мощный культурный шок. Торжественная процессия в Праздник Тела Христова воспринималась как провокация и сурово пресекалась; когда чужаки шли по деревне, детей загоняли домой.

Как, например, в Гессене: «Общительность беженцев считалась болтливостью, выражение эмоций — неумением владеть собой, вежливость — услужливостью. Так, например, одна местная крестьянка не открывала дверь пожилой соседке-беженке, которая привыкла выражать благодарность поцелуем руки»[44].

Люди постоянно чем-то возмущались: то якобы характерной для беженцев неряшливостью, то их заносчивостью. Различий, которые сегодня кажутся незначительными и несущественными, в те дни было достаточно, чтобы вызвать раскол между теми или иными этническими группами. Въевшийся в сознание людей за годы нацизма расистский лексикон вновь вошел в обиход. Районный председатель баварского объединения крестьян доктор Якоб Фишбахер в своей речи, получившей широкий резонанс, заявил, что женитьба баварского крестьянского юноши на северонемецкой блондинке — это позор, который можно приравнять к кровосмешению, и призвал крестьян отправить понаехавших в Баварию пруссаков обратно на восток, а «еще лучше — прямо в Сибирь»[45].

Ненависть к чужакам, питавшая подобные речи, коренилась в том, что приток переселенцев и в самом деле вызвал эрозию местных традиций. Веками формировавшиеся региональные особенности оказались под угрозой. Насколько они были уязвимы, показала баварским, швабским или голштинским ревнителям народных традиций уже первая волна мигрантов, предшествовавшая «великому переселению народов». Во время войны массы эвакуированных из крупных городов людей, потерявших жилье в результате бомбардировок, устремились в сельские районы, и власти вселяли их в дома местных жителей с такой же воинственной безапелляционностью, с какой затем размещали и переселенцев. Горожане шокировали деревенских жителей своими свободными нравами, хотя на многих их манеры, наоборот, произвели сильное положительное впечатление. Эти пять миллионов горожан, в том числе множество веселых молодых женщин, которые и в деревне не желали отказываться от своей привычки к вечеринкам и танцам, сильно повлияли на местные традиционные представления о нравственно-этических ценностях. Напрасно деревенские священники гневно клеймили с церковных кафедр свободные нравы, проклинали крашеные ногти и непристойную одежду горожан — те очень скоро так развратили прихожан, что любовные драмы, внебрачные дети и разводы стали привычным явлением.

Любовь оказалась полезной и для интеграции переселенцев. Она стала особенно эффективным движителем модернизации. Молодые женщины и мужчины соединялись любовными узами, преодолевая этническую вражду. Впрочем, потребовалось некоторое время, прежде чем стали возможны смешанные браки или даже браки между протестантами и католиками, несмотря на отчаянное сопротивление священников. Правда, католиков, как правило, отлучали от церкви, если их протестантские избранники или избранницы отказывались перейти в другую конфессию. Отлучение было публичным, происходило во время мессы, и священник обычно не скупился на бранные слова. Многие люди, будучи изгнанными из лона церкви, всю жизнь мучились от этого внутреннего конфликта, всю жизнь задавались вопросом, правильно ли они поступили, принеся верность религии в жертву любви.

Непримиримость сторон в подобных ситуациях была связана с тем, что беженцы и в самом деле изменили Германию. До войны в Западной Германии на одном квадратном километре проживало около 160 человек, теперь эта цифра выросла до 200. В крупных городах это было почти не заметно: в Берлине и в Гамбурге доля переселенцев составляла соответственно всего лишь шесть и семь процентов, зато в Мекленбурге — Передней Померании — 45%, в Шлезвиг-Гольштейне — 33%, а в Баварии — 21%. В этих землях приток переселенцев неуклонно подтачивал уверенность местных жителей в том, что их образ

Беженцы из Польши на пути через Берлин на запад. Железнодорожные пути помогают ориентироваться

жизни — единственно правильный. Социолог Элизабет Пфайль отразила этот феномен еще в 1948 году в названии своей книги «Беженец. Образ новой эры». «Появление беженцев, — писала она, — выводит привычный мир из равновесия, и все это происходит не только с беженцами и изгнанниками, но и с другими людьми, в чьи дома они вошли и чей покой нарушили. Немецкий народ сегодня еще не может адекватно оценить масштабы изменений, связанных с этим великим переселением»[46].

В мае 1948 года Урсула фон Кардорфф по заданию газеты Süddeutsche Zeitung посетила одну деревню, в которой когда-то проживали 1600 человек и которая кроме 200 эвакуированных приняла еще 800 судетских немцев. «С точки зрения социологии деревня сегодня очень многослойна, — писала она потом. — Раньше такую многослойность можно было наблюдать только в больших городах. Люди, жившие до этого в Праге, в Берлине, в Будапеште, в Вене, в Бухаресте или в Риге, теперь — отчасти добровольно, отчасти по принуждению — учатся жить в сельской местности, привыкают к деревенской жизни с ее положительными и отрицательными сторонами. Здесь нашли себе приют весьма странные личности, которые обычно сразу становятся заметнее, когда пространство сужается: изгнанные помещики, художники, отпущенные на свободу перемещенные лица, венгерские офицеры, бывшие дипломаты, прибалтийские бароны и переселенцы, которым отрезали путь назад заборы из колючей проволоки, — одним словом, „пруссаки" из-за Майна. Наиболее сомнительный образ жизни ведут представители интеллигенции, которые, как перелетные птицы, прилетают и улетают, по ночам будят людей, включая насос, чтобы сварить себе кофе, потом спят до обеда, а по вечерам устраивают эксцентричные вечеринки, — короче говоря, чокнутые, которые, к счастью, уже и не хотят, чтобы кто-то принимал их всерьез»[47]. Все они основательно перепахали крестьянскую жизнь, которая даже во время войны пребывала в полудремотном состоянии.

Из-за реваншистской риторики некоторых функционеров из общественных организаций немецких переселенцев с востока давно уже причисляют к самым реакционным силам ФРГ. Они и в самом деле до семидесятых годов в значительной мере были ответственны за праворадикальные эксцессы. Национальное чувство у них традиционно было ярко выраженным, поскольку они часто были родом из этнически пестрых регионов, где их «немецкость» давала им определенные привилегии и нередко становилась поводом для разного рода конфликтов. В послевоенной Германии, где понятие «нация» утратило свое прежнее значение, уступив место региональной исключительности, они упорно поднимали знамя национализма. Их старшее поколение чувствовало себя дважды обманутым, особенно когда все больше немцев стали выражать готовность смириться с новыми границами Германии с Польшей и Чехословакией. Они устраивали подлые клеветнические кампании против поборников политики примирения с ГДР — например, против Вилли Брандта, которого заклеймили предателем народа номер один. Однако Союз переселенцев в своей принятой в 1950 году хартии обязался, «памятуя о бесконечных страданиях, выпавших на долю людей, особенно в последнее десятилетие», отказаться от мести. Кроме того, он изъявил готовность к сотрудничеству при «создании объединенной Европы, в которой народы могли бы жить свободно и счастливо».

Тем не менее в рядах общественных объединений переселенцев было немало великогерманских безумцев. Нижеприведенное письмо судетского немца Эрнста Франка, которое тот написал в 1957 году, живя во Франкфурте-на-Майне, чешскому офицеру полиции Карелу Седлачеку, проживавшему в Карловых Варах по адресу Шнеефогель-штрассе, 3, было далеко не единичным примером. «Я по-прежнему являюсь владельцем дома, — написал Франк чеху, не утруждая себя приветствиями и вступительными словами, — а Вы — всего лишь временный управляющий моим имуществом. Я вернусь. Берегите мой дом и сад. Если не я, то мои близкие обязательно вернутся и спросят с Вас за все!»[48]

Парадокс в том, что, несмотря на свою устремленность в прошлое, многие переселенцы стали в послевоенном обществе движущей силой модернизации. Они сыграли важную роль в том социальном и культурном смешении всех элементов, которым молодая республика позже так кичилась. На своей новой и чаще всего нелюбимой родине они запустили процесс отказа от провинциальных устоев, что сильно изменило сельское население, традиционно противящееся переменам. Переселенцы буквально перемешали страну, как карточную колоду, нивелировали региональные отличия и в значительной мере способствовали тому, что спустя несколько десятилетий немцы выбрали такую абстрактно-рациональную идентичность, как конституционный патриотизм. Это они — наряду с появившимся позже телевидением — стали, к примеру, виновниками исчезновения диалектов в некоторых регионах. Дети переселенцев, стесняясь своего родного диалекта, старались говорить в школе на идеальном литературном немецком языке, а их примеру вскоре последовали и дети местных жителей.

Для региональных культур переселенцы стали тем, чем был пресловутый сайдинговый фасад для деревенской архитектуры. Так же, как серая монотонность моющихся панелей, типовых дверей и пластиковых окон вытеснила местное своеобразие строительных традиций, было нивелировано и ментальное своеобразие местных культур в ориентированном на карьерный рост обществе с преобладающим средним классом, наиболее активными представителями которого стали именно переселенцы. Ведь им пришлось порвать со своими прежними привязанностями, и они вступили на новую землю как первопроходцы — неуверенно, робко и под личиной реакционеров, но все же как первопроходцы.

Поэтому из балласта изгнанники скоро превратились в выгодное приобретение для немецкой экономики. Обычно они более активно и быстро приспосабливались к новым обстоятельствам, чем коренные немцы. Вместе со своим имуществом и своей родиной они утратили и многие иллюзии, стали более гибкими и честолюбивыми. Две трети переселенцев, имевших когда-то свою коммерцию или ремесло, после переселения сменили профессию. 90% бывших крестьян вынуждены были начать поиски других источников дохода. Это была целая армия работников, готовых, не торгуясь, вкалывать до седьмого пота. Быстрый экономический подъем после хозяйственной реформы 1948 года был бы невозможен без трудового энтузиазма переселенцев. Освободившись от всех социальных привязанностей и отвлекающих моментов, связанных с прежней родиной, большинство из них сосредоточились исключительно на работе и личном материальном благополучии. К тому же многие из них имели прекрасное образование и высокую квалификацию. Поэтому они и стали основой промышленности среднего класса, возникшей после войны в отсталых сельских регионах Баварии и Баден-Вюртемберга[49].

Несмотря на все интеграционные успехи, последние большие лагеря для переселенцев освободились лишь к 1966 году. До этого миллионы несчастных изгнанников годами жили в бараках из гофрированного железа по двадцать человек в одной комнате. Они жили в переоборудованном концентрационном лагере Дахау и других бывших филиалах преисподней, хоть и в несравненно более приятных условиях, чем их предшественники, — что, впрочем, не помешало им поднять бунт в Дахау осенью 1948 года.

Печать лагерной жизни многие переселенцы носили на себе потом еще многие годы, потому что даже простые, вполне приличные и даже в определенной мере уютные городки для переселенцев, которые строились почти в каждой общине где-нибудь на отшибе, вдали от центральных районов, в народе еще долго называли лагерями, причем не в последнюю очередь из желания подчеркнуть инородность их обитателей. Эти городки отличались какой-то особой мелкоформатностью в сочетании с серым, монотонным единообразием. Казалось, набившиеся в них тысячи и тысячи чудаков нашли свой, особый архитектурный модус совместного проживания — в строю. Несмотря на то что для многих эти городки стали мирной гаванью после долгих странствий по бурным морям изгнанничества, от них по-прежнему веяло чем-то лагерным. Там до сих пор постороннего не покидает чувство, будто в этом настороженном, недоверчивом псевдоуюте ему на каждом шагу дышит в затылок трагедия чудовищного насилия, которую «эра изгнаний» обрушила на людей.

Горожане нередко наделяли разросшиеся окраинные районы ироничными названиями вроде Маленькая Корея, Новая Польша, Мау-Мау или Малая Москва, из которых явствует, куда бы они охотно отправили их обитателей. Мау-Мау[50], например, обозначал некий эксклав беженцев из экзотических стран, хотя в этих новых районах было даже больше пострадавших от бомбардировок гамбуржцев или мангеймцев, чем переселенцев с востока. Район Мау-Мау — это знаковое словоупотребление, потому что в этой точке немцы стали чужими сами себе; что также знаменательно, это наименование вошло в обиход задолго до того, как немцы осознали Холокост.

Сегодня невозможно себе представить, насколько глубоким был этот раскол внутри немецкого народа. Военная администрация оккупационных войск, особенно британцы, неоднократно предостерегала немецкие власти и говорила об угрозе гражданской войны. Иезуитский священник Иоганн Леппих, уроженец Шлезвига, которого из-за его полемических проповедей называли «Божьим пулеметом», предрекал: «Если не будут приняты срочные меры, грянет революция. Она придет из бункеров и бараков». Историк Фридрих Принц говорил: «Довольный взгляд на удачно осуществленную интеграцию иногда мешает понять, насколько близки мы были к общественной катастрофе; ведь переселенцы вполне могли стать для Германии проблемой, подобной проблеме палестинских беженцев»[51].

Катастрофу предотвратили союзники, заботясь о переселенцах почти так же, как и о DP, хотя и последовательно препятствовали их объединению и политической активности. Но с 1949 года, после основания двух немецких государств, немцам пришлось самим думать, как установить справедливость в отношениях местного населения и переселенцев.

Депортация немцев была экспроприацией огромных масштабов, с помощью которой народы, ставшие объектом агрессии Германии, хотели хотя бы частично компенсировать страшный ущерб, нанесенный им в результате военных преступлений нацизма. Происходило это, однако, опять же на противоправной основе, в нарушение норм международного права, и нередко принимало отвратительные формы. В уменьшении территории Германии бывшие ее жертвы, конечно, видели справедливую кару. Но переселенцы по праву спрашивали себя, почему бремя этого наказания должны были нести они одни, ведь они были не единственными виновниками этой войны. Да и адекватные политики разделяли абстрактную идею, что следовало бы более справедливо распределять эти тяготы. Однако в каких масштабах и как это сделать конкретно — в этом вопросе мнения существенно расходились.

В советской оккупационной зоне все было проще, потому что тамошний режим мог позволить себе проводить дирижистскую политику. Более трети национализированных с осени 1945 года крупных земельных угодий были распределены между переселенцами. Более 40% участков, розданных крестьянам в ходе земельной реформы в ГДР, тоже достались переселенцам. Но после этого им запрещалось называть себя депортированными — правящий режим окрестил их «новыми гражданами» или «переселенцами» и с 1949 года вообще изъял из политического обихода понятие «депортация» применительно к переселенцам, чтобы исключить любой критический подтекст в отношении Советского Союза и братских восточных стран. Из страха, что переселенцы могут вбить клин между ним и новыми союзниками, социалистическое государство изо всех сил старалось уравнять в правах «новых граждан» и коренное население. Это ему удалось. Ценой успеха стало то, что переселенцы вынуждены были отречься от своей истории и не находили себя в официальной историографии ГДР. Любая их попытка политической и культурной самоидентификации немедленно пресекалась. 400 тысяч переселенцев, в том числе те, которые не желали мириться с потерей своей идентичности, до конца 1949 года уехали в западные сектора; это тоже повысило возможности интеграции для оставшихся в ГДР.

В Федеративной Республике Германия тем временем началась болезненная дискуссия о так называемой компенсации ущерба, нанесенного войной. В сентябре 1952 года вступил в силу соответствующий закон, регулирующий распределение репараций, — кто и какую часть этого бремени должен нести. Закон о компенсации ущерба, нанесенного войной, выглядит сухим и бесцветным, но являет собой настоящий шедевр искусства политической торговли. Благодаря ему насильственно разделенный на две части немецкий народ — в сущности, сам того не замечая — вновь в определенном смысле стал единым целым. И, поскольку никто не был доволен результатом, масштаб этого процесса долгое время оставался скрытым. Эрих Олленхауэр, тогдашний председатель Социал-демократической партии, так сформулировал значение закона о компенсации ущерба, нанесенного войной: «Речь здесь идет не о социальном законе, как в сотнях других случаев, когда соотношение платежей и обязательств тщательно взвешивается и выверяется. Это закон, который должен ликвидировать нашу внутреннюю вину за войну по отношению к миллионам наших собственных граждан».

Для искупления «внутренней вины» все, кто мало пострадал от войны, должны были раскошелиться в пользу тех, кто потерял почти всё. Проще говоря: многие должны были отдать половину того, что имели, чтобы те, у кого не было ничего, смогли выжить. В деталях это масштабное перераспределение выглядело так: закон постановил, что владельцам земельных участков, домов и прочей недвижимости надлежало отчислить 50% стоимости своего имения, находившегося в их собственности на 21 июля 1948 года. Эту сумму можно было выплатить в течение 30 лет по четыре платежа в год. Выгодоприобретателями были пострадавшие от войны: граждане, лишившиеся жилья в результате бомбежки, инвалиды и переселенцы. Компенсация полагалась им лишь за утрату недвижимости и имущества предприятия, но не наличных денежных средств и украшений. Особое место отводилось социальным аспектам: за утрату значительного состояния в процентном отношении предусматривалась меньшая компенсация, чем за утрату малого. Чтобы определить долю, причитающуюся переселенцам, и налоговое бремя плательщиков, были созданы так называемые бюро компенсаций, которым в последующие десятилетия предстояло обработать 8,3 миллиона заявок одних только переселенцев.

Вокруг этой сенсационной распределительной акции, которой в 1949 году предшествовали «сборы на неотложную материальную помощь», было столько ожесточенной полемики и борьбы, что, когда все закончилось, мало кто из немцев осознавал, какое удивительное по своей значимости решение было в конце концов принято и воплощено в жизнь. Напротив, после многих лет полемики и раздоров, когда никто уже даже слышать не мог выражения «компенсация ущерба, нанесенного войной», все остались недовольны. Те, кто не сильно пострадал от войны, чувствовали себя в незаслуженной роли дойной коровы, а переселенцам адресованные им выплаты были как мертвому припарка. С этой сварой немцы и прибыли в демократию, к повседневным тяготам непрестанной борьбы по ту сторону высоких слов и идеологий. Всеобщая склочность, сопутствовавшая затянутой полемике по поводу «Закона о компенсации ущерба, нанесенного войной», была признаком нормализации жизни. Правда, тот факт, что немцы так сурово, трезво, в сугубо прозаической манере решали вопрос о своей «внутренней вине» и в конце концов достигли тщательно, всесторонне отшлифованного компромисса, реализацией которого несколько десятилетий занимались 25 тысяч служащих и чиновников, никому не принес особой радости. Но с точки зрения сегодняшнего дня можно с уверенностью сказать, что это был необыкновенно удачный путь. Борьба за справедливое распределение налогового бремени, начавшаяся как жестокое культурное противостояние между коренным населением и переселенцами, прагматично и честно была переведена в парламентское русло. Тем самым и в Германии был заложен фундамент того, что позже стали называть гражданским обществом.

Самовосприятие немцев в течение нескольких лет кардинально изменилось. То, что они при национал-социализме превозносили как единство народа, обернулось для них после войны навязанным им извне союзом враждебных этнических групп. Союз же этот за годы экономического подъема превратился в общество, чуждое сантиментам и построенное на компромиссах, в котором все чувствовали себя в какой-то мере пасынками. Новый национализм на этом основательно разбалансированном, конфликтном фундаменте построить было едва ли возможно — неплохой исходный пункт для молодой демократии.

В пути

То, что все закончится так благополучно, в первые послевоенные годы никто и представить себе не мог. Напротив, многие немцы еще долгое время жили на улицах, на вокзалах в залах ожидания, во временных пристанищах и в разрушенных домах, и никто не знал, когда этому придет конец. «Жилище их — ветер, кров их — дождь» — так назвал писатель Вольфганг Вайраух свою опубликованную в 1946 году в журнале Eulenspliegel историю, в которой изобразил несколько супружеских пар, живших на улице, «нищенствующих, но счастливых, познавших счастье в нищете». В то время как большинство из тех, кто лишился родины, хотели как можно скорее заложить материальные основы своего дальнейшего существования, для других бродяжничество стало нормой, естественным образом жизни. Криминология того времени зарегистрировала новый тип правонарушителей — «бродяг», которые делали капитал на своей вынужденной неприкаянности. К ним относилось бесчисленное множество мошенников, менявших свою личину в зависимости от обстоятельств. Страна кишела псевдоврачами, псевдоаристократами, брачными аферистами. Причина такого пышного расцвета мошенничества заключалась в том, что повсюду было полно людей, пришедших ниоткуда, словно родившихся из пустоты, — ни друзья, ни социальная среда, никакие учреждения не могли вернуть им их прежние индентичности. Вместе с утраченной родиной, из которой их изгнали, они утратили и свою жизнь — и пытались выстроить новую. Особую категорию составляли двоеженцы. Среди них было немало беженцев и переселенцев, которые простоты ради умалчивали о своей прежней жене, а также одержимых жаждой родины, которые на всякий случай стремились иметь сразу два домашних очага — а если можно, то и больше. Травма насильственного лишения корней сделала для них дом и домашний очаг навязчивой идеей. Реклама пятидесятых годов превратила «уютные четыре стены» в гротеск, излюбленный объект шуток. И неудивительно — ведь дорога для многих еще долго жила в памяти как привычный кошмар. В романе «Вход воспрещен» Ганс Хабе показал, как людям приходилось выносить тяготы дороги:

«Лагеря военнопленных, словно переполненный желудок, извергли свое содержимое на дороги. Их вчерашние обитатели и выглядели как содержимое желудка. Достоинство поражения стало лишь поражением достоинства: разбитая армия, оборванная и грязная, хромала домой в разбитую страну. Она всегда была на дорогах, в пути, эта армия, — на дорогах Франции и Польши, России и Бельгии. Вперед они шли вместе, назад — каждый сам по себе. Вперед дорога несла их, теперь они несли дорогу как бремя»[52].

Долгий путь пешком стал мифом. Выдержать это испытание — не просто идти, «пока несут ноги», как назывался знаменитый телесериал 1959 года, но *дойти* до дома — стало для многих пожизненным источником гордости. Герой одиннадцатисерийного фильма Эдгара Райца «Родина. Немецкая хроника» Антон Симон, вернувшийся из русского плена, велел позолотить свои сапоги, в которых прошагал 5 тысяч километров из Новосибирска в родную деревню Шаббах в Хунсрюке. Разбогатев после войны на производстве оптических приборов, Симон выставил эти позолоченные сапоги в вестибюле своей фирмы на постаменте — как напоминание и предостережение. Это был в то же время акт самоутверждения и знак престижа. Чтоб шаббахцы знали, что могут рассчитывать на таких людей, как Симон.

Подобные рассказы о долгом пути на родину помогали переосмыслить немецкое поражение и воспринять его как личную победу. Счастливчики вроде Симона заслужили успех своей новой жизни еще до того, как она вообще началась. У других этот путь назад, казалось, никогда не кончится. Пьеса Вольфганга Борхерта «На улице перед дверью», впервые поставленная в ноябре 1947 года, повествует как раз о таком возвращении, которому отнюдь не сопутствует успех. У вернувшегося с войны Бекманна нет больше дома: его жена нашла себе другого — такова была судьба многих солдат. «Их дом — за порогом. Их Германия — на улице, под ночным небом, под дождем».

В творчестве Вольфганга Борхерта есть еще кое-что, перекликающееся с упомянутой выше пьесой. Это страстное заклинание, обращенное к Гамбургу, которое 24-летний автор написал в 1945 году, уже смертельно больной и прикованный к постели, после того как наконец вернулся в родной город, проделав пешком путь в 600 километров: «Гамбург! Это больше, чем груда камней, нагромождение крыш, окон, обоев, кроватей, улиц, мостов и фонарей. Это больше, чем фабричные трубы и многоголосая перекличка клаксонов... О, это несравнимо больше! Это наша воля быть. Не где-нибудь и как-нибудь, а здесь и только здесь, в Гамбурге, между Альстербахом и Эльбой»[53]. И далее в том же духе. Борхерт — после Восточного фронта, военной тюрьмы и бегства — буквально вцепился в свой город, в «незаменимую, неизбежную необъятность просторов безутешных улиц». В этих ритмичных аллитерациях он воспевал свой родной город, который представлял себе целым и невредимым, оглашаемым мирным стуком судовых машин и звуком сирен, в то время как в гавани в 1945 году царила гробовая тишина — судоходство давно умерло, а причалы были разрушены. «И, стоя вечерней порой — под серо-мглистым небом — на покачивающихся понтонах, мы говорим: Эльба! Подразумевая жизнь. Подразумевая „я и ты“. Мы говорим, кричим, шепчем: „Эльба!“ Подразумевая весь мир!»[54]

Гамбург Вольфганга Борхерта стал великолепным литературным панданом к вошедшему в моду годы спустя хайматфильму*. К тому времени Борхерта уже давно не было в живых. Он умер за день до театральной премьеры «На улице перед дверью» в возрасте 26 лет от последствий перенесенных во время войны физических страданий.

О страданиях и о жизни на улице говорится и в «Песне калеки» Эриха Фрида, написанной в 1945 году. Фрид использовал в своем стихотворении широко распространенный в послевоенное время мотив: хромой, калека — неизменный атрибут немецких улиц в течение многих послевоенных лет:

Мы прошли мимо смерти,
оставив ее позади,
потому что даже смерть выбивается из сил
в рушащихся переулках.
Мы пришли к вам на костылях.
Нам больше ничто не грозит...
Так давайте сегодня веселиться,
потому что вчера мы были мертвецами![55]

Образ усталой смерти, которая слишком слаба, чтобы унести с собой всех, довольно точно отражает состояние, в котором уцелевшие в войне принимаются за восстановление. «Так давайте сегодня веселиться, потому что вчера мы были мертвецами!» — самое подходящее настроение для похода в кабаре. Именно для кабаре — одной из первых вновь открывшихся сцен, а именно для мюнхенского «Шаубуде», — Эрих Кестнер сочинил «Песню-марш 1945 года», написанную для «женщины в мужских брюках, в старом пальто, с рюкзаком и помятым чемоданом». На обложке программки были изображены пустынная загородная дорога и подбитый танк. Актриса Урсула

---

* Жанр немецкого кино, рассказывающий о судьбах родины и тяготеющий к эпической форме. Один из главных представителей — Эдгар Райц. — *Прим. ред.*

Херкинг — тогда уже хорошо известная публике по без малого шестидесяти фильмам — с чемоданом в руке пела под рояль:

Тридцать долгих недель
я шел лесами, полями,
от рубахи остались лохмотья,
сапоги давно без подметок.
В рюкзаке все мои пожитки.
Моя мебель досталась полякам,
мои деньги — Дрезденскому банку.
У меня ни родных, ни родины.
Сапоги в дорожной пыли.
Вот вам закат Европы,
о котором было столько сказано.

<...>

Тысяча лет минула,
канула в Лету вместе
с Его усатым Величеством.
Пора начинать все сначала!
Вперед шагом — марш! Ать-два!
Не то будет поздно! Левой!
У нас еще есть голова,
есть голова на плечах[56].

Песня произвела на публику ошеломляющее впечатление. Урсула Херкинг писала в своих мемуарах: «Когда я спела последнюю ноту, люди вскочили с мест, обнимались, кричали, кто-то плакал — это было какое-то невероятное „освобождение“. В этом почти не было моей заслуги, это просто была правильная песня, правильно написанная, правильно и вовремя исполненная».

Именно улица дала песне крылья и оказала магическое воздействие на публику. Без вездесущих жертв депортации, без трагедии изгнанничества трудно понять волнение и слезы слушателей, ведь сегодня эти строки, несмотря на некоторые трогательные моменты, кажутся весьма далекими от совершенства. Бешеный восторг публики, перед которой пела Урсула, не вызывает сомнения, а когда слушаешь сохранившуюся запись, хорошо понимаешь, как именно исполнительнице и автору песни удалось коснуться самого нерва эпохи[57]. В характерном для кабаре — в сущности, довольно бездушном — речитативе Херкинг нащупала особый тон — нечто среднее между весельем и отчаянием, — который она постепенно взвинчивала и который к концу песни переходил в рев. Она так открыто и грубо топтала все страхи, что они проявлялись еще более отчетливо. Тем самым она точно отражала все противоречия времени. Оптимизм, замешанный на горечи, жалоба, проникнутая благодарностью: «В окнах, погруженных во тьму, снова затеплился свет. Правда, не во всех домах. Нет, не во всех...»

«Жить на улице» для кого-то означало «жить на железной дороге». Многие путешествовали в товарных вагонах. Постепенно налаживалось и движение пассажирских поездов, хотя и с окнами без стекол, — в дождь сиденья и пол заливало водой. Из-за того, что железнодорожное сообщение было нерегулярным, на вокзалах скапливались толпы людей. Залы ожидания и подземные переходы и без того были переполнены бездомными, чье путешествие затянулось на месяцы или даже на годы. Те, кто мог себе это позволить, в ожидании поезда ночевали в отеле. Но это было сопряжено с определенным риском: часто поезд уходил ранним утром, несмотря на объявление, что отправление состоится лишь через десять часов. Поэтому люди предпочитали ждать на перроне.

В ноябре 1947 года в журнале Ruf был опубликован рассказ о ночи, проведенной на вокзале в Ганновере: «Я спускаюсь по лестнице к перрону №3. В лицо мне бьет волна горячего, спертого воздуха. Посреди мешков, картонных коробок, чемоданов, яблочной кожуры, обрывков бумаги и пустых сигаретных пачек вдоль влажных, тускло мерцающих стен сидят и лежат сотни людей. Свободен лишь узкий проход посредине туннеля. Мне с трудом удается отыскать на этой свалке человеческих тел и багажа место для моего чемодана»[58]. Зеркалом наших послевоенных будней стали не театры, — пишет далее автор, — а ночная жизнь в одном из туннелей ганноверского вокзала. Кстати, незадолго до этого режиссер Густав Фрёлих в том самом туннеле снимал кадры для своего фильма «Пути в сумерках», чтобы добиться максимально аутентичной атмосферы. «Что одному страдания, то другому — кино», — мрачно пошутил он сам по этому поводу.

На самом деле газетных репортажей на тему вокзала было гораздо больше, чем вокзальных сцен в кино. Зал ожидания стал одним из популярнейших мотивов журналистской социальной диагностики. Нигде больше не соприкасалась так тесно уже снова преуспевающая, рвущаяся к успеху Германия с Германией, еще погруженной в хаос, нигде больше не сталкивались нос к носу респектабельные граждане со скитальцами, отделавшиеся легким испугом — с пострадавшими.

Мюнхенский комиссар иммиграционной службы Вилли Ирльбек побывал с инспекцией в зале ожидания главного вокзала и, совершенно потрясенный, в своем рапорте начальству превзошел самого Эмиля Золя: «Зал переполнен испарениями, пронизан резкими запахами. Юноши, уже прошедшие все стадии нравственного разложения; девушки, уже хорошо понимающие взаимосвязь спроса и предложения; дельцы и воры, для которых понятия „закон“ и „право“ — пустой звук; отпущенные на свободу военнопленные, чье страстное желание увидеть родину сменилось непреодолимым отвращением; дети, которым площадкой для игр служат залы ожидания и вагоны, а колыбелью — чемоданы и ящики; утратившие человеческий облик женщины, для которых их измученное тело стало единственным источником дохода; тупое оцепенение, мрачные раздумья, грязь и безысходность...»[59]

Те, кому необходимо было совершить поездку, должны были быть готовы к тому, что путешествие затянется на неопределенный срок. Летом 1947 года фоторепортер журнала Neue Illustrierte Эрик Бодлендер по заданию редакции отправился ночным поездом из Гамбурга в Мюнхен. До цели он добрался лишь через восемь дней. Более или менее приличные снимки он смог делать лишь в течение первых двух дней: потом его фотоаппарат серьезно пострадал в результате дорожных приключений. Поезда были переполнены, их часто отменяли или они подолгу стояли в чистом поле из-за повреждения путей. Заняты были даже самые опасные места — на буферах между вагонами, на которых приходилось сидеть верхом. «Далеко не самое неудобное место, — писала Урсула фон Кардорфф. — Единственный недостаток — это искры от локомотива, которые прожгли мне плащ»[60]. Многие стояли на подножках вагонов, держась за поручни или дверные ручки. Во время остановок на промежуточных станциях мало кому из желающих сесть на поезд удавалось это сделать. Самые отчаянные просто влезали в окна, и разъяренные пассажиры встречали их бранью. На обложке Neue Illustrierte летом 1947 года можно было видеть, как актриса Ильзе Вернер с помощью попутчиков вылезает на перрон через окно вагона, потому что протолкнуться по коридору к выходу не представлялось возможным.

Несмотря на все эти дорожные мучения, в 1947 году немцы уже снова путешествовали — кто-то ехал отдыхать, кто-то развлекаться. Из 10 тысяч частных пансионатов на острове Зюльт, предназначенных для отдыхающих, 6 тысяч были буквально забиты беженцами, но остальные, как в прежние времена, ждали клиентов. Багаж по прибытии проверялся на наличие спекулятивных товаров, но владельцы пансионатов заверяли гостей, что полиция сквозь пальцы смотрит на частную коммерцию, пока та держится в разумных пределах. Правда, вопиющая нищета беженцев, от которых нигде было не спрятаться, отравляла радость беззаботного отдыха; да и акустические тралы, которые морские паромы тащили за собой, чтобы обезопасить себя от мин с акустическими взрывателями, тоже не способствовали курортному настроению. И тем не менее ничто не могло поколебать решимость любой ценой побаловать себя первым послевоенным отпуском. Из-за рационирования продуктов питания гости должны были сами добывать себе все необходимое для приготовления ужина. Утром они отдавали продукты на кухню пансиона или отеля вместе с запиской, в которой указывали имя и номер комнаты и выражали пожелания относительно способа приготовления блюда. Завтрак гости тоже приносили с собой, если не желали довольствоваться чашкой кофе, кусочком хлеба и пятью граммами жира, — все, что мог предложить отель в обмен на продуктовые карточки. На фотоснимке в одном газетном репортаже с Зюльта запечатлен богатый завтрак: стол ломится от консервов. Изумленному взору читателей предстают растворимый кофе фирмы Nestle, говядина, белая фасоль с томатами, мед и джем... Комментарий к фото, как бы предупреждая возможные проявления зависти, гласит: «Такие завтраки на острове Зюльт отнюдь не редкость, и не факт, что они предназначены для желудков каких-то спекулянтов. Люди вполне могли скопить продукты, полученные в посылках с гуманитарной помощью, специально для предстоящего отпуска. Многие из сидящих за соседними столиками радуются при виде такого изобилия и говорят: „Скоро мы все так будем жить!“ Конечно, у кого-то это зрелище может вызвать приступ глухой злобы. Таким людям не стоит ездить на Зюльт»[61].

Глава четвертая

Танцевальная мания

Многие представляют себе жизнь в послевоенные годы сугубо мрачной и горестной. Образ этого времени и, в гораздо большей степени, стереотипное представление о нем сложились под впечатлением от печали и отчаяния на лицах людей. Это и неудивительно в свете повсеместных страданий и растерянности. И все же в те годы невероятно много смеялись, танцевали, веселились, флиртовали и любили. В кино и литературе, особенно в первые послевоенные годы, это редко находило отражение. Веселье не вписывалось в мрачные картины, которые искусство стремилось увековечить для будущих поколений. Чувство неуместности этого веселья испытывали и сами современники. И тем не менее они веселились даже с бóльшим размахом, чем прежде, и более непринужденно, чем в последовавшие за этим годы благополучия, когда люди замкнулись в своих четырех стенах.

После ужасов ночных бомбежек и зловещей неопределенности первых дней оккупации люди не могли совладать со своей радостью от сознания того, что они обманули смерть. Лишения, связанные с разрухой, не могли отравить эту радость. Напротив, сладостное чувство спасенности и тревога по поводу непредсказуемости будущего до предела обострили интенсивность жизни. Многие жили сегодняшним днем, ловили момент. И если на их долю выпадал глоток счастья, они стремились насладиться им в полной мере. Радость бытия буквально била через край, принимала формы граничащей с безумием жажды развлечений и увеселений. Людей охватила настоящая танцевальная мания, они пили, пели и плясали, где только было можно; повсюду раздавался пронзительный, истеричный смех, который, конечно, многим действовал на нервы.

Один мюнхенец вспоминал: «Я месяцами каждый день ходил на танцы, хотя тогда там, разумеется, не было ни алкоголя, ни еды. Был только какой-то кислый напиток, который мы называли сывороткой. Мы все там развлекались и веселись каждый вечер. Потом нам никогда уже не было так весело, хотя можно было и выпить, и поужинать»[1].

То же самое происходило и в Берлине. Например, восемнадцатилетняя берлинская секретарша Бригитте Айке — веселая девушка, заядлая читательница, любительница кино и особенно танцев — не стала расставаться со своими увлечениями даже после падения столицы рейха. В первый раз она отправилась в кино через семнадцать дней после капитуляции (кинотеатр открылся за два дня до этого). Вечером она записала в свой дневник: «В три часа я зашла за Гитти, и мы вместе с Аннемари Раймер, Ритой Уккерт и Эдит Штурмовски отправились в „Вавилон“. Было очень весело, мы славно поболтали. Фильм был шикарный. „Дети капитана Гранта“ — русский фильм, на русском, без перевода, местами было ничего не понять»[2].

Что касается танцев, то Бригитте пришлось подождать еще пару недель. Сначала она, член Союза немецких девушек, вступившая к тому же в рамках программы «Народ дарит фюреру ко Дню рождения своих детей» в НСДАП, попала на штрафные работы и внесла свою лепту в разбор завалов в Берлине. Но после того, как советские оккупанты объявили молодых немцев жертвами пропаганды и амнистировали их, Бригитте — к тому времени уже новоиспеченный член молодежной антифашистской группы — снова стала завсегдатаем танцевальных площадок.

Первый ее крупномасштабный выход в свет состоялся 8 июля, когда она отправилась в кафе «Вилла», причем одна. Вечер прошел не так весело, как ей хотелось, по причине острого дефицита мужчин — одни не вернулись с войны, другие сидели за колючей проволокой. «И в самом деле слишком мало мужчин; танцуют почти одни девушки», — записала она в дневник. К тому же ей пришлось рано вернуться домой, чтобы с 23:00 до 01:30 нести караульную службу перед подъездом. В те дни жильцы домов в Пренцлауэр-Берге выставляли на ночь сменных часовых, которые должны были объявлять общую тревогу в случае нападения уголовников или пьяных солдат. С того дня Бригитте Айке регулярно ходила на танцы, иногда по несколько раз в неделю.

Следующим номером программы был ее совместный поход с Кузи и Лотти в пивную «Лукас», где имелась танцевальная площадка. «Меня пригласил на танец какой-то парень. Играли чардаш... Я под такую музыку еще никогда не танцевала, но мой кавалер прекрасно вел». Бригитте и ее компания весело кочевали от одного кабачка к другому. Иногда это были здания, где уцелел только подвальный этаж, а по сторонам заведения, к которому был наспех расчищен проход, высились груды развалин, но это не ничуть не смущало свингующих. Они бывали и «Пратере», и в «Казалеоне» в Ной-Кёльне, и в «Новом мире», и в кафе «Вена» на Курфюрстендамм, и в кафе «Корзо», и в «Винер Гринцинг», где им испортили вечер три нахальных американских солдата. «Нет, в западном секторе веселиться — гиблое дело, — подвела Бригитте печальный итог. — Одни расходы и никакого толку». Больше ей понравилось на крыше-террасе сильно поврежденного вокзала Кюстринер, хотя с мужчинами и там дело обстояло не лучше: «Мужчин почти не было — одни желторотые мальчишки. Правда, в огромном количестве, но ни одного интересного». Бригитте то и дело писала в своем дневнике о страстном желании поскорее увидеть «своих солдат», томящихся в плену: «Ах, был бы здесь хоть один из моих парней! Так надоело все время самой за все платить. Но, конечно, не только поэтому — пусть они просто поскорее возвращаются!»

В кафе «Табаско» Бригитте Айке и ее подруга стали жертвами двух типов, которых хозяева нанимают на роль своеобразных «зазывал», чтобы в коммерческих целях обеспечить соответствующее настроение у гостей, главным образом у дам. Едва девушки переступили порог заведения, как эти два молодых джентльмена закружили их в бурном танце, а потом, не дав им опомниться, спровоцировали их на неосторожный поступок — заказать коктейли и овощной суп. Однако, вместо того чтобы составить им компанию, они тут же, к возмущению Бригитте, переключились на следующих вновь прибывших дам и проделали с ними тот же трюк.

В течение лета 1945 года восемнадцатилетняя любительница танцев побывала еще в «Палей дес Центрумс», в казино, в «Интернационале», в кафе «Стандарт», в «Каюте» — в общей сложности в тринадцати различных увеселительных заведениях, которые сегодня называются клубами. Такая активность даже в сегодняшнем Берлине с его мощной индустрией развлечений производит довольно внушительное впечатление. А ведь тогда существовало еще немало других злачных мест, которые могла посетить эта неутомимая молодая особа: бар «Пикадилли», «Робин Гуд», «Рокси», «Ройял Клаб», «Гротта Азура», «Монте-Карло» и многие другие заведения на прилегающих к Курфюрстендамм улицах.

В художественных фильмах послевоенных лет развлекаются лишь спекулянты, торговцы черного рынка и мошенники. С жирными, потными лицами, как на карикатурах Георга Гросса времен Веймарской республики, они жадно поедают огромные отбивные, хлещут контрабандное вино и похотливо раздувают ноздри при виде колышущихся дамских бюстов. Танцы и вечеринки преподносились как скабрезные увеселения наглых нуворишей, недопустимые перед лицом всеобщих бедствий. Реальность же выглядела совершенно иначе. Бедняки тоже веселились. Хотя и не все.

Было много отчаявшихся, у которых надолго, а то и навсегда отбили охоту веселиться. Матери, потерявшие детей во время депортации и одержимые стремлением их отыскать. Больные, которые из-за отсутствия медицинской помощи месяцами балансировали на грани жизни и смерти. Люди, травмированные пережитыми страданиями и утратившие волю к жизни. Наконец, те, кому любое проявление веселья сразу после войны казалось кощунством. Да, были и такие, но они составляли меньшинство. Они некоторое время сидели вместе с другими на празднике или вечеринке, безучастно смотрели на веселую кутерьму, но в какой-то момент молча вставали и уходили. Однако было бы заблуждением автоматически считать их «правильными», «хорошими» людьми, а танцующих — бессердечными, равнодушными к несправедливости и к чужому горю. Вина, которой обременили себя немцы, редко становилась поводом для отказа от веселья и шуток; чаще всего настроение портили собственные беды и горести, например мысли о томящемся в плену муже или скорбь о погибших близких.

Кто мог, тот танцевал. Молодая студентка Мария фон Айнерн объясняла свой острый приступ жизнелюбия, удививший ее саму, крахом ее прежнего мира: «Тут многое сыграло свою роль — прежде всего подлинная личная свобода, которую нам дал рухнувший окружающий мир и которая обрушилась на нас щедрым дождем. В ней есть что-то магическое. Ты вдруг замечаешь в себе неслыханную общительность. Ты вдруг чувствуешь ответственность за самого себя — за каждую радость, но и за каждую ошибку, за каждый промах в этих джунглях смятения и растерянности, в которых твое драгоценное „я“ спотыкается на каждом шагу»[3]. Шок от крушения мира сменило

Вольфганг Борхерт писал в 1947 году: «Наше „юпхайди-юпхайда“ и наша музыка — это танец над зияющей бездной… Ибо наше сердце и наш мозг работают в том же горяче-холодном ритме — возбужденном, безумном, лихорадочном, разнузданном». На фото: танцы в «Hot Club», Мюнхен, 1951 год

осознание ответственности перед самим собой и глубокое чувство личной свободы. Студентку охватила какая-то сугубо положительно заряженная растерянность: «Мы, — писала она словно от имени целого поколения, — создаем вокруг себя атмосферу постоянной готовности повернуться лицом к странностям бытия и разобраться в них. Повсюду нас приветствует свобода». Так, например, нет больше никаких канонов в отношении одежды, говорит Мария, «просто потому, что ни у кого уже нет ничего отвечающего прежним „канонам“, — поистине это свобода неимущих и интеллигентов».

Эта новая жажда жизни — отнюдь не привилегия образованных людей. «Неслыханная общительность», которую с удивлением заметила в себе Мария фон Айнерн, охватила широкие слои общества. В то время как одни отгородились от окружающего мира, замкнувшись в своем ожесточении, другие жадно заводили новые знакомства, приобретали новых друзей и начинали новые романы. Изгнанничество, депортация и эвакуация не только порождали враждебные чувства, но и пробуждали интерес к новым людям, местам и условиям. Распад семей наряду с горем и нуждой приносил кому-то освобождение от тягостных отношений. Границы между бедностью и богатством тоже стали менее непроницаемыми; подтвержденное горьким опытом сознание того, что можно в одночасье все потерять, и ощутимая близость вездесущей смерти сделали некогда важные различия несущественными. Говоря о «свободе неимущих и интеллигентов», Мария фон Айнерн имела в виду и это.

Взаимосвязь близости смерти и жизнелюбия открыл для себя и Вольфганг Борхерт, вошедший в коллективную память как своего рода *Christus patiens** послевоенной литературы. Жизнерадостность перед лицом трагедии часто клеймят как *жажду жизни*; однако в текстах Борхерта жажда жизни вполне оправданна. В 1947 году в своем произведении «Это наш манифест» он описывает музыку своего поколения — сначала «сентиментальное солдатское горланство», оставшееся в прошлом, потом джаз, в том числе свинг и буги-вуги, столь популярные на гамбургских танцевальных площадках: «Теперь наша песнь — джаз. Наша музыка — возбужденный, лихорадочный джаз. И горячая, безумно-бешеная песня, подстегиваемая ударными инструментами, кошачья, царапающая слух. А иногда хорошо знакомое

* «Страдающий Христос» — выражение восходит к пьесе в стихах о страстях Христовых. Ранее приписывалась Григорию Назианзину, в современной науке считается произведением византийского анонима и датируется XI–XII вв. — *Прим. ред.*

сентиментальное солдатское горланство — чтобы заглушить боль души... Наше „юпхайди-юпхайда“ и наша музыка — это танец над зияющей бездной. И эта музыка — джаз. Ибо наше сердце и наш мозг работают в том же горяче-холодном ритме — возбужденном, безумном, лихорадочном, разнузданном. И у наших девушек тот же горячечный пульс в ладонях и бедрах. И хриплый, надтреснутый смех, резкий, как звуки кларнета. А волосы их трещат, как фосфор, и обжигают. А сердце стучит бешеными синкопами, пронизанными сентиментальной тоской. Вот какие у нас девушки — как джаз. И такие же ночи, звенящие любовью ночи — как джаз, горячие и лихорадочные»[4].

Сам ритм текста — чистый джаз. Это синкопированный призыв к бытию. Тихий диссонанс, в котором еще слышны отголоски войны, но уже сублимированные в кларнете. Война еще чувствуется на каждом шагу, даже в женских волосах, которые трещат, как фосфор.

Это очень точно отражает — в том числе в тонкости и грубости — атмосферу, которая царила на танцевальных площадках, где уцелевшие на войне молодые люди кружат в бешеных танцах своих «фройляйн». Кое-где уже заметны экзальтированные предвестники рок-н-ролла; например, в фильме 1951 года «Греховная граница» (режиссер Роберт А. Штеммле) компания юных ахенцев танцует буги-вуги с элементами акробатики — танец, который войдет в моду лишь через несколько лет.

Танцевали не только в городах, но и в деревнях — в трактирах и на праздниках под открытым небом. На проведение массовых мероприятий приходилось получать разрешение у оккупационных властей, а в противном случае — платить, как правило, не очень высокие штрафы. Пиво было настолько жидким, что многие считали его поддельным. Особой популярностью пользовался нелегально изготавливаемый самогон. Проще всего с алкоголем было в винодельческих районах: там почти не испытывали недостатка в выпивке. Танцевали так много, что районная администрация вмешивалась и запрещала мероприятия, разрешенные оккупационными властями. Под особым контролем было соблюдение запрета на участие в праздниках несовершеннолетних. Тем, кого еще несколько месяцев назад считали достаточно взрослыми, чтобы в составе подразделений фольксштурма идти на смерть, это, наверное, казалось более чем странным — то, что их вдруг снова признали подростками, которым еще рано пить вино.

Поводом для веселья часто служили церковные праздники, которые сразу же после окончания войны стали отмечать с новым пылом. В конце мая наконец-то вновь можно было беспрепятственно устраивать торжественные процессии по случаю Праздника Тела Христова. Улицы по маршруту шествия украшались цветами — благо их было более чем достаточно; не было недостатка и в вазах: на полях в огромном количестве валялись медные гильзы от снарядов, которые нужно было только собрать и начистить до блеска — лучше ваз для цветов и не придумаешь.

Показательный инцидент между оккупантами и немцами произошел в Кобленце в День святого Мартина 11 ноября 1945 года. В торжественном шествии приняли участие огромное количество детей с факелами. Во главе процессии ехал на лошади «святой Мартин». «Вдруг колонна остановилась. Французский солдат-часовой, стоявший на посту перед гимназией имени императрицы Августы, которая тогда еще использовалась как казарма, очевидно, подумал, что это демонстрация. Остановив процессию, он отнял у „святого Мартина“ саблю. Увидев, какая толпа собирается за аркой ратуши, он сделал несколько предупредительных выстрелов в воздух и отступил назад. Но дети, ничуть не смутившись, запели еще громче и двинулись вперед, глядя сияющими глазами на свои факелы и фонарики. На Клеменсштрассе нам преградили дорогу джипы с французскими солдатами. Но они пропустили нас и сопровождали до Клеменсплац. Мы зажгли у них на глазах костер, и, когда декан обратился к детям с речью, они уехали»[5].

«Потерпи, потерпи, мой гусик, мой бедный разрушенный Майнц»

Логика оккупационных властей в разных секторах при выдаче тех или иных разрешений была непредсказуема: то, что один офицер запрещал, другой не задумываясь разрешал. В то время как британцы в 1947 году запретили карнавал в Кёльне, французы чуть ли не заставляли майнцев возобновить традицию их знаменитого карнавального шествия. Во всяком случае, так это описывает Карл Мёрле, один из корифеев майнцского карнавала. С момента нападения на Советский Союз в 1941 году карнавал официально больше не проводился. В октябре 1945 года французский комендант города вызвал к себе Карла Мёрле и еще двух знаменитых организаторов майнцского карнавала. Все трое — Зеппель Глюккерт, Генрих Хильзенбек и Мёрле — с немецкой пунктуальностью и с тревогой в душе явились в комендатуру. Такие вызовы обычно не предвещали ничего хорошего. Тем больше было их изумление, когда комендант предложил им немедленно заняться подготовкой карнавала в будущем году. Это предложение показалось им более чем странным. То, что нравится одному военному начальнику, другому может показаться неуместным. Мёрле ответил, что ввиду катастрофического состояния города он с трудом представляет себе реализацию данной идеи. Француз был с ним категорически не согласен: чем труднее положение в городе, тем нужнее карнавал, заявил он. Он «понимал городской праздник как средство преодоления тяжелого наследия прошлого», как прокомментировал его позицию один историк карнавального движения: «По его мнению, именно перед лицом лишений и страданий необходимо дать людям отдушину, порцию оптимизма, которая поможет майнцам преодолеть все тяготы послевоенной разрухи»[6]. Если старая элита карнавального клуба не справится с этой задачей, военная администрация «вынуждена будет обратиться к представителям местной гастрономической и развлекательной индустрии и привлечь профессиональные силы»[7].

Однако за требованием французского коменданта незамедлительно приступить к подготовке карнавала могла стоять идея депруссификации, которую французы последовательно воплощали в жизнь. Усиление местных культурных традиций юго-западной Германии должно было способствовать вытеснению прусского, а значит, по мнению союзников, и милитаристского влияния[8].

Карлу Мёрле и Зеппелю Глюккерту в феврале 1946 года не удалось организовать настоящий карнавал и собрать традиционное шутовское заседание, которое состояло из одиннадцати членов карнавального комитета и сопровождалось соответствующими «хохмами». Но они устроили и несколько раз повторили «Майнцский вечер», на котором Баббельнит* перед переполненным залом еще довольно робко исполнил «Марш страны дураков». Зеппель Глюккерт, который во времена национал-социализма был одним из немногих шутов-ораторов, кто сохранял остатки смелости и позволял себе говорить, что думает, напомнил «шутам и шутихам» об их гражданской несостоятельности посредством характерного раешного стиха:

У нас опять, скажу вам откровенно,
украли, отняли семь лет,
а город наш чуть не истек кровью,
хлеставшей из десятков тысяч ран.
А до войны мы, как известно,
покорно били себя в грудь,
не найдя в себе отваги
освободиться от цепей рабства.

---

* Персонаж (а также раздел) майнцского карнавала с упором на диалектный юмор, от нем. babbeln — «болтать». — *Прим. ред.*

Мы все кричали: «Хайль! Хайль!»,
но следует признать, что это «хайль» —
ни в песнях, ни в речах —
у многих наших братьев и сестер
не находило отклика в сердцах[9].

Для того времени это наполовину самообличение, наполовину самооправдание стало довольно ярким выражением осознания вины. В Санкт-Ингберте на шутовском заседании мужского кружка хорового пения весело скандировали: «У нас все были в партии! Мой отец был в партии! Моя мать была в партии! Моя сестра была в партии!» — и дальше следовали все остальные родственники[10].

В 180 километрах севернее, в другой оккупационной зоне, британцам не пришлось долго уговаривать и тем более заставлять кёльнцев устраивать карнавал. В призрачном, состоявшем из одних руин городе, численность населения которого к концу войны сократилась с 770 тысяч до 40 тысяч человек, уже в 1946 году состоялось небольшое карнавальное шествие. «По грудам развалин, по тропам, проложенным посреди нагромождений камней, по тропам, которые когда-то были красивыми улицами, шли группы детей в бедных, но оригинальных карнавальных костюмах, с самодельными музыкальными инструментами; шли к кое-как расчищенным центральным улицам и выстраивались в колонну. Лица их были раскрашены. Плечо к плечу шли они с пением по улицам... Пока они дошли до Рудольфплац, колонна превратилась в густую толпу — к ним присоединились множество взрослых»[11].

Формирование колонны описывается в карнавальных хрониках как «спонтанное». Однако надо делать поправку на высокие требования, которые организаторы карнавалов предъявляют к шествиям. Карнавал, который не был официально объявлен комитетом карнавального движения, они не признавали. Тем

не менее кёльнцы стихийно начали шествие, не дожидаясь решения председателя клуба, Трифолиума (Принца, Крестьянина и Девы) и «совета шутов», и веселились в импровизированных костюмах, даже когда через год городской совет запретил «организованные шествия».

Маргрет Циммерманн на канате над руинами Кельна, 1946 год

Запрет был обоснован следующей интересной формулировкой: «Карнавал не соответствует драматизму ситуации. Чтобы сохранить народный праздник до лучших времен и не допустить использование его в интересах сомнительной коммерции, мы отменяем в 1947 году проведение организованных праздничных шествий, маскарадов и карнавалов». Указание на «использование его в интересах сомнительной коммерции» относилось к близости карнавальных клубов к ресторанам с дурной репутацией, таким как кафешантан «Атлантик», раздражавший городские власти своими пьяными кутежами в сочетании с помпезностью. «Атлантик» располагался в довольно убогом, но совершенно не пострадавшем от бомбежек и потому перенаселенном жилом доме. Но на первом этаже было устроено некое подобие Монте-Карло — кадки с домашними растениями перед входом, метрдотель, портье, мальчики-посыльные в униформе и т. п. То, что владельцы заведения — в условиях рационирования продуктов питания во всей стране — были не в ладах с законом, ни у кого не вызывало сомнений. «Атлантик» и «другие грязные притоны вроде „Пинг-понга“ и „Фемины“», как писал депутат от Христианско-демократического союза Германии Бернхард Гюнтер, не раз становились темой специальных заседаний в кёльнском городском совете, поскольку служили спекулянтам и уголовникам своего рода клубом. Там же сразу после окончания войны проходили и собрания карнавальных союзов, «кёльнские вечера», на которые — за определенную плату — можно было приносить с собой купленный на черном рынке «бренди» — самогон из сахара. Под звуки Флорентийского марша мажоретки, изящно вскидывая голые ножки, бодро маршировали мимо обгоревших, черных от копоти руин, по обезлюдевшему, разрушенному городу.

Активный деятель карнавального движения Томас Лиссем описывал первый официальный послевоенный карнавал 1948 года как возрождение кёльнской идентичности: «Я уже не видел четырех знаменосцев и полицейский оркестр в костюмах герольдов. Я видел только людей, которые радовались как дети, хотя и со слезами на глазах. Они махали платочками из обугленных оконных проемов разрушенных домов и то и дело вытирали этими же платочками глаза. В одном из окон какого-то наспех залатанного дома я заметил супружескую пару. Женщина была одета в костюм 90-х годов, а на голове у нее красовался чепчик. Она махала платочком, а плечи ее сотрясали рыдания. Муж стоял, скрестив на груди руки, и то и дело всхлипывал»[12].

Слезы умиления с давних пор сопутствуют веселью на карнавале, а в первые три послевоенных года эта сентиментальность переросла в необыкновенную плаксивость. Особенно в Майнце, где снова взяли на вооружение карнавальный девиз времен окончания Первой мировой войны — «Смейся сквозь слезы, и ты станешь хозяином своих эмоций!». Знаменитый исполнитель народных песен Эрнст Негер дополнил сентиментальную песенку «Потерпи, потерпи, мой гусик, скоро лапка заживет» еще одним куплетом и обратился к своему родному городу, как к плачущему ребенку, который не виноват в том, что у него разбита коленка:

Если бы я хоть на миг стал Господом Богом,
Я бы взял на руки мой бедный, разрушенный Майнц,
Ласково погладил бы его и сказал: «Потерпи немного,
Я скоро отстрою тебя заново. Ты ведь ни в чем не виноват.
Я снова сделаю тебя прекрасным городом.
Ты не должен погибнуть».

Слезы ручьями лились в бокалы с вином. «Смейся и пой, тоску — долой!» — гласил девиз майнцского карнавала 1950 года. В этом же году в Ахене в первый раз после войны был снова вручен орден «За борьбу с хандрой». Его получил британский военный прокурор кёльнского суда, мистер Джеймс А. Дагдейл из Бёрнли. Причиной награды стала чистая благодарность горожан: британец разрешил одному осужденному контрабандисту покинуть тюрьму на три дня, т. е. на время карнавала.

«Смейся и пой, тоску — долой!» — таков был девиз послевоенного карнавала. «Я скоро отстрою тебя заново. Ты ни в чем не виноват», — так пели о разрушенных городах. Фотомонтаж из газеты Neue Illustrierte, 1948 год

В Кёльне карнавалом инкогнито руководил Томас Лиссем — фабрикант, производитель ликеров и импортер напитков. Он был официальным президентом кёльнской Гвардии принцев* еще во времена нацизма[13]. Ему, как члену НСДАП, так сказать, активисту первого часа, кёльнское отделение комиссии по денацификации запретило публичные выступления и руководство карнавалом. Для отвода глаз Гвардией командовал Франц Оберлизен-старший, а всем остальным по-прежнему руководил Лиссем[14].

* Одна из колонн кёльнского карнавала. — *Прим. ред.*

Карнавальные союзы вновь осмеливались делать политические заявления. В 1949 году в составе процессии в Кёльне ехала платформа, на которой наглядно иллюстрировался демонтаж германской промышленности: англичанин Джон Буль строгал рубанком голый зад немецкого Михеля

В песне кокетливо обыгрывалась мысль, что живущие под властью оккупантов немцы стали «неграми наших дней». Ирония судьбы — расисты называют себя готтентотами. Разумеется, в шутку. Ведь они являются великой и высококультурной нацией, о чем и напоминают оккупантам два последних куплета:

Но знай, чужой человек:
у тризонца есть юмор,
у него есть культура и дух,
и в этом он даст фору многим.

Даже Гёте родился в Тризонии,
она же была колыбелью Бетховена.

Такого нет ни в какой Китайзонии,
и потому мы гордимся своей страной.

Эти слова на мелодию известного марша-фокстрота написал кёльнский пекарь Карл Бербуэр по прозвищу Чудак-колобок. В декабре 1948 года песня под аккомпанемент оркестра народных инструментов была записана на пластинку и стала одной из пяти самых популярных пластинок послевоенных лет. Британская Times посвятила «Гимну Тризонии» статью с заголовком: «Немцы снова наглеют?» Гимн стал настолько популярен, что иногда исполнялся в честь немцев на международных спортивных соревнованиях за неимением национального гимна Германии. Однажды он прозвучал даже в присутствии Конрада Аденауэра. В апреле 1950 года на одной пресс-конференции он рассказывал: «Кажется, это было в прошлом году на Кёльнском стадионе во время каких-то спортивных состязаний с командой Бельгии. На них присутствовали многочисленные бельгийские военные в форме. Когда подошел момент исполнения национальных гимнов, оркестр по инициативе своего, судя по всему, очень харизматичного капельмейстера вместо национального гимна Германии заиграл замечательную карнавальную песню „Я — житель Тризонии“... Бельгийские солдаты встали и взяли под козырек, полагая, что это был национальный гимн»[17].

Подобные рассказы об использовании недостойной карнавальной песни в качестве национального гимна сыграли далеко не последнюю роль в том, что столь любимая Аденауэром третья строфа «Песни Германии»* его усилиями после долгих дискус-

* Государственный гимн Германии (музыка Йозефа Гайдна, стихи Гофмана фон Фаллерслебена) с 1922 года. Во времена Третьего рейха исполнялась только первая строфа фаллерслебеновского текста, после чего следовал гимн НСДАП «Хорст Вессель». В 1945 году исполнение «Песни Германии» было запрещено, с 1952 года исполняется только третья строфа. — *Прим. ред.*

сий вдруг неожиданно быстро, а именно в 1952 году, была объявлена государственным гимном[18].

Чтобы правильно понять грубые карнавальные нравы послевоенных лет, нужно вспомнить, какими пафосом и серьезностью, совершенно немыслимыми с сегодняшней точки зрения, отличалось тогдашнее интеллектуальное пространство. В те дни немцы словно состязались друг с другом в поисках как можно более максималистской трактовки духовной ситуации, при которой немецкие страдания ставились выше страданий их жертв. «И вот мы стоим перед покинутым домом и смотрим на вечные звезды, мерцающие над руинами мира», — говорится в часто пародируемом «Обращении к немецкой молодежи 1945 года» Эрнста Вихерта: «Такие одинокие, каким никогда еще не был ни один народ. С клеймом позора, какого не знал ни один народ. Прижавшись лбами к разбитым стенам, мы шепотом повторяем вечный вопрос: „Что нам делать?“»[19]

По мнению культуролога Михаила Бахтина, карнавальный смех, звучавший в эпоху Ренессанса, направлен на «смену миропорядков». Это смех народа, пытающегося релятивизировать мировую историю, во власти которой он находится, и потому это смех страха и раскаяния: «В акте карнавального смеха сочетаются смерть и возрождение, отрицание (насмешка) и утверждение (ликующий смех). Это глубоко миросозерцательный и универсальный смех. Такова специфика амбивалентного карнавального смеха»[20].

Понять это были способны не все немцы, не говоря уже о протестантах с севера. Обозреватели гамбургского Spiegel в 1947 году с изумлением писали о помешательстве, охватившем рейнские берега. Их коллеги из Rheinische Merkur попытались объяснить карнавальный катарсис следующим образом: «Карнавал требует от человека некой метаморфозы, активного участия и отдачи. В нем находит выражение земное, языческое начало в человеке. Происходит в определенном смысле его дедемонизация на целый год». Это не сработало, с наслаждением заключает Spiegel: «*Де*демонизированные кёльнцы тщетно искали в среду на первой неделе Великого поста маринованную селедку»[21].

Берлинский журналист и писатель Арнольд Бауэр, которого после столичной увеселительно-развлекательной индустрии трудно было чем-нибудь удивить в этом плане, в 1949 году по заданию редакции Neue Zeit побывал на мюнхенском карнавале и описал его как настоящее преддверие ада. Особое впечатление произвел на него облицованный кафелем бассейн отеля, переоборудованный в танцевальную площадку. В этой танцевальной «братской могиле», где извивались и корчились тела бедных душ, «градус нака́ла цивилизованного варварства достигал температуры кипения». В Доме искусства сидели в «статичных позах, словно на жертвенниках», старые и новые кинобожества. Растрепанные сатиры и отставные цезари фланировали сквозь толпу шаркающей походкой — «бедные родственники на празднике процветания немецкой марки, весь вечер пьющие один бокал шампанского»; видел он также гермафродитов и даже «одного настоящего чужеземца, расточавшего шарм субтропических зон». Несмотря на досаду, Арнольд Бауэр во всем этом балагане увидел знаки социального сплочения: «Неотъемлемой частью медленно выздоравливающего общества — как соответствующий антипод — является богема. Социальный мир можно считать здоровым лишь в том случае, если он способен терпеть и паразитов. В гранд-отеле веселятся сливки общества, а под красным фонарем — его отбросы; этого требует моральный закон. Сначала общественный упадок в этой стране всех увлек в свой темный омут. Каждый отдельно взятый гражданин был человеком вне закона. Начинающийся же процесс преобразования снова оттесняет аутсайдера в изоляцию... Вавилон умер — да здравствует Швабилон!»[22]

Карнавал стал излюбленной метафорой двуликости послевоенных немцев. Режим капитуляции постепенно переходил в режим всеобщего стремления к личному удовольствию и равнодушия к общему благу. Предметная живопись тех лет изобилует меланхолическими фигурами в масках, печальными клоунами, унылыми танцорами и лицами со слезами смеха на глазах.

На севере и на востоке страны не было масленицы, зато там проводили карнавалы независимо от календаря. В Берлине художники из галереи «Герд Розен» еще в 1946 году устроили первый «Бал фантастов», на который из-за отсутствия подходящих материалов многие пришли в самых немыслимых и нелепых костюмах, какие только можно себе представить. Зато на этом карнавале не было недостатка в поцелуях и объятиях. Декорации на стенах были и в самом деле фантастическими, чего и следовало ожидать от таких художников, как Хайнц Трёкес, Мак Циммерманн и Вернер Ульманн. В празднике принял участие — в перерыве между своими пьяными загулами — и печальный художник Вернер Хельдт в качестве главного весельчака. Вместе с целым отрядом актеров, писателей и художников он в 1949 году основал в погребке бара «Фемина» на Нюрнбергер-штрассе в Шарлоттенбурге художественное кабаре «Ванна», известное своими гротескными представлениями[23].

Вечеринки послевоенного времени можно уподобить танцам на палубе тонущего корабля. Вернее, уже затонувшего. Как ни странно, но пассажиры были еще живы. На людей напала какая-то приступообразная дурашливость. Первый настоящий немецкий шлягер послевоенных лет — «Три истории» Эвелин Кюннеке (1946) — это песня-нелепица. В ней среди прочего поется о некоем рыцаре, сидящем на высокой скале с удочкой и тщетно пытающемся удить рыбу. Ему не удается поймать ни одной рыбешки. «Почему же? Почему же?» — в милом недоумении вопрошает Эвелин Кюннеке и раскрывает секрет этой драмы: леска не достает до воды. По форме — скорее, жалоба, по сути — дурачество. Странный юмор вошел тогда в моду.

Это непонятно откуда взявшееся хорошее настроение, овладевшее многими немцами, напомнило историку Фридриху Принцу о поминальном обеде, который традиционно устраивается после похорон. «Когда бог войны Марс покинул поле брани», когда еще царили нужда и разруха, писал Принц, людьми уже овладело то настроение, которое обычно мгновенно возникает на больших деревенских похоронах, как только тело предается земле и скорбящие гости, покинув кладбище, отправляются в трактир на поминки, — вначале как бы нерешительно, затем все стремительнее распространяющаяся радость сознания, что сам ты «еще не освобожден от сладостного бремени бытия»[24].

Однако в данном случае никакой поминальный обед, никакой праздник живота не соотносим с той бойней, которая ему предшествовала. Если бы понадобилось уравновесить меру скорби и меру веселья для данных поминок, то эта истерическая вакханалия вообще никогда бы не кончилась. Но поскольку большинство немцев подавили в себе скорбь, как это явствует из исследования Маргарете и Александра Митчерлих «Неспособность скорбеть», то и веселье осталось в границах разнузданно-бодрого, но все же не лишенного разумного начала настроения.

Поминальный обед после погребения — это универсальный антропологический феномен, один из немногих ритуалов, встречающихся почти во всех культурах, хотя и в разных формах и проявлениях. Скорбно-радостное застолье считается ритуалом скорби и ее вытеснения; для многих людей это неотъемлемая часть коллективного преодоления смерти, при котором ритуализируется одновременное проживание противоречивых чувств.

Во время танцев посреди руин смерть была вездесуща и анонимна. Люди веселились и музицировали в обстановке, в которой бренность бытия была более чем очевидна. В некоторых местах в буквальном смысле еще пахло трупами; война выветривалась там особенно медленно. Коммерсант и коллекционер Макс Леон Флемминг пережил ее в своей берлинской вилле в Тиргартене, одном из самых разрушенных районов города. Бомбежки, а потом штурм почти сровняли его с землей. Соседние виллы, еще пару лет назад утопавшие в причудливых, кокетливых скульптурных украшениях, лежали в руинах. Флеминг, некогда очень богатый человек, после мирового экономического кризиса 1929 года еле сводил концы с концами, «объедая свои собственные стены», как выразился один директор музея: Флеминг последовательно распродавал свою обширную художественную коллекцию. Будучи видным представителем берлинского художественного мира, сразу после войны вместе с Гердом Розеном он основал ведущую берлинскую галерею с позднемодернистским уклоном.

На 7 сентября 1946 года Макс Леон Флемминг пригласил своих многочисленных друзей и знакомых на «Танцы над руинами». Каждый получил нарисованную от руки акварель-приглашение, на которой под изображением руинного ландшафта своего района Флемминг поместил машинописный текст с приглашением на «танцы до сероватого рассвета воскресного утра». Место действия: «Маргаретен-штрассе, 4, четвертый и пятый этажи посреди Зеленого ада помпейско-берлинских руин», в единственном доме квартала Тиргартен «с верхними этажами, специально сохранившимися для этой благочестивой цели». Форма одежды — любая, дамы могут позволить себе более откровенные туалеты. Хозяин просил по возможности принести с собой алкоголь, а еще продовольственные карточки на хлеб и картофель; картофель можно и «en nature»*. Пообещав гостям

* «В натуральном виде» (фр.).

«помидоры из собственных руинных запасов», Флемминг прибавил в постскриптуме: «И еще одна послевоенная просьба: захватите с собой по вилке и бокалу». Нетрудно предположить, что и на этом празднике, на который гости добирались по грудам развалин, рискуя сломать себе шею, не было недостатка в веселье.

Глава пятая

Любовь '47

Возвращение мужчин с обугленной душой

Возвращение домой — это понятие, которое, кажется, заключает в себе всю тоску мира, — после войны утратило свою магию. Сегодня эти два слова означают для нас всего-навсего короткий, одноразовый акт. Возвращение же домой с войны и из плена было долгим, а иногда бесконечным процессом. В обиход вошло выражение «возвращенец» — как своего рода обозначение состояния или профессии, вернее, профессиональной непригодности. Путь домой не имел конца: человек, казалось бы, прибыл домой, но на самом деле это была иллюзия. Многих вернувшихся с войны мужчин даже годы спустя продолжали называть или считать возвращенцами, желая хоть как-то оправдать их странное поведение.

Сотни тысяч наших матерей или бабушек рассказывали, как в один прекрасный день на пороге вдруг вырастал много лет назад пропавший без вести супруг со своей справкой об освобождении из плена в руке, словно ожидая, что кто-то потребует предъявить документы[1]. Или как на улице перед домом появился какой-то бродяга в солдатской шинели и часами слонялся под окнами, то и дело поглядывая вверх, пока в этих окнах не догадывались, что это вернувшийся муж или отец. Или как какой-то незнакомец вдруг стал приставать с разговорами к маленькому сынишке, игравшему во дворе, и они уже хотели прогнать гостя, но сын вдруг поднялся и сказал: «Смотри, это папа!»

Этого момента ждали с волнением и тревогой. Пока мужчины были на фронте, их замещали фотографии. Детей приучали почаще смотреть на них, чтобы они знали своих отцов хотя бы по портретам. Фото отца — почти всегда в мундире и огромной военной фуражке, с серьезным лицом, в окружении детей — обычно стояло на комоде, как на алтаре. Сам он был где-то в России или в Египте; его предполагаемое местонахождение отыскивали на карте и показывали детям. Будучи далеко от дома, он становился символом лучшей жизни, которая должна была начаться после войны. С возвращением мужа должно было кончиться постылое одиночество, постоянное перенапряжение душевных и телесных сил, необходимость одной растить детей в экстремальных условиях, заботиться об их жизни и здоровье под бомбежками, добывать пропитание при остром дефиците продуктов.

Как дорога была каждая новость с фронта! Даже плохая. Умирающие солдаты кричали своим товарищам свои имена; те в пылу боя, превозмогая страх смерти, старались запомнить их, чтобы потом сообщить их близким. В коллективной памяти на несколько десятилетий остались женщины, которые встречали потоки возвращавшихся солдат с фотографией мужа в руке и с мольбой в глазах. Хорошо известен также образ солдата, в сотый или тысячный раз достающего из кармана потрепанное фото своей жены, чтобы под страшным гнетом военных впечатлений не забыть ее облик.

И вот он вдруг стоит на пороге. Изменившийся почти до неузнаваемости. Оборванный, изнуренный, хромой. Чужой, больной, требующий ухода. Сколько было описаний подобных шокирующих, леденящих душу сцен, особенно если муж вернулся из русского плена! В запавших глазах, казалось, навсегда погасли свет надежды и воля к жизни. Наголо стриженная голова и ввалившиеся щеки усиливали впечатление полумертвеца. Большинство детей упорно отказывались садиться на колени к этому призраку.

Были сюрпризы и наоборот. «Я не узнал свою жену, — признался один возвращенец. — Меня ведь не было десять лет. Кое-какое сходство, конечно, осталось с тех пор, как я уехал из Берлина, но за годы войны она состарилась. Это была уже не та молодая, бодрая девушка, о которой я так часто вспоминал. Она сильно исхудала, поседела и ужасно выглядела»[2].

Но чаще было по-другому. Даже на расчистке завалов немецкие женщины на фото тех лет часто выглядят на удивление привлекательными. Потребность «прихорошиться» сохранилась даже в самых тяжелых условиях, в то время как возвращавшиеся домой солдаты, как правило, имели вид бездомных нищих бродяг. Впрочем, это было поправимо. Гораздо труднее оказалось справиться с внутренней опустошенностью, которая проявлялась вскоре после возвращения.

Типичный возвращенец был мрачным, неблагодарным типом. Он валялся на тахте, если таковая имелась, и отравлял жизнь свои близким, которые так долго, с нетерпением ждали его. Он, конечно, страдал, но не упускал возможность дать домочадцам почувствовать всю меру своих страданий. Мало кто из возвращенцев ожидал увидеть свою страну в таком чудовищном состоянии, разбомбленной и оккупированной. А главное — в женских руках. Вместо того чтобы радоваться, что жена одна, без его помощи смогла уберечь и прокормить семью, он мучился комплексами. Ведь жена тоже изменилась. Один возвращенец, который сначала воевал в морской пехоте, а потом, после тяжелого ранения, в фольксштурме, с подкупающей откровенностью рассказывал, почему он никак не мог найти общий язык с женой: «Прошло немало времени, прежде чем я понял, что, пока меня не было, она разучилась говорить „мы“. Она все время говорила: „я“ — „я сказала“, „я хочу“. А я все время поправлял ее:

„Извини, мы сказали, мы хотим“. Мы с ней долго никак не могли наладить контакт. Мы совсем отвыкли друг от друга. Как-то раз мы подсчитали, сколько дней мы были вместе за семь лет, что знали друг друга. Получился 231 день»[3].

За годы войны женщины узнали, что большой город может обходиться и без мужчин. Они управляли трамваями, автокранами и экскаваторами, работали на токарно-винторезных и штамповочных станках, взяли на себя часть работы в системе муниципального управления и в администрации предприятий, где тяжелым трудом занимались не они, а узники лагерей или иностранные рабочие. Они научились ремонтировать велосипеды, устанавливать водосточные трубы и чинить электропроводку. Они сняли флер загадочности с тех профессий, которые до войны были привилегией мужчин. А еще они научились самостоятельно принимать важнейшие решения. Они отстаивали в эвакуационных комитетах право на размещение детей поблизости от родственников, решали школьные проблемы и справедливо распределяли обязанности в семье. Они ставили на место зарвавшихся обершарфюреров Гитлерюгенда, терпеливо боролись с предрассудками о принадлежности к высшей расе, вбитыми в головы их сыновьям. Они проявляли строгость, даже суровость, но чаще просто делали детей — даже малышей — своими товарищами, привлекая их к решению задач по выживанию.

Без отца многие семьи превратились в дружный, сплоченный коллектив, построенный на взаимопонимании и взаимозависимости. И это спасало в условиях послевоенного хаоса. Для женщин стали надежной опорой расторопность и находчивость их детей, а те, в свою очередь, могли положиться на житейский опыт своих матерей. При удачном стечении обстоятельств эти качества и способности давали превосходный результат. Дети мародерствовали и воровали, матери приводили в порядок их добычу, искали спрос на нее, осторожно выведывая потребности соседей, продавали или обменивали на что-нибудь. Многие дети ориентировались на черном рынке лучше своих матерей, а воровать им было безопаснее, чем взрослым. Детские дома были настолько переполнены, что задержания за воровство они могли не опасаться по одной лишь этой причине. К тому же поймать их в развалинах практически не представлялось возможным. Они составляли достойную конкуренцию настоящим уголовникам, ловко уходя от их преследования, и на их проделки сквозь пальцы смотрели и полицейские, и солдаты оккупационных войск.

В этой этической серой зоне, где многое из того, что раньше считалось табу, теперь, в условиях борьбы за жизнь, стало нормой и даже необходимостью, многие матери старались все же дать детям нечто вроде морального компаса, чтобы те сохранили чувство справедливости. Это была почти непосильная задача, с которой матери тем не менее успешно справились: именно это поколение детей (в отличие от тех, что в 1945 году лежали в пеленках), как ни странно, стало поколением молодых людей, наделенных чуть ли не чрезмерной целеустремленностью, нацеленностью на карьерный рост, что подтверждает и статистика. Данное явление — одно из удивительнейших достижений немецких матерей военного и послевоенного периода.

Их вернувшиеся с войны мужья под возвращением домой подразумевали и возвращение себе прежней роли главы семьи. Однако без боя ее было уже не получить, тем более что многие мужчины уже совершенно не годились на эту роль и пытались самоутверждаться самыми неподходящими средствами — критикой и злостью. Они не могли подавить в себе чувство собственной ненужности, которое тем больше их мучило, чем более благополучной они находили свою семью. Если же семья терпела нужду, возвращенец мало чем мог ей помочь. Напротив, он сначала какое-то время сидел у нее на шее. От стыда многие из возвращенцев делали самое неприятное из всего, что могли сделать: они изо всех сил старались принизить заслуги своих жен. Таким образом, возвращенцы часто выступали в роли вечно раздраженных ворчунов: «Я никогда не слышала от него ни одного приветливого слова, он только ворчал и ругался. Я старалась не обижаться на его слова или выходки, хотя он постоянно грубил. Это был просто чужой человек».

Одна женщина вскоре после возвращения мужа позволила себе по этому радостному поводу впервые за несколько лет купить мяса для жаркого. Она приготовила праздничный обед и гордо накрыла стол, но оказалось, что дети не умеют или разучились правильно пользоваться ножом и вилкой. «И тут муж страшно рассердился... Он сказал, что я их плохо воспитала, и накричал на нас. А ведь мы в войну все получали в виде порошков и концентратов, поэтому дети и не научились есть ножом и вилкой. Они привыкли пользоваться ложкой, потому что резать было нечего».

Сложнее всего возвращенцам было найти общий язык с детьми. Большинство из них почти — а многие вообще никогда — не видели своих детей. Они не могли наладить отношения с ними, тяжело переживали свою неспособность внушить им сыновние или дочерние чувства, с ревнивой завистью наблюдали их полное взаимопонимание и единодушие с матерью. Они считали своих детей избалованными и пытались внести свой вклад в их воспитание, пользуясь привычным им педагогическим инструментарием вермахта: муштрой и суровыми взысканиями; например, за плохую школьную отметку — двадцать пять отжиманий от пола. А какой-нибудь бывший моряк практиковал известное на флоте наказание: заставлял своих детей многократно по свистку в течение двух минут переодеваться и аккуратно складывать снятую одежду на стуле. Многие жены призывали мужей попробовать добиться детской любви лаской, но это не помогало. Отчуждение между отцами и детьми, особенно сыновьями, часто принимало драматические формы. Дети, которые переросли свой возраст в послевоенные месяцы, занимаясь мешочничеством и спекуляцией, не желали мириться с необходимостью подчиняться какому-то ни на что не годному, больному семейному деспоту. Так за мировой войной последовала малая гражданская война в семьях. Женщины, не имея возможности добиться развода, который при тогдашнем законодательстве был делом довольно сложным, растрачивали свои силы на посредничество, болезненные компромиссы и хрупкие мирные соглашения.

Из-за взаимного пренебрежения супругов к перенесенным испытаниям распалось немало браков. Оттого, что их заслуги не находили должного признания, страдали не только женщины, но и мужчины. То, что они проиграли войну, многие солдаты до конца осознали, лишь вернувшись в семью. Для этого даже необязательно было видеть чужих солдат, гордо разгуливавших по оккупированной ими стране; чтобы испытать муки унижения, несчастному, беспомощному, раздавленному возвращенцу достаточно было поймать на себе сочувственный (а иногда лишь показавшийся сочувственным) взгляд жены. К этому унижению прибавлялось острое чувство вины за бедственное положение семьи. С одной стороны, потому что они вместе с другими начали войну, с другой — потому что проиграли ее. Это чувство исторической несостоятельности в частной плоскости — в качестве защитника семьи — обычно оказывалось несравнимо мучительнее, чем сознание вины за преступления нацизма.

Причиной душевной деформации вернувшихся с войны солдат ученые-медики тогда определили комплексный симптом под названием «дистрофия». Экстремальный коллективный опыт продолжительного голода вызвал существенные изменения не только в организме, но и в психике людей. Журнал Spiegel в 1953 году представил читателям книгу психотерапевта Курта Гаугера, посвященную этой теме, и привел следующую цитату из нее: «В процессе зловещей, животной переоценки всех понятий и возможностей нравов и нравственности, морали и права, чистоты и коррупции, товарищества и предательства, даже религиозности и зверства всё вертится вокруг еды». Последствие голода — это вошедший в привычку аутистский эгоизм. Больной дистрофией и позже не способен думать о чем-либо еще, кроме себя самого[4].

Позор поражения становился еще более болезненным оттого, что женщины охотно давали своим мужьям понять, что считают глупостью и посмешищем их оказавшееся бесполезным воинское искусство. Одна 35-летняя женщина рассказала историкам Сибилле Майер и Еве Шульце, как ее муж и целый взвод уже немолодых солдат попали в плен к русским и были отправлены в Россию, хотя могли перебить своих охранников: «Русские приказали им идти вместе с ними до Кюстрина, пообещав, что там их отпустят по домам, оформив все как положено. Они уже хорошо знали немцев и понимали, что тем нужны документы об освобождении. А эти старые дурни попались на их удочку. Это была нелепейшая история. Когда они добрались до Кюстрина, русские сказали, что тут с документами ничего не получится, надо идти дальше, в Позен. Наши потащились с ними в Позен. Они запросто могли удрать: охранников было слишком мало. Но они как дураки поперлись в Позен! А там их погрузили в вагоны и отправили в Россию»[5].

В этих строках чувствуется нотка почти сладострастного презрения, которым рассказчица сдобрила вполне искреннее сочувствие к мужу. В то время женщины часто в той или иной форме выражали свою обиду на мужчин за то, что те коллективно бросили их на произвол судьбы, например: «Ну конечно, вам ведь приспичило поиграть в войну!»

В первом номере женского журнала Constanze, вышедшем в марте 1948 года, писатель и консультант по вопросам брака Вальтер фон Холландер так описывал свержение мужчины с его узурпированного Олимпа: женщины узнали, что в вермахте было мало героев, что это была скорее «серая тупая масса, не имевшая ничего общего с героизмом, стадо, которым управляли с помощью овчарок, обученных по свистку пастухов сгонять баранов в кучу». Женщины же, напротив, обычно «действовали храбрее и самостоятельнее, хладнокровнее смотрели в глаза смерти», чем это мужское стадо, «притом что никто их не чествовал как воинов, не носился с ними как с героями и не увешивал их орденами».

Мужчина окончательно пал в глазах женщин, когда эта точка зрения утвердилась в обществе. Журналистка Марта Хиллерс записала в конце апреля 1945 года в свой дневник: «Среди женщин зреет коллективное разочарование. Находившийся под властью мужчин, насаждавший культ сильного мужчины мир нацизма зашатался, а вместе с ним — и миф о мужчине. В прежних войнах мужчины успешно отстаивали свою привилегию убивать и быть убитыми. Сегодня мы, женщины, разделили с ними это право. Оно изменило нас, сделало нас злыми и грубыми. Нынешняя война помимо множества других поражений ознаменовалась поражением мужчин как пола»[6].

Многие браки и без того были непрочными, потому что возникли во время коротких фронтовых отпусков. Кто-то женился, чтобы обеспечить своей возлюбленной пенсию вдовы солдата в случае своей гибели или просто чтобы получить пару лишних дней отпуска. Эти браки сами по себе были напоминанием о высшей фазе национал-социализма, когда все, казалось, неудержимо шло в гору и широким массам «арийцев» стал доступен непривычно высокий уровень материального благосостояния. Это были браки периода агрессивного подъема нации, опьяненной успехами начинавшихся разбойничьих набегов и примитивной спесью, когда Германия пошла войной на полмира и на часть своих собственных граждан.

В ушах еще стоял гром умолкнувших фанфар, когда мужья и жены оказались в новой, еще более убогой реальности, чем довоенная. Пропасть, в которую рухнули так ярко и романтично — наперекор всем рискам военного времени — начавшиеся любовные истории, оказалась еще глубже, чем процесс взаимного охлаждения, неизбежный жребий буржуазных браков.

Были журналы, которые поощряли разводы; другие, наоборот, страстно призывали попытаться сохранить брачный союз. В знаменитой газете Neue Zeitung, издававшейся в американской оккупационной зоне, отделом фельетонов в которой руководил Эрих Кестнер, Манфред Хаусманн в декабре 1945 года опубликовал письмо «К возвращенцу». Причины того, что вернувшемуся домой солдату было трудно найти общий язык с женой, он видел не только в его отрицательном военном опыте, но и в положительном: «Война внезапно оторвала тебя от родного очага. Она забросила тебя в далекие чужие страны. Ты видел юг, ленивую невозмутимость греческой жизни, пестроту Балкан, бурные волны Черного моря. Ты видел бескрайние степи России, грозные реки, страшные дремучие леса, ты испытал всю тоску, все одиночество мира. Это много. Все это оказывало возбуждающее и потрясающее действие на твою душу. Но это еще не всё. Ты должен был сражаться, жечь, разрушать и убивать. Ты слышал крики и видел взгляды, которые уже никогда не забудешь. Ты теперь знаешь, на какие высоты самопожертвования способен подниматься человек и в какие страшные бездны он может низвергаться. Ты знаешь все формы уничтожения. Ты много раз смотрел смерти в глаза. Ты узнал, каким крохотным и потерянным может быть человек во мраке этого жестокого мира. Ты стирал с лица земли чужие жизни и сотни раз спасал свою собственную жизнь, подвергаясь смертельной опасности. Ты был господином, облеченным такой властью, какой у тебя никогда до этого не было и никогда больше не будет. И тебе довелось носить ярмо, какого не знал ни один раб. И то, что ты испытал и пережил, — благородство и низость, послушание и власть, опасности и потери, отчаяние и триумф, одиночество и братство, рай и ад — навсегда оста-

Хильдегард Кнеф с камерой у Бранденбургских ворот в Берлине. «Немецкие мужчины проиграли войну, — заявила она, — теперь они хотят выиграть ее в спальне»

нется с тобой, в тебе. Вот таким изменившимся, таким непохожим на себя ты вернулся под родной кров и предстал перед своей женой»[7].

Первобытный человек, познавший все одиночество Вселенной, зверь, обладающий сверхъестественным чутьем, господин, вкусивший высшую власть — право отнять или подарить жизнь, — этот импозантный человек-воин ярко диссонировал с жалким брюзгой, сидящим в неотапливаемой кухне, о котором в один голос рассказывали женщины. И все же такое самовосприятие мучило многих возвращенцев. Понадобились поистине тонны романов о войне и о солдатских судьбах, чтобы многие наконец расстались с героическим образом немецкого воина и смирились с жалкой участью нищего, жизнью которого кто-то вытер себе задницу. Но как заговорить об этом с женой, которая вынуждена вкалывать на стройке, потому что гордый воин уже не способен прокормить семью?

Говоря об испытаниях женщин, выпавших на их долю в годы войны, автор не нашел столь же проникновенных слов. Мотива «стальных гроз» у Хаусманна тут не получилось, тем более что женщину он представлял себе как существо, чья жизнь вертелась вокруг отсутствующего мужа и его имущества: «Думаешь, ей легко было одной отвечать за воспитание детей и сбережение твоего (!) имущества? Если ты сравнишь ее страдания со своими и не забудешь при этом, что ты — мужчина, а она — женщина, тебе придется признать, что ей досталось ничуть не меньше, чем тебе». Что ж, спасибо и на этом. Примечательно, как Хаусманн обозначил имущественные отношения; ведь в конце этой газетной статьи речь идет о возможном разводе. Если после войны у супругов осталось какое-то имущество, то супруга была лишь его «распорядительницей». То есть Хаусманн из мужской солидарности уже работал на перспективу — на тот случай, если примирение не состоится.

В наиболее счастливых случаях супружеский конфликт заканчивался тяжелым продолжительным перемирием. Участники конфликта учились приспосабливаться к обстоятельствам, подчиняться требованиям ситуации, добиваться компромиссов.

В большинстве таких с трудом склеенных браков царила атмосфера равнодушия и прагматизма. Дети со временем начинали недоумевать, как они вообще могли появиться на свет при таких отношениях между родителями. Спальни часто были самыми неуютными помещениями в квартире. Без отопления, тускло освещенные одной-единственной лампой, кровать стиснута со всех сторон шкафами, на которых громоздятся чемоданы, — все это довольно красноречиво говорит о том, как мало значит в жизни ее обитателей любовь.

«Констанце» гуляет по свету

Весьма своеобразный взгляд на послевоенное общество продемонстрировали тогдашние женские журналы, например Die Frau, Lilith, Regenbogen или Constanze. В них очень доступно и с практической точки зрения обсуждались такие животрепещущие вопросы, как: что будет с побежденной страной и что нужно делать, чтобы даже в этих сложных условиях выглядеть привлекательной. Constanze лидировал среди этих журналов уже хотя бы тиражами. С 1947 года он постепенно превратился в самый популярный женский иллюстрированный журнал Федеративной Республики Германия, пока его в 1969 году не оттеснила на второй план основательно омоложенная преемница — Brigitte. В марте 1948 года вышел первый номер под редакцией Ганса Хуффцки. Хуффцки уже был главным редактором иллюстрированного журнала Die junge Dame в Третьем рейхе и привел с собой оттуда в Constanze редактора Рут Андреас-Фридрих, которая позже приобрела известность благодаря своим дневникам, написанным во время войны. Хуффцки обладал необыкновенно острым чутьем к перемене умонастроений; особенно верно он угадывал чаяния и читательские предпочтения женщин. Уже во втором выпуске он в своем эссе «Снимите шляпы перед нашими женщинами!» признал «кризис мужчины»:

«Дорогие дамы, вам еще ничего не бросилось в глаза? Вы еще не заметили, что мы, мужчины, — уже не первосортный довоенный товар? Мы давно утратили свое былое качество. Сдали свои прежние „позиции“ (в Баварии, например, в ходе денацификации были уволены 64% чиновников и 46% служащих). У нас уже нет в руках пулемета, и мы уже не можем рассказывать вам о своих солдатских подвигах. Мы донашиваем последний галстук и предпоследнюю пару носков. А на 200 марок, которые — если повезет — мы в конце месяца кладем на стол, уже не купишь даже фунт масла. В наших поцелуях на ваших милых щечках уже нет былого огня, способного растопить любой лед. Мы больше не приносим домой бонбоньерки, а, наоборот, украдкой, чтобы вы не видели, воруем из буфета последний кусок сахара (а потом говорим: „Наверное, взял кто-нибудь из детей...“)».

Это был впечатляющий акт самообличения, отличающийся независимым тоном и умением подчеркнуть главные детали. Чтобы избежать упрека в необъективности, в том, что Constanze «подпевает» женщинам, Хуффцки прибавляет, что мужчины уже и сами чувствуют: «Неладно что-то в мужском королевстве». Далее следует очень меткое замечание: «В каждом из нас сидит тот, кого называют „тряпкой“. Он притаился на самом дне нашей далеко не самой чистой совести».

Так, упаковав чувство вины и стыда в ласково-сочувственный тон, главный редактор журнала обращается к экономической реальности своих читательниц: «Вам знакома фрау Мюллер, дорогая читательница? Фрау Мюллер, муж которой, добропорядочный служащий, зарабатывает 180 марок в месяц. Насколько этого достаточно для пропитания семьи, знает каждый. Гораздо важнее этих 180 марок, которые герр Мюллер приносит в последний день каждого месяца, обед, который фрау Мюллер каждый день ставит на стол. Муж даже не подозревает, что это настоящий шедевр циркового искусства, что его жена каждый раз являет чудеса ловкости и изобретательности. Но обед — это еще не всё. Есть еще белье, которое нужно содержать в порядке. И таких фрау Мюллер — миллионы. То есть большинство немецких женщин. Мы, мужчины, видим — когда вспоминаем о них, — как они несут бремя своего каждодневного труда: готовят пищу, стирают, шьют, работают в саду, чистят, драят, стоят в очередях, меняют вещи на продукты, столярничают, рубят дрова, штопают, латают, воспитывают детей, кормят кроликов, вяжут молочнику свитер и т. п., в то время как мы сидим в какой-нибудь конторе, вдали от пустых домашних

Обложка Neue Illustrierte 1948 года утверждает независимость женщин. Они не могли себе позволить сидеть дома. Да и не хотели

кастрюль, и зарабатываем свои 180 марок каким-нибудь пустым, бесполезным занятием. И если уж мы, мужчины, должны снимать шляпу, то не перед королями и кайзерами, не перед священниками и президентами, не перед фюрерами и директорами, а в первую очередь — все как один! — должны снимать шляпу перед нашими женщинами»[8].

Все как один! Привычка к командам крепко въелась в душу немецкого мужчины. В то же время из этого опуса явствуют и побочные цели. Когда так страстно и восторженно воспевают домашний труд, а мужскую работу низводят на уровень «пустого, бесполезного занятия в какой-нибудь конторе», невольно возникает подозрение, что автор стремится зафиксировать на бумаге неравновесие на рынке труда. В самом деле — то, что женщины «наравне с мужчинами» когда-нибудь смогут стоять у рычагов власти, Хуффцки, вероятно, мог представить себе лишь в самых смелых мечтах, граничащих с утопией: «Я осмелюсь утверждать, что они на верном пути, что они становятся личностями и в один прекрасный день смогут вместе с мужчинами (с теми из них, кто еще на что-то годится) вершить судьбы нашего мира».

Мысль эта была не такой уж «дерзкой», как мы сегодня знаем. И все же радикальность, с которой социальную роль мужчины в первом же выпуске Constanze обкорнали почти под ноль, — причем это носило явно программный характер — поражает. А в следующих номерах журнала читательниц то и дело знакомили с женщинами, стоявшими во главе предприятий или отделов в сфере политики и управления.

Параллельно, конечно, освещались — причем нередко очень эффектно — купальная, весенняя и осенняя моды: слева — «Констанце одевается» с костюмами, блузками и плащами, справа — «Констанце раздевается» с комбинациями из тафты и сорочками-трусами. В рубрике «Констанце гуляет по свету» — материалы о женщинах-борцах, львятах, сомнительных происшествиях и четвернях. В одном из очерков обсуждалась тема «Мужское начало в американских мужчинах». Читательницам то и дело давали советы по бракоразводным процессам и поощряли их стремление к самостоятельности — например, рекламировали езду на мотороллере. Без всякого осуждения или возмущения писали о так называемых taxi-girls, наемных танцовщицах в барах. Иногда на страницах журнала можно было видеть и «интересных» мужчин, но гораздо больше внимания авторы уделяли женщинам, насаждая определенный идеал — нечто среднее между гордостью и жизнерадостностью. И вновь и вновь — особенно в публикациях Вальтера фон Холландера — поднималась тема мужчины как неудачника и слабака, который своей склонностью к агрессии привел мир к величайшей трагедии в истории человечества.

То, что война была делом рук мужчин, стало — с тех пор, как ее проиграли, — твердым убеждением женщин, хотя они в своей восторженной приверженности гитлеризму нисколько не уступали мужчинам. В мюнхенском религиозном женском журнале Regenbogen, в котором вместо гедонистских женских образов Constanze печатали классические изображения святых, садовые мотивы и хрестоматийные материнские портреты, мужчину тоже трактовали как главного виновника войны. «Мир мужчины, которому мы позволили взять на себя слишком много власти, потерпел крушение у нас на глазах», — пишет Эльфриде Альшер в восьмом номере за 1946 год. Женщина же, напротив, пока она остается верна себе, уже в силу своего естественного круга интересов склонна к миру: «Женщина, рождающая жизнь, всегда ненавидит войну, которая разрушает эту жизнь, и потому, храня верность своей внутренней, глубинной сущности, не может одобрять диктатуру».

В своей материнской ипостаси дарительницы жизни женщина предстает как антипод мужчины, находящегося во власти инстинкта убийства. В этом концепте феминистская аргументация сочетается с обожествлением домашнего труда, как это можно наблюдать у Ганса Хуффцки в публикациях Constanze. В отличие от сегодняшних тенденций, феминистки того времени не принижали роль домашнего труда, а считали его основой нового политического самосознания. Штутгартский политик Анна Хааг, будучи членом учредительного земельного собрания Вюрттемберг-Бадена, в 1946 году призывала рассматривать бюджет как зародыш общественной жизни: «Наш бюджет в силу сегодняшних обстоятельств должен интересовать нас прежде всего. И речь идет не о какой-нибудь ерунде. Речь идет о жизни и смерти наших близких, о голоде и холоде!» — говорила она в своей речи перед собранием женщин СДПГ города

Карлсруэ, требуя большего представительства женщин в политической жизни: две трети женщин и треть мужчин! «Поскольку мы говорим не о чем-нибудь, а об устройстве нашей земной жизни, о жилье и пище, о работе и заработной плате, о школе и воспитании, о женщинах и профессиональной деятельности... о войне и мире, мы, женщины, должны относиться к политическим вопросам с той серьезностью, которой они заслуживают!»[9]

Действительность была далека от этого. Во всяком случае, в Баварии в 1949 году в общественных учреждениях, в том числе церковных, активно работали всего 8% женщин. А в пятидесятые лишь 1% женщин были членами какой-либо партии[10]. Более активно они принимали участие в работе «надпартийных женских комитетов», возникших сразу после войны в четырех оккупационных зонах. Они должны были прежде всего поддерживать оккупационные власти в удовлетворении самых острых социальных нужд населения. Деятельность этих комитетов многие презрительно называли «картофельной политикой», но некоторые из них тем не менее превратились в сильные политические союзы, одержавшие свою главную победу, когда юристка Элизабет Зельберт — одна из четырех женщин-депутатов парламентского совета, состоявшего из 65 членов, — после долгих дискуссий смогла добиться включения в основной закон рождавшейся в те дни Федеративной Республики Германия пункт о равноправии мужчины и женщины[11]. И все же традиционная политика еще долго была представлена почти исключительно мужчинами. Верные своей столь усердно прославляемой жизнеутверждающей позиции, женщины преимущественно занимались сугубо практическими аспектами жизни, к которым наряду с приготовлением пищи относится прежде всего любовь. Впрочем, так они порой оказывали еще более серьезное влияние на политику, чем активно участвуя в ней.

«Алчущие жизни и жаждущие любви»

Независимость женщин, обусловленная войной, анархией в условиях разрухи и несостоятельностью мужчин, привела к всплеску эротической активности. Подобно тому как в двадцатые годы новый общественный слой — молодые женщины-служащие — выработал свой особый, «бойкий» тон, в послевоенные годы свежую струю тоже внесли представительницы «слабого» пола, которые не желали больше слушать чужие советы и тем более указания, а предпочитали говорить сами, причем все более категорично. «Мне не нужны комплименты, мне нужны деньги», — заявляет юная абитуриентка в фильме «Завтра все будет лучше»* 1948 года пожилому господину, который обхаживает ее с приторной галантностью. Такой героине приз зрительских симпатий был обеспечен; этот свежий тон вселял наиболее раскрепощенным кругам послевоенного общества надежду на лучшее будущее.

Нередко можно услышать, что в 1945 году Германия была страной женщин. С одной стороны, это и в самом деле так, с другой — страшной — стороны, это заблуждение. Волна изнасилований, прокатившаяся по стране в первые недели после прихода Красной армии, продемонстрировала женщинам грубую власть мужчин. В западных оккупационных зонах с этим дело обстояло ненамного лучше: оккупанты, уголовники, вернувшиеся с фронта немецкие солдаты, оказавшиеся на улице, выпущенные на свободу озлобленные иностранные рабочие и разного рода психопаты превратили жизнь женщин в настоящий ад. Но это вовсе не означает, что те смирились со своей участью. Мало того что они просто не могли позволить себе такую роскошь — сидеть дома, дрожа от страха; они и не желали этого.

* «Morgen ist alles besser» — любовная комедия Артура М. Рабенальта. — *Прим. ред.*

В силу разных причин, связанных с добычей пропитания на черном рынке, они вынуждены были совершать отчаянные многокилометровые рейды по городу. Важным делом было также получение новостей от родственников, подруг, бывших коллег. Люди обменивались советами, информацией, старались быть в гуще событий. Поскольку телефонная связь отсутствовала, приходилось топать по городу или от деревни к деревне. Наряду с собирательным образом женщины, работающей на расчистке завалов, сложился еще один довольно распространенный стереотип: город в женских руках.

Когда не надо было бегать по делам, люди просто гуляли. В сохранившихся киноматериалах — в хронике и на любительских съемках — можно увидеть на удивление много женщин, разгуливающих по улицам маленькими группами или поодиночке. Летом 1945 года на Курфюрстендамм уже снова работали кафе. Кто мог себе это позволить — а таких было не так уж мало, несмотря на продуктовые карточки, которые нужно было отдавать и здесь, — сидели за столиками и наслаждались солнцем. Остальные гуляли. Британский киножурнал Pathé высмеивал «моду» берлинских женщин на Курфюрстендамм и обращал внимание на их толстые шерстяные носки в сочетании с короткими платьями. Одна молодая берлинка появлялась на экране в самодельных вязаных туфлях, которые украсила бумажными цветами. Сегодня их сочли бы довольно стильными.

Опасности, подстерегавшие тогда людей на каждом шагу, не могли заглушить жажду новых впечатлений и приключений. «Взаимосвязь близости смерти и жизнелюбия», о которой писала Маргрет Бовери, проявлялась и в сфере эротики. Многим женщинам хотелось снова «испытать острые ощущения». Эйфорические настроения первых послевоенных месяцев и тяжелые испытания страхом и одиночеством привели к сексуальному голоду, принимавшему порой причудливые формы. Довольно странно для сегодняшнего слуха звучит, например, шлягер

1946 года «S.O.S. Ищу любовь. Срочно», в котором 22-летняя актриса и танцовщица Ингрид Лутц воспела царившую в те дни жажду секса. «Стой! Стой! Стой!» — лает она на публику, и это звучит как сердитый окрик часового, заметившего в тумане беглеца. «Привет! Куда спешите? — кричит она. — О чем думаете? Чего хотите?» Все это звучит и в самом деле довольно по-хулигански. Песня была бесконечно далека от того идеала женщины в виде ласковой кошечки, который, как утверждают, возобладал в последующие годы. «S.O.S. Ищу любовь. Срочно» звучало холодно и дерзко, и исполнение было вызывающе грубым: «S.O.S. Хочу целоваться. Срочно. S.O.S. Когда? Хочу знать точно».

Эротический сигнал бедствия, который Лутц посылала слушателям, хорошо вписывался в контекст тогдашних актуальных тем: нехватка мужчин, падение нравов и распутство. По этой вокальной карикатуре на похоть можно судить о реальном энтузиазме, с которым женщины шли в наступление. Старший пилот авиакомпании Pan American Джек О. Беннетт, первым принявший участие в операции «Берлинский воздушный мост», вспоминал в своих мемуарах «40 тысяч часов в небе», как к нему однажды в декабре 1945 года на Куфюрстендамм во время прогулки обратилась «элегантно одетая женщина из приличного общества» и спросила, не желает ли он пригласить ее к себе на этот вечер. «Я не нуждаюсь ни в деньгах, ни в продуктах, — сказала она. — Мне холодно, и я не хочу от вас ничего, кроме тепла вашего тела»[12].

Возможно, пилот Беннетт в своем тщеславии несколько преувеличивает момент бескорыстия в этой истории, но все еще характерное для того времени осознание, что каждая ночь может стать последней, побуждало многих людей вести себя друг с другом гораздо более смело и раскрепощенно, чем в мирные времена. О том, насколько распространенной была сексуальная непосредственность и смелость, свидетельствует, в частности, такой факт: центральное берлинское управление здравоохране-

Многие немецкие мужчины вполне осознали, что проиграли войну, только после весны 1945 года. Американские солдаты с немецкими девушками на улицах Берлина, 1945 год

ния, серьезно озабоченное ростом венерических заболеваний, заказало режиссеру Петеру Певасу художественный фильм-предостережение, напоминающий об опасности подобных излишеств. Этот фильм под названием «Уличное знакомство»* производства студии DEFA вышел на экраны в 1948 году. Певас превратил историю девушки Эрики в шедевр киноискусства, в котором ярко отразилась растерянность послевоенного поколения, «алчущего жизни и жаждущего любви»[13].

В 1949 году вышел сборник рассказов «Тысяча граммов», который занял важное место в истории немецкой литературы,

* «Straßenbekanntschaft» (1948) — неореалистическая драма о проституции в послевоенном Берлине. — *Прим. ред.*

поскольку включал среди прочего манифест так называемой литературы руин. В рассказе «Верность», написанном Альфредом Андершем, речь идет о муках вожделения, выпавших на долю молодой женщины, чей муж еще находился в плену. День за днем она после обеда ложилась голой на кровать и предавалась этим мукам, распаляя свою плоть мыслями: «Эти ноги, этот живот жаждут прикосновений... Ведь это же все так просто. Мне двадцать семь, и я страдаю от неудовлетворенности. Мне надо просто взять то, что мне нужно, тихо, без шума. Я же знаю, как это делается. Сейчас должен прийти этот тип с цветами. Я надену что-нибудь понаряднее и предложу ему чашку чая. А если он будет смущаться и робеть, я прямо скажу ему, что мне от него нужно»[14]. Название «Верность» объясняется тем, что героиня рассказа при этом представляет себе, как будет мучиться угрызениями совести, утолив хоть на время свою жажду мужских ласк.

Литературная ценность этого текста заключается не в том, что героиня стойко сопротивляется желанию пасть в объятия почтальона или мужчины с цветами, а в той деловитости, с которой автор изображает женское вожделение, — абсолютно без прикрас, безжалостно и бескомпромиссно, в духе литературы руин.

Нужда породила множество форм жизни, и многие женщины теперь вели непростое, полное труда и лишений, но при этом необыкновенно свободное существование. Обычные семьи на некоторое время вновь стали большими семьями, в которых делились опытом, обсуждали разные жизненные позиции. Кроме того, возникали временные жилищные общины. Знакомые съезжались вместе, друзья селились в одной квартире, рассчитанной на одну-две семьи, а теперь служившей прибежищем для шести. Тесное сожительство помимо неудобств имело и преимущества, например давало возможность постоянного обмена мыслями, приносило утешение, а иногда и любовь — скажем, живущая на первом этаже пара распадается и завязывает — крест-накрест — новые любовные отношения с соседней парой из того же подъезда[15]. Женщины снова имели численное превосходство; постоянная смена жильцов кроме дополнительных хлопот давала и новые любовные импульсы.

Жилищные общины, которые якобы породило поколение студенческого движения, возникли как социальное явление сами по себе еще на тридцать лет раньше в результате крушения Третьего рейха. Журнал Constanze, конечно же, и здесь был в первых рядах поборников новых форм жизни: он пропагандировал жилищные общины в многочисленных фоторепортажах, в которых уже по одним только небрежным позам молодых и, разумеется, привлекательных людей можно было понять, что уж там-то жизнь действительно необычайно интересна (фотосерия «Расслабьтесь, господа!»). В очерке «Четверо с седьмого этажа» рассказывается о четырех художниках — двух мужчинах и двух женщинах, — которые живут и работают вместе. Резюме: «Вот четверо молодых людей, которые строят свою новую жизнь. Которые не сдаются под ударами судьбы. Это лишь несколько из тех многочисленных храбрецов, которых пролетевший над миром ураган потрепал, но не сломил. И таких, к счастью, можно видеть всюду — среди рабочих и художников, моряков и профессоров, ремесленников и врачей»[16].

В «Фильме без названия» (1948), этой удивительно милой, жизнеутверждающей картине Рудольфа Югерта, три женщины и один мужчина живут вместе в пострадавшей от бомбежек вилле в Берлине: антиквар со своей сестрой, его бывшая жена и домашняя работница, деревенская девушка Кристине, роль которой исполняет Хильдегард Кнеф. В фильме преобладает самоуверенный женский тон, который задает элегантная бывшая жена антиквара; с ней постоянно пикируется его стервозная сестра, бывшая нацистка. Удивительна та легкость, с которой в этой подчеркнуто либеральной полухудожественной среде домашняя работница получает признание как новая любовь хозяина дома. Герои переживают бомбежку, эвакуацию, бегство в сельскую местность. Фильм в форме «романтической сатиры» показывает, как хаос разрушает социальные стереотипы. Он одновременно и переслащен, и пересолен, и именно этой «консистенции» обязан своим огромным успехом, потому что отразил духовные и эмоциональные возможности, заключенные в тяжелых испытаниях вынужденной миграции.

Кров и любовь — эта тема была вездесуща. В фильме «Избыток жизни»* Вольфганга Либенайнера, который часто называют последней ласточкой «руинного кинематографа», одна супружеская пара на грани полного разрыва одновременно сдает — по недоразумению — свою полуразрушенную мансарду двум студентам: Карин и Вернеру. Те с радостью вышвырнули бы друг друга из квартиры при помощи полиции, но пока вынуждены сосуществовать под одной крышей на крохотном пространстве. Решимость, остроумие, боевой дух и уверенность в себе — всего этого у Карин оказывается чуть больше, чем у ее соседа. Такая вольность нравов (злополучное соседство кончается свободной любовью под дырявой крышей) в сочетании с пренебрежением к статье уголовного кодекса о сводничестве пришлась по душе не всем членам послевоенного общества, хотя оно и не страдало избытком бюргерской морали, который ей кое-кто приписывает. Как писала газета Die Zeit, «для студентов эта парочка слишком бездуховна».

Были и женские общины, причем масштабы этого явления впечатляют. В промышленном городе Дуйсбурге семьдесят

---

* «Des Lebens Überfluss», 1950 — кинокомедия по мотивам одноименного романа Людвига Тика. — *Прим. ред.*

пять одиноких работающих женщин поселились в современном, только что построенном жилом комплексе с множеством малогабаритных однокомнатных квартир. Семьдесят шестая кнопка дверного звонка принадлежала домоправителю. Это была отнюдь не унылая казарма для одиноких женщин и не женский монастырь, а построенная на средства социального жилищного строительства женская община, в которой коллективизм сочетался с полной частной независимостью. Единственное условие: вышедшие замуж должны были освободить жилплощадь.

Избыток женского населения – выигрыш для мужчин

Причиной повышенной сексуальной активности послевоенных женщин был феномен, ставший в то время притчей во языцех: преобладание женского населения над мужским. Было много красивых женщин и очень мало мужчин. Да и те пребывали в плачевном состоянии — ковыляли на костылях, хрипели и харкали кровью. Конечно, элегантные мужчины вроде Ганса Зёнкера или Дитера Борше существовали не только на киноэкранах, но на этот хорошо сохранившийся «товар» был слишком большой спрос: на каждого из них претендовали десятки женщин. Во всяком случае, так пессимистично представляла себе ситуацию прекрасная половина населения Германии, что подтверждало и бросающееся в глаза преобладание женщин на городских улицах. В одном из летних выпусков киножурнала 1945 года пожилая и, судя по всему, состоятельная супружеская пара прогуливалась мимо развалин домов на Унтер-ден-Линден. С респектабельным старцем то и дело заговаривают молодые женщины, и его супруге стоит немалых усилий отражать их атаки. Вполне вероятно, что это постановочная сцена, но она хорошо иллюстрирует упомянутый феномен, занимавший умы послевоенных немцев и особенно немок.

Более пяти миллионов немецких солдат погибли на войне. Шесть с половиной миллионов немецких военнопленных в конце сентября еще находились в плену у западных союзников. Более двух миллионов их товарищей голодали в советских лагерях. Еще в 1950 году на тысячу мужчин приходилось 1362 женщины[17]. На первый взгляд ситуация не такая уж драматическая, однако картина существенно меняется, если обратить внимание на самые «перспективные» возрастные группы: из каждых пяти солдат 1920–1925 годов рождения не вернулись с войны как минимум двое. Особенно ощутимым было численное несоответствие двух полов в больших городах. То, что, судя по многим рассказам, в Берлине на одного мужчину приходилось шесть женщин, очень похоже на правду.

«Шесть женщин на одного мужчину, шесть женщин на одного мужчину» — эти суггестивные, многократно повторяющиеся слова воспринимаются как своего рода музыкальный лейтмотив художественного фильма «Берлинская баллада» 1948 года, звучащий то как обещание, то как грозное предостережение[18]. Герой фильма — вернувшийся с войны изможденный солдат Отто, роль которого исполняет Герт Фрёбе, изумленным призраком блуждает по разрушенному городу. Наконец он находит в этой каменной пустыне, в районе Берлин-Митте, свой дом, поврежденный, но уцелевший. Однако в его квартире обосновалась брачная контора «Аморцентрале фрау Холле». Хозяйка знакомит его с новыми нравами. Отто продолжает свои странствия по Берлину, мучимый сюрреалистичным видением, в котором шесть пухленьких женщин чуть ли не дерутся за его тщедушную фигурку. «Слишком много женщин! Слишком много женщин!» — звучит за кадром. Однажды скитания привели Отто в ночной парк, который кишел любовными парами и напоминал «Парад любви», вошедший в моду полвека спустя. Они сидели под деревьями, на пнях; в распоряжении одной из них был даже американский джип. Эти двое счастливчиков увлеченно беседовали, не понимая ни слова из того, что говорит собеседник: она на немецком расписывала ему предстоящую свадьбу, он же, молодой американский солдат, на английском рассказывал ей о бойне и консервной фабрике своего отца в Детройте. «Тысячи сердец ищут любви, многие люди так одиноки, — звучит за кадром. — Тысячи сердец ищут любви, и эти поиски не кончаются». Но даже такой заманчивый призыв, как

«У меня есть старая походная кровать. В ней так хорошо вдвоем мечтать», не мог подвигнуть робкого Отто броситься в дамские объятия.

Этот проклятый численный перевес отравлял женщинам жизнь. Он больно ранил их женское достоинство. Журнал Constanze в 1949 году попытался подбодрить своих читательниц посредством шуточного стихотворения, в котором высмеивался один черный «бимбо», вообразивший, что в условиях профицита женщин секс даже для такого, как он, — не проблема. С помощью этой расистской «Очень печальной баллады о слишком многочисленных одиноких женщинах» редакция Constanze упрямо стремилась доказать, что женщины разборчивы и прихотливы даже «на безрыбье»[19]. Но как раз эту гордость они постепенно утратили.

Какими бы самостоятельными ни стали женщины, многие из них мечтали о покое, который мог бы внести в хаос их неустроенной послевоенной жизни мужчина. Однако не нужно иметь особых арифметических навыков, чтобы понять, что этого счастья женщинам было не видать как своих ушей, хотя бы только по статистическим причинам. А за тех, кому было лень считать, это делали газеты, с готовностью тиражировавшие мрачные прогнозы с доставкой на дом. Rhein-Neckar-Zeitung 8 апреля 1951 года сообщила, что «у полумиллиона женщин в возрасте от 25 до 40 лет не будет возможности выйти замуж и поэтому они на годы и даже на десятилетия обречены заниматься трудовой деятельностью»[20].

Ведь дело было не только в любви, но и в средствах к жизни, а наемный труд многие женщины считали далеко не самым великим счастьем на земле, тем более что ситуация на рынке труда вскоре снова изменилась не в лучшую для них сторону. Там женщины опять вступили в жесткую конкурентную борьбу друг с другом. Одинокие оказались в выигрышном положении: если женщина уже была «обеспечена», то есть была замужем и тем не менее хотела зарабатывать деньги, ее клеймили как ненасытную паразитку, отнимающую хлеб у других. Власти, ссылаясь на огромное количество незамужних женщин, которых необходимо было обеспечить работой, развернули настоящую кампанию против «двойных заработков» и граждан, стремящихся к непропорциональному обогащению. 5 мая 1952 года Kölnische Rundschau писала: «Женское население настолько превышает мужское, что это вызывает серьезную тревогу. Поскольку не все могут выйти замуж, многим приходится искать работу. Разве можно мириться с тем, что хорошо обеспеченные замужние женщины отнимают у необеспеченных женщин рабочие места?» Во многих федеральных землях женщины-чиновницы, чьи мужья тоже занимали административные должности, были уволены по причине их материального благополучия — якобы с целью дать им возможность заниматься воспитанием детей, а также «упрочить их семейное счастье».

Женская солидарность, выдержавшая серьезные испытания на прочность в тяжелые времена, постепенно сходила на нет. С первыми скромными успехами в достижении материального достатка и образовании семейных уз усиливались недоверие и враждебные чувства женщин друг к другу. Прошло то время, когда они мирно делили малочисленных кавалеров в танцевальных барах, меняя партнеров в танце по хлопку в ладоши. Особенно опасными считались молодые солдатские вдовы. Дочь одной такой вдовы вспоминала: «Для меня было тяжелым испытанием видеть, как „нормальные“ семьи сторонятся моей матери. „Нас, солдатских вдов, никогда не приглашали в гости семейные пары, — писала она потом в своих воспоминаниях. — Мы были как прокаженные. Нас все старались избегать“... Женщины, мужья которых вернулись с войны, отгораживались от тех, кому в этом смысле не повезло; безмужние женщины оказались в изоляции; бездна, разверзшаяся между „санированными“ и „тяжело травмированными“, так и осталась непреодолимым препятствием. Подруги у моей матери были лишь среди других солдатских вдов»[21].

Ситуация обострялась по мере нормализации жизни. За волной разводов последовала волна бракосочетаний. Свежеиспеченные семьи въехали во вновь отстроенные квартиры и принялись налаживать свою нормальную жизнь. Те, кто остался один, имели все шансы навсегда сохранить этот статус.

После войны количество разводов выросло вдвое по сравнению с довоенным периодом и к 1948 году побило все рекорды[22]. В это же время поиски новых партнеров тоже приняли широкий размах. Небывалый брачный бум в 1950 году привел к тому, «что рынок брачных партнеров был почти полностью исчерпан»[23]. Из поколения мужчин 1922–1926 годов рождения женились почти 100%. Параллельно с этим упали шансы женщин на рынке труда; мужчина снова утвердился в роли главы семьи.

Преобладание женского населения над мужским серьезно деформировало самосознание женщин, мужчины же успешно пользовались преимуществами своего положения. Их самооценка, сильно пострадавшая после возвращения домой в связи с доминированием женщин, вновь резко возросла. Мужской идеал того времени вновь прибрел черты кавалера старой школы, который упорно, несмотря на капризы и своенравие женщины, добивается ее благосклонности при помощи рыцарских приемов обольщения. Не случайно в характеристике особенно привлекательных женщин вдруг снова появляется слово «дерзкая». «Дерзкое, вызывающее поведение» такой «сорвиголовы» считалось особенно сексапильным, ведь оно предполагало возможность воспитательного воздействия со стороны мужчины. А воспитательный момент настоящий кавалер охотно включал в свой план завоевания дамы, поэтому во многих фильмах того времени вдруг стали привычными фразы вроде: «Выпороть бы тебя как следует!»

Кинозрители послевоенных лет стали свидетелями настоящей войны полов. Инге Эггер, Барбара Рюттинг, Эрика Бальке, Хильде Краль, Хильдегард Кнеф — вот те сорвиголовы, которые ничуть не уступали сегодняшним строптивицам вроде Умы Турман. Хильдегард Кнеф в роли Альрауне в одноименном фильме режиссера Артура Марии Рабенальта (1952) — персонифицированное мифическое зло — отправляет на тот свет четырех своих любовников. Она не может не творить зло: она то провоцирует по пояс голого коренастого рабочего, моющегося у фонтана под ее окном, бросая в него вишни, то позирует с хлыстиком своей следующей жертве, а потом печально сидит у пруда, потому что снова стала причиной гибели человека, — в этом есть что-то зловещее. И в финале она не находит пути в лоно счастливой любви, ее сердце не покоряет состоятельный джентльмен — она уносит с собой во мрак погасшего экрана свое незыблемое одиночество.

Воинствующее начало в эротике то и дело прорывалось наружу. За галантной маской благородного кавалера скрывались агрессивность и высокомерие. В мужском журнале Er в мае 1951 года появилась статья под названием «Военная школа любви». Автор советовал читателям брать «крепость» штурмом. «Ничто так не радует женщину, как ловкая стремительная атака, освобождающая ее от необходимости улучшать свою нарочито неловкую защиту». И далее: «Внезапный штурм без дерзости, сила без грубости — это дело нюансов. Дипломаты говорят о человеке, способном инстинктивно верно оценить ситуацию во всех ее деталях: у него верная рука».

Сила — да, но не грубость. И никаких извинений! Сегодня это звучит как инструкция для тех, кто ставит себе целью внушить женщине отвращение. Впрочем, в конце автор признаёт, что в случае настоящей любви все «военное искусство» оказывается бессильным: «Перед женщиной, которую любишь, теряешь все свое мужество».

Война полов проявлялась не в последнюю очередь и в конкуренции по поводу «меры страданий»: кому выпало больше боли — мужчинам или женщинам? В фильме «Любовь '47» Вольфганга Либенайнера по мотивам пьесы Вольфганга Борхерта «На улице перед дверью» на берегу Эльбы случайно встречаются мужчина и женщина. Они незнакомы друг с другом, но оба одинаково устали от жизни и готовы с ней расстаться. Вокруг — зловещий туман, разрушенные бомбами и снарядами фабрики, в воде плавают дохлые рыбы. «Какая грязища, — говорит женщина. — Здесь даже умирать противно». «Может, мне отойти в сторонку?» — спрашивает мужчина. «Зачем? — отвечает женщина. — Вы мне не мешаете». Он выражает понимание — мол, на войне человек тоже ни на минуту не остается один. «Один!.. Что вы об этом знаете? — резко отвечает ему женщина. — Это нас вы оставили одних! Пока вы там ползали по Уралу, нам на головы сыпались бомбы». В отличие от пьесы, фильм заканчивается на примирительной ноте — состязание за статус наиболее пострадавшей стороны заканчивается вничью, каждый по-своему прошел через ад. В конце концов они соединяются, и у них появляется шанс обрести крышу над головой. Квартирная хозяйка даже жертвует им настоящее яйцо.

Яйцо, хлеб, пристанище — вот главные заботы героев того времени. «Я — кормилица своего мужа!» — под таким гордым заголовком журнал Constanze представляет своим читательницам женщин, которые в поте лица зарабатывают на хлеб себе и мужу. «Я своего подобрала на улице, — рассказывает одна из них. — Он просто плыл по течению, беспомощный, как ребенок. Да он и есть почти ребенок — на пять лет младше меня». Подобные рассказы служили читательницам моральной поддержкой. Слабость к мужчинам, которые «плывут по течению», была альтернативой поискам сильного мужчины. Уж лучше сразу взять кого-нибудь из покалеченных. Constanze призывала искать спутника жизни среди полутора миллионов мужчин, покалеченных на войне, советовала «видеть в мужчине не Адониса, а будущего товарища». На страницах журнала широко обсуждались первые впечатления от вида обрубка ноги.

Женская готовность к жертвенной заботе о ближнем была идеальным средством для мужчин в конце концов добиться победы в войне полов. В июле 1946 года в передовице мюнхенской Ende und Anfang, считавшейся «газетой молодого поколения», некий доктор Ларос писал о «вечной миссии женщины в наше время». Сейчас, когда «звериное начало в человеке прорвалось наружу с невиданной, чудовищной силой и явило миру эгоизм и насилие, от которых стынет кровь в жилах», на долю женщин выпала судьбоносная задача вернуть общество в лоно гуманизма: «Силой своей великой, присущей только им любви они должны по-новому взглянуть на мужчину и дать ему душевный приют, в котором он снова обретет себя и после многих лет разрушительного безумства вновь почувствует в себе стремление к созидательному труду». В конце доктор Ларос переходит к угрозам: «Горе вам, если вы сейчас не захотите услышать и понять это! В ваших руках — судьба нашего народа!»

Вне закона

В формирование образа мужчины как исчадия ада внесли свою страшную лепту и победители, которые после шести лет ожесточенной борьбы наконец поставили гитлеровские войска на колени. Впечатления от них у немцев остались разными — в зависимости от оккупационной зоны. На востоке после прекращения военных действий по городам прокатилась неслыханная волна изнасилований. За пятьдесят лет эту тему так широко и подробно осветили, что мы можем позволить себе опустить малоприятные детали[24]. По разным, очень приблизительным, оценкам (разница в подсчетах составляет иногда несколько сотен тысяч) насилию подверглись два миллиона женщин, зачастую многократно. Изнасилования сопровождались жестокими издевательствами, унижениями и убийствами.

Сохранившиеся записи берлинских женщин тех дней полны леденящих душу описаний этих чудовищных преступлений. Почти каждую ночь раздавался оглушительный стук в двери, в квартиры вламывались оккупанты, били и насиловали. Маргрет Бовери признается: «Должна сказать, что ночные ожидания бомбежек и обстрелов были не такими жуткими, как ожидание этих непрошеных гостей. Рвущихся снарядов или бомб я боюсь меньше, чем человеческой жестокости. Две ночи я проспала под снотворным, поэтому ничего не слышала и только утром узнала, что произошло: фрау Хартман изнасиловали четыре раза, фройляйн Тай, с которой я не знакома, — двухсотпроцентную нацистку — один раз. Эту не жалко. Так ей и надо»[25].

Самым ярким свидетельством «сексуального террора», как она это называет, является дневник журналистки Марты Хиллерс, ставший после его переиздания в 2003 году под названием «Женщина в Берлине» международным бестселлером. Книга до сегодняшнего дня выходит анонимно, хотя подлинное имя автора стало известно в 2003 году, во время оживленной дискуссии в прессе по поводу данной публикации[26]. За две первые майские недели Хиллерс изучила полный «каталог всех типов изнасилований». Один из ее мучителей извлекал удовольствие даже из собственной гнусности: он разжимал ей зубы и с наслаждением угощал ее слюной из своей зловонной пасти. Попадались ей и относительно дружелюбные типы, которые даже помогали ей подняться на ноги и утешительно похлопывали по плечу. И очень общительные, предлагавшие ей после всего — или еще в процессе — сыграть с ними в карты. От встречи с совсем дикими насильниками, теми, что выбивали женщинам зубы прикладом, судьба ее, к счастью, уберегла.

Марта успела повидать мир. Она работала в Москве, училась в Сорбонне. То, что она неплохо говорила по-русски, облегчило ее задачу — найти среди русских защитника, «волка, который не подпускал бы ко мне других волков, офицера, командира, чем старше по званию, тем лучше; лучше всего, конечно, генерала». Она блестяще справилась с этой задачей: ей удалось подцепить майора: «Я горжусь собой, что смогла приручить одного из волков, возможно, самого сильного из стаи, чтобы он не подпускал ко мне других самцов». У него были и положительные стороны; он не очень обременял ее своими ласками. Больше всего ей досаждали бессонные ночи из-за его больного колена. Несмотря на особые обстоятельства, их отношения не были лишены определенного тепла, а когда майора через несколько дней откомандировали домой, прощаясь, оба даже почувствовали печаль: «Мне немного грустно, в душе осталась какая-то пустота. Я вспоминаю его кожаные перчатки, которые увидела у него сегодня в первый раз. Он элегантно держал их в левой руке. В какой-то момент он нечаянно уронил их на землю и торопливо поднял, но я успела заметить, что перчатки были разные: одна со швами на тыльной стороне, другая гладкая. Он смутился и отвел взгляд в сторону. В эту минуту он мне очень нравился».

За время Второй мировой русские потеряли 27 миллионов человек. По приказу Гитлера против их гражданского населения велась война на уничтожение, а солдат вермахта он призывал, воюя с русскими, «забыть о солдатской солидарности»[27]. Его генералы выполняли приказ фюрера со всей жестокостью. На долю советских солдат выпали страшные испытания; многие из них, не получив за четыре года войны ни одного дня отпуска, шли по выжженной земле, мимо своих уничтоженных деревень, мимо гор трупов. Придя в побежденную Германию, они удивились: эта страна была богаче и гораздо более развита — что же заставило немцев напасть на них с желанием истребить почти все население? «Я мстил им и буду мстить! — признался один красноармеец по фамилии Гофман, чьи жена и дети погибли от рук карателей под Краснопольем. — Я видел поля, усеянные убитыми немцами, но мне этого мало. Они должны умирать еще и еще — за каждого убитого ребенка!»[28]

До некоторых немцев постепенно стало доходить, что жажда мести русских солдат — это бумерангом возвращающиеся злодеяния вермахта, СС и полевой жандармерии в России. Одна женщина, тяжело пострадавшая от сексуального насилия, позже имела благородство признать: «Я очень пострадала. Но если вдуматься, то мои страдания — это, наверное, всего лишь страшная расплата за то, что натворили в России наши мужчины»[29].

«Я все думаю и думаю, — писала в своем дневнике Рут Андреас-Фридрих. — Я люблю русских, но их режим внушает мне страх и отвращение». У многих из ее друзей, которые почти все были борцами Сопротивления, «те же проблемы. Они хотели бы любить русских, но не могут… Они испытывают страх и ненависть»[30]. При этом в Красной армии были командиры, которые стыдились своих мародерствующих подчиненных. Немало солдат было расстреляно. Но эти карательные меры не сразу дали результат. В Берлине командование Красной армии некоторое время раздавало женщинам чернильницы, чтобы они помечали своих насильников чернилами и таким образом помогали выявлять и наказывать их. Но какая женщина решится еще больше разъярить и без того неуправляемых солдат?

Дневник Марты Хиллерс заканчивается в конце июня записью о возвращении с войны ее жениха Герда. Тяжелейшее разочарование. Этот «возвращенец» не стал исключением: новое самосознание женщин для него тоже оказалось непосильным бременем. Однажды вечером они с Мартой сидели в компании соседей, и женщины «наперебой делились впечатлениями от всего пережитого в последние недели». Герд в ярости воскликнул: «Вы ведете себя как собаки на случке! Вы совсем потеряли стыд. Все до одной! Неужели вы этого не замечаете?.. <...> На вас невозможно смотреть без содрогания. Вы утратили все ориентиры». В глазах этого побежденного мужчины изнасилования обесчестили не женщину, а прежде всего его самого. Вместо того чтобы дать ей утешение и тепло, он с отвращением отталкивает ее от себя. Такое ледяное бесчувствие оборвало многие связи; оно часто становилось предметом отражения в литературе тех лет. Зато двойное зло, причиняемое женщине таким отношением к проблеме, обычно даже не упоминалось, не говоря уже о его осуждении. Барьер, который мужчина должен был преодолеть, чтобы найти в себе силы «простить» на самом деле ни в чем не повинную женщину, считался непреодолимым[31].

В тех случаях, когда пары оставались вместе, они без слов, не сговариваясь, давали обет молчания. Откровенность, с которой женщины говорили о «принудительном сексе», как это называлось на чиновничьем языке, — эта облегчающая боль отдушина работала недолго; потом под нажимом таких мужчин, как Герд, снова вернулся стыд и покрыл саваном молчания совершённые преступления. Теперь это был обобществленный стыд. Он лег на плечи пострадавших женщин еще одной несправедливостью. Тех из них, которые, следуя примеру упомянутого анонимного автора «Женщины в Берлине», отваживались предавать свои впечатления огласке, клеймили как «бессовестных».

Когда в 1959 году впервые была опубликована «Женщина в Берлине», берлинская газета Tagesspiegel писала: «Это довольно мучительно — прочесть почти 300 страниц глазами „Женщины в Берлине". И дело не только в страшной теме — еще более тяжелое впечатление оставляет сам тон повествования... эта отвратительная манера, в которой на редкость толстокожий автор проводит сравнения, выражает удивление по поводу нежелания других обсуждать эту тему или делает оскорбительные замечания в адрес немецких мужчин... Мало кто из женщин способен написать похотливую книгу об ужаснейших событиях собственной жизни»[32].

Сорок четыре года спустя, когда этот дневник был переиздан в «Другой библиотеке» Ганса Магнуса Энценбергера, трезво-циничный, временами саркастический тон автора звучал в ушах читателей уже совершенно иначе. В 2003 году книга выдержала несколько переизданий. Лишь через два поколения многие немцы наконец захотели открыто заговорить о самом чувствительном пункте своего поражения — о судьбе женщин — и на какой-то момент иначе, потеплевшим взглядом, посмотрели на «Вильмерсдорфских вдов»* — излюбленный объект шуток, этих одиноких, гордых и часто немного странных пожилых берлинских дам.

---

* Музыкальный номер из кинокомедии «Linie 1» (1988), в которой девушка приезжает в Берлин и, путешествуя в метро, встречает разных колоритных персонажей, в том числе пышно разодетых вдов, мужья которых были важными чиновниками при Гитлере и которые по-прежнему исповедуют консерватизм, антикоммунизм и ксенофобию. — *Прим. ред.*

Вероника Данкешён

Хотя в последние годы уже более открыто говорят о судьбе женщин после войны, сегодняшние ментальные отличия между Восточной и Западной Германией, как правило, остаются вне поля зрения. А между тем опыт восточных и западных немцев до восстания 1989 года во многих отношениях различен, особенно если обратиться к событиям последних дней войны. Сексуальные контакты немцев с оккупантами в западном и восточном секторах — это день и ночь. Случаи изнасилования были и в западной оккупационной зоне, однако в памяти немцев остался гораздо более положительный, если не сказать привлекательный, образ американцев, англичан и французов. Тем удивительнее, что об этом различии почти не упоминают при обсуждении причин гораздо более недоверчивого отношения к иностранцам в Восточной Германии. Дело доходит до того, что к этим причинам относят даже такие мелочи, как раннее высаживание младенцев на горшок в социалистических детских яслях, но ни слова не говорят о массовых изнасилованиях. Разве не логичнее связывать неприязнь к иностранцам с травматическим опытом отношений с оккупантами, в силу которого целые поколения восточных немцев были обречены на бóльшую замкнутость и недоверчивость? А государственная политика замалчивания этого явления усугубила его разрушительное воздействие на коллективное сознание народа. Упомянутые события отделяют от нас более семи десятилетий, но недоверчивость и подозрительность входят в привычку и передаются детям. Историк Лутц Нитхаммер, тоже не касаясь данного аспекта, тем не менее попал в самую точку, назвав ГДР «худосочным плодом, родившимся из добродетели и изнасилования», а ФРГ — «живой, энергичной шалопайкой»[33].

На Западе поверх темы «мародерства победителей» тоже наслоились сотни мифов и фантазий, затрудняющих реконструкцию подлинной картины. Холодная война, сексуальная политика и буйные фантазии смешались в кучу, стали рассадником самых противоречивых чувств. Американский, но выросший в Германии автор-гомосексуал Винфрид Вайс рассказывает в книге «Нацистское детство», как он восьмилетним мальчиком вместе со своим другом нашел на свалке, оставленной чужими солдатами на берегу реки Изар, использованные презервативы. Маленькие друзья уже успели приобрести кое-какой жизненный опыт и не сомневались, что эти штуковины были использованы для сношений со «шлюхами». Винфрид любил американских солдат с отчетливо выраженной нетрадиционной сексуальной ориентацией и восхищался ими. Даже сам став жертвой насилия со стороны солдата-гомосексуалиста, он не изменил своего отношения к ним. И вот он с восторгом держал в руке презерватив и не мог налюбоваться на «белую мучнистую субстанцию», на материал, из которого в его детском представлении делались удивительные сверхчеловеки. Белая прозрачная оболочка заключала в себе оклеветанную, прекрасную эссенцию американцев»[34]. Едва ли можно найти более гротескную форму для описания мощного впечатления, произведенного американцами на многих немцев, чем у этого автора, который в 1956 году переселился в США, где до самой смерти преподавал литературоведение.

Хотя далеко не все впадали в подобного рода экстаз по поводу «скорости, точности и идеального телосложения»[35], которые ассоциировались с американскими солдатами, ступившими на немецкую землю, однако принимали этих парней нередко с удивительным радушием. Едва были уничтожены последние немецкие партизаны и грозную канонаду сменил гул танков, женщины и дети начали выходить на улицы и приветственно махать проезжавшим мимо победителям. Как минимум — от радости, что их освободили не русские, несмотря на то что национал-социалистская пропаганда сделала все возможное, чтобы нагнать на немцев страха и перед западными войсками антигитлеровской коалиции, особенно перед «солдатами-неграми», служившими в американской и французской армиях.

Американцы, британцы и французы и в самом деле тоже совершали военные преступления в Германии, причем особенно отличились североафриканские представители *grande nation**[36]. Хотя то, что именно этот контингент западных оккупационных войск оставил в памяти немцев такой зловещий след, вполне возможно, объясняется расистскими предубеждениями. То, что считалось типичным для марокканцев, применительно к американцам могло быть воспринято как единичные случаи, которым не стали придавать особого значения. Следует с осторожностью относиться к общеизвестным оценкам. Однако в одном только Штутгарте после вступления в город французских войск было зарегистрировано 1389 случаев изнасилования[37]. Особенно много сообщений о мародерстве и изнасилованиях поступало из Бадена и Баварии. В Баварии мародерствующие американские солдаты грабили отдаленные хутора и насиловали женщин. Нередкими были и тяжкие увечья, и даже убийства.

В условиях послевоенного хаоса ни одна категория населения не была застрахована от всякого рода уголовщины. Грабили, жгли и убивали молодежные банды, выпущенные на свободу иностранные рабочие и узники концентрационных лагерей, переселенцы и, разумеется, солдаты оккупационных войск. Однако масштабы насилия, совершаемого в отношении женщин солдатами Красной армии и военнослужащими западных союзных войск, несопоставимы[38]. В целом относительно корректное поведение англо-американских солдат было многократно подтверждено документами, даже со стороны СС, которых в данном случае трудно заподозрить во лжи. В марте 1945 года один оберштурмбанфюрер СС сообщал в своем донесении о том,

---

* «Великая нация» (фр.). — *Прим. ред.*

что́ ему рассказали местные жители, после того как данный населенный пункт на короткое время был отбит у американцев солдатами вермахта: «Американцы повсеместно пытались установить с населением хорошие отношения, щедро раздаривая консервы, шоколад и сигареты». У местного населения сложилось «прекрасное мнение» об американцах; женщины подчеркивали, что те обращались с ними хорошо, в то время как немецкие солдаты наверняка вышвырнули бы их из квартир. В конце донесения оберштурмбанфюрер признал, что местное население явно убеждено в моральном превосходстве противника: «После освобождения Гайслаутерна немецкими подразделениями местные власти установили, что в квартирах, где были размещены американцы, ничего не повреждено и не похищено. Все в один голос заявляют, что они вели себя лучше, чем наши солдаты»[39].

Впрочем, были населенные пункты, которым, в отличие от Гайслаутерна, не повезло: засевшие в них немецкие солдаты фанатично держали оборону, и в результате этих бессмысленных символичных боев гибли американские солдаты. После обстрела немецкими партизанами в давно занятых деревнях американцы вымещали свою злость на мирных жителях, в том числе на женщинах. По некоторым свидетельствам, крайне агрессивное отношение американских солдат к гражданскому населению часто было также следствием шока, испытанного ими при освобождении концентрационных лагерей.

Американское командование приказало своим солдатам вести себя по отношению к немцам корректно, но подчеркнуто недружелюбно. Характеризуя германское мирное население, оно называло немцев коварными, злыми и опасными извергами, которых предстоит еще долго и терпеливо перевоспитывать, прежде чем им можно будет оказывать доверие. В отличие от Советов, которые, следуя своей теории фашизма, видели в немецком народе жертв нацистской элиты, американцы постоянно

Немецкие женщины и американские солдаты в берлинском баре, 1945 год

подчеркивали массовый характер нацистского режима. Для них подавляющее большинство немцев были фанатичными приверженцами национал-социализма и не знавшими жалости преступниками по убеждению. Они были готовы к тому, что им еще долго придется подавлять фашистских партизан и страдать от диверсионно-подрывной деятельности подразделений «Вервольф»*. Соответственно американское военное командование в апреле 1944 года настраивало солдат на беспощадное подавление врага и категорически запрещало любые формы «братания»: никаких рукопожатий, никаких разговоров, никакого общения. Тем удивительнее был для американских солдат дружелюбный прием,

* Организация ополченцев, вербовавшихся из Гитлерюгенда, созданная рейхсфюрером СС Гиммлером в 1944 году для ведения боевых действий в тылу противника. — *Прим. ред.*

который им устроили хорошенькие женщины и любопытные подростки: американцы не могли насмотреться на изъявления благодарности за сигареты и шоколад, которые они, несмотря на запрет, раздавали немцам из своих джипов.

Это была довольно странная армия: для немцев, стоявших на тротуарах или на обочине, необычным было все — расслабленные, вольготные позы, самоуверенный смех, небрежная манера курить. Хильдегард Кнеф пишет в своих воспоминаниях о широченных квадратных плечах американских солдат, об их узких, как коробки для сигар, поджарых задницах. Во всех описаниях очевидцев они выступают пышущими здоровьем и жизнерадостными, «наивными как дети». Это подчеркивание детской наивности и непосредственности объясняется, скорее всего, огромным облегчением, которое испытали запуганные пропагандой немцы, увидев совершенно иную картину. Любому добродушному дурачеству, к которому были склонны американцы, они радовались вдвойне. Особенно приятны были «добродушные улыбки» чернокожих солдат. Муштра и привычка к порядку, въевшиеся в душу каждого немецкого мужчины, были чужды американцам. Небрежно и величественно восседавшие на своих машинах, многим женщинам они казались этакими ручными божествами.

Маленьким мальчикам они навсегда запомнились победителями-триумфаторами, подростки же часто, как и их отцы, с неприязнью отмечали то магическое действие, которое янки оказывали на женщин. Мужчин в первую очередь поражали машины и прочая техника американцев, ставшая, согласно быстро вошедшей в моду легенде, единственной причиной немецкого поражения. Однако и они заметили определенную штатскую манеру в поведении американских солдат, с удивлением наблюдали, как подчиненный мог, например, не вставая с места, протянуть своему командиру какую-нибудь служебную бумагу, и убеждались, что войну можно выиграть и без постоянного щелканья каблуками перед начальством.

Плакат «Не играй с VD» предостерегает об опасности венерических заболеваний. Немецких «фройляйн» называли Верониками Данкешён — игра слов, связанная с аббревиатурой VD [venereal disease]

И в самом деле, многих поражал в американских военных прежде всего отказ от солдатской выправки. Их привычка сидеть развалившись, умение удобно устроиться в любых условиях воспринимались как универсальная форма стремления к домашнему уюту, которая кого-то отталкивала, а кого-то, наоборот, привлекала. То, что янки чувствовали себя в чужой стране как дома, многих сбивало с толку. Одни женщины видели в их небрежности наглость оккупанта, для других она была особенно притягательна[40]. В мужчинах, которые чувствуют себя так свободно и непринужденно во вражеской стране, они предполагали какую-то особую, неизвестную им форму мужского обаяния и задушевности — мужественность без надрыва.

Во многих воспоминаниях чуть ли не одними и теми же словами пишут о том, что женщины якобы «стояли в очереди» перед американскими казармами, чтобы предложить свои услуги за пару кусочков салями, жевательную резинку и сигареты. Это явное преувеличение, не заслуживающее доверия. Попытки завязать отношения с оккупантами были чреваты опасностями и унижениями. Однако то, что американцам не приходилось прилагать особых усилий, чтобы войти в контакт с немецкими женщинами, — это факт. Достаточно было лишь пренебречь запретом на «братания» и закрыть глаза на развешанные повсюду плакаты с предостережениями о венерических болезнях. Вскоре в обиход вошло выражение «Вероника Данкешён» (так называли немецких девушек), игра слов, связанная с аббревиатурой VD — *venereal disease*. Венерические болезни в условиях отсутствия необходимых медикаментов стали серьезной проблемой. Несмотря на опасность заражения, интенсивность половых контактов между немками и американцами зашкаливала. Уже летом 1945 года, как только американцы заняли свой сектор в Берлине, причитавшийся им по результатам Ялтинской конференции[41], пляж Ваннзее заполонили пары в военной форме и пестрых летних платьях, которые, раздевшись и оставшись в купальных костюмах, чтобы загорать и купаться, превратились в обычных отдыхающих, с той лишь разницей, что рядом с пляжными подстилками лежали карабины и автоматы.

Из Западной Германии сообщалось о целых колоннах молодых женщин, заполнивших дороги к американским казармам, и даже о пещерах в лесах поблизости от мест расположения американских военных, в которых женщины устраивали себе временное жилье, чтобы быть рядом с солдатами. Американская военная полиция и немецкие полицейские то и дело устраивали облавы на этих женщин, чтобы принудительно проверить их на наличие венерических заболеваний. При этом с ними не церемонились: они подвергались оскорблениям, унижениям, а иногда и побоям.

Наряду с этими жесткими методами контроля применялись и другие, более гуманные. В управе берлинского района Целендорф в феврале 1947 года проверили первых 600 девушек, которые казались подходящими для общения с американскими солдатами. Комиссия из немецких учителей, врачей и чиновников придирчиво изучала их и, если они соответствовали требованиям, выдавала им «пропуск в общество», который открывал доступ в американские клубы. Затем список «благонадежных» женщин был передан на окончательное утверждение американцам[42].

До недавнего времени все, словно сговорившись, считали причиной превращения немецкой женщины во «фройляйн», в «американскую подстилку», исключительно материальную нужду. Конечно, тогда свирепствовал голод, и многие женщины не могли себе позволить излишнюю разборчивость в выборе стратегии выживания. Документально подтверждено немало случаев, когда женщин и девушек посылали в казармы их собственные родные и близкие. Были среди них и настоящие чудовища — отцы, принуждавшие своих дочерей к проституции, а потом еще и клеймившие их как «шлюх» и «предательниц народа». Однако нужда и принуждение были не единственными причинами женского интереса к американским солдатам. Определенную роль играло и естественное любопытство: их привлекал другой, явно более свободный образ жизни. Киновед Аннетте Брауэрхох видит в поведении упомянутых «фройляйн» «некую неорганизованную и не задокументированную форму культуры протеста». Ее опубликованное в 2006 году исследование «Немецкие „фройляйн“ и американские солдаты» представляет собой одну из немногих попыток увидеть в этой тяге к американцам нечто иное, а именно физическое влечение, и не в последнюю очередь своеобразный «протест против германского прошлого»[43].

В поисках американских солдат был также культурный или субкультурный момент. Немецким женщинам хотелось вырваться из немецкого образа жизни, из тесной, порой удушливой, атмосферы. Однако признать эту жажду чего-то нового, непривычного, а заодно и искать причину активности американских солдат также и в этом большинство немецких историков долгое время не хотели. То, что к американцам — даже к чернокожим — можно испытывать влечение не только из-за шоколада, им казалось и все еще кажется весьма сомнительной идеей. Единственным мотивом для коллаборационизма признаётся лишь «чистая нужда» — как будто в нас до сих пор сохранилось импульсивное стремление видеть в сближении с американцами предательство народа.

Когда речь идет о женщинах послевоенного периода, историографы сразу пускают в ход статистику — сыплют, как из рога изобилия, цифрами и таблицами, иллюстрирующими экономическую ситуацию, профессиональную деятельность, работу в партиях и общественных союзах. Для обыкновенной радости бытия в их исследованиях места не находится. В своем стремлении свести всё к материальным аспектам они превращают женщин в пассивные объекты нужды. Более глубокий анализ восторженного интереса к американцам как минимум отчасти признал бы женщин субъектами их собственной жизни. Однако даже феминистская наука предпочитает видеть в женщине лишь жертву и отказывает ей в праве испытывать от роли «фройляйн» хоть какую-то радость.

Даже теперь, задним числом, многим трудно признать любовниц американских солдат первопроходцами германо-американской дружбы. А между тем именно они стали «форейторами» на этом длинном пути на Запад, пионерами либерализации нашей республики. Аполитичный, чисто приватный характер их поступков застит нам глаза, не дает увидеть, какую важную роль они сыграли во внутренней демобилизации немцев. Какими бы убогими и примитивными ни были танцевальные «сараи», возникавшие вокруг американских казарм в деревнях, именно Вероника Данкешён подвела самую жирную черту под прошлым, со всей решимостью и нередко — с любовью.

«Оккупационные» романы вызвали небывалый взлет писательской фантазии. Так, например, в романе Ганса Хабе «Вход воспрещен» американский майор-еврей любит жену нацистского бонзы. Он был влюблен в нее еще в школе; потом ему пришлось эмигрировать. Техасский офицер с садомазохистскими наклонностями влюбляется в жену коменданта концентрационного лагеря. Молодая дворянка поступает в услужение к американскому генералу, и над обоими висит дамоклов меч — возможность внезапного приезда его супруги.

Одним из самых низкопробных текстов на данную тему был рассказ в мужском журнале Er 1950 года. Речь в нем идет об «американской подстилке» мужского пола, о некоем Винценце Данкешён, которого взяла себе для приятного времяпрепровождения американская военнослужащая. Автор, франконский журналист и писатель Ганс Пфлюг-Франкен, в своей двухстраничной истории под названием «У меня чернокожая девушка» не скупится на расистские клише. Она, конечно, «черная пантера»: «В сущности, я ее ненавижу, потому что она — животное, которое мне приходится любить и язык которого я не понимаю. Может, я для нее тоже всего лишь животное, потому что она приносит мне орехи целыми кульками и кормит меня ими». Он принимает орехи, как принимает и ласки, хотя такой секс ему совсем не по душе. Женщина-пантера пугает бедного нюрнбержца; в момент наивысшего наслаждения он мечтает о женщине, которая вела бы себя пассивно, как он привык. «Мне нужна женщина, которая смирно лежала бы на спине, заложив руки за голову, столько, сколько мне надо. А ты слишком активна, ты берешь меня — не я тебя, а ты меня, кровопийца!» — простодушно сетует он на горькую мужскую долю перед широкой аудиторией. Простодушнее некуда!

В середине пятидесятых годов в иллюстрированном журнале Quick частями выходит роман Джеймса Макговерна «Фройляйн», героиня которого, храбрая немецкая девушка Эрика, после нескольких лет исканий, подвизаясь на ниве стриптиза и борьбы в грязи, находит свое счастье с американским солдатом Си. Однажды они случайно становятся свидетелями бурного секса между немкой и американцем среди развалин бывшего салона красоты. В момент оргазма немка издает «доисторический крик», показавшийся Эрике и Си криком прародительницы Евы, рожающей первого человека. Заметив испуганных свидетелей, немка поднимается с «бетонного алтаря немецко-американской дружбы, как разъяренная валькирия, как несокрушимая мать всего сущего, восставшая из истерзанной, разодранной прусской земли, и, залитая лунным светом, скользящим по ее висячим грудям с красными сосцами, на мгновение превращается в живое свидетельство того, что Германия, несмотря ни на что, возродится, — неважно, в каких формах и какими чудовищными средствами, но возродится»[44].

На то, чтобы Германия возродилась, и в самом деле работали — если говорить холодно и цинично — многие немецкие женщины в сфере обслуживания американской армии: в качестве переводчиц, уборщиц или продавщиц в почтово-меняльных лавках, в которых исключительно для американских военнослужащих продавались заокеанские товары. Уже благодаря одному только этому обстоятельству возникало множество контактов, часто перераставших в романы. Число таких романов неизвестно. Однако до 1949 года было зарегистрировано 1400 браков между «фройляйн» и американскими солдатами. Массовым явлением это, конечно, не назовешь, но ведь сколько флиртов, сколько более или менее продолжительных романов потребовалось, чтобы в конце концов появилась эта цифра — 1400 браков? Если учесть, сколько одних только бюрократических трудностей и проволочек пришлось преодолеть этим молодоженам, то их явно было гораздо больше.

Двадцатичетырехлетний Дэниэл မилителло из Бруклина стал первым американским солдатом, женившимся после войны на немецкой женщине, преодолев кучу препятствий и запретов. Он, солдат дивизии «Hell on Wheels», должен был заниматься уничтожением партизан и боевиков «Вервольф»[45], но встретил шестнадцатилетнюю Катарину Трост. Они полюбили друг друга, и Мрилителло, уехавший со своей частью дальше на восток, придумывал всё новые способы навещать Катарину в Бад-Наухайме. Когда она осенью 1945 года забеременела, Милителло обратился к американским властям с просьбой разрешить ему жениться. В ноябре ему пришлось вернуться в США, в феврале его уволили из армии. Он нанялся на грузовой пароход «Томас Х. Берри», спрыгнул в Бремерхафене на берег, не получив разрешения на увольнение, и с грехом пополам добрался до Бад-Наухайма, где они с Катариной первое время прятались у ее бабушки. В июне 1946 года они наконец поженились. Когда Милителло в августе отправился в американское консульство, чтобы добиться разрешения увезти с собой в Америку жену и сына, его арестовали и через месяц заставили вернуться в США; семью ему пришлось оставить в Германии. Тем временем его история вызвала широкую дискуссию в американских газетах, вставших на сторону влюбленного солдата. В конце концов один нью-йоркский конгрессмен позаботился о том, чтобы Катарина получила американскую визу и в ноябре 1946 года смогла прилететь в Америку — первой немецкой солдатской женой. До 1988 года за ней таким же образом последовали около 170 тысяч немок[46].

Замужние женщины, как, например, Катарина Милителло, не меньше, чем незамужние подружки американских солдат, страдали от враждебного отношения окружающих в немецкой среде. Дискриминация проявлялась в разных формах — от косых взглядов до физической агрессии. «Пять лет им понадобилось, чтобы нас победить, а на вас им хватает пяти минут!» — так выглядело стандартное обвинение в их адрес. Некоторых избивали, кому-то брили наголо голову; изредка сообщалось также об убийствах женщин[47].

А если их не травили и не били, то карали молчаливым бойкотом. Даже критически настроенная интеллигенция поколения 1968 года, которая обычно старается выявить любые остатки фашистского мышления, закрывала глаза на очернение немецких подружек американских солдат, хотя те ничуть не уступали им по антиавторитарному потенциалу[48]. На уровне личных отношений некоторые из них были настоящими диссидентками: с гордым упрямством ходили по улицам со своими любовниками-оккупантами, вызывающе глядя на раздраженных соотечественников. Только в 1979 году Райнер Вернер Фассбиндер в своем фильме «Замужество Марии Браун» воздвиг памятник «неверным» послевоенным немкам. И хотя в этом фильме материальный мотив стоит на первом плане, все же чувство собственного достоинства, излучаемое Ханной Шигуллой, свидетельствует об определенном уважении к данной жизненной позиции.

Своеобразным лейтмотивом в фильме является легендарная американская сигарета, тогдашняя валюта на черном рынке и аттрактант: сигаретами с Марией расплачивается чернокожий американский солдат, и из-за сигареты, которую она в финале, во время пресловутого экономического чуда, попыталась прикурить от газовой горелки, ее дом вместе с ней взлетает на воздух.

Показательно, что против осуждения «фройляйн» энергичнее всех протестовали женские журналы. Журнал Die Frau — Ihr Kleid, ihre Arbeit, ihre Freude («Женщина — ее одежда, ее работа, ее радости») в статье под названием «Вероника Данкешён: женщины и девушки — упреки в их адрес и кому они на самом деле должны быть адресованы» решительно опровергает распространенную точку зрения, согласно которой «Веронику» интересовали в первую очередь сигареты. Женщины, которых война лишила стольких радостей — танцев, концертов, морских прогулок, любовных приключений, — просто хотели «хотя бы частично наверстать упущенное», писал автор статьи. А если порой материальные соображения играли не последнюю роль, то не стоит забывать, что и в прежние времена любовные отношения и браки далеко не всегда основывались на одной лишь любви. Далее ханжеская читательская аудитория получала «удар ниже пояса»: «Разве желание „вступить в брак с преуспевающим мясником“, о котором нередко можно было прочесть в брачных объявлениях, не выглядит гораздо более сомнительным, чем торговля телом исключительно как средство спасения от голода и нужды? Ведь это была продажа себя не на час, а на всю жизнь — ради материальной выгоды». Целая жизнь за мясную лавку! Тем самым редакция журнала поднимала тему сочетания приятного с полезным — симпатии и холодного расчета, — которая в современном обществе, как многие наивно полагали, изжила себя. Послевоенная нужда вновь со всей очевидностью поставила во главу угла при выборе партнера трезвый материальный расчет — нередко в каких-то архаических масштабах. Но интереснее не вопрос о том, отчего возникали отношения — от нужды или от чистой любви, — а то, что было посредине, та сложная комбинация из холодного расчета и пылких эмоций. Брутальный пример такого сочетания мы находим в дневнике Марты Хиллерс. Ее хладнокровное стремление найти себе среди старших офицеров волка-вожака, чтобы в дальнейшем избежать домогательств простых, грубых волков, вполне соответствует первобытным способам выбора партнера. Она и сама была удивлена тому, как чувство благодарности за защиту, обретенную в условиях анархии, приводит к нежной привязанности. Ведь это было время волков; Хиллерс сама понимает, что это наследие животного мира, что ею руководит брачный инстинкт, помогающий уцелеть в грозном хаосе.

Журнал Ja, позиционировавший себя как своего рода интеллектуальный рупор молодого поколения, опубликовал в июне 1947 года передовицу «Общение с западными союзниками», в которой отстаивал необходимость «более открытых отношений» между побежденными и победителями. Они должны были основываться не на военном принуждении, а на той человечности, которую «растоптал гитлеризм». Образец таких дружелюбных отношений автор видел в фигуре Вероники Данкешён: «Фундамент таких отношений заложило бесчисленное множество женщин и девушек, нашедших путь к сердцам наших вчерашних противников. Это самые человечные отношения, какие только можно себе представить. Мы прекрасно понимаем, что для многих накопившаяся за годы войны жажда любви и материальные выгоды гораздо важнее других, духовных, выгод, важнее человечности. Как и то, что сытный обед и украдкой, из-под полы полученный пакет с продуктами в этот период безвременья часто были главными мотивами дружбы с западными союзниками».

Выдавая странную комбинацию причудливых и нетрадиционных мыслей, что довольно характерно для того времени, автор видит в любви солдата оккупационных войск эротический пандан к плану Маршалла. Только те, кто «сам не может пойти этим естественным путем к западным союзникам за неимением возможности, таланта или в силу других обстоятельств», иначе — отрицательно — относятся к данному явлению и своей завистью и подозрительностью затрудняют «всеобщую коммуникацию и налаживание интернационального взаимопонимания». Так подчеркнутый прагматизм и политический пафос идут здесь рука об руку — нелепый манифест положительно трактуемого оппортунизма.

О том, какими нерушимыми узами связаны любовь и расчет, можно судить по статистике. Совершенно отчетливо просматривается «ориентированный на выгоду выбор партнера» в сельской местности, где с незапамятных времен традиционный построенный на расчете брак служил для укрепления материального благосостояния. В устоявшейся крестьянской среде, особенно в деревнях Баварии и Северной Германии, попытались начать новую жизнь десять миллионов переселенцев. Если раньше в этих регионах выбор партнера обычно ограничивался местными, коренными жителями, то теперь туда хлынули половина Силезии и Померании. И каков же результат? Недостатка во флирте и амурных историях не было, но случаи, когда молодой крестьянин женился на ком-нибудь из бедных переселенок, крайне редки. Гораздо выгоднее считалось взять местную крестьянку со всем ее пышным приданым. Совершенно иначе дело обстояло с мужчинами-переселенцами. Это был ходовой товар на местном брачном рынке, ведь он представлял собой дополнительную рабочую силу. Кроме того, замужество обходилось крестьянской дочери гораздо дешевле, поскольку жених был всего лишь скромным переселенцем. И этот шанс приезжие мужчины старались не упустить: несмотря на все издержки трайбализма, они предпочитали стать примаками в какой-нибудь северогерманской крестьянской семье, чем жениться на одной из бежавших вместе с ними нищенок. По статистике женщины-переселенки оказались самыми бесперспективными на рынке невест. Этот с романтической точки зрения довольно неаппетитный расчет на внутригерманской брачной бирже нисколько не смущал общественность, в то время как желание женщины выйти замуж за военного из оккупационных войск воспринималось как продажность и предательство.

Немецкая любовная жизнь в послевоенные годы была настолько деромантизирована, что фильм «Грешница» с Хильдегард Кнеф в главной роли, самая романтичная кинокартина того времени, вызвал мощный общественный резонанс и стал поводом для крупнейшего кинoскандала. До сих пор бытует мнение, будто причиной этого скандала стала короткая эротическая сцена. Церковь и в самом деле возмутило сочетание религиозности и проституции. Но в действительности причиной была прежде всего непосредственность любви, которую испытывает Марина к слепнущему, смертельно больному художнику. Она помогает ему уйти из жизни, а затем и сама кончает с собой. Именно это и стало главным вызовом для публики, которая восприняла фильм как посягательство на рациональность экономического чуда. К тому же Марина любит мужчину, не имеющего ничего общего с теми приторными героями-соблазнителями, которые снова стали популярными в кино. Он был настоящей развалиной, одним из тех, что «плывут по течению». Эта добровольная гибель, эта дикая жертва любви настолько противоречила общепринятым нормам того времени, что послевоенное общество взорвалось[49].

Обычно немцы всегда легко переваривали это привычное блюдо из любви и расчета. Например, с помощью юмора. «Я так жду четверга, я так жду нашей встречи», — пела Эвелин Кюннеке в нашумевшем шлягере 1946 года. Это веселая, заводная песня о радостном предвкушении свидания с возлюбленным. Но в конце Эвелин напоминает своему избраннику: «Но вот что я еще должна тебе сказать: не забудь захватить с собой побольше жратвы!»

Глава шестая

Грабежи, рационирование продуктов, черный рынок – первые уроки рыночной экономики

Большинство немцев узнали, что такое голод, только после войны. До того они неплохо жили за счет разграбления занятых территорий. Во многих городах продовольственные ведомства скопили столько продуктов питания, что голода не было даже во время продолжительного периода бомбардировок. Однако после окончания военных действий вся эта инфраструктура рухнула. И то, что большинство уцелевших немцев тем не менее — при уничтоженной транспортной системе — пережили необычайно теплое лето 1945 года с относительно полным желудком, кажется почти чудом. И только потом продовольственная ситуация ухудшилась и перешла в настоящую катастрофу, вошедшую в историю как «голодная зима 1946/47 года».

То, что она наступила не сразу после окончания войны, свидетельствует о феноменальной антикризисной ловкости как со стороны дезориентированных побежденных, так и со стороны победителей, находившихся на чужой, незнакомой земле. Если бы многие пекари даже в условиях хаоса не продолжили печь хлеб, торговцы бы не стали просто искать новые логистические решения, а доставщики развозить товары — даже на простых ручных тележках и без заказа, то разразившаяся гуманитарная катастрофа, особенно в городах, приняла бы гораздо более устрашающие масштабы. Прерванное снабжение продовольствием было временно налажено благодаря решительным действиям отдельных граждан. Так, например, председатель мюнхенской продовольственной комиссии — «рейхскомиссар по продовольствию», как это называлось при нацистах, — узнав в начале мая, что у мюнхенских пекарей муки осталось всего на пять дней, лично отправился на поиски жизненно необходимого товара, захватив с собой председателя Баварского объединения мельничных предприятий, который знал владельцев мельниц и мог уговорить их возобновить поставки[1]. Вот такими тернистыми путями (чего стоило, например, раздобыть у командования оккупационных войск грузовики и бензин!) шли энтузиасты-добровольцы, чтобы в конце концов на удивление хорошо организовать снабжение, во всяком случае на какое-то время. К тому же большинство немцев не ждали ничего подобного и готовились к худшему — к полному краху и гибели страны, — поэтому многие еще во время последних боев начали в панике делать запасы.

Первое перераспределение — граждане учатся мародерству

«Рано утром, как только рассвело, начался грабеж», — записала в своем дневнике молодая секретарша Бригитте Айке 2 мая 1945 года. Она со своей тетушкой Валли и многими другими соседями отправилась в здание районной администрации Берлин-Фридрихсхайна в фешенебельном квартале, носившем имя Геббельса, жители которого, партийные бонзы высокого ранга, незадолго до этого в панике покинули свои жилища. «Нам приходилось перешагивать через трупы. Один из них — пожилой женщины — был обгоревшим. Народ тащил из подвала все, что попадалось на глаза. Я увидела сестру Хельги Дебо, Веру, мы взялись за руки и тоже вошли в здание. Внутри было темно и полно дыма, мы чуть не задохнулись, под ноги все время попадалось что-то мягкое, похожее на мертвые тела. Мужчины взламывали одну дверь за другой. Чего там только не было — сигареты, вино, водка, крем, игральные карты, разные вещи, сапоги. Я в спешке схватила несколько баночек крема, вместо того чтобы взять, например, сапоги».

После здания администрации они совершили рейд по покинутым квартирам, пока кому-то из женщин не пришла в голову идея проникнуть на вещевой склад.

«После настоящей рукопашной схватки мне удалось урвать рулон крепового шелка кофейного цвета, подтяжки и еще какое-то барахло. Потом я выбрала себе в отделе мехов прекрасную шубку, и тут вдруг послышались свистки и стрельба, кто-то крикнул, что пришли русские. Я подумала: ну все, теперь нам всем крышка. Мы бросились вниз, у входа уже стояли какие-то типы, нам приказали сложить на полу солдатские шинели, я со страху бросила все, что было у меня в руках. Слава богу, что я вообще унесла оттуда ноги и вернулась домой целой и невредимой. Но люди все словно обезумели, превратились в хищных гиен, толкались и дрались из-за вещей, совершенно утратив человеческий облик»[2].

В опьянении мародерства люди слепо хватали все подряд, даже вещи, которые были им совершенно не нужны, главное — чтобы они не достались другим! Часто рассказывают, что вещи, из-за которых люди только что ожесточенно дрались, по дороге домой, придя в себя, они просто выбрасывали.

Из Мюнхена Süddeutsche Zeitung сообщала, что в дни безвластия были разграблены вещи и ценности на миллионы марок. На продовольственных складах ходили в сапогах по горам сахарного песка, а с товарной станции катили по мостовой огромные круги сыра. «Алчность ослепила людей, они потеряли над собой контроль»[3]. В арцбергском винном подвале, где мародеры вскрыли бочки, несколько, предположительно, пьяных женщин утонули в затопившем погреб вине. Какая нелепая смерть! Они пережили войну и погибли в мирное время в море красного вина, которое было им в буквальном смысле по колено.

Полное отсутствие определенности и представления о том, что принесут следующие дни и недели, разожгло гипертрофированное стремление делать запасы. Люди жадно хватали все, что попадалось под руку, нередко вырывая друг у друга добычу. Чтобы хоть немного ослабить напряженность, оккупационные власти отдали подконтрольные им продовольственные и вещевые склады на разграбление.

Во всех оккупационных зонах власти стремились как можно скорее навести относительный порядок. Они отыскали прежних бургомистров и снабдили их первыми инструкциями. Те, привычные к послушанию, поразили военных своей полной готовностью к сотрудничеству. Однако их, как правило, через несколько дней заменяли на других. Военные психологи быстро решили проблему местного самоуправления: они нашли бывших чиновников Веймарской республики, уволенных нацистами, и сделали их своими помощниками и «связными». В советской оккупационной зоне первое время царил подчеркнутый прагматизм в отношении нового персонала. Вернувшийся из московской эмиграции коммунист Вальтер Ульбрихт получил поручение с группой своих немецких партийных соратников наладить общественную жизнь и управление. При этом Ульбрихт внимательно следил за настроениями населения. Перестройку берлинской управленческой структуры он представлял себе так: «Коммунисты в роли бургомистров нам не нужны. Разве что в Веддинге и Фридрихсхайне. В рабочих районах бургомистрами должны быть преимущественно социал-демократы. В буржуазных кварталах — в Целендорфе, Вильмерсдорфе, Шарлоттенбурге и т. д. — нам надо поставить бургомистрами представителей буржуазии, людей, которые раньше были членами партии Центра, Демократической или Немецкой народной партии. Лучше всего, если это будут доктора каких-нибудь наук, но в то же время обязательно антифашисты и люди, с которыми мы могли бы эффективно сотрудничать»[4]. Во многих городах свои услуги предлагали антифашистские комитеты, вышедшие из остатков Сопротивления и рабочего движения. Однако их предложения часто отклонялись, особенно когда они активно претендовали на роль новой власти.

Новые бургомистры должны были по приказу оккупационных властей заботиться о том, чтобы служащие и чиновники возвращались на и без того обескровленную войной государственную службу, чтобы поддерживать остатки общественного порядка. И лишь потом начиналась их политическая проверка, которая в американской и советской оккупационных зонах чаще всего кончалась увольнением из-за членства в национал-социалистической партии. Англичане и французы не сильно утруждали себя денацификацией; для них важнее была эффективность работы управленческого аппарата.

При всех отличиях у чиновников во всех оккупационных зонах было нечто общее: несмотря на все козни, чинимые им новыми хозяевами, которым повсюду, особенно в управленческом аппарате, мерещились нацисты, оставшиеся за своими письменными столами чиновники и служащие безропотно решали поставленные перед ними задачи. Именно традиционный идеал аполитичного немецкого государственного служащего помогал им выполнять указания военной администрации с той же готовностью, с которой они служили Третьему рейху.

В Висбадене уволенного в 1933 году бургомистра Георга Крюкке американцы восстановили в должности и вручили ему «инструкции», согласно которым ему надлежало реализовывать все распоряжения военной администрации в отношении: «а) поддержания правопорядка; б) искоренения национал-социализма, национал-социалистического чиновничества, пособников нацизма и всех милитаристских тенденций; в) решительной борьбы с любыми проявлениями расовой, религиозной и политической дискриминации»[5].

Георг Крюкке начал с самого простого и сосредоточился на пункте «а». Он собрал своих руководителей отдела и попытался выяснить самое необходимое, чтобы начать решать первоочередные задачи. Первой из первоочередных задач была предварительная расчистка улиц, чтобы по ним хотя бы можно было ходить, очистка полей от боеприпасов, инспекция продовольственных складов, ветеринарно-санитарный осмотр и распределение мяса среди населения, арест нелегальных торговцев мясом, заготовка дров из близлежащих лесов, координация конфискационных мер. Последнее означало меры по борьбе с голодом и дефицитом жилья. Беженцев и людей, лишившихся жилья в результате бомбардировок, вселяли в конфискованные покинутые квартиры, снабжали их мебелью, которую формально давали «напрокат»[6]. В некоторых городах «членов национал-социалистической партии и активных деятелей нацистского режима» обязывали сдавать одежду и предметы домашнего обихода. В Гёттингене «объем сдачи» был прописан с убийственной подробностью: 1790 мужских пальто, столько же брюк, трусов и курток, а также 8055 лыжных шапок, 895 дамских пальто, 1074 бюстгальтера, 537 поясов для чулок и 890 свитеров.

Логика продовольственных карточек

Почти бесперебойная работа управления, с такой гипертрофированной точностью высчитывавшего необходимое количество бюстгальтеров и трусов, позволила так же четко наладить систему рационирования одежды, продуктов питания и горючих материалов. Рационирование было знакомо немецкому населению с 1939 года. Правда, оккупационные власти снизили полагающуюся побежденным норму калорий: в британской и американской зонах она составляла 1550 калорий, то есть 65% от того, что врачи тогда считали необходимым для среднего взрослого.

Продуктовая карточка относится к самым известным и зловещим явлениям послевоенной жизни, хотя многие уже забыли, как именно осуществлялось распределение. Рационирование продовольственных товаров было вмешательством в свободный рынок, испытанным еще во время Первой мировой войны. Французы и британцы тоже временно переходили на такую систему. Каждый житель получал на месяц карточку, в которой были отрывные талоны на определенное количество хлеба, мяса, жиров, сахара, картофеля, крупяных, мучных и макаронных изделий. При покупке товаров покупатель отдавал соответствующий талон и платил официально установленную, печатавшуюся на плакатах цену. Без талонов, за одни только деньги ничего получить было нельзя; нужно было иметь и то и другое. Торговец вклеивал полученные талоны в накопительную ведомость, которую затем сдавал оптовику; только после этого он получал следующую партию товара в том же количестве. Называть такого продавца торговцем не совсем правильно, поскольку торговля как таковая в данном процессе, контролируемом администрацией, отсутствовала. Если он сдавал оптовику меньше талонов, чем положено, он должен был представить убедительные объяснения. В противном случае он попадал под подозрение в том, что продал часть товара на черном рынке, то есть и в самом деле сбыл в результате свободной рыночной торговли. Занятые на тяжелых работах получали дополнительные талоны, например тридцать талонов по пять граммов жира каждый, благодаря которым они могли увеличить свою норму потребления калорий.

С юридической точки зрения люди не покупали товары, а «получали свой рацион». Понятие «рацион» было вездесущим. В послевоенных кабаре часто шутили по поводу карточных людей или карточных персонажей. Знаменитое выражение «Отто, среднестатистический потребитель» тоже возникло в те времена. Так называли тех, кому полагались нормативные 1550 калорий, кто не знал чувства сытости и наблюдал в зеркале, как одежда на нем все сильнее обвисает, угрожая однажды поглотить его целиком. Герт Фрёбе сыграл роль «Отто, среднестатистического потребителя» в фильме «Берлинская баллада» 1948 года. Тогда он был тощим как селедка человечком, не имевшим ничего общего с тем жирным мужланом, который шестнадцать лет спустя сыграл алчного миллиардера Голдфингера в третьем фильме о Джеймсе Бонде.

Немцы испытывали противоречивые чувства к продовольственным карточкам. Богатые воспринимали ограничение их покупательной способности как оскорбление, поскольку их деньги оказались совершенно бесполезными: сколько бы купюр они ни выложили на прилавок, им давали колбасы и хлеба не больше, чем их бедному соседу. Конечно, они понимали причину этой «дискриминации»: рационирование должно было предотвратить опустошение рынка состоятельными гражданами и обречение остальных на голодную смерть. Голод необходимо было распределить по справедливости и держать в допустимых пределах. Это была, так сказать, теоретическая сторона.

На практике государственное управление торговлей способствовало возникновению и процветанию черного рынка в многообразнейших формах, который еще ярче выявил контраст между нищетой и богатством. Большинство торговцев продавали отложенные товары и без талонов, но по немыслимым ценам. Тем самым как покупатели, так и продавцы нарушали «Распоряжение об ответственности за нарушения, связанные с распределением товаров» и некоторые другие законы. Меры наказания возросли за время продовольственного кризиса с шести месяцев лишения свободы (1945) до трех лет (1947); в Саксонии профессиональным спекулянтам грозила смертная казнь — за «саботаж продовольственной программы»[7]. По логике законов о рационировании каждый, кто имел продуктов питания больше предусмотренной нормы, то есть больше абсолютного минимума, мог быть привлечен к ответственности, независимо от того, как ему достались эти «излишки»: «Продукты в количестве, превышающем установленную норму, могут оказаться в собственности гражданина лишь незаконным путем», — разъясняется в первом томе выпущенной в 1947 году книжной серии «Право для каждого».

Обладание продуктовой карточкой делало каждого отдельного гражданина законным членом огромного стада получателей пищи, которые получали одинаковое, с ювелирной точностью, чуть ли не ложкой, выверенное количество еды, — акт социальной дрессуры, обеспечивающий продолжительную инфантилизацию населения и превращающий его в совокупность объектов опеки со стороны комитетов по рационированию. «Подлинные сокровища — эти невзрачные розоватые талоны № 3 и № 4!» — ликовала Rheinische Zeitung, когда в 1946 году к Рождеству выдали дополнительные талоны на кофе[8].

Поскольку непосредственно после окончания войны снова ввели продуктовые карточки, у людей появилось чувство, что у них по-прежнему есть власть, которая о них заботится.

Карточка, этот «пропуск в жизнь»[9], давала ее счастливому обладателю своего рода уверенность в том, что у него и после сокрушительного поражения есть право на существование. Тем горше было разочарование, когда вскоре выяснилось, что карточка отнюдь не является гарантией получения заявленного в ней количества крупяных, мучных и макаронных изделий, жира и сахара. Обещанные 1550 калорий были очень скоро радикально сокращены. В первое, самое тяжелое, послевоенное время иногда выдавали всего по 800 калорий.

Только после этого до большинства стало наконец доходить, что указанное на карточках количество продуктов и товаров по логике справедливости системы рационирования было верхним пределом. В обратную сторону, то есть вниз, ограничений не было — недоразумение, которое привело к тому, что многие немцы почувствовали себя жертвами чудовищного обмана. В талоне на свежее молоко было написано: «Количество выдаваемого молока может меняться в связи с тем, что поставщик должен равномерно распределять поставляемые ему объемы продукции среди всех клиентов».

В 1946 году Süddeutsche Zeitung опубликовала фотографию с изображением фактического дневного рациона: половина чайной ложки сахарного песка, кусочек жира величиной с ноготь, ломтик сыра размером меньше спичечной коробки, кусочек мяса величиной с ластик, глоток молока и две картофелины. Зимой 1946/47 года, признанной одной из самых холодных в XX веке, ситуация с продовольствием еще сильнее ухудшилась.

К дефициту продуктов питания прибавилась острая нехватка горючих материалов, которые, разумеется, тоже выдавали только по карточкам. Британская военная администрация предвидела эту ситуацию и разрешила гражданам добычу дров в лесах еще осенью 1946 года. Но воспользоваться этим правом могли очень немногие (горожане практически вообще лишены были такой возможности) из-за отсутствия транспортных средств и инструмента. Зимой, когда на север Германии обрушился свирепый холод, из городских руин уже давно были извлечены последние деревянные конструкции — опасная работа, ставшая причиной многих тяжелых травм. В Киле люди с ручными тележками добирались по льду залива до все еще торчавших из воды затопленных кораблей. Эта тоже довольно рискованная затея чаще всего оказывалась тщетной, потому что и эти корабельные останки тоже давно были разграблены. Рубили деревья на улицах, в парках и скверах, однако сырая древесина плохо горела. Газеты публиковали советы, как уберечься от обморожения: растирать пальцами нос и уши, а руки грубой щеткой, спать по несколько человек в одной постели.

Вместо питания предлагались «Советы по домашней кулинарии». В этой рубрике женский журнал Frauenwelt делился с хозяйками рецептами, активно используя сослагательное наклонение: «Если вы вдруг снова получите по своим карточкам джем, советуем разбавить его и увеличить его количество в два или даже три раза. Для этого следует взять заготовленное летом плодово-ягодное пюре без сахара или, за неимением пюре, тертую морковь или тыкву. Можно также использовать свеклу, но так, чтобы не перебить вкус джема. Полученную массу нужно прокипятить, и ее хватит на более долгое время»[10].

В некоторых городах, особенно в британской зоне, случались забастовки и голодные бунты. Британцы поспешили объяснить населению посредством плакатов, что немцы — не единственный голодающий народ, что «продовольственный кризис охватил многие страны». Что в Англии власти тоже ужесточили рационирование продуктов питания, а народы других стран, таких как Индия, оказались на грани голодной смерти. С помощью листовок они разъясняли, что зимой потребление хлеба и муки в Германии наполовину обеспечивалось за счет импорта, а продукты питания для военнослужащих британских войск почти на сто процентов привозились из Англии. Причиной этой масштабной разъяснительной работы стали слухи о том, что союзные государства не только демонтируют фабрики и заводы, но и вывозят из страны яйца, картофель и мясо.

Интересно, что британцы сочли необходимым и следующее объяснение: «98% продуктов питания для иностранцев, угнанных на работы в Германию, поступают в страну посредством импорта, хотя ответственность за пропитание этих людей, тяжело пострадавших от нацизма, несет немецкое население». Это связано с бытовавшим тогда мнением, что displaced persons якобы живут в своих лагерях припеваючи, как сыр в масле катаются. «Особое отношение» к бывшим узникам концентрационных лагерей и угнанным на работы в Третий рейх иностранцам с момента капитуляции было дежурной темой разговоров. Многие немцы с завистью и возмущением восприняли то, что «перемещенных лиц» по распоряжению оккупационных властей обслуживали в магазинах в первую очередь. К тому же им выдавались особые продовольственные карточки на усиленное питание, что было вполне обоснованно с медицинской точки зрения ввиду их крайней истощенности в результате многолетнего голодания. «Немецкое население получает лишь то, что остается после иностранцев», — с горечью писал житель гессенского Лаутербаха[11].

Виноваты во всем были, конечно, союзники. Приняв безоговорочную капитуляцию, они в глазах немцев приняли на себя и ответственность за продовольственное снабжение Германии. Хоть каждая протянутая с грузовика оккупантами плитка шоколада «Кедбери» или пачка кофе «Максвелл» и принимались с благодарностью, любые перебои в снабжении разрушенной страны вызывали горечь и злость. «Они хотят заморить нас голодом» — это было излюбленное обвинение в адрес победителей. А между тем западные союзники еще до принятия плана Маршалла в 1948 году пытались облегчить тяжелое положение немецкого населения. В августе 1946 года в Германию прибыли первые посылки с гуманитарной помощью, собранные и отправленные в Европу по инициативе 22 американских благотворительных организаций; в общей сложности было вручено 100 миллионов посылок от частной компании Care (Cooperative for American Remittances to Europe). Государственное участие в этом тоже возрастало по мере усиления конкуренции западных союзников с СССР. Из 12,4 миллиарда долларов экономической и продовольственной помощи в рамках плана Маршалла, официально называемого European Recovery Program, Германия получила около десяти процентов. Уже в марте 1947 года отчетливо обозначившаяся холодная война способствовала тому, что обе стороны, как Запад, так и Восток, стали проявлять более деятельную заботу о побежденных, чем планировали. Чем больше была их потребность в Германии как надежном партнере и союзнике, тем скорее отступала на задний план жажда возмездия и контрибуции. Требования репараций стали тише, а демонтаж промышленных предприятий был остановлен.

Однако немцы не сразу поняли, что системная граница, то есть граница между капитализмом и коммунизмом, разделившая Германию на две части, сулила им и определенные выгоды. По мере того как все больше людей становились счастливыми получателями теперь уже легендарных посылок с гуманитарной помощью, и тем более после грандиозной операции по снабжению Западного Берлина, вошедшей в историю как «Берлинский Воздушный мост» и продлившейся десять месяцев с июня 1948 года, недовольное ворчание в западных оккупационных зонах наконец смолкло и уступило место чувству благодарности. Советскую зону без нараставшей вражды между Западом и Востоком русские тоже еще не скоро собрались бы объявить братской страной и обеспечить ее народу относительно высокий уровень жизни. В этом смысле холодная война, несмотря на разделение страны и связанные с ним страдания и лишения для разорванных на две половины семей, а также оскорбленное национальное чувство, сыграла для Германии более чем положительную роль.

Но до этого, особенно в конце 1946 года, люди и в восточной, и в западной зонах снова натерпелись страха. Многие не знали, переживут ли они вообще эту зиму. К счастью, помимо стояния в очередях пред пустыми магазинами они успели приобрести другие навыки выживания. С одной стороны, они привыкли к унизительному кормлению из ложки, то есть к рационированию продовольствия, с другой стороны, развили необычайные ловкость и предприимчивость. Они неустанно открывали всё новые пути и средства самообеспечения, «толкали» свое барахло, «загоняли» за бесценок свое золото. Они занимались тем, что сегодня носит модные названия *Guerilla Gardening, Repair Cafés, Kleiderkreisel**, дополняли распределение сверху «экономикой снизу». Фабричные рабочие и ремесленники объединялись в небольшие артели и кочевали по стране, предлагая крестьянам свои ремонтные услуги. Те платили колбасой, мясом и овощами. Чем люди только не промышляли — спекуляцией, жульничеством, контрабандой... Население, с одной стороны, состояло из серой массы получателей рационов, с другой — напоминало вольную армию партизан, которые боролись за свое существование, сами добывая себе пропитание и день за днем испытывая свое единство на прочность.

---

* *Guerilla gardening* — самовольное занятие земли для выращивания овощей и фруктов, *Repair Café* — объединение людей, чинящих разные вещи, *Kleiderkreisel* — обмен одеждой. — *Прим. ред.*

Народ похитителей продовольствия. Предприимчивость и преступность

Окончание войны заново определило понятия «бедный» и «богатый». Богатыми теперь считались счастливые обладатели крохотных огородов. Многие в поте лица таскали грунт в свои разбомбленные квартиры, даже на верхние этажи, и пытались устроить там, среди уцелевших стен, некое подобие грядок. Те, кому посчастливилось получить от городской администрации участок для огорода, могли еще зимой дополнить свой рацион консервированными овощами. «Сословные различия в сегодняшней Германии почти исчезли, — писал Конрад Аденауэр в декабре 1946 года промышленнику Паулю Зильвербергу. — Есть только одно различие: сам ты обеспечиваешь себя всем необходимым или зависишь от государства»[12]. Во многих парках были отведены участки для разведения огородов. Особенно заметно это было в берлинском Тиргартене, где люди развернули кипучую деятельность посреди сброшенных с постаментов мраморных статуй. Некоторые семьи просто отгородили или как-нибудь обозначили себе участки, которые с появлением первых плодов им приходилось охранять днем и ночью.

Лучше всех в этом смысле чувствовали себя крестьяне. Они вообще не знали голода. Им необязательно было тащиться со своими продуктами в разрушенные города, они просто ждали, когда горожане сами пожалуют к ним со своим столовым серебром, дорогим фарфором и фотоаппаратами, чтобы получить за свое добро полмешка картошки. Приходили и другие — толпы нищих, в том числе детей и подростков. Каждый день порог крестьянина обивали по 30–40 покупателей, менял или попрошаек. Они, конечно, ненавидели крестьян, поскольку те обдирали их как липку, но деваться было некуда, приходилось

Городское садоводство: выращивание овощей рядом с трамвайной остановкой в центре Дрездена. Многое в 1945 году напоминает современную альтернативную экономику: и этот огород, и одежные обмены, и объединения людей, чинящих разные вещи

скрепя сердце соглашаться на все условия. Говорили, что крестьяне даже хлева выстлали коврами.

Власти посредством проверок и увещеваний пытались удержать крестьян от нелегальной торговли, обыскивали хлева и сараи, конфисковывали припрятанную сельскохозяйственную продукцию, арестовывали крестьян, оказывавших сопротивление членам комиссии. Повсюду раздавались призывы, апеллировавшие к гордости сельского труженика и его чувству гражданской ответственности: «Покажите миру и своему собственному народу, что остатки Германии — это общество взаимопомощи, в котором не бросают в беде своих страждущих сограждан»[13].

Настроения горожан отражает социал-демократическая листовка, в которой между прочим говорится о том, что «3–5 миллионов производителей и поставщиков сельскохозяйственной продукции как сыр в масле катаются, не зная нужды, набивая брюхо и карманы, скупая ценные вещи. Но всему есть предел. Близок день, когда голодающие начнут бить стекла сытым и жечь их усадьбы! Пусть потом не жалуются — они это заслужили!»[14]

Чем больше ненависти к крестьянам копилось у горожан, тем меньше угрызений совести испытывали они, просто воруя у них продукты. В деревни устремлялись целые колонны велосипедистов-мешочников. Так им было легче унести ноги в случае нападения или полицейской облавы. Некоторые крестьяне отстаивали свое добро с ружьем в руках. Из одного только Кёльна ежедневно отправлялись на промысел в ближние и дальние окрестности около 10 тысяч человек. Вечером эти толпы тащили домой свою добычу в чемоданах, сумках и рюкзаках.

Городские власти вынуждены были признать, что без этой продовольственной самопомощи население невозможно было бы прокормить. Крах инфраструктуры компенсировался за счет этой «муравьиной» системы обеспечения. Кёльнский городской чиновник Рольф Каттанек говорил, что он радовался каждому центнеру картофеля, привозимому в город. Нетрудно догадаться, что радовался он независимо от того, легально это картофель прибывал в Кёльн или нелегально[15]. Поэтому до мая 1947 года за мешочничество не наказывали; можно было свободно привезти в город до тридцати фунтов товаров.

Мешочничество было далеко не безопасным промыслом. Будучи незаконным, оно укрепляло право сильного. Люди нередко становились жертвами нападения. Поезда были переполнены еще утром, вечером же, когда народ возвращался с полными мешками, в вагонах вообще уже было не протолкнуться. Многие ехали на подножках в открытых дверях, одной рукой держась за поручень, другой придерживая перекинутый через плечо мешок, а кто-то даже на буферах. Этим пользовались грабители особого сорта. Они подстерегали своих жертв там, где поезда замедляли ход из-за многочисленных повреждений рельсов и тащились со скоростью пешехода, и срывали с них мешки длинными крючьями.

«Теперь все боролись против всех» — эти слова часто встречаются в воспоминаниях современников. «После войны мы наконец узнали, что такое человек», — это тоже довольно популярная мысль того времени. Еще говорили о «волчьем времени», о том, что «homo homini lupus est»*, об угрозе потери всякого правового сознания. Но так ли это было на самом деле? Правда ли, что мораль якобы напрочь «отменили», списали в архив? «Это надо было видеть, — писала журналистка Маргрет Бовери в начале мая 1945 года в своем дневнике, после того как приняла участие в разграблении оптового склада аптекарских и хозяйственных товаров на Кантштрассе в Берлине. — Люди врывались внутрь через двери и окна, хватали вещи со стеллажей, бросали на пол то, что им было не нужно, дрались друг с другом из-за добычи. „Как дикари“, — сказал один австриец, оказавшийся рядом со мной. Декстропур, который я искала, конечно, уже давно разобрали. Я схватила то, что попалось под руку: формаминт, сироп от кашля, пару рулонов бумаги. Мыла мне, конечно, тоже не досталось. Расстроенная, вернувшись домой, я поделилась своей добычей с фрау Митуш»[16]. Оголтелое мародерство и готовность поделиться последним шли рука об руку. Стяжательство и бессребреничество, социальное разложение

* «Человек человеку волк» (лат.). — *Прим. ред.*

и солидарность в одном флаконе. Один из примеров того, что мораль не исчезла, а просто адаптировалась к новым условиям; границы дозволенного были не уничтожены, а лишь отодвинуты. Позже Маргрет Бовери прибавила к предыдущей записи: «Для нас в условиях имущественного хаоса еще долго было чем-то вполне естественным брать все, что можно, и давать все, что кому-то нужно. Возмущение запоздалых, не заставших всего этого возвращенцев тем, что мы съели их варенье, пустили на дрова их стулья и еще долго воровали электрические лампочки в общественных местах, нам казалось смешным»[17].

Подобное недоумение или возмущение испытывали и дети, когда видели, как воруют их матери, или когда их самих посылали воровать, что во многих семьях в условиях безотцовщины было обычным явлением. Совместные головокружительные акции, такие как запрыгивание на движущиеся поезда с углем или грузовики, благоприятствовали объединению соседей или совершенно незнакомых друг с другом людей в преступные шайки. Дети сбрасывали уголь на дорогу или железнодорожную насыпь, взрослые мгновенно его собирали. В феврале 1948 года Rheinische Zeitung писала о том, как перед кёльнским оперным театром такие банды облегчали останавливавшиеся на перекрестке грузовики с угольными брикетами: «Дети, как саранча, мгновенно вскарабкивались в кузов и швыряли брикеты вниз на мостовую или на тротуар, где их так же проворно собирали их сообщники». Ловчее всех была девятилетняя девочка, раньше занимавшаяся балетом, как она потом рассказала корреспонденту. Она восседала на груде брикетов в кузове грузовика, который оказался слишком высоким для мальчишек, и бросала уголь вниз. «Брось и мне несколько штук! Мне еще ни одного не досталось!» — клянчила какая-то старушка в фетровом капюшоне, подставляя сумку[18]. Высшим пилотажем в воровстве угля считалось отцепление от состава целых вагонов, которые по-

Организаторский талант: один человек останавливает поезд, остальные собирают уголь.

том, после отправления поезда, спокойно разграблялись. А если не удавалось отцепить вагоны, состав останавливали на одном из перегонов и быстро сгружали уголь.

Церковные иерархи помогали гражданам избавляться от угрызений совести, если таковые имели место. Кёльнский кардинал Йозеф Фрингс в 1946 году, в разгар «голодной зимы», в своей знаменитой новогодней проповеди релятивизировал седьмую заповедь — «не укради»: «Мы живем во времена, когда горькая нужда позволяет человеку брать то, что ему необходимо для сохранения своей жизни и своего здоровья, если получить это иначе — посредством труда или просьбами — не представляется возможным». Пастырское слово вызвало широкий резонанс, власти возмутились, Фрингс смягчил формулировки, но было поздно: на смену выражению «организовать», «сделать» пришел новый термин: «сфрингсить» или «фрингсануть». «Где взял уголь? Сфрингсил». Позже на этом промысле попался и сам кардинал Фрингс: во время одного из регулярно проводившихся в кёльнских учреждениях обысков британцы обнаружили у него внушительные запасы нелегально добытых брикетов.

Хочешь жить — умей вертеться. Таков был лозунг того времени. В Берлине один парикмахер-беженец, которого каким-то ветром занесло в столицу, взломал дверь чужого парикмахерского салона, хозяин которого куда-то запропастился — не то погиб, не то бежал, — и принялся стричь, брить и завивать чужих клиентов, а те с радостью и благодарностью приветствовали эту творческую инициативу. В Мюнхене один такой же предприимчивый гражданин, заметив, что американские солдаты помешаны на шварцвальдских часах с кукушкой, которыми приводили в восторг своих жен и подружек в Иллинойсе или Сент-Луисе, принялся скупать их в деревнях и продавать янки. Перед американским бюро путешествий в Мюнхене обосновался инвалид на костылях, удивительно похожий на Гитлера. Он позволял фотографировать себя за плату на фоне плакатов, рекламирующих туры в Лондон или на Ривьеру. «Приходилось шевелиться, чтобы прокормить троих детей», — признавался один дрезденец в полицейском протоколе[19]. Да, «приходилось шевелиться» или «быть начеку». То есть быть расторопным, ловким, хорошо информированным, на лету хватать любую возможность чем-нибудь поживиться. Те, кто не умел «организовывать», «фрингсить», не упивались сознанием своего морального превосходства над другими, а кусали локти от досады на свою глупость. «Нам не хватало ловкости», «мне это было не по душе», «воровать мой отец не умел, зато в искусстве доставать, организовывать он был виртуоз» — такие оценки характерны для рассказов и воспоминаний об эпохе великого «фрингсинга»[20]. Честно или нечестно — эти категории тут не работали;

важно было только одно: достаточно ты поворотлив для теневой экономики или нет.

Особенно острый дефицит правового сознания можно было наблюдать в сфере нелегальной торговли кофе. В деревнях на бельгийской границе она носила массовый характер. Ввиду высоких пошлин в британской зоне контрабанда кофе приносила огромную прибыль. Полицейские меры борьбы с этим злом приняли такие угрожающие масштабы, что вскоре появилось понятие «кофейный фронт». Во время столкновений с полицией погибли 31 контрабандист и два таможенника. Поскольку служащие таможни не решались стрелять в несовершеннолетних, детей вскоре стали активно использовать и в этой сфере. Причем ставка делалась на их численное превосходство. Дети и подростки сотнями устремлялись через границу с карманами, набитыми кофейными зернами, и таможенники просто не в состоянии были задержать их, а если им и удавалось схватить кого-нибудь, то уже вечером их приходилось отпускать, потому что детские приюты были переполнены малолетними нарушителями, совершившими более тяжкие преступления, чем контрабанда кофе. В своем художественном фильме 1951 года «Греховная граница»*, снятом в манере итальянского неореализма, Роберт А. Штеммле воздвиг своеобразный памятник ахенским детям-контрабандистам. Он набрал 500 детей и подростков (половина из них были из Берлина); съемки проходили на месте реальных событий, то есть на германско-бельгийской границе. Многие сцены — как эти беспризорники штурмовали железнодорожные насыпи, как удирали от таможенников и полицейских, прошмыгнув под колесами трогающихся с места поездов,

---

* «Sündige Grenze» (1951). Продюсером фильма был легендарный Артур Браунер; в 1952 году фильм Штеммле участвовал в основном конкурсе Венецианского кинофестиваля. — *Прим. ред.*

Между вагонами многие отправлялись за город, чтобы «организовать» себе пропитание. На обратном пути такие предприимчивые горожане и сами нередко становились жертвами грабителей

и пересекали границу подобно стаям саранчи, — стали самыми яркими страницами в истории послевоенного кинематографа. Кстати, не в последнюю очередь и потому, что Штеммле показал, насколько тонкой была грань между добром и злом.

Юные ахенские контрабандисты пользовались моральной поддержкой церкви, которая в духе проповеди Фрингса неоднократно выступала против применения оружия на границе. Контрабандисты отблагодарили ее по-своему. Церковь Святого Губерта в Нидеггене, которая находится прямо на «кофейной границе», сильно пострадала по время печально известной битвы в Хюртгенском лесу в начале ноября 1944 года. После воззвания клира с просьбой о пожертвованиях на восстановление церкви контрабандисты отвалили столько денег, что церковь вскоре вновь воссияла в своей прежней красе и с тех пор получила второе, неофициальное название: церковь Святого Мокко.

Берлинский журнал Ja в статье «Мы — преступники»[21], опубликованной в новогоднем номере за 1947 год, подвел итоги противозаконных действий средней буржуазной семьи. Семья из трех человек, которая «живет не богато, но все же живет», для достижения этого скромного достатка непременно должна была нарушить множество правовых норм и законов, которые и были перечислены в статье: незаконное присвоение деревянной балки из разрушенного дома, приобретение мужских американских ботинок военного образца на черном рынке, хищение десяти оконных стекол со своего рабочего места, предоставление заведомо ложных сведений о себе для получения карточек на нижнее белье и т. д. Все это были правонарушения, составлявшие неотъемлемую часть обычной повседневной жизни читателей журнала. Совокупное число преступлений всех членов семьи гарантировало им — если бы их вина была доказана — наказание в виде двенадцати лет и семи месяцев лишения свободы. Статья заканчивается словами: «...а мы — это то, что раньше называли примерной, законопослушной семьей».

«Кто не мерз, тот воровал, — лаконично констатирует Генрих Бёлль. — Каждый мог обвинить каждого в воровстве»[22]. Не менее лаконичен в своих формулировках был сам закон. В серии брошюр «Право для каждого» говорится: «Каждый должен довольствоваться полагающимся ему количеством продуктов питания и предметов первой необходимости»[23]. Должен был довольствоваться. Но не довольствовался. И не мог довольствоваться. «Феномен преступности принял в Германии масштаб и формы, каких еще не знала история западных культурных народов»[24], — писал криминолог Ганс фон Хентиг в 1947 году. Во всеобщем игнорировании или отрицании правовых норм Хентиг видел начало новой фазы краха цивилизации. Причем его шокировало не столько огромное количество тяжких преступлений, таких как убийства и ограбления, — в 1946 году только в Берлине было зарегистрировано 311 убийств, — сколько угрожающий рост числа мелких правонарушений. Он, как и его коллега Карл С. Бадер, говорил о «депрофессионализации преступности», вхождении ее в будничную жизнь широких масс.

Главный редактор газеты Die Zeit Эрнст Замхабер констатировал в своей передовице от 18 июля 1946 года, что в стране царит «закон джунглей», что «Германия существует в двух параллельных мирах»: в одной ее части люди живут на продовольственные карточки, в другой процветают черный рынок и темные дела. «Эти два типа населения Германии легко отличить друг от друга — достаточно проехать в трамвае или в городской электричке. Там мы увидим изможденные лица людей из мира обесценившихся денег, тех несчастных, что месяцами вынуждены обходиться одной тысячей калорий в день, полупризраков, выжженных изнутри и пухнущих от голода. Рядом с ними сидят люди из мира реальных ценностей, из мира менял (мы даже не будем употреблять выражение „дельцы черного рынка"), упитанных, здоровых и довольных жизнью. Тот, кто может позволить себе закурить в трамвае сигарету, живет по ту сторону закона». Да, эти два мира существовали всегда, пишет дальше Замхабер, но раньше люди, презирающие закон, предпочитали действовать под покровом темноты. «Теперь же преступники вышли на свет божий. Еще хуже то, что они своим отрицательным обаянием оказывают опасное влияние на остатки буржуазной среды. Дух беззакония бродит по стране, разъедает и без того уже очень тонкую стену, отделяющую хаос от порядка».

Нам, привыкшим к мысли о том, что всюду таятся секс и преступления, те проступки и прегрешения, которыеназывает Замхабер, кажутся сегодня смешными: «Какой сапожник сегодня примет у вас заказ, не приставив вам к горлу нож и не потребовав в качестве дополнительной платы сигареты? Какой портной станет обслуживать клиентов, не выторговав себе очевидную, осязаемую выгоду?» С другой стороны, вторая экономика грозила поглотить первую. Легальным способом люди получали все меньше и меньше услуг и товаров.

Нелегальные стороны жизни имели свои прелести, которые давно распробовали и представители буржуазии. «Фрингсинг» иногда доставлял массу удовольствия. Даже такой серьезный и морально уравновешенный человек, как Рут Андреас-Фридрих, дочь тайного советника, разведенная супруга директора фабрики и заслуженная участница Сопротивления, открыл для себя радость «фрингсинга», выходящего за рамки скучного, прозаического добывания всего необходимого. «Трофеисты» — так она называла себя и своих друзей, которые гордо демонстрировали друг другу все, что им удавалось урвать. У русских она позаимствовала выражение «цап-царап», которое победители использовали для обозначения оголтелой конфискации велосипедов и чемоданов. «Цап-царап», — говорили русские, отнимая у какого-нибудь нищего бедолаги чемодан, и это звучало почти утешительно. «Цап-царап», — говорила теперь и Андреас-Фридрих. Или: «Сбор трофеев». В такой редакции понятие «воровство» теряло значительную часть своей отрицательной семантики. Андреас-Фридрих писала в своем дневнике: «В Берлине еще много такого, что называется „цап-царап“. Пока что лишь очень немногие вернулись в буржуазно-правовое русло. Покинуть его, без сомнения, гораздо легче, чем найти дорогу назад... Мы не собираемся оставаться трофеистами. Но нам трудно бросить это занятие. Гораздо трудней, чем мы думали»[25].

А в самом ли деле в Германии существовали два мира, как это представлял себе главный редактор Die Zeit? Два мира, хорошо отличимые друг от друга, — легальный и нелегальный?

Или моральные принципы выживания уже не знали этого «либо — либо», а включали лишь «как то, так и это», «в зависимости от...» или «в большей или меньшей степени»? И не был ли этот вопрос на фоне того, что немцы натворили, вообще смехотворным?

Если на минуту отвлечься от послевоенных будней и взглянуть на дебаты о степени криминализированности среднего гражданина из исторической перспективы, то они могут показаться совершенно абсурдными. В глазах всего мира «немцы» своими военными преступлениями и геноцидом давно сделали себя преступниками. Они ушли из цивилизации, из круга наций, в которых права человека были не пустым звуком. Глубина падения их как народа, степень дезавуированности была понятна лишь эмигрантам. В самой же Германии даже противники нацистского режима, которым было стыдно за этот режим, не сознавали до конца масштабы позора своего народа. Ни миллионы убитых евреев, ни преступления вермахта не смогли вытравить из сознания большинства немцев уверенность в том, что порядок и честь — «фирменные» добродетели германской нации. Тем страшнее было для них увидеть, как в условиях послевоенного хаоса преступность стала в их стране нормой.

Трудно представить себе более извращенное коллективное восприятие действительности: если за границей в крахе Третьего рейха видели шанс ресоциализации немцев, то сами немцы только сейчас начали опасаться падения в пучину преступности. Если мы сегодня легко произносим словосочетание «нация преступников», то сами немцы начали чувствовать себя преступниками только после войны — потому что воровали уголь и картошку. То, что только в Германии полмиллиона евреев были ограблены, изгнаны из своих жилищ и в конце концов 165 тысяч из них убиты, даже не упоминалось ни в одном исследовании возможных причин кризиса правового сознания. Мысль о том, что цивилизационная катастрофа, которой немцы так опасались, уже произошла, причем гораздо раньше, чем они полагали, была им в этот момент совершенно чужда.

Жизнь продолжалась. Совесть, отказавшая таким чудовищным образом, тикала себе, словно ничего не произошло. Голод диктовал следующие шаги, страх перед оторванными от своих корней согражданами снова активировал категорический императив Канта и обновил моральные импульсы. «Цап-царап», «организовать», «трофеизм», «фрингсинг» — вот лексикон, служивший релятивизации и самооправданию. Считалось, что воровство воровству рознь. Этот постулат позволял защищать свое добро и присваивать чужое. Кусок каменного угля, лично кем-то реквизированный, был лучше защищен от коллективного правосознания, чем уголь в железнодорожном вагоне, принадлежащий какой-то абстрактной организации. Присвоение угля из железнодорожного вагона было «фрингсингом», добыча угля из чужого подвала — воровством. Тот, кто выкапывал картошку из грядки на поле, был мешочником, а тот, кто отнимал у него добычу, — шакалом. Существовали также «волки», от которых можно было ожидать чего угодно, потому что «одинокий волк» ненамного безопаснее целой стаи.

Бóльшая часть элементов социальной системы ценностей была уничтожена после поражения, однако остались на первый взгляд аполитичные «приличия» как своего рода путеводная нить. «Порядочность теперь не означала, что нельзя ловчить и хитрить, — писал в 1952 году Курт Кузенберг в Neue Zeit[26], в своих почти элегических воспоминаниях о школе выживания в послевоенные годы. — В этой полуразбойничьей жизни была своя разбойничья честь, возможно, более нравственная, чем чугунная совесть некоторых сегодняшних праведников... Перед людьми стояла задача не умереть от голода и в то же время сохранить достоинство. Мать крала у дочери последние кусочки сахара. Зато хозяин делился с гостем последним кусочком хлеба или масла, не думая о том, что он будет есть завтра. Делать добро тогда было труднее, чем сегодня, но гораздо приятнее. Каждый дар был лептой в сокровищницу своей собственной души... Среди людей незримо ходил святой Мартин»*.

Право собственности в условиях разрухи не исчезло, а просто было переопределено. Все, что не принадлежало однозначно какому-то конкретному лицу, с точки зрения народного правосознания превращалось в некое размытое, неопределенное общее достояние и рассматривалось как свободная добыча, трофей для любого, кто окажется поблизости. Даже табличка с именем на двери лишь условно защищала квартиру. Длительное отсутствие жильцов давало основания отменить их право собственности на мебель и домашнюю утварь и превратить все это в общее достояние. Ведь владелец мог погибнуть на войне; использование его жилплощади многим казалось своего рода законным самозаселением новых жильцов, которое те производили, как бы освобождая соответствующие службы от лишних бюрократических процедур. Государство было настолько недееспособным, что каждый мог считать себя его судебным приставом.

Еще одним фактором было ощущение «высшей несправедливости». Одних война лишила всего, других совершенно не коснулась. Если раньше труд и достижения могли рассматриваться в определенной корреляции с успехом и достатком, то теперь эта связь в буквальном смысле погибла под бомбами. То, что человек сохранил, и то, что он потерял из-за войны, стало одинаково случайным и незаслуженным. Произвол военной судьбы изменил отношение к собственности. Для многих она теперь стала «ничем не оправданным, требующим пересмотра случайным результатом»[27].

---

* Святой Мартин Турский, будучи еще солдатом римской армии, оторвал половину своего плаща и подарил ее нищему, который позже явился ему во сне в облике Христа. После этого Мартин обратился в христианскую веру. По одной из версий этой легенды, наутро Мартин обнаружил, что его плащ снова цел. — *Прим. ред.*

Конечно, такое переориентирование правосознания благоприятствовало и сомнительной перелицовке криминальных мотивов. В двойной морали недостатка не было. «Смерть спекулянтам!» — скандировали люди во время голодных протестов в Рурской области. Те самые, что торговали на черном рынке по мелочи. Однако говорить о всеобщей аморальности в то время вряд ли уместно. Во всяком случае, криминология первых послевоенных лет сильно недооценивала живучесть и адаптивность морали маленьких людей, выражая опасения, что это начинающийся огромный пожар, который невозможно будет потушить. Все вышло наоборот: поколение, выросшее в реалиях черного рынка, после окончания разрухи оказалось одним из самых добропорядочных в истории. Едва ли найдется много примеров, когда население доставляло полиции столь же мало хлопот, как граждане обоих немецких государств в пятидесятых, ставшие излюбленным объектом насмешек за свое истовое бюргерство.

Из этого следует вывод, что Курт Кузенберг был прав и «годы лишений» и в самом деле стали школой нравственности. Уроки этой суровой эпохи были основательными и неумолимыми. Ее методом была релятивизация, конечной целью — формирование скепсиса. Множеству проныр, хапуг и дельцов было непросто приноровиться к неоднозначности ценностей. Чего стоила одна только колеблющаяся конъюнктура рыцарских крестов! Как многие скрежетали зубами от злости, когда им пришлось прятать или уничтожать свои нацистские награды и знаки отличия с приходом оккупационных войск! Прятать их, конечно, было необходимо, но не уничтожать! Ведь то, что в мае 1945 года могло обернуться репрессиями со стороны разъяренных оккупантов, в ноябре уже стало ценным товаром: за нацистские сувениры всех видов победители выкладывали целые блоки сигарет. Момент, когда бюст Гитлера был приобретен чернокожим солдатом за три плитки шоколада (щедрая плата по тем временам!), стал для многих немцев важнейшим этапом денацификации, более эффективной мерой, чем любая речь или проповедь.

Школой жизни стали и цифры на продуктовых карточках. Количество указанных на них продуктов было относительным — как и все в жизни: пятьдесят граммов были пятьюдесятью граммами лишь при наличии соответствующего продукта в лавке. Не говоря уже об относительности цены, считавшейся на черном рынке «справедливой». «Люди постепенно привыкают к тому, что для одних мелкие деньги — это банкнота достоинством в тысячу марок, а для других — монета достоинством в пять пфеннигов», — писала в своем дневнике Рут Андреас-Фридрих в январе 1946 года[28].

Казалось бы, столько относительности, к тому же для немцев, — это просто катастрофа. Однако школа всегда имеет две стороны: мучительно-обременительную и благодатно-поучительную. Многие, особенно молодые, люди каждый день по несколько раз переходили из одного мира в другой, вращались в совершенно разных социальных сферах с разными ценностными стандартами. Взаимодействуя с людьми — в своих семьях, на черном рынке, в среде оккупационных солдат, они действовали в системах с разной кодировкой. Это могло быть очень увлекательно и выгодно во всех смыслах. Например, для ироничного писателя Ганса Магнуса Энценбергера, одного из занятнейших культурных деятелей Федеративной Республики Германия, впечатления, связанные с черным рынком, стали поистине основополагающими. В конце 1945 года он шестнадцатилетним юношей успешно сотрудничал в Кауфбойрене с американцами, а затем с англичанами в качестве переводчика. «Какая огромная власть для юноши! — писал Йорг Лау позже в биографии писателя. — Он теперь не только имеет моральное превосходство перед дискредитировавшими себя взрослыми, которые пока все находятся под подозрением в причастности к преступлениям нацистского режима. Он к тому же больше знает о новых хозяевах, поскольку общается с ними на их языке и узнаёт многое из того, что другим недоступно. Шестнадцатилетний юноша служит медиумом, без которого не могут обойтись обе стороны»[29]. Сначала для Энценбергера важнее всего была его коммерция: он обменивал нацистскую атрибутику и утварь на американские сигареты, а сигареты — на новый товар (значки, кортики, мундиры и даже оружие), становясь при этом все богаче. Одно время он хранил в подвале родительского дома 40 тысяч сигарет. При цене от десяти марок за штуку это означало 400 тысяч рейхсмарок — баснословный капитал для шестнадцатилетнего юноши[30].

Торговля символами двух миров — золотые значки членов нацистской партии в обмен на Lucky Strike — обострила его чувства и ум. Через одиннадцать лет он мгновенно прославился своим поэтическим сборником «Защита волков»[31]. В этом сборнике Энценбергер обрушился с критикой на ягнят — маленьких людей, испытывающих страх перед любой ответственностью, «не желающих учиться, предоставивших мышление волкам». Сам же юный Энценбергер гордо балансировал на изломе истории, как канатоходец в коротких штанишках. Это был опыт на всю жизнь. Йорг Лау пишет о том, какую выгоду поэт извлекал из жизни в условиях разрухи: «Сейчас и без школы можно многое узнать о политике и обществе. Например, то, что страна без полноценного правительства имеет свои приятные стороны. Что в отсутствии порядка может быть много хорошего. На черном рынке быстро понимаешь, что капитализм всегда дает лишние шансы находчивым людям. Что общество — это такая система, которая сама способна организовать себя без приказов сверху, без управления. В условиях разрухи многое узнаёшь об истинных потребностях людей. О том, что люди могут быть изворотливыми и что лучше не полагаться на их пресловутые убеждения... Одним словом: несмотря на нужду и лишения, это прекрасное время, если ты молод и любознателен, — краткая, мимолетная эра анархии»[32].

Черный рынок как школа гражданственности

Если человек не получает в нормальных магазинах то, что ему нужно, он ищет этот товар где-нибудь в другом месте. Любые ограничения рынка автоматически порождают черный рынок. У немцев было достаточно времени, чтобы к этому привыкнуть: об этом позаботились Первая и Вторая мировые войны. Они уже были во всеоружии ловкости и изворотливости, когда после капитуляции черный рынок принял совершенно новые черты и масштабы. Если раньше немцы торговали друг с другом — например, солдаты во время отпуска загоняли соотечественникам свои трофеи из Франции или Голландии, — то теперь на сцене появились новые актеры: солдаты оккупационных войск и *displaced persons*, сделавшие черный рынок местом волнующих встреч с экзотикой. Чем больше здесь вращалось людей, которые еще вчера были смертельными врагами или рабами, а теперь задавали тон и определяли параметры торговли, тем более зловещими и вместе с тем притягательными становились рынки. Ведь эти чужаки значительно расширили ассортимент предлагаемых товаров, включив в него вожделенные вещи, за которые многие готовы были душу отдать: шоколад Hershey's и Bommel, крекеры Graham и Jack, печенье Oreo, шоколадные батончики Snickers и Mars, виски Jack Daniels и Fitzgerald, стиральный порошок Ivory Snow... Все это было из фондов благотворительных организаций для помощи беженцам ЮННРА и из супермаркетов американской армии. Побежденные шли на черный рынок как торговые партнеры — они ведь тоже могли кое-что предложить. А иногда просто поглазеть, сориентироваться на этом пестром базаре, где можно было много чего узнать и понять. В сущности, абсурдная ситуация: победители и побежденные, преступники и жертвы нелегально встречаются, чтобы, если повезет, провернуть выгодную сделку. Правда, обменный «фонд» был структурирован чрезвычайно асимметрично. Одни располагали обычными товарами, которые в результате рационирования продуктов вдруг приобрели баснословную ценность: сливочное и растительное масло, маргарин, мука, шоколад, апельсины, коньяк, бензин, керосин, нитки. Другие предлагали остатки былой роскоши: часы, украшения, фотоаппараты, столовое серебро. Некогда ценные или даже драгоценные вещи, которые вдруг — оттого, что желудок урчит от голода, — стали дешевле бутерброда. Если у человека живот подвело и он выменял фотоаппарат «Лейка» на две палки копченой колбасы, он мог радоваться, что провернул удачную сделку. Но стоило ему утолить голод, как его начинало мучить чувство, что он стал жертвой подлого обмана. Черный рынок стал для многих юдолью печали, где они теряли одну за другой все фамильные ценности, получая взамен вещи, которые раньше были им абсолютно безразличны. Они уподоблялись главному персонажу сказки «Счастливый Ганс», только в депрессивном варианте: тут золотой слиток тоже обменивали на лошадь, лошадь — на корову и в конце концов на точильный камень. С той лишь разницей, что, в отличие от Ганса, они теряли свое счастье мгновенно и навсегда. В то время как одни на черном рынке утоляли свой голод, становясь все беднее, другие набивали карманы деньгами. Американские солдаты удесятеряли свое жалованье, продавая привозимые для них из Америки продукты. Дело было поставлено с размахом: торговали огромными партиями, целыми пароходами благодаря четко отлаженной системе распределения — от морских причалов до казарм. В этом участвовали представители почти всех воинских званий. Тем же способом, но в гораздо более скромных масштабах действовали британцы, французы и русские.

Немецкие скупщики краденого не уступали им в организованности. На черном рынке можно было достать нелегально приобретенные промышленные и ремесленные товары, которые торговцы и производители утаивали от официального рынка. Так, например, в марте 1948 года брауншвейгская полиция обнаружила между стен в одной торговой организации 28 тысяч банок мясных консервов. В Гамбурге конфисковали 31 тысячу литров вина, 148 тонн фруктов и 15 тонн кофе. И это лишь крохотная доля того, что ежедневно реализовывалось на черном рынке[33]. В этой сфере вращались и настоящие уголовники, не останавливавшиеся ни перед какими преступлениями. Стоит также упомянуть массовую подделку продуктовых карточек или ограбление пунктов их выдачи. На черном рынке их предлагали пачками. Это был весьма популярный подарок ко дню рождения — предтеча сегодняшних подарочных купонов. Чтобы добыть такой «товар», приходилось иметь дело с более чем сомнительными типами, контролировавшими черный рынок. В шикарных костюмах (часто диссонировавших с их деятельностью), с неизменной сигаретой в зубах, в начищенных до зеркального блеска ботинках, в шляпе, небрежно сдвинутой на затылок или, наоборот, надвинутой на глаза, элегантные с головы до ног, они разгуливали по городу, охотно делясь соответствующей информацией с потенциальными клиентами, всегда готовые «выручить» их и приобрести интересный товар любых видов и сортов.

В одном только Берлине было шестьдесят центров нелегальной торговли, от известнейшего — Александерплац — до крохотных рынков почти в каждом районе. По оценкам хозяйственных учреждений, в Берлине по меньшей мере треть, а иногда даже половина всего товарооборота осуществлялась нелегально — факт, достаточно красноречиво говорящий о том, насколько неизбежным было участие послевоенных немцев в этом противозаконном процессе.

На черном рынке человек невольно вступал во взаимодействие с людьми, быстро и правильно оценить которых было

Американские и советские солдаты и граждане Германии на черном рынке в Берлине, 15 августа 1945 года. Зигфрид Ленц свидетельствовал, что черный рынок — это место, где происходят «сцены, полные рискованной и замысловатой поэзии», а также «беспримесного сюрреализма»

крайне важно. Это стало школой жизни, ускоренными курсами по психологии и породило «культуру недоверия»[34]. Нужно было точно «считывать» данные о партнере с его лица, мгновенно фиксировать все положительные и отрицательные сигналы, то есть всё вызывающее доверие или, наоборот, настораживающее. Одним словом, каждый искал в другом остатки порядочности, без которой все же немыслима никакая коммерция. Только на черном рынке продавца проверяли еще тщательнее, чем товар.

Даже само приближение к местам нелегальной торговли было для многих настоящим испытанием. На черном рынке не было стационарных лотков и прилавков, если не считать немногие исключения, такие как, например, знаменитая мюнхенская Мюльштрассе, вдоль которой тянулись жалкие ларьки и лотки, наводившие тоску своим убожеством, хотя в них таились несметные богатства. Как правило, черный рынок представлял собой простое скопление людей. Они ходили взад-вперед, заговорщическим полушепотом предлагали свой товар, иногда стояли маленькими группами, и нужно было набраться смелости, чтобы смешаться с ними. Некоторые участники этого торгового обмена были неестественно нарядны, особенно женщины, которые надевали на себя драгоценности, предназначенные для продажи или обмена. Они использовали свое тело в качестве манекена, избавляя себя тем самым от необходимости обращаться к чужим людям. В коллективной памяти остались длинные пальто, к подкладке которых были прикреплены целые галереи часов, украшений, орденов и тому подобного. Чтобы продемонстрировать клиенту ассортимент, полы пальто распахивали жестом эксгибициониста — один из многих эротических аттракционов черного рынка, придававших ему дополнительную магию. Черный рынок предполагал физическую близость, которая многим была не по душе и требовала определенных усилий над собой. Люди, только что вступившие на коммерческие подмостки, испытывали неловкость и смущение. Продавцы и менялы стояли плотно, образуя нечто вроде круга заговорщиков, тайного общества, в котором новички чувствовали себя инородным телом[35]. Нужно было в буквальном смысле втиснуться в эти ряды, чтобы потом через какое-то время самому заговорщически перешептываться, стоя плечом к плечу с другими, в тесном окружении, особенно в момент, когда товар подвергался проверке и оценке, когда его разглядывали, щупали, нюхали. Недоверие было нормой, потому что часто предлагали фальшивый или испорченный товар. Маргарин смешивали с вагонной смазкой, в мешки с картофелем сыпали камни, несъедобное древесное масло выдавали за пищевое растительное, водка иногда оказывалась жидкостью из анатомических банок разграбленных медицинских и естественно-исторических институтов, в которых хранились законсервированные органы, эмбрионы и животные всех видов. А жаловаться на обман или подлог было некому. Возможно, этот печальный опыт и стал позже одной из причин, по которым в ФРГ — впервые в Европе — по заданию правительства был создан Фонд тестирования качества товаров, некоммерческая организация, предназначенная для проведения сравнительных испытаний качества товаров и услуг[36].

Вскоре довольно хлопотный обмен товаров на товары уступил место более простому обмену: товар — деньги. Прямой обмен товаром лишь в одном-единственном случае сулил неоспоримую выгоду — когда одноногие инвалиды выставляли на обмен свои ненужные ботинки. Они меняли левые на правые или наоборот, в зависимости от того, какая нога уцелела. Это был довольно распространенный вариант бартера.

Во всех остальных случаях было удобнее и практичнее еще раз пройти исторический путь от натурального обмена до денежного обращения. С той лишь разницей, что теперь традиционные деньги заменяли сигареты. Поскольку торговля за доллары между солдатами и гражданским населением была запрещена, а рейхсмарка в связи с ожидаемой денежной реформой стала слишком ненадежной валютой, вместо банкнот начали использовать сигареты. Сигарета превратилась в каури* послевоенного периода. Правда, ее курс колебался, и тем не менее она стала одним из самых надежных платежных средств. Ее малые размеры обеспечивали легкость ее транспортировки, складирования и подсчета. Поэтому пачки сигарет стали чем-то вроде пачек купюр. А по степени недолговечности

---

* Раковина, использовавшаяся в качестве денежной единицы в Западной Африке, Китае, Индии, а также в древнем Новгороде. — *Прим. ред.*

и эфемерности сигареты даже превосходили деньги. Целые состояния, обменянные на сигареты, улетучивались, растворяясь в облачках дыма. Они дымились, горели всюду, куда ни глянь, но их вечно не хватало. Новое качество сигарет — то, что они стали платежным средством, — повысило их привлекательность до немыслимых, трансцендентных масштабов.

Сигарета нередко становилась объектом ожесточенной борьбы. Один из самых драматических сюжетов в воспоминаниях о послевоенных буднях — это то, как немецкие мужчины дерутся в уличной пыли из-за пары окурков, изящно отщелкнутых пальцами оккупационных солдат. Многие воспринимают подобные рассказы с презрением, другие с горечью — вот, мол, до чего дошли сверхчеловеки! Молодые немцы с завистью наблюдали за тем, как небрежно курили западные союзники. Они подражали их жестам, что нередко приводило к курьезам и ставило их в глупейшее положение. Особенно тщательно изучались приемы отбрасывания и растаптывания сигареты. Ни один оккупационный солдат не докуривал сигарету до конца, обжигая пальцы. Они отбрасывали окурки с неподражаемой небрежностью. Немецкие юноши, средой обитания которых был черный рынок, при всем желании не могли воспроизвести этот жест, но всячески старались показать окружающим, что курева у них в подвале навалом, — как у Энценсбергера, — и это иногда было правдой[37].

Поскольку сигарета служила валютой, курильщик уподоблялся человеку, жгущему банкноты. Курение, которое и без того всегда было маленьким праздником радости бытия, наслаждения моментом, теперь превратилось в триумф над мыслями о будущем. Это чувство захотели в полной мере испытать и женщины. Лозунг «Немецкая женщина не курит!» окончательно устарел. После денежной реформы 1948 года в рекламе сигарет возобладали мегачувственные женщины, изрыгающие дым, как маленькие самовлюбленные драконы. А одна графиня из бавар-

Мальчишки с черного рынка в Берлине с гордостью демонстрируют самую стабильную валюту — Lucky Strike

ского дома Монжела, заговорщически улыбаясь читателям с обложки иллюстрированного журнала, провозглашала: «Курильщик с притупившимся вкусом никогда не оценит „Finas“».

Но пока что на курение смотрели более прагматично и ценили в сигаретах еще и то, что они могут даже на какое-то время заглушать чувство голода. Это стало одной из причин, по которым в Германии по инициативе сверху начали усиленно возделывать табак. В советской оккупационной зоне площади, засеянные табачными культурами, увеличились в шестьдесят раз. Таким образом хотели одним выстрелом убить двух зайцев: ослабить нелегальную торговлю сигаретами и умиротворить голодных.

Взаимная подозрительность на черном рынке обусловила особую важность курения как коммуникативного ритуала. Любезное предложение закурить, широкий жест, приветливо торчащая из пачки сигарета, щелчок зажигалки, первая затяжка, момент совместного блаженно-созерцательного молчания — все это были социальные акты, сближавшие участников коммерции. Lucky Strike и махорка были незаменимы как средство коммуникации в социальной мешанине черного рынка.

Для немцев черный рынок стал жизненно необходимым опытом, школой коммуникации в атмосфере всеобщего недоверия, враждебности и любопытства. Здесь они приобретали важнейшие рыночные навыки, вносившие существенные коррективы в фетиш народного единства, пережиток Третьего рейха, — урок, который запомнился надолго. Отсутствие правил на черном рынке, которое «вознаграждало ловких и наказывало слабых», создало экономическую зону, «в которой человек снова стал человеку волком», как пишет и историк Мальте Циренберг[38]. Это стало мощным источником социального нигилизма, наложившего отчетливый отпечаток на пятидесятые годы. Он рождался из недоверия и подозрительности. Корни возникшего в пятидесятые несколько странного культа порядка тоже следует искать в отрицательном опыте нелегальной торговли. Однако многие видели в нем скорее плюсы, чем минусы: «В море рационированного голода он казался... последним бастионом свободы, частной инициативы и выживания»[39]. Зигфрид Ленц посвятил черному рынку ностальгические воспоминания, которые сначала прозвучали по радио в 1964 году, а затем с большим успехом были опубликованы в книге «Рассказы Лемана, или Как прекрасен был мой рынок». С сентиментальной иронией рассказчик смотрит из навевающей на него скуку эры экономического чуда назад, на разруху, раскрывшую его лучшие способности и сблизившую людей через «черно-рыночную фамильярность»[40]. «Никогда больше творческая инициатива не была так развита, как тогда». Можно было наблюдать «сцены, полные рискованной и замысловатой поэзии», и даже «беспримесный сюрреализм», например даму со следами былой респектабельности и элегантности, которая несет на спине развесистые оленьи рога, чтобы осчастливить ими какого-нибудь джентльмена.

Источником специфических знаний, умений и навыков черный рынок стал в значительной мере в связи со своим антиподом — системой рационирования продуктов посредством продуктовых карточек. С одной стороны — стихия грубых рыночных сил, с другой — распределение по количеству ртов. Чтобы выжить, приходилось сидеть на шпагате между двумя диаметрально противоположными системами, соприкасаться одновременно с обеими: с дирижизмом и анархической свободой необузданного рынка. То есть с двумя противоречивыми распределительными логиками, каждая из которых имела свои серьезные изъяны. Это день за днем в поте лица изучаемое практическое обществоведение объясняет незыблемую лояльность, с которой западные немцы позже относились к «социальному рыночному хозяйству», ставшему с 1948 года главным экономическим принципом рождавшейся Федеративной Республики Германия. Уже само это понятие звучало как магическая формула, потому что оно примирило обе стороны: заботливое государство, следившее за тем, чтобы каждому хоть что-нибудь доставалось, и свободную рыночную систему, управлявшуюся спросом и ставившую во главу угла клиента.

Благодаря короткой эре черного рынка «социальная рыночная экономика» стала сразу для нескольких поколений залогом верности, а ее отец — Людвиг Эрхард, первый министр экономики ФРГ и второй бундесканцлер после Аденауэра, — иконой эпохи подъема. Мощный череп, посаженный непосредственно на могучее тело (поскольку шея почти не просматривалась), косой пробор прямо над ухом, ум в сочетании с хитростью, спрятанный в этом ходячем айсберге добродушия, сигара как неотъемлемый атрибут его внешнего облика... С Людвигом Эрхардом символически закончилась и эра сигарет как платежного средства: сигарета наконец утратила свое прежнее магическое значение. Фирменным знаком новой эры стала эрхардовская сигара марки Dannemann. Теперь не принято было жадно и торопливо затягиваться, как будто жизнь кончается сегодня. Теперь полагалось степенно попыхивать сигарой.

Глава седьмая

Поколение «Фольксваген Жук» занимает свое место в строю

Денежная реформа. Второй «час ноль»

Двадцатилетний британский солдат Крис Хауленд сидел в ночь с 17 на 18 июня 1948 года в гамбургской студии BFN (British Forces Network). Все остальные сотрудники уже ушли. Шеф отдела музыки и любимый во всей Северной Германии диджей, почитаемый и немецкой публикой за широкое использование поп-музыки в своих программах и свободную манеру вести передачи, как раз только что попрощался со слушателями композицией Бенни Гудмена «Throwing Stones at the Sun», когда в студию вошли два британских военных полицейских[1]. Хауленду стало не по себе: появление полицейских обычно не предвещало ничего хорошего. Однако они всего лишь вручили диджею запечатанный почтовый конверт и попросили передать в эфир его содержимое в 6:30 утра, когда он начнет утреннюю передачу «Wakey-Wakey». «Будет сделано», — пообещал Хауленд и собрался покинуть студию. Но не тут-то было! Полицейские велели ему положить конверт на стол и вместе с ними ждать, когда снова запоют птицы, над разрушенным городом взойдет солнце и снова настанет время для «Wakey-Wakey».

Утром Крис Хауленд вскрыл конверт и прочел в эфир: «Первый закон по реорганизации германской денежной системы, обнародованный американскими, английскими и французскими оккупационными властями, вступает в силу 20 июня. Действовавшая до этого денежная единица, рейхсмарка, с 21 июня изымается из обращения. Новая денежная единица называется немецкой маркой».

Этого момента многие немцы ждали давно. Ходили упорные слухи об обвале рейхсмарки. Поскольку в нее никто уже не верил, все, у кого еще были солидные запасы рейхсмарок, пытались перевести их в материальные ценности. Рядом с миллионами голодающих немцев жили сотни и тысячи таких, кто не знал, куда девать деньги, и купался в нелегальной роскоши, тратя на это астрономические суммы. Недоверие к рейхсмарке привело к тому, что торговцы стали все активнее придерживать товары, приберегая их до лучших времен, когда появится новая, твердая валюта, которая станет путевкой в будущее. В начале лета 1948 года в магазинах зияли пустые прилавки и полки; все словно затаили дыхание.

И вот день Икс наступил. От дикторов BFN слушатели узнали подробности о том, как все будет происходить. Каждый получит по 40 немецких марок, которые можно будет забрать 20 июня в пунктах выдачи продуктовых карточек в обмен на шестьдесят рейхсмарок. Через месяц можно будет получить еще 20 немецких марок, только теперь уже за 20 рейхсмарок, то есть один к одному. Остаток наличности в рейхсмарках практически пропадал: за 1000 рейхсмарок полагалось всего 65 немецких марок.

Таким образом, около 93% старой денежной массы было безвозмездно уничтожено. Владельцам этих денег осталось всего 6,5% их состояния. Протест против этой «исторически уникальной экспроприационной акции»[2] был довольно вялым. Только дельцы черного рынка, по сообщению Spiegel, устроили несколько громких демонстраций против реформы, последствия которой они-то как раз со своим звериным чутьем заранее точно просчитали. За день до объявленной даты «около сорока торговцев черного рынка прошли маршем протеста перед кёльнским главным вокзалом. В белых кепках, с сигаретами Camel, с бутылками водки в руках и с огромным плакатом: „Переучивание торговцев черного рынка“. А потом, в воскресенье после обеда, они угрюмо стояли перед кельнскими Порта-Нигра* — Айгельштайнскими воротами, и толкали американские сигареты по 60 новых пфеннигов за штуку и немецкие Bosco — по 30. Эта непривычная воскресная коммерческая акция не пользовалась успехом»[3].

Денежная реформа стала главным звеном в длинной цепи важных мер, с помощью которых американцы пытались вновь поставить на ноги экономику Германии. Совокупность же этих мер, названных «планом Маршалла», была направлена на то, чтобы экономически поддержать не только Германию, но и всю Европу, уменьшить влияние Советского Союза и снизить риск коммунистических переворотов. Толчком к этим колоссальным финансовым усилиям послужил выход обессилевшей Великобритании из гражданской войны в Греции в марте 1947 года. Там боролись коммунисты и правительственная армия, поддерживаемая англичанами. Американский президент Гарри Трумэн отреагировал на выход Великобритании из войны пламенной речью на заседании Вашингтонского конгресса 12 марта 1947 года, в которой призвал отныне помогать каждой нации, отстаивающей свободу и демократические ценности в борьбе с террором поддерживаемого Россией меньшинства. Так называемая доктрина Трумэна определила будущее как соперниче-

---

* Порта-Нигра — хорошо сохранившиеся ворота римской эпохи в Трире, построены около 170 года н. э. В данном случае их образ используется фигурально, как символ неизменности перед лицом быстрых перемен. — *Прим. ред.*

ство двух систем — демократического капитализма и тоталитарного коммунизма — и тем самым заново, меньше чем через два года после окончания войны распределила соотношение сил между альянсом победителей и побежденными. Была объявлена холодная война. Россия и западные союзники стали противниками, стремящимися сделать вчерашних поверженных врагов завтрашними партнерами. Немало закоренелых нацистов уже мечтали о своем участии в новой войне против России на стороне американцев.

Вскоре американский министр иностранных дел Джордж Маршалл предложил европейским государствам широкие кредиты, чтобы, как он выразился, «вернуть европейским народам веру в будущее своей страны и Европы в целом. Промышленность и сельское хозяйство должны иметь возможность и желание реализовывать свою продукцию за валюту, ценность которой не вызывала бы сомнений». Великобритания получила 3,2 миллиарда долларов, Франция — 2,7 миллиарда, Италия — 1,5 миллиарда; Западную Германию, получившую 1,4 миллиарда, обязали вернуть эти деньги, чтобы таким образом хотя бы формально соблюсти пропорции между победой и поражением. С июня 1947 года началась подготовка к созданию европейской Организации экономического сотрудничества и развития (ОЭСР). В нее через представительство своей военной администрации вступила и Западная Германия. Уже через два года после окончания войны обозначились первые результаты развития Европейского экономического союза, и будущим ее членом была Западная Германия, которая, несмотря на разрушения, по-прежнему имела все, что необходимо мощному индустриальному государству, и которую осторожно направляли в нужное русло ее американские «попечители».

Таким образом, разделение Германии было предрешено еще до того, как денежная реформа провела валютную демаркационную линию между Восточной и Западной Германией.

Вслед за западной оккупационной зоной Советы спустя три дня провели свою собственную денежную реформу: обменивалось максимум 70 старых рейхсмарок на человека по курсу 1:1, остаток меняли по курсу 10:1 при условии, что их владелец мог доказать законность происхождения денежных средств. Впрочем, это были лишь условно новые деньги — те же самые рейхсмарки, но с гербовой наклейкой советских властей, из-за чего их в народе называли «обойной бумагой». По распоряжению русской комендатуры эти деньги объявили действительными во всем Берлине. Однако западные союзники решили ввести немецкую марку и в своих берлинских оккупационных зонах. Этот первый открытый конфликт четырех держав привел к окончательному расколу берлинского городского парламента, который до того еще был общим и заседал в Восточном Берлине, а затем последовало политическое и экономическое разделение города.

Советы с 24 июня 1948 года блокировали все дороги, ведущие к трем западным оккупационным зонам Берлина. Они пытались в буквальном смысле взять Западный Берлин на измор. В ответ на эту блокаду британцы и американцы организовали «воздушный мост». Неимоверными усилиями они в течение пятнадцати месяцев доставили в отрезанный от внешнего мира город два миллиона тонн продуктов питания, угля и других жизненно важных товаров. Каждые две-три минуты на западноберлинских аэродромах приземлялись огромные транспортные самолеты. Для посадки использовали даже озеро Ванзее: поскольку аэродромы не справлялись с грузопотоком, британцы задействовали десять своих гигантских гидросамолетов, которые взлетали в гамбургском порту и садились на самом большом озере Берлина. До сентября 1949 года в берлинском небе стоял непрерывный гул этих так называемых изюмных бомбардировщиков, о которых западные берлинцы до сих пор вспоминают с благодарностью. Гул неутомимых авиамоторов казался им музыкой и помогал в борьбе с зимним холодом и постоянным голодом. Организовав «воздушный мост», западные государства-победители выступили в роли покровителей Западной Германии. В течение нескольких лет еще совсем недавно ненавистная всем столица Третьего рейха превратилась в несокрушимый «бастион свободного мира» — слишком неожиданная и непонятная метаморфоза даже для самых внимательных и вдумчивых современников, равно как и для будущих историографов.

Планируя денежную реформу для трех западных оккупационных зон, американцы взяли на себя ведущую роль в трио западных союзников. Даже новая немецкая марка печаталась в США; банкноты, упакованные в 12 тысяч деревянных ящиков с маскировочной надписью «Doorknobs» (дверные ручки), были морским путем доставлены в Бремерхафен, а оттуда в обстановке строгой секретности распределены по стране. К 20 июня на пунктах выдачи продуктовых карточек или в ратушах находилось 500 тонн банкнот общей стоимостью 5,7 миллиарда немецких марок[4]. Руководивший операцией под кодовым названием «Bird Dog» («Ищейка») 27-летний лейтенант Эдвард А. Тененбаум позже не без основания гордился тем, что успешно решил самую крупную логистическую задачу своей армии со дня высадки американских войск в Нормандии.

Чуть ли не в самый последний момент американцам пришло в голову, что неплохо было бы дать немцам ощущение хотя бы условной причастности к этой операции. 20 апреля 1948 года они пригласили 25 немецких экспертов по финансовым вопросам на сугубо секретное совещание на бывшей авиационной базе люфтваффе Ротвестен под Касселем. Обсуждать, правда, уже было практически нечего; просто немцев решили лишить возможности упрекать своих «партнеров» в том, что те обошлись без них. Гостям было поручено составить текст информационных листовок.

Разумеется, инициатива американцев была отнюдь не бескорыстной. Не желая бесконечно кормить Западную Германию, они стали искать способ реанимировать германскую экономику и поняли, что главное препятствие на этом пути — обесценившаяся рейхсмарка. В послевоенные годы была популярна шутка: «Работать? Я не могу себе позволить такую роскошь». Работу многим заменял черный рынок. Теневая экономика менял, перекупщиков, «организаторов» съедала более половины рабочих сил страны. Часто на работу устраивались лишь ради права на жилье и продовольственные карточки, используя и то и другое для достижения более важных целей. Только необходимость добывать новые наличные деньги стала оживлять легальную экономику. Готовность искать настоящую работу выросла так же стремительно, как и готовность торговцев пускать свои товары в нормальную торговлю, вместо того чтобы спекулировать ими. У крестьян тоже снова появился стимул продавать свои товары на официальном рынке. Поэтому, по общему впечатлению, магазины настолько быстро — чуть ли не за одну ночь — переполнились товарами, что впору было говорить об экономическом чуде. Эффект денежной реформы оказался таким мощным, что историк Ульрих Херберт назвал ее «Большим взрывом»[5] — с нее и началась Федеративная Республика Германия, основанная год спустя. Современники восприняли реформу как несравнимо более важную историческую веху, чем принятие Конституции парламентским советом в Бонне 8 мая 1949 года[6]. Ни одно событие не запечатлелось в памяти западных немцев так ярко, как денежная реформа, этот грандиозный спектакль, сыгранный без всякого режиссера. Одно из убедительных подтверждений этого — воспоминания писателя Ганса Вернера Рихтера, в первый же день поступления в оборот новых денег ставшего свидетелем сразу двух чудес: «Мы проходили мимо какой-то крохотной невзрачной лавчонки, в которой до этого отоваривали свои продуктовые карточки и которая стала для нас настоящим чудом и олицетворением денежной реформы. Магазинчик было не узнать — он был буквально набит товарами. На прилавках и витринах красовались горы всевозможных овощей: ревень, цветная капуста, белая капуста, шпинат — все, о чем мы уже давно и думать забыли... Мы вошли внутрь, и тут произошло второе чудо. Если раньше здесь обслуживали, мягко выражаясь, без особого рвения и не баловали радушием, то теперь нас встретили с изысканной вежливостью. За одну ночь мы из докучливых просителей превратились в клиентов»[7].

С гордостью за вновь обретенный статус клиента не могла сравниться даже гордость за право на свободные выборы. Возможность нормально делать покупки — это тоже момент свободы, который может показаться несущественным лишь человеку, всю жизнь предававшемуся беззаботному шопингу. Правда, денежная реформа еще не отменила рационирование всех продуктов питания, и все хорошо прочувствовали на себе начавшуюся вскоре волну подорожания, но внезапное появление многообразного «мира товаров» по крайней мере вселяло надежду на относительно благополучное будущее. Это был явный прогресс, и если кому-то пока не удавалось извлечь личную пользу из экономического подъема, то у него, во всяком случае, была уверенность в том, что он сможет это сделать в ближайшее время. Последняя всеобщая забастовка послевоенных лет, начавшаяся 12 ноября 1948 года из-за «взвинчивания цен», уже была проникнута оптимизмом, твердой надеждой на то, что скоро дефицит снова уступит место достатку. Когда 1 января 1950 года карточки стали требовать лишь за сахар, одна кёльнская газета возликовала: «Наконец-то мы вздохнули с облегчением... Многие неприятные моменты общения населения с местными властями, которым и самим все это было в тягость, остались в прошлом. Мы снова можем есть, что хотим, продавцу больше не надо возиться с карточками и трепать себе нервы из-за несоответствия количества карточек количеству товара. Эти времена миновали. 160 месяцев, 4600 горьких дней!.. Теперь у нас снова есть масло, когда-нибудь будет и сахар»[8].

Период ограничения покупательских и потребительских прав, о котором пишет счастливый автор статьи и продолжительность которого определяет не совсем точно, начался гораздо раньше конца войны, а именно в 1939 году, с введением нормированного распределения товаров. Это радикальный взгляд потребителя, словно бы не замечающего переломный момент капитуляции, — для него все выглядит так, как будто (если отвлечься от сахара) война только теперь закончилась по-настоящему.

Денежная реформа стала мифическим *take-off** экономического чуда. Откуда-то, с каких-то потайных складов, в июне 1948 года на прилавки вдруг хлынули тонны товаров, которых людям так долго не хватало. Теперь теоретически каждый мог даже заказать себе «Фольксваген» за 5300 немецких марок и получить его в течение всего восьми дней.

Лето получилось довольно веселое, хотя материальное положение у большинства населения менялось в лучшую сторону очень медленно. Экономика — наполовину психология. Этот афоризм приписывают Людвигу Эрхарду. Трудно найти более наглядное подтверждение его мысли, чем денежная реформа. Города были еще разрушены, многие жили в убогих бараках, автомобили были недоступны, ткани были грубыми и дорогими, но серые будни уже озарил теплый, ласковый свет надежды. Едва завершился переход на новые деньги, как вполне серьезный иллюстрированный журнал DND in Bild, издававшийся во французской зоне и освещавший проблемы политики, экономики и культуры, напечатал на обложке очередного номера огромное фото молодой женщины в бикини, нежащейся на надувном матраце. Эта счастливая красавица стала аллегорией основания ФРГ, а сокращение DND** редакция обыграла в подписи под иллюстрацией: «Diese Nette Dame»[9] — «эта милая дама» казалась

---

* Взлет (англ.).

** *Die neue Demokratie*, «новая демократия» (нем.).

Новый настрой общества. Сразу после денежной реформы газета DND («Новая демократия»), выходящая под руководством французских оккупационных властей, размещает на первой полосе аллегорию новой формы государственного устройства: Diese Nette Dame — «Эта милая дама»

соблазнительной полуголой сиреной, призванной вывести народ из мрака послевоенных будней в светлую жизнь.

То, что магазины так быстро заполнились товарами, выявило реальный потенциал экономики и промышленности, пострадавших в гораздо меньшей степени, чем многие предполагали. Поскольку ориентированная на гонку вооружений гитлеровская военная промышленность способствовала серьезной модернизации и расширению производства, производительность труда в послевоенное время была лишь несущественно ниже уровня 1938 года. К тому же в лице переселенцев страна получила мощный источник квалифицированной рабочей силы, и как только были созданы условия для нормальной, хорошо оплачиваемой работы, новые, высокомотивированные кадры стали трудиться не жалея сил. Так что головокружительный экономический подъем, начавшийся после 1950 года, на самом деле можно лишь условно назвать экономическим чудом.

И все же психологическое воздействие денежной реформы стало чем-то вроде оглушительного стартового выстрела. Она словно второй раз обнулила часы истории — всего лишь через три года после того, как немцам казалось, что придется начинать все с самого начала[10]. Мало кому удалось устоять перед магией этого тщательно инсценированного старта. Частью психологического успеха «take-off» был также эгалитарный момент. Наделив всех граждан одинаковой суммой новых денег — 60 марок, — радикально обесценив, отменив все накопления и поставив всех, как в игре «Монополия», на клетку «старт», она создала иллюзию равенства шансов, которая до сих пор не утратила в ФРГ своего гипнотического действия[11]. Более наглядной иллюстрации этому, чем «Фольксваген», пожалуй, не найти, несмотря на то (или, наоборот, именно потому), что он был любимым проектом Адольфа Гитлера.

Фабричный поселок Вольфсбург

Каждый «Фольксваген Жук» до шестидесятых годов украшало изображение волка на капоте. «Золотой волк с голубым языком и повернутой назад головой, идущий вправо по зубчатой стене серебряного замка с двумя башнями над закрытыми воротами», — так записано в уставе города Вольфсбург, герб которого можно было видеть на плакетке каждого «Жука». Он имел «старинный» вид, но был разработан художником и геральдистом Густавом Фёлькером лишь в 1947 году. Ведь как в самом городе, так и в его названии не было ничего «старинного». Он возник лишь после окончания войны, 25 мая 1945 года, а до того назывался городом KdF*-автомобилей под Фаллерслебеном, и городом его не считали даже его жители, если их можно было назвать жителями. Дело в том, что там, где стояли убогие бараки Вольфсбурга, до 1938 года не было ничего, кроме полей, лесов и лугов. Каждый из «жителей» тут был приезжим. Имя этому населенному пункту дал расположенный неподалеку замок Вольфсбург, владельцы которого веками кормились с обширных земельных угодий. Замок в стиле Ренессанс до сих пор стоит восточнее завода, за чертой возникшего тогда города. Последний его владелец, граф Гюнтер фон Шуленбург, после национализации замка в 1938 году построил на деньги, полученные в качестве компенсации, в сорока километрах к северо-востоку от Вольфсбурга, в Тангельне, новый замок, на сегодняшний день самый молодой в Германии.

---

* KdF (Kraft durch Freude, «Сила через радость») — существовавшее в нацистский период государственное ведомство по организации досуга. KdF занималось разнообразными «социальными проектами», в том числе развитием курортов, проведением танцевальных классов и спортивных состязаний, а также вопросами гигиены и туризма. — *Прим. ред.*

Репортеры Spiegel, приехав в 1950 году в Вольфсбург, увидели «уродливый фабричный поселок», «Гоморру второй республики», внешне и внутренне напоминавшую Клондайк, поселение золотоискателей. В первые послевоенные годы лишь немногие могли себе представить, что этот рабочий поселок позже превратится в символ экономического чуда, в воплощение той высокоценимой заурядности и посредственности, что была так характерна для молодой федеративной республики. Те же, кто считал это возможным, самоотверженно трудились, приближая метаморфозу. И она произошла настолько очевидно, что историк Кристоф Штёльцль позже написал: «Если бы какой-нибудь зарубежный турист в период между шестидесятыми и восьмидесятыми годами спросил, где за один день можно понять характер Германии, его нужно было бы послать в Вольфсбург»[12].

История Вольфсбурга началась в 1938 году. Адольфу Гитлеру хотелось создать автомобиль, доступный широким слоям населения. Чтобы он стоил меньше тысячи марок, был надежным, долговечным, экономичным и имел мотор с воздушным охлаждением. Говорят, что Гитлер собственноручно сделал эскиз, на котором уже видны характерные округлые формы «Жука». Однако германские производители автомобилей не одобряли заданные параметры, они считали цену иллюзорной. Гитлер же, в свою очередь, упрекал их в неспособности создать автомобиль для народа и в том, что они (как, впрочем, и он сам) тяготели к роскошным машинам представительского класса. Недолго думая, он дал поручение созданному на основе бывшего нацистского профсоюза Германскому трудовому фронту — объединенному профсоюзу работников и работодателей, которому подчинялось множество предприятий, — начать разработку проекта автомобиля, строительство соответствующего завода и необходимого для этого нового города. Бодо Лафференц, функционер Германского трудового фронта и руководитель организации

«Сила через радость», нашел идеальное место для строительства завода — под Фаллерслебеном, чрезвычайно удобное с точки зрения логистики, рядом со Среднегерманским каналом, железнодорожной магистралью Рурская область — Берлин и полностью перестроенной и модернизированной автомагистралью, к тому же в центре Германии (во всяком случае, на тот исторический момент). Последнее обстоятельство было очень важным, так как гитлеровские автопроизводители мечтали о заводе, который позволял бы клиентам самим забирать приобретенный автомобиль. Для этой цели было предусмотрено строительство элегантного отеля и современной мастерской для клиентов, где они могли бы получить подробный инструктаж от специалистов, чтобы затем самостоятельно совершить обкатку автомобиля и вернуться на нем домой по новой автомагистрали.

Гитлер грезил об относительно дешевом автомобиле наподобие модели «Т» Генри Форда, только более современном. То, что германский средний класс был недостаточно моторизирован по сравнению с другими странами, не устраивало идеологов национал-социализма. Во время торжественной церемонии закладки комплекса 26 мая 1938 года, в День Вознесения Господня, Гитлер пообещал, что в обозримом будущем от шести до семи миллионов граждан смогут приобрести собственный автомобиль: «Автомобиль перестает быть знаком принадлежности к привилегированному классу — он становится народным транспортным средством». При этом оратор подчеркнул, что KdF-автомобиль не будет составлять конкуренцию «Мерседесу»: «Те, кому это по карману, смогут купить более дорогие машины. Широким массам это не по карману, и именно для них создается этот автомобиль». Речь по традиции утонула в бурных и продолжительных овациях. Крикам «Хайль!», ликованию и аплодисментам не было конца. Растроганный гауляйтер Отто Тельшов возвестил в микрофон, что народ Нижней Саксонии положил «свои сердца к стопам дорогого фюрера».

Планы Гитлера сочетали в себе современнейшую технику с народным колоритом. Численность жителей города KdF-автомобилей планировалось довести до 90 тысяч. Градостроители представляли себе нечто вроде дачного городка в так называемом псевдонемецком стиле, который примирил бы современные архитектурные формы с традиционными — остроконечными крышами, эркерами, слуховыми и стрельчатыми окнами с расстекловкой, а главное — с деревянными ставнями, главной изюминкой вольфсбургских домов. Эта сельско-идиллическая эстетика должна была эффектно подчеркивать индустриальную красоту и мощь завода, как крепость протянувшегося на 1,3 километра вдоль Средненемецкого канала. Парадный фасад главного здания был расчленен рядом ворот, оформленных в виде ризалитов, которые напоминали зубья огромного гребешка. Мрачный характер этой «твердыни» усиливала кирпичная облицовка фасада. Монументальная монотонность, нарочитое повторение мотива ризалитов по сей день определяют внешний облик завода Volkswagen, а четыре огромные трубы электростанции, выстроенной в том же монументальном стиле, похожи на направленные в небо осадные орудия.

В то время как завод построили в кратчайшие сроки, идиллический «дачный городок» так и остался на бумаге, если не считать маленького, но красивого поселка Штаймкер-Берг для семей ведущих инженеров и специалистов. С нападением на Польшу и началом войны автомобиль для широких масс оказался таким же пустым обещанием, как и образцовый город. Мечта о доступном автомобиле превратилась в оружейный завод, а обещанный город — в рабочий лагерь. Спроектированный Фердинандом Порше «Фольксваген» вышел лишь в нескольких экземплярах. На его усиленной раме в ходовой части разместили открытый кузов с ковшеобразными сиденьями. Вместо «Жука» с конвейера сошел внедорожник, неуклюжий аналог американского джипа. Пропагандистская помпа вокруг KdFавтомобиля принесла тяжелое разочарование многим гражданам, вложившим серьезные суммы в акции государственного займа. В финансировании проекта приняли участие 336 тысяч человек, а машин было продано всего 630. Оставшиеся с носом вкладчики попытались получить свои деньги после войны, предъявив иски к заводу Volkswagen, однако их попытки не увенчались успехом.

Вместо запланированных однотипных домов с маленькими садиками выросли длинные, монотонные шеренги наспех сколоченных бараков с глинобитными полами. Лагерь был заселен итальянскими рабочими, присланными дружественным режимом Муссолини. Нацистским планировщикам пришлось ради них изменить свой гордый первоначальный замысел — построить город без церкви. В церковь перепрофилировали одну из пивных. Кроме того, потребовался павильон для торжественных собраний и праздников, чтобы поддерживать у привыкших к теплому климату итальянцев соответствующее настроение с помощью пропагандистских увеселительно-развлекательных мероприятий.

Жизнь итальянцам отравляло соседство с «Восточным лагерем», в котором за колючей проволокой в нечеловеческих условиях содержались польские, а позже и русские рабочие, а также внешнее отделение концентрационного лагеря Нойенгамме и несколько маленьких лагерей на территории завода, давно уже выпускавшего наряду с автомобилями авиационные бомбы, противотанковые мины и фаустпатроны. Часть заключенных жили в огромных сырых подвалах без окон прямо под производственными цехами и покидали их, лишь отправляясь на свои рабочие места. В умывальных комнатах цеха №1 жили несколько сотен венгерских евреек и югославских партизанок. Дневной свет они видели, лишь когда их направляли на работы в другие сектора завода.

В 1943 году в городе KdF-автомобилей работали 10 тысяч заключенных, что составляло две трети персонала. В лагере жили 2500 французов, в том числе несколько сотен добровольцев молодежной организации режима Виши, и 750 нидерландцев, 205 из которых были студентами, приговоренными в 1943 году к принудительным работам на заводе за то, что они отказались подписать заявление о признании гитлеровского режима. Остальных нидерландцев насильственно рекрутировали во время «призывных мероприятий». Их, как и французов, разместили в бараках рабочего поселка, который большинство итальянцев уже давно покинули. В соответствии с национал-социалистской расовой теорией с французами и нидерландцами обращались гораздо лучше, чем с «восточноевропейскими рабочими». Они могли свободно перемещаться по территории лагеря и получали более высокую заработную плату. По воскресеньям они разгуливали по лагерю в элегантных костюмах, странно диссонировавших с мрачной, депрессивной обстановкой. Нидерландцы больше всех заботились об улучшении атмосферы в лагере, выступали организаторами всевозможных мероприятий для рабочих групп разного происхождения и взяли на себя «функцию связующего звена между руководством завода и иностранными рабочими»[13]. Польские рабочие тоже пользовались определенной, хотя и весьма относительной, свободой: в отличие от узников заводского концентрационного лагеря, их держали взаперти не круглосуточно. Нацисты поняли, что определенный минимум свободы передвижения рабочих положительно отражается на производительности труда и качестве продукции.

Чтобы поддерживать дисциплину среди «расконвоированных», за малейший проступок их подвергали жестоким наказаниям. На всех дорожках в лагере и за его пределами, а также в цехах и других помещениях завода патрулировали заводские охранники и солдаты гестапо. Тот, кто привлекал к себе внимание, рисковал загреметь в воспитательно-трудовой лагерь, из которого выходил в лучшем случае сломленным физически и психологически. Каждый восьмой рабочий завода из числа тех, что находились на казарменном положении, прошел эту суровую «школу». Панический страх перед мучениями, которым подвергались заключенные, и относительно сносные условия жизни в заводских лагерях обеспечивали железную дисциплину. Рабочих нещадно били даже на самом заводе, во время работы. Для этого начальство прибегало к помощи заводской охраны. От услуг гестаповцев оно предпочитало отказываться, поскольку те обычно возвращали рабочих в таком состоянии, что они уже ни на что не годились.

«Я гордился тем, что был способен видеть красоту даже в таких условиях, — вспоминал бывший узник концентрационного лагеря Цви Хёниг, которого из Освенцима отправили на работу в город KdF-автомобилей. — И я дал себе слово, что если выживу, то обязательно еще раз побываю в местах своего заключения и посмотрю на них глазами свободного человека. И я сделал это»[14].

В начале 1945 года в будущем Вольфсбурге жили 9 тысяч иностранцев и 7 тысяч немцев. 10 апреля в этот район вошли американские войска. Они переправились через канал и, не зная о значении занятого ими завода, оставили на его территории лишь одну небольшую воинскую часть. Заводская охрана и СС сбежали; в городе KdF-автомобилей образовался зловещий правовой вакуум. Часть восточноевропейских рабочих вымещали накопившуюся злость на оборудовании, а иногда и на оставшихся немцах. Голландцы и французы безуспешно пытались их утихомирить.

Опубликованный в 1951 году и ставший бестселлером роман Хорста Мённиха «Автогород», в котором автор представляет историю завода Volkswagen как захватывающее индустриальное приключение, отражены и драматические события, связанные с бесчинствами освобожденных иностранных рабочих. «Многотысячные толпы русских и поляков врывались в квартиры, громили всё на своем пути, — пишет Мённих[15]. — У оставшихся в Вольфсбурге немцев не было оружия. Зато были две пожарные машины. Они врезались на них в толпу, чтобы вызвать среди мародеров панику. Красный цвет автомобилей подействовал на толпу, как красный платок тореадора на быка: она пришла в неслыханную ярость, но ударные силы ее были рассеяны»[16].

Эта сцена — плод авторской фантазии; нет ни одного документа, подтверждающего ее достоверность. Не нашел подтверждения и тот факт, что «господа иностранные рабочие» позже будто бы каждое утро приходили к заводским воротам, чтобы наугад схватить и избить кого-нибудь из немецких рабочих. Конечно, отомстить каким-нибудь особенно ненавистным надсмотрщикам они вполне могли; такое часто случалось в освобожденных лагерях, и освободители закрывали на это глаза. То, что были отдельные случаи мародерства, тоже нетрудно себе представить, и об этом свидетельствуют многие очевидцы[17]. Однако Мённих извратил причины насилия, умалчивая о бесчеловечном порабощении угнанных на принудительные работы и приписывая жестокость национальному характеру «восточноевропейских рабочих», который автор последовательно стремился проиллюстрировать сравнениями с различными животными. Неизменно называя иностранных рабочих «толпой» или «бандами», он, разумеется, каждого британца или американца наделял конкретным, индивидуальным именем[18].

Немцы, британцы и американцы вскоре нашли общий язык и прекрасно уживались в мённихском «Автогороде». Они увлеченно обсуждали технические вопросы, сыпали терминами, с пиететом говорили о ранах, которые они недавно нанесли друг другу в ходе войны. Один немецкий инженер даже наизусть процитировал стихотворение Карла Сэндберга, гимн промышленному городу Чикаго — Мённих хотел таким образом показать, насколько близки по духу немцы и американцы, в отличие от этих восточных орд, от которых теперь нужно было срочно освободить Вольфсбург[19].

Хорст Мённих служил в вермахте так называемым военным корреспондентом и радовал своих соотечественников волнующими репортажами о победоносном наступлении германских войск. После войны он стал членом «Группы 47»*. Проникнутое расизмом изображение иностранных рабочих в значительной мере обусловило огромный успех романа «Автогород», который до 1969 года выдержал множество переизданий, а его общий тираж составил более 100 тысяч экземпляров. Но главным фактором успеха романа стал пылкий восторг автора по отношению к технике в сочетании с рубленым, деловым стилем, напоминающим стаккато. Герои Мённиха — это изобретатели, инженеры, высококвалифицированные рабочие, то есть техническая элита, для которой работающий как часы мотор важнее свободы и демократии. «Одни уходили, другие приходили, — резюмирует он в конце. — Нужные люди всегда приходили в нужное время. Кто эти люди? Ответ прост: фанатично, душой и телом преданные своему делу энтузиасты, страстные натуры. Их страсть — автомобиль. И поэтому он ездит. Поэтому это стало возможным»[20].

Нужным человеком в нужное время стал после войны Айвен Хёрст. В июне 1945 года Нижняя Саксония отошла к британской оккупационной зоне; американцы ушли. Директором завода британская военная администрация назначила инженера майора Айвена Хёрста, который во время войны заведовал британской мастерской по ремонту танков в Брюсселе. Ему надлежало выяснить, чем можно поживиться на этом заводе. Ультрасовременные конвейеры и огромные прессы, которые

---

* Свободное литературное объединение немецких авторов, размышлявших о проблемах современной (постнацистской) Германии. В мероприятиях группы участвовали множество видных немецких литераторов, в том числе Гюнтер Грасс, Эрих Кестнер и Генрих Бёлль. — *Прим. ред.*

Вольфсбург, «уродливый фабричный поселок» — так в журнале Der Spiegel охарактеризовали город, которому в 1950 году исполнилось всего двенадцать лет

практичные немцы уже сами разобрали, чтобы уберечь их от воздушных налетов, пригодились бы и в Бирмингеме. Однако страстный техник Хёрст с первого взгляда влюбился в завод, а еще больше — в симпатичное транспортное средство, которое вскоре должно было сойти с конвейера. Применив все свое дипломатическое искусство, он смог добиться того, чтобы его начальство отказалось демонтировать завод. Привыкнув к несколько странному внешнему виду «Жука», оно тоже прониклось симпатией к этому автомобилю. Тот факт, что он может послужить и британцам, облегчил им принятие решения. Правда, опасность демонтажа еще долго висела над Wolfsburg Motor Works дамокловым мечом даже после возобновления работ. Британская армия затребовала несколько десятков тысяч этого необыкновенно надежного и удобного транспортного средства, чтобы пополнить свой сильно сократившийся автомобильный парк. Но добиться нужного объема продукции не удавалось до 1948 года. Чрезвычайно высокая текучесть кадров и отсутствие мотивации у персонала сильно замедляли темпы роста производства. Многие рабочие всячески старались найти другие способы борьбы с голодом — типичная проблема до денежной реформы. К тому же немецкое руководство завода не могло на глазах у своего британского шефа так же беззастенчиво вести коммерцию на черном рынке, как это делали другие предприниматели, — серьезный минус в конкурентной борьбе, ведущий к дефициту сырья и деталей. То, чего его закупщики не могли получить на черном рынке, Айвен Хёрст пытался добыть с помощью своего воинского звания. Чтобы прокормить своих рабочих, он в 1947 году приказал распахать прилегающую к заводу территорию и засеять ее пшеницей. К концу лета Wolfsburg Motor Works обступили роскошные поля, сулившие богатый урожай.

В марте 1946 года Хёрст смог организовать первый юбилей завода. Он сфотографировался в украшенном хвоей «Жуке». Надпись на фото гласила: «The 1000th Volkswagen built during March 1946 coming from Assembly Line»*. В следующие месяцы было произведено около тысячи «Жуков» цвета хаки для нужд британской армии. Для немецких покупателей эта машина была все еще недоступна. Исключением стала немецкая почта, получившая весьма скромное количество автомобилей для транспортировки писем, бандеролей и посылок.

В чем вольсфбуржцы не нашли понимания у британцев, так это в своем неоднократно выраженном желании «очистить рабочий поселок от иностранцев»[21]. Напротив, даже после оконча-

* «Тысячный „Фольксваген“, собранный в марте 1946 года, сходит со сборочной линии» (англ.). — *Прим. пер.*

ния войны в Вольфсбург привозили все новые партии восточноевропейских рабочих; он служил союзникам сборным пунктом для *displaced persons* со всей Германии, которые должны были находиться там до выяснения условий их репатриации. Одновременно с этим репатриировали «старожилов», то есть тех, кто работал здесь во время войны. Газета Wolfsburger Nachrichten 29 января 1950 года писала, вспоминая эти дни: «В 1945 году и весной 1946 года в Лаагберг без конца тянулись американские тягачи, привозившие из Берлина DP. Здесь, у нас, собирали этих свезенных в Германию с разных концов земли людей, чтобы позже отправить на родину... Это была пестрая, разношерстная и разноязыкая толпа, и из-за этого лагерь получил название „Мир в миниатюре". В годы, когда завод работал на всю мощность, здесь насчитывалось более сорока национальностей»[22].

Вольфсбург превратился в огромный проходной двор: одни DP покидали лагерь, чтобы наконец отправиться на родину, другие — на этот раз немецкие беженцы и переселенцы с бывших германских земель — снова заполняли опустевшие бараки. Многие оставались на короткий срок, работали какое-то время на заводе и устремлялись дальше на запад.

Чем больше расширялось производство, тем больше Вольфсбург притягивал оторвавшихся от своих корней немцев со всей Германии. А заводу были нужны рабочие руки. «С 1945 по 1948 год количество принятых на работу и уволившихся в три раза превысило численность персонала». Британцы временно пригоняли на завод и немецких военнопленных. Здесь же трудились и «восточноевропейские рабочие», поскольку DP, отказывавшиеся от репатриации, временно отбывали трудовую повинность. Бывшие солдаты, лишившиеся родного крова, молодые мужчины, оторванные от корней, которым после долгих военных испытаний любое подобие уюта казалось дикостью, бывшие узники нацизма, которых больше ничто не связывало с родиной, — это было сборище горьких бобылей.

«В Вольфсбурге не было места для понятия „любовь“», — резюмировал Spiegel в 1950 году.

Примечательно, что одна из первых пивных, открывшихся там после войны, называлась «Родина». Хотя родиной там и не пахло. Широкие бетонные улицы — единственное, что осталось от запланированной роскошной инфраструктуры огромного образцового нацистского города, — вели сквозь пустоту в никуда и казались обитателям этой юдоли тоски и безысходности глумливой насмешкой. Зато перед домами часто вообще не было асфальта; протоптанные тропинки вели к разрозненным строениям, стоявшим словно вопреки всякой целесообразности. А от выстроенных в длинные шеренги бараков при приближении к ним веяло хаосом и запустением. Только лачуги, в которых жили женщины, случайно занесенные в Вольфсбург, говорили об определенном стремлении сделать среду обитания хоть немного более приветливой. Особенно там, где были дети. К тому же бараки имели и свои преимущества. На прилегающей к ним территории можно было сажать картофель, свеклу и даже разводить табак. Многие держали кроликов, кур, уток и даже свиней, хотя последнее было запрещено. Однако большинство бараков находились в плачевном состоянии, и это состояние ухудшалось с каждой новой партией репатриантов. Многие бросали работу, даже не ставя об этом в известность начальство. А уезжая из лагеря, брали с собой все, что могло пригодиться. Новым рабочим приходилось первое время спать на полу.

«Вольфсбург — продукт гитлеровской наглой заносчивости, — писала в 1950 году берлинская газета Tagesspiegel. — В нем можно отметить те же признаки национал-социалистического банкротства, что и в соседнем Зальцгиттере. Рудименты большого города с современными домами с центральным отоплением посреди отвалов пустой породы, солидные фасады на фоне убогих бараков, роскошные автомагистрали, неожиданно переходящие в полевые дороги, ландшафт, который и раньше не отличался красотой, люди со всей Германии, оторванные от своих корней... Невероятное нагромождение всевозможных отрицательных явлений»[23].

Это, конечно, не могло не отразиться на дальнейшей судьбе Вольфсбурга. Во время выборов органов местного самоуправления в Нижней Саксонии он побил очередной антирекорд. Крайне правая консервативно-националистическая партия (ДРП) получила 15 тысяч голосов из 24 тысяч и стала самой сильной фракцией в городском совете. В остальных же нижнесаксонских коммунах ДРП редко удавалось преодолеть десятипроцентный барьер. Через несколько месяцев после этого скандального события, вошедшего в историю как «вольфсбургский шок», результаты выборов были аннулированы, и вольфсбуржцы провели повторные выборы. Но и на этот раз не обошлось без шока: Немецкая партия, преемница запрещенной к тому времени ДРП, получила 48% голосов.

Что же стало причиной нового взрыва правого радикализма, который в случае его распространения по всей Германии вызвал бы немедленный запрет союзников на подготовку основания ФРГ? Репортеры из всех оккупационных зон устремились в Вольфсбург, чтобы провести журналистское расследование в этой нацистской коммуне. «Вольфсбург — колониальный город, здесь царит радикализм, корнем зла не могут быть коммунисты уже хотя бы потому, что там полно беженцев с востока», — писал Spiegel после выборов[24]. Причины были установлены быстро: слишком много мужчин, слишком много беженцев, слишком много оторванных от родных мест, слишком много бывших солдат, слишком много молодежи. О том, что это искусственный город, почти не говорили — для этого Вольфсбург был слишком грязным. Он слишком рано пришел в запустение, этот архитектурный обрубок с жалкой десятилетней историей, лишенный какой бы то ни было защиты от радикализма оголтелых горлопанов, — ни традиций, ни церкви, ни семейного уклада, ни буржуазных элементов, никакой архитектурной идентичности; одним словом, никакого стержня, который стал бы остовом для этой разношерстной толпы. Не было даже одного-единственного места, которое бы внушало жителям желание создать или восстановить некую скромную, но стабильную реальность. Был лишь завод и его сомнительный персонал, в том числе «множество темных подозрительных личностей», упоминавшихся с завидным постоянством почти в каждом репортаже о радикальном Вольфсбурге.

Но, глядя из окон своих убогих бараков на канал, обитатели лагеря видели завод, казавшийся неприступной крепостной стеной некоего мифического города, которому принадлежит будущее. Он, словно несокрушимая твердыня из какого-то фэнтези, подчеркивал бренность и мимолетность бытия в гнилых деревянных хижинах на противоположном берегу. Может, вольфсбуржцы воспринимали это технократическое нацистское наследие как своего рода негасимый сигнальный огонь?

Завод был единственным достоянием вольфсбуржцев, и они хотели гордиться им. Несмотря на текучесть кадров, оставшееся ядро среднего и младшего персонала, задававшее тон на производстве, было проникнуто мировоззрением национал-социалистической эры и Германского трудового фронта; высококвалифицированные рабочие сознавали важность своей высокой технической миссии и были преданы заводу душой и телом. Поэтому шансы немецкого профсоюза в Вольфсбурге были весьма ограниченны. Производственный совет завода Volkswagen считал всех рабочих и служащих «единой, демократически управляемой, ориентированной на успех семьей», которая вместе с руководством завода ведет борьбу за будущее[25]. Профсоюзные проповеди об интересах рабочего класса здесь не находили отклика. А когда один вольфсбургский социал-демократ заявил, что виной всех городских бед является завод

Volkswagen, возмущение не знало предела, и город сделал окончательный выбор в пользу правых крайних сил.

Не исключено, что эта социально-психологическая и политическая чересполосица когда-нибудь в течение пятидесятых годов привела бы к взрыву, если бы вольфсбуржцы не обрели в лице генерального директора, назначенного британцами в 1948 году, настоящего «фюрера», который сумел сублимировать все реакционные чаяния вольфсбуржцев и их потребность в сильной руке. «Король Нордхофф» — так его все называли, ни в коей мере не преувеличивая его статус. Напротив, это был скорее даже скромный эпитет. Сам же Генрих Нордхофф называл своих подчиненных «соратниками», «камрадами», а те относились к нему как к генералу. Во время войны он руководил заводом Opel в Бранденбурге, производившим грузовики для вермахта. Хотя он и не состоял в НСДАП, но все же был одним из «генералов оборонной промышленности», поэтому американцы сочли недопустимым назначать его на руководящие должности. Зато более гибким в этом отношении британцам он показался самым подходящим кандидатом на роль преемника Айвена Хёрста. А Нордхофф привык играть главные роли. Своим подчеркнуто тихим голосом и выверенным до мельчайших деталей поведением на публике он создал образ харизматичного лидера, быстро привел в чувство пеструю толпу, не знавшую, что такое настоящая дисциплина, и вскоре превратил персонал в трудовое войско, которое радостно выстроилось в боевой порядок и начало функционировать как часовой механизм. Благодаря новейшим производственным методам, железной дисциплине и высокой мотивации, обусловленной постоянно растущей прибылью, «соратники-камрады» сумели добиться такого уровня производства, который был возможен только в Америке, и стали выпускать по сто тысяч автомобилей в год. Социолог Карл В. Бёттхер и журналист Рюдигер Проске, побывав в Вольфсбурге, писали в своем совместном отчете

«Генерал» позирует перед армией рабочих. Глава Volkswagen Генрих Нордхофф празднует выпуск миллионного «Жука», 1955 год

во Frankfurter Hefte в 1950 году: «Иерархия этого полностью рационализированного предприятия в определенном смысле напоминает иерархию вермахта, а рабочие группы на заводе можно сравнить с батальонами на фронте»[26].

В 1955 году, когда с конвейера сошел миллионный «Жук», Нордхофф велел сделать исторический фотоснимок, для чего построил во дворе весь коллектив завода. Получилась плотная толпа внушительных масштабов. Слева — километровый фасад в виде шеренги «бастионов», неприступная, несокрушимая твердыня, опора и граница «рабочего войска». Справа, на невидимом постаменте, — огромная, высоко вознесшаяся над массой людей фигура Нордхоффа в сером двубортном костюме и белой рубашке с галстуком; руки за спиной, в нагрудном кармане изящно сложенный батистовый платок. Единовластный повелитель армии серых мышей. Продумана каждая деталь. Выделяющийся из толпы лаборант в белом халате был поставлен впереди слева, чтобы уравновесить композицию.

Во время этой сложной фотосессии было сделано множество снимков, каждый — с «генералом» на переднем плане. После продолжительной паузы для построения новой композиции Нордхофф еще раз вскарабкался на свой подиум. На этот раз персонал уступил место продукции — армаде «Жуков». Они тоже построились, как полк на парад, с включенными фарами. Казалось, само «экономическое чудо» явилось сюда, чтобы отметить свой юбилей.

Пятидесятые годы обычно ассоциируются с триумфом частной сферы — праздником потребления в семейном кругу. Здесь же промышленный подъем показал иное свое лицо, о котором часто забывают на фоне столиков «почка»*, холодильников, поездок в кемпинг в Римини и пышных нижних юбок в молочных барах, — это скрепленная железной дисциплиной машина индустриального общества, работающая на полную мощность, мир из бетона, стали, угля и коксового газа, где все вкалывают до изнеможения.

Вольфсбург стал воплощением заводского общества. Вряд ли можно найти другое предприятие, более наглядно иллюстрирующее понятие «государственно-монополистический капитализм», пресловутый ГМК, как его называла коммунистическая левая фракция, в котором неразрывно слились государство и частный капитал. В 1949 году британцы передали Volkswagen в доверительное управление федеральной земле Нижняя Саксония. В 1960 году он был приватизирован путем преобразования в акционерное общество, в котором страна и федеральная земля имели по 20% акций. Однако он по-прежнему воспринимался как государственное предприятие АО «Германия». Пользуясь выражением Теодора В. Адорно, этот концерн стал воплощением «технологической вуали», которая легла на рыночные отно-

---

* Столик неправильной овальной формы, по контурам напоминающий человеческую почку. Об этом предмете послевоенного дизайна см. ниже. — *Прим. ред.*

шения между трудом и капиталом в виде слияния промышленности, управления и политики.

Король Нордхофф постоянно пытался создать впечатление, что частно-экономическая структура его предприятия отменена и он «служит обществу ФРГ в целом»[27]. И оно попалось на эту удочку. «Завод не принадлежит никому, а значит, он — достояние общества», — писал в 1949 году журнал Motor-Rundschau[28].

На самом деле все было с точностью до наоборот: еще долгое время после войны город принадлежал заводу. Поэтому коммуна никогда не могла обрести подлинную самостоятельность; большинству жителей городское управление казалось филиалом акционерного общества Volkswagen. В нормальных городах власти строили, например, бассейн, в Вольфсбурге же говорили: «Нордхофф подарил городу бассейн, самый современный бассейн в Германии». Этот бассейн был построен в 1951 году строительным отделом Volkswagen. У города сначала не было ни одного собственного квадратного метра территории — все принадлежало автомобильному концерну. Власти города долго спорили с руководством завода о правах на землю Вольфсбурга. Без ясности по этому вопросу не могло быть и речи о создании самой необходимой инфраструктуры. Поэтому даже через год после денежной реформы невозможно было ничего предпринять, чтобы исправить катастрофическое положение с жильем. «Бездеятельность коммунальных служб», как показало проведенное британцами исследование, была одной из главных причин скандальных результатов выборов 1948 года. Только в 1955 году город получил 345 гектаров земли на «общие нужды», то есть на строительство дорог и благоустройство улиц и общественных мест, а также 1900 гектаров на «удовлетворение других насущных нужд»[29]. После этого ситуация радикально изменилась: город больше не обязан был считаться с частным землевладением и принимал самостоятельные решения по планированию строительства, которым и занялся с огромным размахом. То, что начали строить в бешеном темпе, было классическим образцом убожества — иначе это не назовешь при всем желании. На раскорчеванных огромных участках росли как грибы лишенные каких бы то ни было архитектурных украшений однотипные дома, выстроенные в длинные шеренги, — голые коробки, пропитанные неистребимым лагерным духом, прочерченные широкими трассами, которые как нельзя лучше соответствуют названию города — «автогород». Нечто вроде центра можно было распознать только по особому скоплению примитивных строительных форм, словно город принял участие в конкурсе на самые уродливые архитектурные решения.

И все же вольфсбуржцы на удивление хорошо чувствовали себя в этой функционалистской пустыне. Туда съехались социологи в поисках ответа на вопрос, как живет город, в котором нет ни центра, ни традиций, ни уюта. Ничего вызывающего особую тревогу они не нашли. Напротив, Вольфсбург даже нагонял на них скуку. В отличие от знаменитой Рурской области, он так и остался на обочине внимания прессы. Хотя город и завод вместе представляли собой прототип социальной рыночной экономики, хотя путь, по которому пошла «интеграционная машина Вольфсбург», чтобы сделать из разношерстной толпы лагерников «индустриальных граждан нового типа»[30], мог бы стать одним из символов послевоенной истории ФРГ, левая оппозиция на удивление мало интересовалась империей Короля Нордхоффа. Причина этого могла заключаться исключительно в незыблемости идеального морального климата на производстве Volkswagen[31]. Оппозиционная интеллигенция пристыженно отвернулась от столь покорного, ручного персонала. С Вольфсбургом было не построить левое государство, разве что социал-демократическое, да и то лишь по милости аристократии: Генрих Нордхофф, как с удивлением констатировала лондонская Evening News, «грелся в лучах своей славы некоего неземного божества, щедро расточающего благодеяния своему народу»[32].

В течение жизни Генрих Нордхофф был увешан орденами, как властитель опереточного государства. Он был награжден кавалерским крестом* со звездой и лентой, шведским командирским крестом — «Орденом Вазы» первой степени, медалью «Друг итальянского народа», бразильским орденом Южного Креста, орденом «За заслуги перед Итальянской Республикой», папским орденом Святого Григория Великого, многократно получал титулы почетного доктора и почетного гражданина. Количество его наград было обратно пропорционально невзыскательности выпускаемого им продукта. После смерти Нордхоффа гроб с его телом в белой мантии рыцаря ордена Святого Гроба Господня был установлен на подиуме в контрольно-испытательном цехе. Десять часов к нему тянулись нескончаемой вереницей сотрудники, чтобы проститься со своим генеральным директором.

Если сегодня сказать какому-нибудь приезжему, гуляющему по Вольфсбургу, что когда-то здесь стояли гигантский лагерь, состоявший из бараков, и зловещего вида фабрика, он не поверит. Вольфсбург превратился в город-храм потребления, который, впрочем, хранит в центре память о былых мечтах своих основателей. Уже в шестидесятые годы прежнему убожеству были противопоставлены отдельные архитектурные жемчужины: Дом культуры по проекту Алвара Аалто (1962) и здание театра, построенное Гансом Шаруном (1973). Однако с начала XXI века Вольфсбург, уподобившийся некоему футуристическому демонстрационно-торговому комплексу, позиционирует себя как основанная на синтезе искусств композиция-символ автомобильного образа жизни. Так называемый лагунный ландшафт перед территорией завода, мрачную монументальность которого оживляет тщательно продуманная подсветка, своими

---

* Награда в виде креста, одна из средних степеней ордена «За заслуги перед Федеративной Республикой Германия». — *Прим. ред.*

мостами, холмами, причудливым узором извилистых дорожек и элегантными павильонами с «танцующими фонтанами» и Ароматическим туннелем Олафура Элиассона напоминает парк из какой-нибудь лучезарно-романтической, но тоталитарной утопии. Игра природы, образования и хайтека на фоне стерильной промышленной кулисы, за которой роботы собирают совершенные автомобили. А рядом — такие иконы архитектуры, как храм науки и техники «Фаэно», детище Захи Хадид, или не менее эффектный MobileLifeCampus Гунтера Хенна. Консьюмеризм, не обремененный сомнениями по поводу будущего индивидуальной мобильности, отстаивает здесь свои права с такой страстью, что при виде всего этого только глупец может говорить о свободе от идеологии.

Идея Гитлера — создать «Автогород», в котором получение автомобиля стало бы для покупателя незабываемым событием, — наконец воплотилась в жизнь. Можно переночевать в «Ритц-Карлтоне» при заводе, а утром полюбоваться в стеклянной башне, как приобретенный вами новый автомобиль на подъемнике доставляют наверх из сорокаметрового паркинга, чтобы вручить его вам элегантным техническим широким жестом. Музей автомобилей, видеоэкраны-панно, треки для тест-драйвов, звуковые и художественные инсталляции — при виде этой гипертрофированной эстетизации покупки автомобиля невольно напрашивается мысль, что фантазии организации «Сила через радость» спустя восемьдесят лет не просто сбылись, а вылились в какую-то новую, трансцендентную реальность, диссонирующую с безмятежностью окружающего мира.

Оригинальный стартап: Беате Узе в борьбе за выживание открывает новую бизнес-модель

Оживление градообразующих предприятий, таких как Volkswagen на западе или металлургический комбинат на востоке, отнюдь не решало даже половины проблем развития послевоенной Германии. Одиночные борцы за выживание прочувствовали на себе все прелести послевоенного хаоса. Свободное предпринимательство часто начиналось с маленьких идей при полном отсутствии средств производства. Кто-то гладил белье для соседей, кто-то продавал свою крепкую психику — например, за пятьдесят пфеннигов резал кроликов для тех, у кого не поднималась на это рука. Показательной в этом смысле можно назвать судьбу молодой летчицы Беате Узе. Она родилась и выросла в Восточной Пруссии в семье отца — либерального помещика и матери-врача. С детства привыкшая к независимости, она училась в разных интернатах, поскольку в ее родной деревне Варгенау не было хорошей школы. Чтобы выучить английский язык, она в возрасте шестнадцати лет на год отправилась в Англию в качестве няни. В восемнадцать лет она получила удостоверение пилота, а через год, заняв первое место в международных воздушных гонках, стала летчиком-испытателем на авиационном заводе Friedrich в Штраусберге. Испытательные полеты были для нее праздником, поскольку давали возможность проявить все ее виртуозные навыки пилотирования. Во время войны она в звании капитана люфтваффе перегоняла бомбардировщики и истребители с разных заводов на военные аэродромы.

Когда Красная армия взяла Берлин, Узе вместе со своим полуторагодовалым сыном Клаусом и его няней Ханной самовольно взлетела на маленьком гражданском самолете с аэро-

Беате Узе, тогда еще Беате Кёстлин, получила лицензию пилота в 1937 году, в возрасте 18 лет. Позже она стала летчиком-испытателем и перегоняла истребители на военные базы

дрома Темпельхоф и дерзко посадила машину на британском военном аэродроме во Фленсбурге. Через несколько недель, освободившись из плена, она обосновалась с ребенком в школьной библиотеке в деревне Брадеруп в Северной Фрисландии, где и прожила почти три года. Поскольку бывшим летчикам люфтваффе летать было запрещено, Беате Узе зарабатывала на жизнь чем придется: батрачила на крестьян, получая плату в виде продуктов, торговала на черном рынке, ходила по домам, продавая пуговицы и детские игрушки, предлагала через газетные объявления свои услуги в качестве толковательницы снов. Все это были не слишком прибыльные промыслы. Кочуя по деревням в качестве продавщицы пуговиц и прислушиваясь к разговорам, она вдруг нашла новый источник доходов, составив краткое руководство по контрацепции. Свой крохотный опус на восьми тетрадных страницах, в котором разъяснялся календарный метод Кнауса — Огино, она назвала «Текст Икс».

Прагматично мыслящая летчица в отставке обладала верным чутьем на неполадки больших чувств. Она почувствовала, насколько сильна была жажда сексуальных приключений после войны. Многие беженцы и изгнанники, такие же, как она сама, оказались в новых условиях и искали новых контактов. Любопытство, потребность в утешении и готовность утешать других, поиск новых впечатлений — причин, по которым люди быстро сближались, было предостаточно. Тем нежелательней был ребенок в этой новой реальности, лишенной всякой определенности. «Если бы мы сегодня зачинали детей, слепо повинуясь инстинкту, — писала Беате в предисловии, — ни одной супружеской паре было бы не под силу обеспечить ребенку приличную, достойную человека жизнь и соответствующее воспитание. Поэтому социальный долг велит нам четко отделять удовлетворение сексуальной потребности от зачатия». А то, к чему она призывала супружеские пары, еще в большей мере касалось неженатых. Всем им в своем «Тексте Икс» она разъясняла «результаты медицинских исследований последних лет», которые говорили, что «женщина лишь в течение нескольких дней между двумя менструальными циклами готова к оплодотворению». Насколько непросвещенными в этом смысле были немцы после войны, никто точно не знает. Вполне возможно, что многие и в самом деле соблюдали запрет на любые средства предохранения, объявленный в январе 1941 года Генрихом Гиммлером. Во всяком случае, Беате Узе своим «Текстом Икс» оживила тему контрацепции в духе нового времени: «Во всем мире одно за другим возникают общественные объединения, которые под лозунгом борьбы за регулирование рождаемости (*birth control* — это движение появилось в Америке) выдвигают требование систематического ограничения репродуктивной функции у женщин».

Едва закончив работу над «трактатом» — она даже не стала обременять себя исправлением множества опечаток, — Беате Узе поехала во Фленсбург и размножила рукопись в типографии на гектографе. Она заказала также большое количество рекламных листовок, которые принялась рассылать потенциальным клиентам по почте. Адреса жителей Хузума, Хайде и других населенных пунктов она брала в адресных и телефонных книгах. Кроме того, она сама целыми днями разъезжала на велосипеде по окрестностям и развозила рекламу. За каждый экземпляр «Текста Икс» она хотела получить две рейхсмарки плюс 70 пфеннигов за пересылку — эквивалент половины или четверти стоимости сигареты на черном рынке. Цена для того времени довольно высокая.

Расчет оправдался: «Текст Икс» стал бестселлером. В первый год (1947) его заказали 32 тысячи женщин[33]. Беате едва успевала печатать и рассылать новые тиражи. Свое «индивидуальное предприятие» она зарегистрировала у британских оккупационных властей под названием «Рассылка Беате». Маленький бизнес по распространению информации о гигиене брака стал зародышем будущего концерна, представленного на бирже мирового лидера в торговле эротическими принадлежностями, который сегодня, семьдесят лет спустя, насчитывает 470 сотрудников и имеет годовой оборот 128 миллионов евро[34].

Своему главному принципу — навязывать всем клиентам без разбора рекламу, не спрашивая на то их согласия, — Узе следовала не одно десятилетие, хотя как раз именно это обстоятельство и давало правоохранительным органам основания применять к ней все новые административные санкции. При этом в первый раз Беате Узе вступила в конфликт с законом не из-за нарушения норм нравственности или угрозы причинения вреда несовершеннолетним, а в связи с несоблюдением правовых норм, регулирующих цены. Две марки за пару листков бумаги, красная цена которым максимум три пфеннига, —

это, согласно заключению отдела здравоохранения, позволяло квалифицировать ее действия как спекуляцию; к содержанию «Текста Икс» претензий не было. То, что данное руководство по контрацепции не соответствует цене, компетентные органы — в том числе «Главное управление по борьбе с мошенничеством» в Гамбурге — вывели из того факта, что брошюра не содержала ничего нового. И что Беате Узе, «по-видимому, намеренно „забыла“ упомянуть авторов календарного метода, гинекологов Кюсаку Огино и Германа Кнауса».

Другим подобные тонкости были безразличны. Они возмущались «подстрекательством к разврату». Один правовед в области уголовного права из католического Мюнстера в 1949 году первым обвинил Беате Узе в создании угрозы общественной морали. Соответствующие правоохранительные органы во Фленсбурге вынесли свой вердикт: «Текст Икс» и связанный с ним рекламный материал «не носят оскорбительного характера и не представляют собой угрозы ни для целомудрия отдельных граждан, ни для общественной морали»[35], хотя жалоб по всей Германии к тому времени было уже более чем достаточно. Тогда северогерманские федеральные земли еще придерживались демонстративно либеральной линии. Однако когда Беате Узе расширила ассортимент своего магазина и присовокупила к «Тексту Икс» еще несколько текстов в сочетании с разного рода «эротическими принадлежностями», на нее обрушилась волна судебных исков. За свою коммерческую жизнь она умудрилась 700 раз побывать в роли ответчицы, пока в конце шестидесятых годов не произошла либерализация уголовного права, лишившая ее врагов последних средств правового преследования.

Тем временем Беате Узе второй раз вышла замуж. В 1947 году она была в отпуске на Зильте, который финансировала сама себе посредством нелегальной продажи привезенного из Брадерупа масла. Там на пляже она познакомилась с Эрнстом-Вальтером Ротермундом. Им было о чем поговорить, ведь он торговал туалетной водой для волос, рассылая ее по почте, как Беате – свои брошюры. Ротермунд — разведенный, отец двоих детей, — и Беате, вдова с ребенком, поселились у тетки Ротермунда в пасторате Санкт-Мариен во Фленсбурге, где ее муж служил пастором. Таких лоскутных семей в Германии после войны были тысячи. Ротермунд активно включился в коммерцию жены. Они вместе с двумя сотрудниками упаковывали и надписывали бандероли, отвечали на бесчисленные письма. Только в 1951 году они переехали в новое помещение с вместительным складом. Дела их быстро шли в гору; каталог товаров уже занимал 16 страниц.

Их предложение, очевидно, нашло грандиозный спрос. В 1951 году Беате выбрала для черно-белой обложки каталога лицо молодой женщины в наглухо застегнутом пуловере, которая с тревогой смотрит на зрителя. Ни намека на эротику; эта иллюстрация больше подошла бы к какому-нибудь экзистенциалистскому трактату, чем к «пособию по гигиене брака». Правда, подпись под ней, выполненная от руки, мгновенно переносит читателя в интимную сферу: «Все ли нас устраивает в нашем браке?» Если нет — проблему можно легко решить: в ассортименте имеются, например, «леденцы „Хона 6"* для преодоления временных затруднений».

Импотенция была серьезной проблемой в послевоенные годы. Многие военнопленные вернулись домой настолько изможденными и больными, что утратили всякий интерес к жизни, не говоря уже о сексе. Практикующий врач доктор Конрад Линк писал в журнале Frauenwelt в ноябре 1949 года: «Возвращенец, худой или толстый, — всегда тяжелобольной, независимо от его худобы или упитанности. С этой точки зрения мы можем судить о его супружеской жизни. Многолетнее неполноценное питание привело кроме всего прочего и к атрофии его половых желез,

* «6» по-немецки звучит как «зекс» — по-видимому, своего рода эвфемизм. — *Прим. пер.*

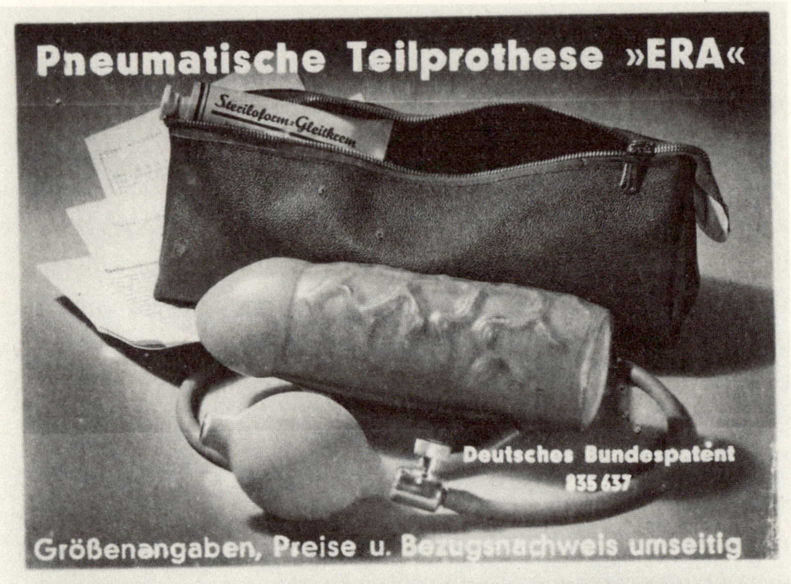

Бестселлер из ассортимента Беате Узе. В результате ранений на войне, тягот пережитого плена и голода многие мужчины страдали от импотенции

так что он возвращается домой не как муж, а как старший сын. Это обстоятельство непонятно ни ему самому, ни тем более его жене. Оно становится источником недоразумений, недоверия, ревности и в конце концов ведет к полному распаду семьи, хотя оба партнера чаще всего готовы сохранить брак»[36]. Однако то, что продукция Беате Узе могла решить эту проблему, вызывает сомнения. Каждый третий ее клиент в своем заказе просил совета, как справиться с сексуальными проблемами. И вот в 1951 году Узе нанимает на работу первого постоянного сотрудника, медика, которому надлежало под говорящим псевдонимом Рат* консультировать клиентов и одновременно заниматься разработкой медикаментов, повышающих потенцию[37].

---

* *Rat* — совет, советник (нем.). — *Прим. пер.*

Чтобы подчеркнуть эффективность своей деятельности, Беате Узе стала печатать в своем каталоге благодарственные письма клиентов: «Позвольте выразить Вам мою искреннюю благодарность за Ваш проспект, которым Вы оказали мне и моему мужу неоценимую помощь и освободили нас от моральных предрассудков. Я буду рекомендовать Вашу замечательную фирму всем своим знакомым, чтобы Ваше поистине волшебное искусство стало доступно как можно большему количеству людей». Другая клиентка писала: «Проблема, омрачавшая мою супружескую жизнь, была решена так быстро и деликатно, что я не могу не выразить Вам свою глубокую благодарность»[38].

«Гигиена брака» — таким же стерильно-безобидным, как это название, было и поведение Беате Узе. Эта «графиня Дёнгоф* сексуального раскрепощения»[39] была поборницей сексуальности, лишенной покрова таинственности; она выступала за нудизм и так называемый товарищеский брак. Свободная любовь, мастурбация или гомосексуальность на первых порах у нее даже не упоминались. Ее консультативная служба была адресована исключительно парам, желавшим сделать свой секс ярче, — волна порнографии обрушилась на потребителей этого товара, разобщив их и метафорически приковав их к кабинкам пип-шоу и видеоэкранам, лишь в восьмидесятые годы. И Беате Узе опять будет возглавлять триумфальное шествие секс-революционеров уже в пенсионном возрасте. В 2000 году ей вручили в Каннах порноорден «Hot d'Or d'Honneur», самую почетную кинонаграду в области порнографии.

Беате Узе «эпохи грюндерства» же стояла за сексуальность без непристойностей; обложку одного из ее каталогов украшает пожилая бюргерская пара, у которой был такой вид, как будто

---

* Марион Дёнгоф — немецкая политическая журналистка, видный автор и политик в послевоенной Германии. Ее имя стало нарицательным для обозначения женщин-реформаторов. — *Прим. ред.*

она совершает воскресную прогулку. Ее слоган «Добавь солнца в свои ночи!» мог бы служить эпиграфом ко всей ее программе. Узе нравилось купаться в ослепительном свете науки. Особенно близок по духу ей был американский зоолог и сексолог Альфред Чарльз Кинси, который своими эмпирическими сексологическими исследованиями оказал влияние и на Германию пятидесятых годов. Кинси опросил большое количество респондентов — по его словам, среднестатистических американцев — на предмет их сексуальных предпочтений и привычек и пришел к поразительным выводам. Сексуальные практики, считавшиеся до того извращенчеством, единичными случаями, вдруг оказались широко распространенными и довольно привычными. Кинси был просветителем в буквальном смысле этого слова: эффект его деятельности заключался в том, что он изменял вещи, проливая на них свет, то есть делая их объектом всеобщего внимания. Этот метод импонировал Беате Узе, ведь она тоже считала себя не миссионером, а всего лишь трезвым, свободным от предрассудков техником, умеющим смотреть в корень. Еще до появления двух «Отчетов Кинси» на немецком книжном рынке она, не без основания почуяв в них бестселлер, предложила своей аудитории краткое резюме этих трудов.

«Доблестный следопыт в эротической стране чудес»[40], она обладала удивительной способностью так стерильно говорить о сексуальности, что эта тема оставалась вполне легитимной даже в послевоенное, радикально настроенное на соблюдение приличий время. Свои секс-игрушки она рекламировала с изысканно-целомудренной скромностью. Это были презервативы всех видов — рифленые, с накладками, с пупырышками, с усиками, — которые, «по мнению врачей», идеально подходят для того, чтобы «обеспечить несколько фригидным или еще не вошедшим во вкус женщинам самые глубокие и яркие ощущения, а значит, острое любовное наслаждение»[41].

Беате Узе демонстративно не стыдилась своего ремесла. Она не пряталась от клиентов, а, напротив, открыто обращалась к ним в рекламных проспектах, помещая в них свои фото с личной подписью. Стильная, современная, с бойкой короткой стрижкой, сухой, спортивной фигурой и характерной улыбкой веселого гнома, она старалась казаться очень «естественной»; в ее внешнем облике не было ничего эротичного — надежный товарищ, за которым хоть в огонь, хоть в воду, исторический антипод Долли Бастер*. Открыто, даже демонстративно ставя свое имя и свою биографию в центр маркетинга, она сняла со своей коммерции покров таинственности и налет скабрезности и приобрела имидж серьезного и талантливого ученого, создавшего сияющую стерильной чистотой лабораторию счастливого секса. Она ни в чем не полагалась на случай; ее *personality marketing*** был продуман с самого начала. Она продавала даже собственную маркетинговую стратегию. Через полвека после начала своей коммерческой деятельности она представила на франкфуртской книжной ярмарке руководство по маркетингу — так сказать, «Текст Икс» по личному продвижению. В этом пособии под названием «Бизнес с наслаждением. Справочник по трудным сегментам рынка» Беате Узе описывает, как она сама — жена и мать, летчица, спортсменка и энергичная предпринимательница — сознательно стала лицом своего предприятия, чтобы выбить почву из-под ног критиков, не дать им ни малейшего шанса упрекнуть ее фирму в какой бы то ни было некорректности или сомнительности.

Но, несмотря на все ее усилия, она была излюбленной мишенью поборников добродетели. В 1951 году ее признали виновной в распространении безнравственной литературы и непристойных

* Долли Бастер — немецкая порнозвезда, снявшаяся более чем в ста фильмах. Пик ее карьеры пришелся на 90-е годы. — *Прим. ред.*

** Продвижение персонального бренда (англ.). — *Прим. пер.*

аксессуаров. Ее каталог, в котором «рекламируются более чем сомнительные товары, не отличается сдержанностью и деликатностью» — таков был вердикт фленсбургского суда шеффенов. По мнению судей, ее товары способствовали распространению разврата. Отягчающим обстоятельством было признано то, что эти непристойные товары рекламировала женщина, которая к тому же родилась в приличной семье и получила прекрасное воспитание[42]. Кассационная жалоба была отклонена; судья подтвердил «бесстыдство» ответчицы, которая своим проспектом апеллирует к «похоти» и нарушает закон с вопиющим упрямством и нежеланием внимать голосу разума. Правда, следующая инстанция отменила приговор, сославшись на обнаруженные процессуальные ошибки, но подтвердила, что проспект «находится в противоречии со здоровыми взглядами населения на сексуальные вопросы».

С тех пор жалобы следовали одна за другой. Из 2000 случаев возбуждения производства уголовного дела против нее 700 закончились судебным разбирательством. Благодаря выдающимся адвокатам и собственной ловкости она выиграла почти все процессы. Одно из самых частых обвинений заключалось в том, что она «сыпала» рекламу без разбора и таким образом терроризировала граждан, которым ее товары были не нужны, например католическую духовную семинарию. После этого обвинения Беате Узе стала использовать по два конверта: на внешнем отправитель по-прежнему оставался анонимом, на внутреннем она предупреждала получателя о «специфическом» содержимом послания и просила его тут же выбросить письмо, если он сочтет, что его пуританские чувства могут быть задеты. Если же он этого не сделает, вся ответственность ложится на него самого.

Первый секс-шоп в мире Беате Узе открыла в 1961 году за день до сочельника. Это был умный тактический ход: она сделала ставку на то, что перед Рождеством люди обычно настроены относительно миролюбиво, заняты совсем другими делами и им не до протестов против нового типа магазина самообслуживания.

Германия тонет в грязи? Страх перед нравственной деградацией народа

Ожесточенное упорство, с которым после денежной реформы велась борьба с Беате Узе и многими другими «нравственными террористами», определило имидж пятидесятых годов и отодвинуло на задворки национального сознания светлые, проникнутые свободомыслием аспекты тогдашней жизни. Начало консолидации экономики в 1948 году совпало с новым «крестовым» походом — истерично-страстной «Борьбой с грязью и бульварщиной» и многолетней подготовкой принятого в 1953 году закона о защите молодежи от вредной литературы. Целая когорта поборников высокой нравственности нарисовала черную картину будущего Германии как раз в тот момент, когда это будущее для большинства граждан стало постепенно проясняться. До денежной реформы источником страха перед падением морали в Германии были «криминальные наклонности» большинства населения, занимавшегося уличной торговлей, воровством угля и спекуляцией на черном рынке. Когда же экономика начала возрождаться, а преступность пошла на убыль, страх за порядок сосредоточился на нравственности молодежи. Ее следовало защитить от вновь обретенной свободы.

Национал-консерваторам был чужд дух молодой республики. Либеральное влияние западных союзников, новые фильмы и книги, абстрактное искусство и джаз с его дикими, возбуждающими ритмами внушали им ужас и отвращение. Они — совершенно справедливо — опасались, что все это вызовет серьезные изменения в немецком обществе. Комиксы они называли «графическим идиотизмом», «похотливой безграмотностью», «прославлением насилия», «отравой для души» и считали «захватнической литературой», разносимой по стране в «авоськах оккупантских подружек», «опиумом для детей», «чумой» и «насилием над культурой»[43]. Случай, когда четырнадцатилетний подросток повесил пятилетнего ребенка на оконном переплете, потому что ему «просто захотелось посмотреть, как он будет висеть», объявили прямым следствием чтения комиксов[44]. Учителя регулярно проверяли школьные ранцы детей на предмет наличия в них Микки Мауса, «Акима», «Зигурда», «Фикса и Фокси»*. Всю эту «гадость» изымали и периодически — по мере накопления — публично сжигали на школьном дворе.

Наряду с комиксами общественность в первые послевоенные годы не без основания была серьезно озабочена «сексуальной распущенностью». Война сделала сиротами 1,6 миллиона детей, многие из которых даже не знали своей фамилии. Они — поодиночке или собираясь в шайки — кочевали по стране, грабили, хулиганили, занимались проституцией. Многие немцы не желали признавать эту удручающую анархию следствием развязанной Гитлером войны и отравления сознания населения нацистской пропагандой и винили во всем культурную интервенцию, обрушившую на страну лавины нравственной грязи и пошлости. Как будто не было ни «тотальной войны», ни тотального уродования детской психики, а затем — с крахом Третьего рейха — и чудовищного разочарования. Причиной «растления молодежи» объявляли «современную жизнь», причем в ход шли аргументы, которые использовали еще в Веймарской республике, клеймя и проклиная модернизм. Медленный подъем экономики и нормализация жизни с этой точки зрения трактовались не как перемены к лучшему, а как часть зловещего

---

* Популярные комиксы 1950-х. Аким — персонаж, напоминающий Тарзана, Зигурд — рыцарь, сражающийся с драконами, львами и захватчиками, Фикс и Фокси — два брата-лисенка, трусливый и храбрый. — *Прим. ред.*

сценария, который еще до 1933 года любили называть «кризисом нашего времени».

Ганс Зайдель, главный коммерческий директор «Земельной рабочей группы по защите молодежи в Северной Рейн-Вестфалии», определил в 1953 году «кризис времени» характерным для данного культурно-реакционного дискурса образом: он, по его мнению, «изнутри отмечен историческим процессом отрыва современного человека от важнейших жизненных ценностей, который мы обозначаем такими понятиями, как „материализм“ и „нигилизм“. Этот отрыв, несущий с собой одновременно и утрату естественных связей, прежде всего общности, означает как расслоение важных культурных смыслов, так и их перерождение. Так любовь перерождается в эротику, профессия — в ремесло, выбранное не по склонности, а исключительно из материальных соображений, физические упражнения — в спорт, музыка — в развлечение. Современная техника ведет к избыточному материализму и ускорению, порождая, с одной стороны, высокомерие, с другой — страх. Этот контекст включает и цивилизаторские влияния, а также процессы индустриализации и урбанизации, как и вообще денатурализации всех наших жизненных условий»[45].

«Денатурализация и вырождение», «отрыв от естественной общности» — с этой националистической точки зрения поощряемое союзниками приобщение к западной культуре по определению стало угрозой для молодежи. Поэтому упомянутый защитник молодежи, состоящий на государственной службе молодой Федеративной Республики Германия, и считал «40% нашей молодежи явно травмированными, больными и подверженными чрезвычайно опасным влияниям»[46]. Его коллега, психолог Хельма Энгельс, видела в подавляющем большинстве молодежи всего лишь полчища «неуправляемых, одержимых жаждой наслаждений подростков», ставших рабами своей «киномании, ужасающей духовной непритязательности, безвольной покорности низменным инстинктам и абсолютно безответственной склонности к ранним половым контактам, лишенных какого бы то ни было чувства принадлежности к своему народу, живущих исключительно сегодняшним днем и нисколько не заботящихся о будущем»[47].

Ложность подобной оценки граничит с гротеском. В 1952 году вышел первый выпуск инициированного британско-нидерландским нефтегазовым концерном Shell социологического исследования молодежи, изучения взглядов, ценностей, привычек и социального поведения молодежи (раз в четыре года это исследование проводится до сих пор). Его результаты доказали безосновательность тревоги, которую били защитники молодежи, поскольку оно представило образ необычайно интересного и положительного поколения, удивительно легко справившегося с травмами военных и послевоенных лет. Правда, к этому исследованию тогда отнеслись с таким же недоверием, с каким относятся и сегодня, и оно не помешало полиции и департаменту по делам молодежи развязать настоящую войну против «трудновоспитуемых подростков». Особую панику вызывал у властей призрачный феномен «распутных девочек». Сегодня это кажется форменной патологией.

За страхом перед распутством скрывалась досада на молодежь, которая отвернулась от старшего поколения и не стеснялась демонстрировать презрение к нему, хотя сама еще не успела встать на ноги и свое разочарование выражала не иначе как в деструктивной форме. И сама диктатура, и ее крах основательно дискредитировали старших в глазах детей. Чем более страстно дети когда-то верили в Гитлера, тем более обманутыми чувствовали себя теперь. Считая своих родителей неудачниками, которые не смогли уберечь их от беспризорности или от утраты нормальной домашней жизни, они все больше убеждались в том, что теперь сами — кузнецы своего счастья. Александер Митчерлих писал в 1947 году, за два десятилетия до 1968 года, о «разрыве поколений»[48]. Он описывал анархический нигилизм многих молодых людей, видя в «грубости и враждебности их слов, нервной бессмысленности их жестов» чудовищную глубину их «неверия в мир», их разочарования в «деле их отцов»[49]. Его тоже ранило стремительно «распространяющееся глубокое презрение молодежи к старшему поколению и идентифицируемому с ним порядку жизни», хотя он и понимал и, в сущности, разделял это презрение. Тех же представителей старшего поколения, которым не хватало честности признать правомерность такого отношения к ним, переполняли горечь и ненависть, особенно при виде девушек, тянувшихся к чужим солдатам, слушавших их музыку, перенимавших их моду и имитировавших их язык. В американизации молодежи словно бы сосредоточился весь позор поражения и заблуждений родителей, искавших в истерической борьбе против «распутства молодежи», казалось бы, совершенно аполитичную культурную отдушину. Можно было оставаться нацистом, не заявляя открыто о своих идеалах, а ведя «компенсационную» войну против своих собственных детей, против Беате Узе, против комиксов, против «негритянской музыки» и против джиттербага* — одним словом, против всей этой грязи и пошлости. Насколько при этом существенны были старые «линии фронта», становится ясно из того факта, что инструментами разложения называли как «голливудскую гадость», так и «культурный большевизм».

В мрачных исправительных домах терроризировали «падших девушек», вина которых состояла лишь в том, что они дерзнули начать половую жизнь, не достигнув совершеннолетия. Мальчики же зарабатывали себе клеймо «безнадзорных»,

---

* Джиттербаг — общее название танца в свинговой манере, с более быстрыми движениями и более резкими прыжками, чем было принято на тот момент (конец 1930-х — середина 1940-х), а также с элементами акробатики. Сцена танцевального состязания по джиттербагу содержится, например, в фильме Дэвида Линча «Малхолланд Драйв» (2001). — *Прим. ред.*

влекущее за собой ломающие личность наказания, преимущественно преступлениями против собственности. Многие подростки во всех смыслах осиротели: бездомные в мировоззренческом смысле, травмированные в психологическом — и просто голодные. В своем одиночестве они шарахались от одного сомнительного покровителя к другому. В детдомах и исправительных заведениях вместо понимания и снисходительности их уделом были побои, муштра и тупая работа. Уже одна только классификация девочек в их личных делах — «морально неполноценная», «бессодержательная», «живущая одними инстинктами», «невоспитуемая» — позволяет представить себе степень бесчеловечности исправительно-карательных методов воздействия, которыми пользовались их воспитатели[50].

Если у мальчиков половой инстинкт воспринимался как данность, то в сексуальной активности девушек народные воспитатели видели своего рода нечистую силу и угрозу спокойствию и порядку[51]. Поэтому именно на фильм «Грешница» с Хильдегард Кнеф в роли уверенной в себе проститутки Марины, которая старается оградить своего возлюбленного от жизненных невзгод, «борцы с развратом» излили чашу самого яростного гнева. И поскольку Беате Узе была женщиной, ее противники боролись с ней с гораздо бóльшим рвением, чем с ее коллегами мужского пола.

Следует, однако, отметить, что католическая церковь выступала с критикой сексуальной либерализации еще при нацистском режиме. Ей с самого начала казались сомнительными молодежные организации Третьего рейха. По мнению церковных иерархов, Гитлерюгенд и Союз немецких девушек способствовали ослаблению нравственности. А многие родители с горечью вынуждены были констатировать, что государство, не спрашивая их согласия, взяло на себя воспитание детей и в каком-то смысле отняло их с помощью заманчивых приключений. Католический священник Петер Петто считал поколение

Гитлерюгенда и помощников ПВО люфтваффе жертвой государственной молодежной политики. В своей речи перед педагогами в 1947 году он говорил: «Многие из них прошли школу безбожия и цинизма, высокомерия, массовой муштры, извращения понятия „совесть“, антирелигиозной обработки. Они огрубели и очерствели, восприняв дикие военные нравы, и под влиянием смертельной скуки и монотонности бытия возжаждали чувственных наслаждений. Глубокое разочарование родило в них чувство потерянности и одиночества. Они составляют высокий процент среди бродяг, не знающих покоя»[52]. Интересно, что патеру Петто, человеку, кстати сказать, известному подлинным человеколюбием, сурово осуждавшему жестокие порядки в исправительных домах, жажда чувственных наслаждений представлялась такой же удручающей, как и огрубение нравов в результате войны.

С какой бы стороны ни исходила тревога по поводу «поклонения половым потребностям», алармизм стал настоящей угрозой для нежных ростков либерализма в послевоенном обществе поборников добродетели лишь с внезапным и радикальным расширением штатов в соответствующих органах, призванных железной рукой реализовать запреты и поставить преграду перед неугодными взглядами и формами жизни. Дело в том, что после принятия 131-й статьи Конституции в 1951 году, регулировавшей трудоустройство чиновников, которые потеряли работу после окончания войны в результате вмешательства оккупационных властей, на государственную службу вернулась целая армия закоренелых нацистов. Существует даже предположение, что Федеральное управление уголовной полиции так усердно участвовало в борьбе с «грязью и пошлостью» только для того, чтобы дать работу бывшим коллегам и соратникам, верно служившим национал-социализму[53]. В первых рядах борцов Федерального управления уголовной полиции с «сексуально-патологическими публикациями» стоял, например, советник юстиции Рудольф

Томсен, бывший гауптштурмбанфюрер СС, который до этого служил в Кракове в подразделении, занимавшемся «выявлением и подавлением бандитских формирований» — эвфемизм, часто означавший карательные акции против гражданского населения. Там Томсен неоднократно поощрялся начальством за образцовое исполнение служебных обязанностей[54]. А пять лет спустя он так же решительно и непреклонно боролся с моральным разложением общества, координируя действия отдельных служб и инициативы по борьбе с беспризорностью.

К счастью, общество молодой Федеративной Республики Германия оказалось гораздо более стойким в отношении таких репрессий, чем это пытаются представить с помощью расхожего образа «затхлых пятидесятых годов». Издатели, кинопрокатчики и авторы боролись с этой правоэкстремистской травлей народа всеми возможными средствами, в том числе и юридическими, и сами обвиняли своих обвинителей. В прессе то и дело давали решительный отпор «усиливающемуся государственному авторитаризму», как его назвала в 1952 году Die Zeit[55]. Понятие «антиавторитарный темперамент» на самом деле придумало не поколение 1968-го: оно появилось еще в 1951 году, в одном из номеров Spiegel[56]. Им пользовались и поборники нравственности. За определение свободы слова и образа, за границу между моралью и развратом разгорелась настоящая культурная война. Кёльнский кардинал Фрингс, еще во время дискуссии о понятии «хищение» объявивший светские законы второстепенными, и теперь призывал к самозащите, если государство не решится на серьезные меры: «Давайте же сформируем мощный отряд, мощное движение и будем требовать от федерального и земельных правительств не ослаблять борьбы до тех пор, пока такие явления* станут невозможны. Если не помогут государственные меры, мы прибегнем к самозащите»[57]. Протесты

* Имелась в виду «Грешница». — *Прим. авт.*

и демонстрации в сочетании с противоправными действиями, покушения с помощью химических бомб и драки сопровождали триумфальное шествие «Грешницы» по стране и сделали многих служителей церкви и моралистов-фанатиков участниками конфликтов с законом. Государство же встало на защиту свободы искусства. Один полицейский, дававший свидетельские показания в суде, заявил, что он «никогда не видел таких агрессивных демонстрантов, как священник Клинкхаммер из Дюссельдорфа», обвиненный в домогательствах, хулиганстве и оказании сопротивления сотрудникам правоохранительных органов[58].

Глава восьмая

Перевоспитатели

Три писателя и офицера отдела пропаганды трудятся над немецким духом

Когда армии антигитлеровской коалиции пересекли границы Третьего рейха, у солдат и офицеров были четкие, тщательно разработанные инструкции о том, что делать и как себя вести на оккупированных территориях. Они хорошо подготовились к общению как с пленными солдатами, так и с гражданским населением. Существовали обширные планы решения важнейшей задачи после физической победы — завоевания психики побежденных. Как вылечить немцев от высокомерия? Как выбить из их мозгов расизм, которым их отравляли в течение двенадцати лет и который настолько въелся в их сознание, что его, судя по всему, было не вытравить никакими, даже еще более зверскими, ковровыми бомбардировками?

К союзникам присоединились немецкие эмигранты, которые работали на передовой линии психологического фронта и должны были обеспечить надежность и необратимость капитуляции своих земляков. Для Советов это была, например, «группа Ульбрихта», названная именем Вальтера Ульбрихта — эмигрировавшего в СССР функционера КПГ, будущего лидера

СЕПГ*. Она подчинялась седьмому отделу (отделу пропаганды) Главного политического управления Красной армии. Там с самого начала войны рука об руку работали немцы и русские. Среди русских было много почитателей Баха и Бетховена, Гёльдерлина и Шиллера, ценивших многовековую историю германско-русских отношений, среди немцев — журналисты и писатели, поставившие свой талант на службу пропаганде в виде листовок и текстов радиопередач: например, Эрих Вайнерт («Зеленый цвет — цвет моего оружия»), Вилли Бредель, Альфред Курелла и Фридрих Вольф.

Эта группа в составе десяти человек 30 апреля 1945 года вылетела из Москвы в Минск, потом в Мезеритц, а оттуда на грузовике поехала дальше мимо обгоревших танков и раздувшихся трупов животных в Брухмюле, восточнее Берлина, где еще шли ожесточенные стрелковые бои. Группа Ульбрихта должна была отбирать немцев, не запятнавших себя нацизмом, чтобы использовать их для строительства нового режима. Она старалась внушить побежденным веру в добрую волю Советской власти и поощряла их выявлять или выдавать активных нацистов. Одной из первоочередных задач группы было немедленное создание антифашистской демократической прессы. Пять из десяти членов группы — в том числе Густав Гунделах, Вольфганг Леонхард и Карл Марон, будущий заместитель главного редактора Neues Deutschland, — имели опыт журналистской работы на немецкой радиостанции в Москве. Рудольф Хернштадт, в свое время один из авторов Berliner Tageblatt, прибыл в Германию на неделю позже с поручением до 21 мая открыть в Берлине новую ежедневную газету. Коммунистические соратники Хернштадта сначала хотели оставить его в Москве, полагая, что его еврейство

* Социалистическая единая партия Германии существовала с 1946 по 1990 год (преимущественно в ГДР), в 1950 году приняла марксизм-ленинизм в качестве официальной идеологии. — *Прим. ред.*

может стать в этом деле помехой, так как в Берлине его могут встретить с большим недовольством. Но в конце концов 8 мая он уже копался в грудах строительного мусора среди развалин дома Моссе, бывшего издателя Berliner Tageblatt, где еще лежали тела убитых, в надежде найти исправный печатный станок и пишущие машинки. Вместе с писателем Фрицем Эрпенбеком («Маленькая девочка и большая война») он занялся поиском бывших коллег, заслуживающих доверия, — задача не из простых в разрушенном городе. В качестве подкрепления он попросил командование Красной армии выделить ему лучших редакторов из Deutsche Zeitung fur Kriegsgefangene («Немецкой газеты для военнопленных»).

Штат сотрудников постепенно был укомплектован, и когда им к тому же удалось найти подходящее место для работы — типографию Отто Мойзеля в Кройцберге, — они начали выпуск газеты. 22 мая вышел первый номер Berliner Zeitung тиражом 100 тысяч экземпляров — со знаменитым слоганом «Берлин возрождается!».

У американцев тоже были немецкие соратники, специалисты по психологической войне — немецкие эмигранты, в том числе много евреев, а также потомки давно переехавших в Америку немцев. Готовили большинство из них в Кэмп Ричи в Мэриленде, учебном лагере американской военной разведки. Внешне больше похожий на гольф-клуб, идиллически расположенный на берегу озера у подножия Голубого хребта, внутри он, по словам одного из курсантов, Ганса Хабе, напоминал корабль дураков[1]. Там эмигрантов из пятнадцати стран обучали методам ведения психологической войны на европейской земле. Они изучали приемы допроса, методы шпионской работы на вражеской территории, способы подрыва боеготовности посредством дезинформации — или, еще лучше, правды. Парни из Ричи, как их называли, были высококвалифицированными специалистами, которых наряду с ненавистью к нацизму связывало общее уважение к немецкой

Ганс Хабе в сшитой на заказ униформе. В 1945 году, будучи майором армии США, он основал 16 немецких газет, флагманом среди которых была Neue Zeitung

культуре. Среди них были американцы, изучавшие немецкую литературу и потому хорошо владевшие немецким языком*. В числе немецких «парней из Ричи» были писатели Клаус Манн, Ганс Хабе, Штефан Хайм, Хануш Бургер и будущий композитор, писатель и артист кабаре Георг Крайслер.

Самым выдающимся среди них был журналист Ганс Хабе (Янош Бекеши), родившийся в 1911 году в Будапеште. В возрасте двадцати лет он стал главным редактором Österreichische Abendzeitung, после того как (довольно небрежно) провел

* Один из самых известных американских выпускников Кэмп Ричи — Дж. Д. Сэлинджер. — *Прим. ред.*

журналистское расследование по заданию Wiener Sonn- und Montagspost в Браунау, родном городе Гитлера, о том, какую фамилию пришлось бы носить фюреру (Шикльгрубер), если бы его отец не сменил ее на другую. Позже он работал в Женеве при Лиге наций корреспондентом известной газеты Prager Tageblatt. Хабе, говоривший о себе: «Я был необычайно хорош собой, к тому же не испытывал недостатка в соответствующих сердечных свойствах», к концу жизни мог похвастаться тем, что был женат на трех из самых богатых женщин мира. В общей сложности он был женат шесть раз. После Маргит Блох (первой избранницы) он женился на дочери венского фабриканта, производителя электрических лампочек Эрике Леви. Но и с ней он прожил недолго, поскольку после аншлюса — присоединения Австрии к гитлеровской Германии в 1938 году — Хабе, сын принявшего христианство еврея, был немедленно лишен гражданства. Он отправился во Францию и вступил во французскую добровольческую армию. Верный кокетливо сформулированному решению сделать свою жизнь еще более увлекательной, чем его романы, он попросился в парашютисты. Попав в плен к немцам, Хабе совершил побег, полный таких необычных приключений, что эта история позже и в самом деле нашла отражение в романе Эриха Марии Ремарка «Ночь в Лиссабоне». Из Лиссабона он перебрался на пароходе в США, где, едва успев свести знакомство с очередной богачкой, будущей наследницей United Food Элеонорой Клоуз, снова пошел на войну с нацистской Германией, на этот раз в рядах американской армии.

Так Ганс Хабе попал в Кэмп Ричи. В высадке Пятой армии под Салерно в Южной Италии он участвовал в сшитом по мерке мундире. Такая привилегия полагалась только генералам, но он любил шик и поражал своих воинских начальников эффектным сочетанием мужества и элегантности. Во время продвижения на север его назначили руководителем пресс-службы

Psychological Warfare Division*. Сразу же после взятия Люксембурга он в сентябре 1944 года получил в свое распоряжение популярную радиостанцию Radio Luxembourg и сделал ее чрезвычайно эффективным инструментом психологической обработки противника. В конце октября был взят первый крупный немецкий город — Ахен. С этого момента Хабе надлежало в каждом относительно крупном немецком городе немедленно открывать газету, чтобы завладеть умами простых граждан и внушить им доверие к американцам. Его главным партнером стал «парень из Ричи» Ганс Валленберг, сын бывшего главного редактора B. Z. am Mittag. Начиная с Kölnischer Kourier, с апреля 1945 года начали работу шестнадцать новых газет — еще прежде, чем в соответствующих городах по-настоящему воцарился мир. Это стало возможным благодаря блестяще продуманной логистике. Шестнадцать газет имели одну общую главную редакцию, которую возглавлял Хабе и которая располагалась в конфискованном отеле «Бристоль» в Бад-Наухайме. Рукописи ежедневно на самолетах или джипах доставлялись в местные редакции, где их комбинировали с региональными материалами, а также с сообщениями и объявлениями местной военной администрации, — система, предвосхитившая сегодняшнюю структуру немецких местных газет, которые выходят под одной межрегиональной «шапкой».

Этот эффективный метод породил опасных завистников в собственных рядах. Почти параллельно с учредительской активностью Хабе военная администрация выдавала лицензии и немецким книжным и газетным издателям, не скомпрометировавшим себя сотрудничеством с нацистами. Это были, например, Frankfurter Rundschau, Rhein-Neckar-Zeitung, Süddeutsche Zeitung, а также множество маленьких газет в провинциях. Они, разумеется, подлежали предварительной цензуре, которая,

* Подразделение психологической войны (англ.).

впрочем, в объединенной англо-американской оккупационной зоне с конца 1945 года уступила место последующей цензуре. Позже появились и такие еженедельные газеты, как Die Zeit и Stern.

Контроль американских кураторов за так называемой лицензированной прессой привел к поистине материнской заботе о подопечных и ожесточенной конкурентной борьбе внутри военной администрации. Одним из основных источников конфликтов была непрекращающаяся борьба за бумагу, которой катастрофически не хватало.

Империя Рудольфа Хернштадта в далеком Берлине тоже росла, несмотря на трудности. Наряду с Berliner Zeitung он учредил Neue Berliner Illustrierte — блестящую газету, которая очень скоро обзавелась превосходными фотографами и иллюстраторами. Затем открылись Die Frau von heute, молодежный журнал Start и Demokratischer Aufbau. В 1947 году в издательстве Berliner Verlag работали уже 1700 человек.

Перед Хабе и Хернштадтом стояла одна и та же задача: внушить немцам доверие к газетам оккупационных властей. Конечно, их внимательно читали, ведь в условиях нестабильности и непредсказуемости послевоенной жизни люди жадно ловили каждую мелочь, каждую деталь, которая могла помочь сориентироваться в хаосе. Поэтому большие тиражи легко расходились. Но как добиться того, чтобы на читателя веяло со страниц газет хоть каким-то теплом, которое и делает газету чем-то бо́льшим, чем просто «доска объявлений», набор распоряжений, запретов, сведений о нормах продуктов? Этот вопрос спровоцировал парадоксальную гонку союзников за благосклонностью немцев. И дело было не только в прессе. Политика денацификации и перевоспитания, проводимая союзниками, основывалась на балансе между наказанием и взаимным доверием: нейтрализации виновных и разъяснительно-воспитательной работе с «попутчиками», то есть с сочувствующими, силами подлинных врагов нацизма, выживших в Третьем рейхе. Без веры немцев в добрую волю победителей надежный, долговечный мир был невозможен.

Советам в этом смысле было теоретически легче. Их убежденность в том, что история «неизбежно» приведет человечество к бесклассовому обществу, позволяло им верить в хорошее даже в немцах. То, что немцы напали на них, по логике их трактовки истории находилось в противоречии с объективными интересами пролетариата. В первом же номере Berliner Zeitung Хернштадт процитировал товарища Сталина: «Опыт истории говорит, что гитлеры приходят и уходят, а народ германский, а государство германское остается». Трактовка фашизма как террористической диктатуры, угнетавшей рабочий класс, открывала Советам идеологический путь к быстрому прощению. Они, правда, считали немецкий народ виновным, потому что он не оказал нацистам должного сопротивления, но, в отличие от многих американцев, в гораздо меньшей степени были склонны видеть в немцах злодеев по определению.

Советы, которые на самом деле внушали немецкому населению гораздо больший ужас, чем американцы или британцы, в плане пропаганды проявляли к нему, однако, намного больше сердечности. Они в первые же дни дали немцам возможность вступить на путь примирения. 23 мая 1945 года Карл Марон из группы Ульбрихта — к тому времени уже первый заместитель обер-бургомистра — писал в Berliner Zeitung: «Мир насмотрелся на то, как немецкие мужчины жгут и разрушают, — пусть же теперь увидит, как мы занимаемся мирным строительством и искренне стараемся искупить свою вину, чтобы снова, не стыдясь, взглянуть в глаза мировой общественности и добыть для Германии право вновь занять свое место в мирной семье народов».

Американцы же были совершенно не готовы к тому, чтобы сразу после окончания войны дать немцам возможность вновь обрести статус мирного, цивилизованного общества. У них не было коммунистической исторической доктрины, которая позволила бы им считать немецкий народ жертвой Гитлера. Напротив, в среднестатистическом немце они видели милитаристскую, авторитарную, жестокосердную личность, для которой гитлеризм — идеальная форма правления. Во всяком случае, они были уверены, что немцы еще не созрели для демократии и по-прежнему представляют огромную опасность для мира. Что каждый немец — враг и относиться к нему следует именно как к врагу.

Практическое воплощение эта позиция нашла — еще задолго до победы над Германией — в запрете на любое общение с немецким населением, выходящее за рамки чисто бытовых и организационных вопросов. Один из пунктов так называемого справочника «G-3» американской армии, опубликованного 9 сентября 1944 года, требовал от солдат и офицеров «отказа от проявления дружелюбия, доверительных и интимных отношений с немцами как в официальной, так и в неформальной обстановке, с отдельными лицами или группами лиц»[2]. В одном меморандуме на тему «Conduct of American Military Personnel in Germany»* указывалось: «Не опускаясь до жажды мести или злобы, американцы должны вести себя ровно, выражая своим поведением холодную антипатию и неприязнь… Немцы должны почувствовать, что на них лежит вина за Вторую мировую войну и им не будет прощения за то, что они жестоко угнетали другие народы… Они поймут не только то, что судьба уже второй раз карает Германию поражением за ее агрессию, но и то, что они снискали себе презрение и отвращение тех, чью любовь они всегда хотели заслужить»[3]. Запрещены были рукопожатия, раздача шоколада, совместное посещение ресторанов и кафе, совместные вечеринки и, разумеется, половые связи.

---

* «Правила поведения американских военных в Германии» (англ.).

Как известно, солдаты недолго придерживались этих правил. Они были удивлены тем, что большинство немцев имели мало общего с образом врага из «Справочника для американских солдат в Германии», хотя их часто раздражала неумеренная услужливость, с которой они сталкивались на каждом шагу. И все же запрет «братания» хотя бы частично обеспечил в первые месяцы сдержанное поведение американских солдат и офицеров, тем более что их постоянно призывали к этому многочисленные брошюры, плакаты и киножурналы.

Совершенно иначе вели себя советские солдаты. Они производили чрезвычайно противоречивое впечатление. С одной стороны, они могли быть грубыми и жестокими, особенно после обильных возлияний, с другой — поражали неуемной сердечностью, часто приглашали незнакомых немцев с улицы на свои спонтанные праздники и пирушки по поводу победы. Их импульсивная сердечность стала такой же легендой, как и их вспыльчивость и грубость. Они любили танцевальную и классическую музыку, театр и акробатику, и как только стихли последние выстрелы, пустились в вакхическое веселье. Они один за другим открывали закрытые во время войны театры, концертные залы и варьете. Уже 26 мая 1945 года, через две недели после окончания войны, Берлинский филармонический оркестр дал свой первый концерт во дворце «Титания», собственноручно расчистив его от обломков. То, что этот концерт состоялся, было чудом. Тридцать пять музыкантов оркестра погибли или пропали без вести, бóльшая часть инструментов была эвакуирована, остальные реквизировал русский военный оркестр. За дирижерским пультом в черном фраке стоял Лео Борхард — тот самый Борхард, с которым Рут Андреас-Фридрих за пару недель до этого тупым ножом срезáла последние остатки мяса с остова тощего белого вола на заднем дворе.

По приказу русского военного начальства уже к середине июня возобновили работу 45 варьете и кабаре, а также 127 кинотеатров, которые ежедневно посещали от 80 до 100 тысяч зрителей[4]. Множество актерских коллективов, «Кабаре комиков», кабаре «Звук и дым», «Экспресс-капелла» — работы хватало всем. Русские не столько заботились о настроении немцев, сколько сами хотели после долгих лет войны от души насладиться западной индустрией развлечений. «Они давали немцам возможность разделить с ними эту радость, они как победители отнюдь не боялись тесных контактов и охотно смешивались с публикой; может, им к тому же было приятно производить положительное впечатление», — писала культуролог Ина Меркель[5].

Так же непосредственно русские вели себя и в отношении высокой немецкой культуры. Если американцы упорно проявляли недоверие даже к немецкой классике и задавались вопросом, не является ли вся эта вычурная «тонкость и трепетность» на самом деле всего лишь незаметным на первый взгляд проявлением немецкого варварства, русские без всяких рефлексий предавались почитанию немецкого культурного наследия. К счастью, Веймар оказался в их оккупационной зоне. Уже в июле 1945 года солдаты Красной армии при активном участии прессы торжественно сняли защитные сооружения с памятника Гёте и Шиллеру, которыми он по приказу веймарского гауляйтера Фрица Заукеля был закрыт от бомбардировок. Месяц спустя командующий Восьмой гвардейской армией и глава военной администрации Тюрингии генерал Василий Чуйков в сопровождении большой свиты посетил этот памятник и могилы обоих веймарских классиков. После произнесенной генералом длинной речи на трибуну вышел известный советский писатель Николай Вирта́ и сказал: «Гитлеристы хотели ограничить влияние Гёте и Шиллера, они хотели скрыть их самые прекрасные и светлые идеалы... Сегодня, открывая памятник Гёте и Шиллеру, мы тем самым открываем и застенки, в которых томились их мысли о счастье людей, о дружбе народов и о справедливости». Слушая его, можно было подумать, что национал-социализм вообще был чуть ли не другой, не-немецкой, природы — тезис, очень импонировавший побежденным, которые встретили его бурными овациями.

С американской стороны подобное восторженное восприятие немецкой культуры разделяли лишь очень немногие германисты и эмигранты. Большинство же американцев смотрели на местные культурные традиции скептически и задавались вопросом, почему как раз высокообразованные немецкие профессора оказались самыми оголтелыми нацистами. С таким же недоверием они относились к очень активному участию немецких журналистов в создании новой прессы. Если Советы — во всяком случае до конца 1945 года — не имели ничего против тесных контактов советских военнослужащих с побежденными и в значительной мере предоставили перевоспитание населения немецким коммунистам, то американцы старались избегать привлечения других немцев, кроме «парней из Ричи», к руководству денацификацией Германии.

Следует отметить, что Ганс Хабе был убежденным противником запрета на «братание». Он считал, что денацификация возможна лишь при условии, что союзники смешаются с немцами и уже там отделят пшеницу от плевел. Кроме того, он не мог представить себе нормальную редакцию без дружеских связей. Уже хотя бы поэтому немецкие и американские сотрудники должны работать в тесном взаимодействии друг с другом. Первое детище Хабе — Die Neue Zeitung — появилось на свет 17 октября 1945 года в Мюнхене. Это была межрегиональная газета под его редакцией, издаваемая Information Control Division* американской военной администрации, «американская газета для немецкого населения», как говорилось в самом названии, но при этом как минимум наполовину — бюллетень немецкой интеллигенции. В ней печатались все, от Теодора В. Адорно до Карла

* Подразделение информационного контроля (англ.).

Цукмайера, все, кому было что сказать: Макс Фриш, Александр Митчерлих, Герман Гессе, Альфред Дёблин, Томас и Генрих Манны, Альфред Керр, Петер Зуркамп, Ода Шефер, Ильзе Айхингер, Луизе Ринзер, Фридрих Люфт, Райнхардт Леттау, Герман Кестен, Вальтер Йенс, Вольфганг Борхерт, Рут Андреас-Фридрих, Урсула фон Кардорфф, Гюнтер Вайзенборн* — это лишь несколько имен, которые наглядно демонстрируют широкий спектр публиковавшихся в газете материалов. На роль заведующего литературным отделом Хабе пригласил Эриха Кестнера, а его заместителем назначил Альфреда Андерша. В составе американского штаба редакции работали Штефан Хайм и другие немцы, например Вернер Финк, будущий ведущий телевикторин Роберт Лембке и Хильдегард Хамм-Брюхер, которая позже, уже как член Свободной демократической партии Германии и государственный министр в министерстве иностранных дел, станет одним из серьезнейших политиков молодой республики. Для нее, молодого редактора отдела науки, работа в этой газете была школой демократии: «Это была школа мышления; опыт рос не по дням, а по часам... И обращение с нами было демократичным и открытым, с этой точки зрения я всего за три года прошла такой путь, какой другие — те, что сохранили авторитарное мышление, — может быть, осилили лишь за двадцать лет»[6].

Die Neue Zeitung была солидной газетой: большого формата, с элегантным оформлением, умной и острой. На ее страницах и в самом деле снова кипели страстные споры, от чего

---

* Помимо хорошо известных в России имен (Адорно, братья Манны, Гессе и Фриш), здесь упоминаются и не менее значимые для Германии литераторы — выдающиеся театральные критики Альфред Керр и Фридрих Люфт; Петер Зуркамп, основатель одного из самых прославленных немецких издательств Suhrkamp Verlag, издатель Брехта и Гессе; поэтессы Ода Шефер и Ильзе Айхингер; журналистки и авторы дневников Рут Андреас-Фридрих и Урсула фон Кардорфф; романистка и детская писательница Луизе Ринзер; плодовитый романист Герман Кестен; филолог, телевизионный критик и писатель Вальтер Йенс; драматурги Вольфганг Борхерт и Гюнтер Вайзенборн; знаменитый киносценарист Карл Цукмайер. — *Прим. ред.*

немецкие читатели отвыкли давно — с 1933 года. Например, уже в одном из первых номеров философ Карл Ясперс в своем «Ответе Сигрид Унсет» оспорил коллективную вину немецкого народа[7]. Норвежская писательница, лауреат Нобелевской премии, выразила уверенность в невозможности перевоспитания немцев, поскольку их злодеяния были «следствием немецкого мышления», для которого всегда были характерны высокомерие, спесь и агрессивность[8]. Она считала, что немцы не подлежат исправлению: чтобы оно состоялось, дети должны были бы порвать со своими родителями. На статью Унсет Ясперс ответил следующими словами: «Огульное осуждение целого народа или каждого человека, принадлежащего к этому народу, есть, на мой взгляд, требование, противоречащее человечности». Он считал возможным даже «самовоспитание» немцев. Для этого, впрочем, требовалось признание в убийстве многих миллионов людей, безжалостное выяснение собственной ответственности за терпимость к режиму и приспособленчество, а также открытое обсуждение прошлого: «Важно вновь обрести нашу немецкую жизнь в условиях правды. Мы должны научиться говорить друг с другом». Это означало ни много ни мало изменение характера — глубинное, в сторону диалогической речи: «Оперирование догмами, привычка орать друг на друга, гневное возмущение, апеллирование к чести, дающее право с оскорбленным видом обрывать беседу, — все это должно остаться в прошлом»[9].

Die Neue Zeitung была форумом независимых умов и на редкость плюралистическим печатным органом, чего никто не ожидал от оккупационных властей. Где еще печатались одновременно Теодор В. Адорно и Людвиг Эрхард? Росту популярности газеты больше всего, конечно, способствовал литературный отдел, которым руководил Эрих Кестнер и который занимал треть газеты. Ганс Хабе, который в каждом выпуске публиковал свои комментарии и другие материалы и строго, но соблюдая принцип коллегиальности, руководил редакцией, нежился в лучах славы и радовался растущим тиражам — два с половиной миллиона и еще три миллиона заказов, которые пока невозможно было выполнить из-за нехватки бумаги.

Однако без дружеской атмосферы в редакции и тесного сотрудничества немецких и американских коллег выпуск такой газеты, как Die Neue Zeitung, был бы невозможен. То же касалось и денацификации, которая, по мнению Хабе, должна была проводиться более жестко, но в то же время с бóльшим пониманием в отношении «незапятнанных». Американские сотрудники редакции — человек двадцать, — каждый день являвшиеся на службу в своих помятых, слишком широких мундирах (один лишь Хабе по-прежнему щеголял в своей приталенной, безупречно выглаженной форме, как инструктор по верховой езде), прекрасно ладили со своими немецкими коллегами; в редакции царила атмосфера непринужденности и открытости, которая не очень нравилась американским военным властям. Хабе считался у них политически ненадежным, идущим на поводу у этих немецких умников, которые вешают ему лапшу на уши.

С такой же предвзятостью к нему относились и сами немцы. Некоторым из них денацификация причиняла особые муки, когда ее осуществляли немцы с американскими паспортами — такие, как Хабе. О том, что он был венгерским евреем, знали немногие. Насколько эта информация облегчила или усложнила бы дело, можно рассуждать долго. Сам Хабе был уверен, что немцы предпочитают как раз иностранных «перевоспитателей» своим, немецким. Ведь для иностранцев это было частью ритуала.

Хотя бóльшая часть мер, направленных на денацификацию, сегодня кажется довольно безобидной, побежденные немцы воспринимали их как унижение. Особенно недовольна была интеллигенция Третьего рейха — учителя, профессора, писатели и журналисты, считавшие неуместным даже вполне оправданное недоверие, с которым часто сталкивались. Так, например, каждый взрослый в американской оккупационной зоне должен был заполнить анкету, состоявшую из 131 вопроса, — чисто формальная процедура, ставшая, однако, неиссякаемым источником ядовитого сарказма. Вопросы не всегда были сформулированы корректно; из некоторых явствовало, что американцы плохо ориентировались в разных национал-социалистских объединениях. Кроме того, совершенно чуждая немцам вера в целесообразность подобных примитивно-поверхностных мероприятий казалась им проявлением высокомерия и в то же время наивности. «Состояли ли вы в НСДАП? Занимали ли вы в НСДАП должности рейхсляйтера, гауляйтера, крайсляйтера, ортсгруппенляйтера? Вы порвали с церковью? Были ли вы членом Гитлерюгенда? Была ли ваша жена еврейкой или полукровкой? Состояла ли ваша жена в НСДАП?» Многие немцы были до глубины души возмущены этими «рентгеновскими» исследованиями. В 1951 году Эрнст фон Заломон написал роман «Анкета», ставший одним из главных бестселлеров послевоенного времени. Использовав злополучную анкету как каркас романа, он натянул на него огромное автобиографическое полотно на шесть сотен страниц и попытался доказать, что сложная жизнь немецкого интеллектуала, придерживавшегося национал-консервативных взглядов, отнюдь не исчерпывается сводом каких-то дурацких вопросов.

Конечно, каждый немец после окончания войны в глазах союзников автоматически стал объектом подозрения. Это было понятно даже тем, кто не сомневался в собственной непогрешимости. Такова логика войны. Логика же национал-социалистского народного единства не признавала права голоса для вернувшихся из вынужденной эмиграции. Кто бежал из страны, не имел права судить своих бывших соотечественников. Инквизиторская или воспитательская деятельность немецких реэмигрантов воспринималась как особый цинизм и наглость. Хотя тот же Хабе в кругу своих немецких сотрудников не испытывал никакого психологического дискомфорта, за пределами редакции он, однако, чувствовал враждебность, которая его очень угнетала.

Против «высокомерия» эмигрантов немцы выступили сплоченным фронтом. Это было отнюдь не скрытое недовольство и не просто злобное ворчание старых нацистов, у которых рыльце в пуху. Совсем необязательно было скрывать свою злобу или досаду: в послевоенной Западной Германии сложилась дискуссионная среда, позволявшая открыто критиковать эмигрантов, находившихся под защитой американцев. Широкую известность получила дискуссия вокруг Томаса Манна и с ним самим. Лауреат Нобелевской премии 1929 года Томас Манн с 1940 года в своей калифорнийской ссылке регулярно писал речи, которые BBC транслировала его землякам. В 55 речах продолжительностью в среднем восемь минут он просвещал слушателей о преступлениях нацистского режима, о «нравственном помешательстве» и с позиции стороннего наблюдателя описывал, как Германия сама изолировала себя от сообщества народов, исповедующих гуманизм.

Теперь, непосредственно после окончания войны, многие немцы надеялись обрести моральную поддержку в лице знаменитого автора. Вальтер фон Моло, бывший председатель секции поэзии Прусской академии художеств, позиционировавший себя как один из наиболее выдающихся представителей немецкой культуры, обратился к Томасу Манну, всемирно признанному писателю, в открытом письме, опубликованном в газете Hessische Post от 4 августа 1945 года и одновременно в Münchener Zeitung. Он просил Манна вернуться в Германию, которая является не страной преступников, как он, возможно, полагает, а в первую очередь страной жертв: «Пожалуйста, приезжайте поскорее и посмотрите на лица, отмеченные печатью горя, прочтите невыразимые страдания в глазах тех многих, которые не воспевали неблаговидные стороны нашей жизни и не могли покинуть родину, потому что речь идет о миллионах людей, которым нигде не было места, кроме как дома, в Германии, постепенно превратившейся в один огромный концентрационный лагерь, где очень скоро остались лишь охранники и узники всех мастей»[10].

Томас Манн воспринял эту, в сущности, лестную просьбу резко отрицательно. Возвращаться в Германию, где «сочувствовавшие» режиму плаксиво уверяли всех, что они — жертвы и сидели в одном огромном концлагере, он не хотел, поэтому ответил Вальтеру фон Моло в статье «Почему я не хочу возвращаться в Германию», опубликованной в нью-йоркской газете Aufbau, и передал ее американскому Office of War Information*, который разослал ее в разные немецкие газеты, в том числе Augsburger Anzeiger, откуда она разлетелась по Германии с быстротой молнии. Свой отказ Томас Манн связал с резким осуждением писателей и поэтов «внутренней эмиграции», полагавших, что своим бегством в аполитичную литературу они сняли с себя всякую вину. «В моих глазах книги, напечатанные в Германии с 1933 по 1945 год, не достойны даже того, чтобы брать их в руки. Они пахнут кровью и подлостью. Их все следует уничтожить».

Это был удар в солнечное сплетение. Коллективная анафема, объявленная всем оставшимся в Германии авторам, стала для них тяжелым испытанием. Томас Манн сунул их всех в один мешок — и честных, и лицемеров, и кликуш-провокаторов, и меланхоликов — и безжалостно бросил в мусорный бак. Статья Томаса Манна шокировала даже многих перевоспитателей, поскольку была довольно непедагогична. И несправедлива хотя бы уже потому, что Томас Манн и сам печатался в Германии

---

* Бюро военной информации (англ.).

до лишения гражданства в 1936 году. Значит, и его книги тех лет тоже подлежат уничтожению?

Оставшиеся в Германии литераторы нанесли ответный удар. Франк Тисс («Цусима. История одной морской войны»*) заявил в своей статье «Внутренняя эмиграция», опубликованной в Münchener Zeitung 18 августа 1945 года, что он не покинул Германию из чувства долга. Это, мол, удобнее всего — удрать из страны; он же продолжил служить литературе в условиях нацистского режима. Он с самого начала знал, что если переживет «эту страшную эпоху», то выйдет из нее «духовно и нравственно окрепшим и гораздо богаче знаниями и опытом, чем если бы смотрел на немецкую трагедию из ложи или партера эмиграции»[11].

Участники «боевых действий» были беспощадны друг к другу. Объявлять эмигрантов досужими зрителями немецкой трагедии, бросившими своих соотечественников на произвол судьбы, было хамством по отношению ко всем, кто покидал родину не по своей воле и к тому же в тяжелейших условиях — как правило, лишившись всех средств к существованию. Для знаменитого писателя Томаса Манна эмиграция, конечно, и в самом деле была больше похожа на увеселительную прогулку, чем на изгнание, поэтому замечание Тисса, в котором звучали нотки зависти, попало в самую точку и подлило масла в огонь.

Но зато в Германии наконец снова стали возможны открытые дискуссии. Эта газетная полемика летом 1946 года была собрана в единое целое и опубликована отдельной брошюрой. Для публики это стало изысканнейшим интеллектуальным наслаждением, потому что все участники баталии были достойными противниками с точки зрения писательского мастерства.

---

* Роман Тисса о Русско-японской войне «Цусима» (1936) был чрезвычайно успешным в Германии и сочетал в себе опору на документальные источники с культом солдатского героизма и фаталистическим взглядом на историю. — *Прим. ред.*

Они страстно токовали перед некой высшей справедливостью, добиваясь ее благосклонности, и блестяще сплетали взаимные унижения, риторические изъявления «глубокого почтения» и уязвленное тщеславие в удивительное кружево, напоминающее павлиний хвост. В этом смысле послевоенное время было поистине увлекательным. Его тяготы стали благодатной почвой для тонких интеллектуальных споров, в которых внутренние эмигранты отличались особенным, до странности старомодным, снобизмом — вычурным, напыщенным и чрезвычайно претенциозным.

Начать полемику, как этого хотел Карл Ясперс, было важнейшим стремлением Neue Zeitung. Ганс Хабе с тревогой следил за тем, как многие немцы, в свое время критически настроенные по отношению к гитлеровскому режиму, которые, в сущности, должны были бы испытывать радость освобождения, держали четкую дистанцию с оккупационными властями и даже вдруг начали выражать солидарность с заядлыми нацистами. В своей статье «Ложная солидарность» он в ноябре 1945 года подвергает анализу этот феномен — что многие сохранившие честь немцы из чувства собственного достоинства, по-видимому, решили, что им нужно протянуть руку поверженным национал-социалистам. «Нет для немца ничего более соблазнительного, чем возможность сделать широкий жест, проявить невнятное средневеково-рыцарское великодушие»[12]. Однако, по мнению Хабе, они уходили от ответственности, предоставляя сводить счеты с нацистскими преступниками иностранным победителям.

Если даже несгибаемому Гансу Хабе было нелегко мириться со стеной враждебности, особенно в образованных кругах, то в 300 километрах северо-западнее разыгралась еще более тяжелая драма. Там, в Баден-Бадене, осенью 1945 года по поручению французов открыл бюро по денацификации Альфред Дёблин, автор знаменитого романа «Берлин, Александерплац», который, будучи евреем, вынужден был в свое время эмигрировать, а теперь вернулся назад, как Хабе и Херншадт. Оно располагалось в конфискованном гранд-отеле «Штефани». Дёблин, уже в возрасте 68 лет, каждое утро являлся туда в своем элегантном французском мундире и во исполнение поручения Парижского министерства информации приступал к реорганизации и демократизации духовной жизни. Эта задача включала, по его представлениям, создание литературного журнала, который он назвал Das Goldene Tor («Золотые ворота»). На первой странице красовалось стилизованное изображение сан-францисского моста Золотые Ворота, что само по себе уже было довольно странным для финансируемого французской стороной печатного органа. Дёблин с воодушевлением принялся за работу: реанимировал старые контакты, писал письма, готовил репортажи для радио Südwestfunk и проверял приготовленные к печати рукописи немецких авторов. Это и стало камнем преткновения. Он выступал в роли цензора. Бывшие его коллеги воспринимали это как унижение и возмущались. Когда он во Фрайбурге выступил перед небольшой группой писателей с призывом к сотрудничеству и пригласил их в свою газету, он почти физически ощутил исходившую от них глухую ненависть, которая вскоре выплеснулась наружу.

«Я чувствовал, это будет непростая задача, ведь передо мной сидели разочарованные, некогда высокомерные немцы, и надо было отталкиваться от прежних, старых добрых общих знаменателей. С какой безмолвной враждебностью они меня тогда слушали, и как у меня застревало в горле каждое слово! Трудно, почти невозможно было воспламенить эти сердца. Не дождавшись ответа, я стал обращаться к каждому отдельно с просьбой высказаться по поводу моего предложения. Хотя почти не сомневался в том, что ответ будет отрицательным. И тут их прорвало: они не желали быть коллаборационистами, сотрудничать с какими-то там французами, они хотели идти своим прежним, единоличным, диким национальным путем. Многие говорили

Писатель Альфред Дёблин в образе «офицера культуры» во французской униформе, 1946 год. Однако ироничная писательница Ирмгард Кюн сочла этот наряд комичным. По ее словам, он выглядел словно игрушечный солдат, «как-то смешно постаревший»

очень эмоционально, дрожа от возмущения и негодования»[13]. Дёблин был изумлен. Он не мог понять, почему оккупационная власть после войны, жертвой которой стали миллионы и миллионы людей, не может позволить себе цензуру хотя бы на некоторое время, на некий переходный период. Видимо, они думали, что он считает себя лучше них. А разве он не был и в самом деле лучше них?

В 1947 году Дёблин собрался с духом и отправился на несколько дней в свой любимый Берлин, чтобы выступить с докладом перед старыми друзьями и читателями в замке Шарлоттенбург. Он даже на это мероприятие явился в своем французском мундире. Из принципа. И упрямства. Он любил этот мундир. Когда Дёблин вошел в зал, публика встретила его восторженными аплодисментами. Вернулся автор самого знаменитого романа о Берлине! «Но потом вдруг неожиданно воцарилась тишина, — вспоминал об этом писатель Гюнтер Вайзенборн. — Мужчина, появившийся на пороге зала, и в самом деле был Дёблином, но это был французский майор в форме. Аплодисменты растерянно смолкли. Сердечность сменилась холодной вежливостью... и никто не произнес приветственных слов, которыми следовало встретить берлинского писателя. Мы ничего не имели против французских офицеров; мы все были лично знакомы со многими из них, но тут была совсем другая ситуация: неужели это действительно наш Дёблин?.. Конечно, многие немцы сотрудничали с американскими, русскими, английскими или французскими военными властями. Но большинство из них уже сняли свою военную форму или надевали ее лишь в особых случаях. Как бы то ни было, Дёблина приняли как чужого, и он вскоре уехал»[14]. Человек, называвший Берлин «родиной всех своих мыслей», окончательно лишился этой родины.

Вряд ли кто-нибудь из слушателей знал, что в такой же французской форме покончил с собой 25-летний сын Дёблина, которого им с женой во время своего бегства в Америку пришлось оставить во Франции. Оказавшись отрезанным от своей французской воинской части, Вольфганг Дёблин, необычайно одаренный математик, чтобы не попасть в плен к немцам, застрелился в сарае неподалеку от вогезской деревни Усра.

В 570 километрах от Баден-Бадена, в двух десятках километров от замка Шарлоттенбург, где Дёблин встречался со своими читателями и собратьями по перу, и все же в совершенно ином мире, несладко приходилось и Рудольфу Хернштадту, основателю Berliner Zeitung. Он тоже был инородным телом, чужаком на родине. Причиной тому были не русские, не читатели, а его собственные товарищи по партии. Его злил их формалистский язык — язык немецкого бюрократа, пресные партийные штампы и клише, из которых приходилось с трудом выкристаллизовывать действительность. А еще он страдал от того, что отношение к Советскому Союзу в его оккупационной зоне, мягко выражаясь, оставляло желать лучшего. Хернштадт любил русских, он шпионил на них в нацистской Германии, после провала они взяли его под свою защиту, в России он встретил свою будущую жену Валентину и вместе с ней пережил ужасы сталинской тирании и доносительства. Он не мог простить своим немецким товарищам хамский тон, которым они трусливо, исподтишка ругали русских. Хернштадт был убежден, что только открытая дискуссия может привести к улучшению отношений между немцами и русскими и хоть чуть-чуть приблизить их к той «дружбе народов», о которой непрестанно трубила пропаганда. Поэтому в ноябре 1948 года он написал большой, на всю первую полосу, очерк — но не для своей Berliner Zeitung, а для Neues Deutschland, печатного органа СЕПГ, — который назывался «О „русских“ и о нас». Эта публикация стала сенсацией. В ней впервые в советской оккупационной зоне открыто говорилось о варварстве Красной армии в дни опьянения победой. Об изнасилованиях он, правда, не упоминал, но остроты в его очерке хватало и без этого: Красная армия «пришла в своих грубых сапогах, с налипшей на них грязью истории, горя решимостью, злостью, ожесточенная — да, ожесточенная, потому что война ожесточает людей; кто вправе возмущаться этим? Разве что те, кто, как и Советский Союз, десятилетиями делал все возможное и невозможное, чтобы предотвратить эту войну»[15]. Он писал о множестве перегибов и крайностей вообще, и в частности об этой уже ставшей метафорой сцене, когда у человека буквально из-под задницы выдирают велосипед.

В редакции Neues Deutschland не знали, куда деваться от читательских откликов: целый коридор был заставлен корзинами с письмами, вспоминала позже дочь Хернштадта Ирина Либманн. Ее отец мог позволить себе открыто говорить правду, поскольку эта правда провозглашалась с позиций беззаветной преданности Советскому Союзу. Его слова пылали, как факел, если отвлечься от изобилующего пошлыми шаблонами языка очерка. В то же время это были все же небезопасные откровения, ведь Хернштадт в самом начале признаётся, что даже в СЕПГ, «самой прогрессивной части рабочего класса», отношение к Советскому Союзу «неверно, потому что в нем нет смелости, нет единства и свободы от влияния противника». Сам же Хернштадт был настолько на стороне Советов, что Ульбрихт даже подозревал его в политическом шпионаже в пользу русских, то есть в том, что он докладывает им обо всем происходящем в Политбюро СЕПГ. Он принадлежал к меньшинству убежденных коммунистов в ГДР, для которых был важен не столько их собственный аппарат власти, сколько историческая миссия бесклассового общества свободы и самореализации. Контраст между жертвенно-спасительной идеей коммунизма и мелочным формализмом партийных товарищей был для него тяжелым испытанием. Его дочь вспоминала, как он однажды во время прогулки вдруг остановился и сказал: «Когда тебе впервые за всю историю человечества всё, абсолютно всё нужно делать заново, а соответствующих знаний и опыта у тебя нет, не кажется ли тебе, что сначала ты всё, абсолютно всё будешь делать неправильно?»[16]

Хернштадт выбрал бегство вперед, заключил союз непосредственно с рабочими. Он организовал широкое освещение строительства проспекта Сталина* на страницах Berliner Zeitung. Он воспевал душевный подъем рабочих и энтузиазм населения, взявшего курс на восстановление страны. Он горел идеей строить не только дешево, функционально и целесообразно, но и красиво, широко используя старомодные мотивы дворцовой архитектуры, что, по его представлениям, больше отвечало

* В настоящее время — Карл-Маркс-аллее, переименована в 1961 году после разоблачения культа личности. Улица знаменита своей послевоенной архитектурой в стиле советского классицизма — так называемыми дворцами для рабочих. — *Прим. ред.*

потребностям рабочего класса. Ему была больше по вкусу эстетика русских, чем функционализм немецких товарищей; это именно Советы предотвратили неоднократные попытки СЕПГ снести всю прусскую архитектуру. Хернштадт активно критиковал партийный аппарат, его «несерьезное поведение, игнорирование интересов рабочих, глумление над их доброй волей». Он осуждал «узколобость новоявленных любителей покомандовать», публиковал обращения строителей с требованиями лучших условий и более справедливой оплаты труда. «Можем ли мы сказать, что у нас царит атмосфера решимости и радостного устремления вперед, рождающегося из уверенности, что каждая полезная инициатива найдет поддержку, а каждому, кто прав, гарантировано признание его правоты? Нет, такой атмосферы мы пока не наблюдаем. Ни в партии, ни в государстве».

Когда те самые строители проспекта Сталина, которых он прославлял в своей Berliner Zeitung, 16 июня 1953 года устроили беспорядки, перешедшие в знаменитое восстание 17 июня, судьба Хернштадта была предрешена. Сначала последовали внутрипартийные нападки, затем неформальные трибуналы в Политбюро и наконец на общем собрании сотрудников Neues Deutschland. Его дочь писала: «Ему в последний раз позволили переступить порог своей редакции, но лишь для того, чтобы еще раз подвергнуться унижению, теперь уже с близкого расстояния. И вот там сидят они все, его бывшие сотрудники. Фред Эльснер, душа заговора, произнес трехчасовую речь о враждебной деятельности, после чего каждому было предложено выразить свое отношение к происходящему... Мол, выкладывайте, кто что заметил в поведении вашего шефа, что вам с самого начала казалось проявлением буржуазности, враждебности или просто высокомерия, несправедливости и подлости! И они говорят. Они сами разрушают стену, которая, как им казалось, окружала Хернштадта. Потом кое-кому из них было стыдно, потому что, кого бы я ни спрашивала об этом собрании, никто на нем не присутствовал. И это „открытое обсуждение“ продлилось до трех часов утра»[17]. Так СЕПГ избавилось от одного из своих самых главных идеалистов.

В Мюнхене ситуация тоже обострялась. Начальству Ганса Хабе действовало на нервы его своевольное обращение с инструкциями, особенно свободное общение с немцами; они скрупулезно высчитывали, соблюдается ли предписанное ими соотношение два к одному — две трети американских и одна треть немецких авторов. На самом деле в Neue Zeitung это соотношение выглядело иначе: один к одному. Его спасало лишь то обстоятельство, что генерал, отвечавший за «кадровую политику», в списке легитимных авторов принял Джона Стейнбека и Карла Сэндберга за немцев из-за сходства их фамилий с немецкими, а Хабе ловко пользовался его оплошностью. Правда, потом это еще больше усугубило его вину.

Хабе любил споры и острую полемику, он предпочел бы скорее обойтись без ежедневной передовицы, чем отказаться от раздела писем. В этом разделе, в рубрике «Свободное слово», один из читателей сообщал о каком-то американском солдате, сбившем на машине ребенка и спокойно помчавшемся дальше. Последней каплей, переполнившей чашу терпения победителей, стала передовица, в которой друг и заместитель Хабе Валленберг обрушился с критикой на русских за ограничение свобод в советской зоне. Открытая критика любой из четырех оккупационных властей была в 1946 году табу; холодная война еще не началась. Когда Хабе отказался поместить на первой полосе полный текст длинной речи Уинстона Черчилля, конфликт стал неизбежен. Хабе обвинили в том, что он «инфицирован» немцами. Приговор гласил: «You have gone native»*. В конце 1946 года он освободил свой письменный стол и ушел в отставку, полу-

---

* Ты стал местным (англ.). — *Прим. пер.*

чив на прощание в качестве «утешительного приза» Бронзовую звезду и Дубовые листья*.

За этим последовало эротическое интермеццо, вскоре оказавшееся в центре внимания общественности: вернувшись в США, Ганс Хабе продолжил борьбу на личном фронте. Он развелся с Элеонор Клоуз и женился на актрисе Али Гито, с которой был знаком уже несколько лет. Вскоре после свадьбы он познакомился с другой актрисой, Элоиз Хардт, и снова пал жертвой любви. На Элоиз Хардт он женился спустя два года, в 1948 году, в Мексике, сразу же после развода со своей четвертой супругой. Однако Али Гито не признала развода и вынашивала планы мести. В конце концов они увенчались успехом: вернувшийся в 1950 году в Германию и начавший активную литературную деятельность — он в то время писал одновременно несколько книг, в том числе «Our Love Affair with Germany»**, — Хабе получил такой удар судьбы, какой ему до того и не снился. 1 июня 1952 года в иллюстрированном журнале Stern, самом популярном журнале молодой ФРГ, вышла статья «Вышвырнуть негодяя из Германии!». Главный редактор журнала Генри Наннен, вооружившись сплетнями, любезно предложенными ему Али Гито, лично устроил беспощаднейшую расправу над Хабе.

Гито (Адельхайд Шнабель-Фюрбрингер) хотела засудить своего бывшего мужа за двоеженство, но перед этим решила нанести визит Генри Наннену с соответствующими документами. Наннен жадно ухватился за эту возможность наконец-то свести счеты со своим оборотистым конкурентом, который тем временем хорошо освоился в новой ситуации и буквально фонтанировал все новыми публикациями — одна другой ярче и острей — в газете Münchener Illustrierte, выпускавшейся

---

* Бронзовая звезда — четвертый по значимости орден в армии США, Дубовые листья — знак отличия на орденской ленте, обозначающий повторное или многократное награждение. — *Прим. ред.*

** «Наш роман с Германией» (англ.). — *Прим. пер.*

Генри Наннен, главный редактор журнала Stern. Во время войны он занимался военной пропагандой на стороне вермахта

издательством Süddeutscher Verlag. «Самый большой и яркий мыльный пузырь послевоенной политической жизни Германии с треском лопнул», — злорадно писал Наннен в своей статье. И дальше все в таком же духе: «Ганс Хабе — он же Янош Бекеши», «галицийский иммигрант» и «американский майор отдела пропаганды», «после многолетнего дутья щек вдруг неожиданно сдулся». К счастью для Германии. Ведь он занимался только тем, что «брызгал ядовитой, желчной слюной», постоянно «обливая грязью жизнь каждого немца, который в Третьем рейхе служил хотя бы швейцаром». Одним словом, Хабе — это «скрытая политическая опасность для Германии»[18].

Брызжущая слюна, утаенное происхождение и намек на еврейство «галицийского иммигранта» и майора службы пропаганды плюс требование вышвырнуть его из страны в заголовке статьи — трудно поверить, что все это написал автор, ставший вскоре одним из самых авторитетных журналистов Германии[19]. Даже на фоне самых ожесточенных журналистских баталий, которыми так богаты пятидесятые годы, это совершенно недопустимый уровень полемики.

С точки зрения своего прошлого Наннен и Хабе были зеркальными отражениями друг друга: Наннен, искусствовед по образованию, работал в журнале Die Kunst im Dritten Reich («Искусство в Третьем рейхе»), во время войны занимался военной пропагандой на стороне вермахта, работал военным корреспондентом в спецгруппе «Зюдштерн» полка СС «Курт Эггерс». Эта спецгруппа вела психологическую войну против американцев в Италии, как раз там, где воевал в 1944 году Хабе.

Причины бесстыдства Наннена, с которым он написал свою статью, остаются загадкой. Ведь он не был правым радикалом и антисемитом, насквозь пропитанным злобой, — напротив, он был первопроходцем либеральной журналистики. В возрасте восемнадцати лет, еще школьником, он имел роман со своей еврейской сверстницей Цилли Виндмюллер, которую позже, как говорят, любил называть своей «большой любовью». Родители Цилли погибли в концентрационном лагере, ей же самой он, по его словам, помог с оформлением документов на выезд в Палестину. Позже Наннен несколько раз навещал ее в Израиле (и при этом влюбился в ее дочь).

Так чем же объяснить эту злобную статью? Конечно, в пруду немецкой журналистики было слишком мало места, чтобы в нем могли мирно сосуществовать сразу несколько хищников. То, что мораль была на стороне Хабе, «самого преуспевающего перевоспитателя немцев», как он сам себя называл, который к тому же отличался космополитической ловкостью выходца из Австро-Венгерской империи и от которого исходил едва уловимый аромат Голливуда, скорее всего, особенно раздражало мужланистого остфризца Наннена. Кроме того, следует учитывать также коллективное огрубение нравов; этот приступ журналистского бешенства вполне вписывается в контекст поразительной легкости, с которой многие в послевоенное время при случае прибегали к антисемитским клише — так, словно никакого Холокоста и не было.

Однако Хильдегард Кнеф, дружившую и с Хабе, и с Нанненом, вся эта история не на шутку разозлила. «Ты совершил поступок, недостойный тебя!» — заявила она главному редактору Stern[20]. Потом она пригласила их обоих в свой номер в отеле «Атлантик» на одно и то же время (но так, чтобы они об этом не знали). Наннен пришел первым. Когда явился и Хабе, Кнеф покинула номер, заперла за собой дверь и заявила, что откроет ее не раньше, чем они объяснятся друг с другом. Ее план сработал. Два «хищника» заключили мир, который был обнародован в Münchener Abendzeitung как «маленький атлантический пакт»[21]. Позже Хабе даже несколько раз печатался в Stern, но его романы, которые пытался заполучить Наннен, вышли в нескольких номерах в Quick и в Neue Illustrierte.

Журнал Spiegel тоже «отметился» ядовито-злобными выпадами в адрес Хабе: когда в 1954 году была опубликована его автобиография с типичным для него высокопарным названием «Я отдаю себя на суд», Spiegel даже вынес сюжет с критикой этой книги на обложку. Автор рецензии на девяти страницах с наслаждением цитировал Хабе, приводя самые нескромные пассажи, пропитанные тщеславием, и глумливо пересказывал этот авантюрный «роман», действие которого происходит на самых известных полях сражений, в самых блестящих салонах и фешенебельных залах регистрации браков. Конечно же, и здесь не обошлось без щедро расточаемых антисемитских клише — в частности, рецензент поминает «мишурное приданое» Хабе, доставшееся ему в «наследство от папаши Бекеши». О стиле автора красноречиво говорит заголовок: «Мертворожденный характер»[22].

В Вене тоже не утруждали себя деликатностью. Bild-Telegraph не смог отказать себе в удовольствии позубоскалить по поводу автобиографии Хабе, прибегнув к стилизованному местечковому немецкому: «Я думал-таки не за то, шобы прославиться, а за то, шобы покаяться»[23]. Эти «глумливые евреизмы» (как их назвал Хабе в своем письменном протесте, направленном издателю) были особенно неуместны уже хотя бы потому, что даже самые непримиримые враги Хабе вынуждены были признать его блестящее стилистическое мастерство, которое, кстати, часто и становилось камнем преткновения.

Хабе тяжело переносил оскорбления, но он крепко держался в седле своего писательского успеха. Почти все его хлесткие и экстравагантные романы — «Тарновска», «Илона», «Дочь Илоны», «Катрин, или Потерянная весна», «Пыль в сентябре», «Когда другие идут домой», «В Бонне все жилетки белы», «Семнадцать: дневники Карин Вендт и ее учителя» — стали бестселлерами. Последние три из названных вышли под псевдонимом. Всего же Хабе написал более двух дюжин романов, очень разных по качеству. Эти книги, в которых можно найти и кричащую типизацию, и тонкую иронию, и размах по американскому образцу, и знание людей — но при этом довольно откровенный расчет; лучшие из них были низведены критиками до уровня бульварщины и сегодня уже совершенно забыты. Но в момент их появления на книжном рынке они были притчей во языцех, тем более что этот «экстремист центра»[24] сыграл еще и довольно существенную политическую роль. Однако упорная нетерпимость Хабе в отношении левого уклона республики, неоднократно выраженная им позже в журналах издательства Springer, и то, что он в своих ядовитых ремарках заклеймил Рудольфа Аугштайна и Генриха Бёлля как «адвокатов» группировки РАФ*,

---

* Фракция Красной армии — немецкая леворадикальная террористическая организация, действовавшая в ФРГ в 1968–1998 годах. — *Прим. ред.*

стремящихся представить их террор как что-то невинное, привели к его изоляции. Которая была вполне комфортабельной, как он того заслуживал. Закат своей жизни он провел на тессинском берегу Лаго-Маджоре в стиле Вико Торриани*, элегантным господином, в то же время оставаясь, однако, неисправимым ворчуном, отравлявшим окружающую атмосферу. Во всяком случае, его сосед Роберт Нойманн** писал:

Вода воняет, как всегда,
Но воздух чище стал —
Похоже, Хабе, наш сосед,
Вчера концы отдал[25].

Намного печальнее закончился эксперимент в области перевоспитания немцев для реэмигранта Альфреда Дёблина. Итог его деятельности в качестве «майора пропаганды» после нескольких лет оккупационного режима объективно выглядел совсем недурно. Журнал «Золотые ворота» держался гораздо дольше, чем другие подобные издания; Дёблин успешно основал Академию наук и литературы в Майнце, наладил литературную жизнь во французской зоне и многое сделал для распространения французской культуры в Германии. Когда он в 1948 году в возрасте почти семидесяти лет ушел в отставку, французское правительство выплатило ему необыкновенно щедрое единовременное пособие: семь миллионов франков, что приблизительно составляло 21 тысячу марок[26]. Это признание его заслуг, наверное, наполнило его гордостью и благодарностью; однако вряд ли это укрепило его надежду на то, что Германия когда-нибудь

---

* Вико Торриани (1920–1998) — швейцарский певец, актер и телеведущий, исполнитель шлягеров и арий из оперетт. — *Прим. ред.*

** Роберт Нойманн (1897–1975) — австро-британский романист и поэт, участник сопротивления. Считается одним из основателей пародийно-критического жанра в немецкоязычной литературе XX века. — *Прим. ред.*

снова станет его родиной. Дёблин чувствовал себя моряком, потерпевшим кораблекрушение, «чужим гостем», окруженным стеной непонимания, каким предстал перед публикой во время своего доклада в замке Шарлоттенбург. Его собственные литературные успехи были более чем скромными. Радиокомментарии, представлявшие собой типичную для Дёблина смесь гротескного юмора и чрезмерного пафоса, не находили должного отклика у слушателей. Его великолепная автобиография «Путешествие по волнам судьбы», опубликованная в 1949 году, продавалась так плохо, что издатель утешал автора словами: «Возможно, в этом виновато время — в том, что ваши прежние читатели перестали понимать ваши книги»[27]. На самом же деле виноват был изменившийся угол зрения автора.

После двенадцати лет эмиграции писатель увидел свой народ со стороны, и его неприятно поразило это зрелище. Он, у которого было столько времени для раздумий и печали, увидел, «что люди мечутся взад-вперед посреди руин, как муравьи в разрушенном муравейнике, возбужденные и одержимые жаждой труда, и их главное огорчение состоит в том, что они не могут сразу же накинуться на работу из-за отсутствия материалов и директив... Гораздо легче будет заново отстроить их города, чем заставить их осознать то, что они узнали, и понять, почему это всё произошло»[28]. Слова «заставить их осознать» выдают неприятный воспитательский угол зрения. А многие не желали, чтобы их перевоспитывали, во всяком случае такие, как он, немец, независимо от того, есть у него французский паспорт или нет. Его постепенно оттеснили на задний план и на радио Südwestfunk. Его эфирное время, передачу «Современная критика», передали не кому-нибудь, а Фридриху Зибургу. Для Дёблина это была своего рода черная метка. Зибург, будущий заведующий литературным отделом Frankfurter Allgemeine Zeitung, был начитанным романистом и блестящим консервативно настроенным мыслителем, но в Третьем рейхе служил в министерстве иностранных дел, которое возглавлял Иоахим фон Риббентроп, в качестве советника посольства в Париже и нацистского пропагандиста. Французы лишили его права печататься до 1948 года. Когда войска вермахта вошли в Париж, Дёблину, нашедшему там вторую родину, пришлось бежать дальше — сначала в Нью-Йорк, потом в Лос-Анджелес. И вот Зибург выкурил его с радиостанции!

Не пользовался популярностью Дёблин и у других реэмигрантов. Большинство из них держали по отношению к нему дистанцию, потому что он, еврей, в эмиграции стал истовым католиком, что в глазах многих товарищей по несчастью было предательством. Так Дёблин, который считался политически ненадежным типом, талантливый насмешник, который всегда избегал громких слов, оказался один между жерновами больших коллективов: «Он боролся под разными знаменами, — писал Людвиг Маркузе* в 1953 году в нью-йоркской газете Aufbau, — и стал самым знаменитым дезертиром своей эпохи. Сегодня он — католик. Как раньше был евреем, берлинцем и почти коммунистом. Он сносил разных мундиров больше, чем кто-либо другой, потому что был самым неприкаянным немцем последних десятилетий, ходячим антонимом оседлости»[29]. В следующем же предложении Маркузе предложил выдвинуть Дёблина на соискание Нобелевской премии. Тот, однако, к тому времени уже пять месяцев жил за пределами ФРГ. 28 апреля 1953 года он по всей форме обратился к федеральному президенту Теодору Хойсу с заявлением о намерении покинуть страну и второй раз отправился в эмиграцию. «Это был весьма поучительный визит, — писал он Хойсу, — но в этой стране, где я родился и где родились мои родители, я — лишний»[30].

---

* Людвиг Маркузе (1894–1971) — немецко-американский философ и литературовед, автор многих работ по истории немецкой литературы. — *Прим. ред.*

Семидесятипятилетний писатель к тому моменту был уже так слаб, что его на носилках отвезли на вокзал, где он вместе с женой ждал поезда, сидя на ветхом, шатком стуле, поставленном на перроне. Через два с половиной года, когда он умер, его похоронили рядом с его сыном в вогезской деревне Усра, где тот застрелился, чтобы не попасть в плен к немцам. Один из величайших писателей, рожденных Германией, не хотел даже быть похороненным в этой стране. А еще через три месяца там же упокоилась его жена Эрна, которая добровольно ушла из жизни, отравившись газом в своей парижской квартире.

Глава девятая

Холодная война искусства и дизайн демократии

Культурный голод

Как известно, не хлебом единым жив человек, а если хлеба нет — тем более. Тогда в ход идет «всякое слово», а не только то, что «исходит из уст Божьих», как об этом говорится в Евангелии от Матфея, а также всякий образ, не говоря уже о последней части Пятой симфонии. С конца мая 1945 года началось то, что называют «культурным голодом», — ключевое понятие послевоенного времени. Этот голод было легче утолить, чем голод телесный. В одно мгновение появились и спрос, и предложение, причем в равной пропорции. Стремительность, с которой после войны возобновили свою работу культурные учреждения, всколыхнула население и стала поводом для многих патетических речей. Сохранилось много свидетельств о том, как люди со слезами радости на глазах слушали первые послевоенные концерты[1]. Это и в самом деле, судя по всему, было сильное впечатление: люди пережили катастрофу и теперь, сидя в полуразрушенных залах, слушая Бетховена и восхищаясь слаженной игрой оркестра и мастерством дирижера, снова могли почувствовать себя представителями культурной нации. Несмотря ни на что. Чудо? Дешевая комедия? Наглость или духовная слепота?

1 сентября 1944 года Геббельс приказал закрыть все театры, чтобы вовлечь деятелей культуры в тотальную войну, —

пропагандистский сигнал-призыв на последний бой, который должен был подчеркнуть серьезность положения и дать понять, что на поле брани ждут даже последнего «маменькиного сынка»[2]. Это, как и многое другое, не помогло. И вот теперь, когда все лежало в руинах, можно было снова позволить себе сходить в театр. Покупать давно уже было практически нечего, так что скопленные рейхсмарки сам Бог велел потратить на театр или кино. Поскольку ничего другого не было, на культурные мероприятия тратили непропорционально много — тривиальная сторона культурного голода. С 1945 по 1948 год коэффициент заполнения театров был чуть ли не идеальным — свыше 80%[3]. И лишь после денежной реформы немцы снова стали «бескультурнее». Более калорийная еда ослабила культурный голод. А главное — все бросились копить и экономить. Рост благосостояния обусловил процветание скупердяйства — парадокс истории экономики. Количество продаваемых билетов упало наполовину, и в 1948 году театры столкнулись с первым послевоенным кризисом.

Однако непосредственно после окончания войны открылись 60 городских театров в одних только западных оккупационных зонах, половина из них — во временных помещениях. Репертуар был классическим, испытанным, но вскоре его, в зависимости от зоны, дополнили пьесы Торнтона Уайлдера, Юджина О'Нила, Жан-Поля Сартра или Максима Горького.

Маленькие города и деревни тоже не остались без театра. По стране гастролировали бродячие актеры. Они ездили от деревни к деревне на старых грузовиках с газогенераторными двигателями, выступали в трактирах с постановками Шекспира, Стриндберга и с «Теткой Чарлея»; молодая богема, поражавшая воображение деревенских жителей. В городах началась эра комнатных и подвальных частных театров с крохотной сценой, на которой играли без всяких кулис, с абсолютным минимумом реквизита, — идеальные подмостки для экзистенциализма.

В пивных и винных погребках обосновались такие кабаре, как «Амнистированные» или «Родственники покойного». В концертных залах звучала музыка Бетховена, затем репертуар пополнился свежеразученными произведениями Игоря Стравинского, Белы Бартока и Пауля Хиндемита, а еще позже — Арнольда Шёнберга. Проснулся интерес и к опере; слушателей не останавливало даже то обстоятельство, что добираться до театра иногда приходилось через весь разбомбленный город, по грудам развалин. Со 2 сентября 1945 года в Берлине уже можно было послушать первую постановку «Фиделио» в «Дойче Опер», а спустя неделю в Адмиралспаласте спектаклем «Орфей и Эвридика» Глюка открылась и Берлинская государственная опера.

Музыкантам Берлинской филармонии, правда, пришлось вскоре после окончания войны снова искать дирижера. Лео Борхарда, руководившего оркестром с мая, и его подругу Рут Андреас-Фридрих вечером 23 августа 1945 года после концерта пригласили на ужин к британскому полковнику на виллу в Груневальде. Это был удивительный ужин, «с сэндвичами из невообразимо белого хлеба и невообразимо настоящим мясом», как писала в своем дневнике изголодавшаяся Рут Андреас-Фридрих[4]. Гости пили виски, беседовали о Бахе, Генделе и Брамсе и не заметили, как прошло время. Только без четверти одиннадцать они вспомнили о комендантском часе. «Не беспокойтесь, я отвезу вас домой», — успокоил их британец и поехал с ними через весь город на своем служебном автомобиле. За день до этого, ночью, случилась перестрелка между пьяными американцами и русскими, поэтому атмосфера в Берлине была довольно нервной. Но в британском лимузине все чувствовали себя в полной безопасности и продолжали оживленную беседу. Немецкая пара радовалась сердечному тону гостеприимного оккупанта, британец был еще под впечатлением от концерта. На Бундесплац, в районе Вильмерсдорф, на границе британского и американского секторов полковник не заметил сигнал остановиться, поданный американским часовым с помощью карманного фонаря, и через несколько секунд машина была прошита автоматной очередью. Лео Борхард скончался на месте. Получилось, что мирной жизни, о которой он так мечтал вместе с Рут Андреас-Фридрих, как и другие члены группы Сопротивления «Дядя Эмиль», ему было отмерено ровно 108 дней.

Союзники быстро замяли инцидент, тем более что британец не пострадал, а Лео Борхарду американцы вскоре нашли замену, в очередной раз продемонстрировав свой прагматизм в решении любых вопросов. Уже через четыре дня американский офицер, военный музыкант Джон Биттер, представил оркестру берлинской филармонии нового дирижера — Серджиу Челибидаке, а еще через день, вечером 28 августа 1945 года, они дали совместный концерт. Успех был ошеломляющий. Одним покойником больше или меньше — особого значения не имело.

Большинство немцев по-прежнему утоляли свой культурный голод в кинотеатрах. Они были избалованными и искушенными зрителями, которых студия UFA исправно снабжала фильмами, не уступавшими голливудской продукции. Многие из этих фильмов после небольшого перерыва, связанного с «денацификацией», снова вышли в прокат. Союзники отсортировали пропагандистские киноленты и дали разрешение на демонстрацию огромного количества аполитичных фильмов. Их дополнили американские, русские и французские картины. Особой популярностью пользовалась киноэпопея «Унесенные ветром»; Карл Раддатц и Ханнелоре Шрот* поблекли на фоне монументального величия Вивьен Ли и Кларка Гейбла.

---

* Заметные немецкие актеры, некоторое время составлявшие супружескую пару: Раддатц снимался в пропагандистских лентах, а после войны стал известен по ролям доброжелательных отцов; Шрот вместе с Раддатцем играла в популярной романтической мелодраме «Под мостами...» (1944). Автор, видимо, имеет в виду, что пик их популярности пришелся на тот период, когда американское кино в Германии было запрещено. — *Прим. ред.*

Но главным любимцем немецких кинозрителей стал Чарли Чаплин. Они чествовали его как суперзвезду еще в 1931 году, во время его первого визита в Германию. Теперь же, после двенадцатилетней вынужденной кинодиеты, толпы немцев ринулись в кинотеатры на «Золотую лихорадку» 1925 года. В несчастьях голодного, оборванного и забитого бродяги публика видела себя. А аристократическая невозмутимость, с которой он ест старый башмак, так изящно орудуя ножом и вилкой, словно на тарелке у него форель, наводила смеющуюся публику на мысль о том, что даже голод не отменяет чувство собственного достоинства. Эрих Кестнер описал в Neue Zeitung свои впечатления от посещения кинотеатра: «Молодые люди, которые видят этот фильм в первый раз, смеются так же весело и громко, как их ровесники смеялись много лет назад, когда „Золотая лихорадка" только вышла на экраны. И это очень радует нас, седовласых знатоков и любителей Чаплина. Ведь мы втайне опасались, что национал-социализм испортил вкус юношей и девушек. Слава богу, это ему не удалось»[5].

Правда, гениальную чаплинскую пародию на Гитлера в «Великом диктаторе» немецкой публике пришлось ждать еще двенадцать лет. После двух пробных просмотров в Берлине американские оккупационные власти в 1946 году пришли к выводу, что немцы еще не готовы смеяться над Гитлером. New York Times писала по этому поводу: «Люди долго восхищались Гитлером, и сегодня им неприятно слышать, что они плясали под дудку бесноватого клоуна»[6]. Театральный критик Фридрих Люфт присутствовал на одном из пробных просмотров и понял, что и сам еще не созрел для восприятия чаплинского Гитлера: «Нам слишком дорого обошлась оригинальная версия этой истории, чтобы мы сейчас веселились по поводу сатиры на нее. Так что пока не стоит показывать нам этот фильм. Может быть, позже. Гораздо позже»[7].

В некоторых городах местные оккупационные власти принуждали немцев смотреть документальные фильмы о концентрационных лагерях. Из лучших побуждений. Но с точки зрения педагогики это была весьма сомнительная затея. Многие не смотрели на экран, а просто сидели, не отрывая глаз от пола. При виде гор трупов кто-то разражался рыданиями, а кого-то рвало.

Хануш Бургер, один из «парней из Ричи», из множества киноматериалов о разных концентрационных лагерях смонтировал полнометражный 80-минутный документальный фильм, который собирались выпустить в прокат по названием «Мельницы смерти». Однако Бюро военной информации не решилось выпустить его на экраны, потому что в нем якобы слишком подробно и обстоятельно изображается лагерная система. С предложением основательно отредактировать фильм они обратились не к кому иному, как к Билли Уайлдеру, одному из величайших голливудских гениев комедии, покинувшему Германию в 1933 году. Уайлдер, многие из родственников которого погибли в Освенциме, посмотрел «Мельницы смерти» и вынес следующий вердикт: «Весь этот вздор, который вы там наснимали (честь вам и хвала!), никого не интересует. Что же касается лагерей, то мне уже через несколько минут вашего фильма стало дурно, а я много чего повидал в жизни. Работая над сценарием „Потерянного уикенда", я, например, провел пару ночей в наркологической клинике. Вашим фильмом мы нанесем людям тяжкое оскорбление. Какую бы неприязнь мы ни испытывали к немцам, они все же — я цитирую серьезных людей из Вашингтона — наши завтрашние союзники. И оскорблять их нельзя»[8].

В итоге фильм под непосредственным руководством Билли Уайлдера сократили до 22 минут. Во многих районах Германии его в течение недели демонстрировали на безальтернативной основе. Так, в американском секторе Берлина в первую неделю апреля 1946 года в 51 кинотеатре можно было посмотреть только «Мельницы смерти». 74% зрительских мест оставались пустыми, и тем не менее в одном только Берлине фильм увидели 160 тысяч человек. Какое воздействие он оказал на умы зрителей — неизвестно[9]. Во всяком случае, власти, отвечавшие за перевоспитание немцев, сомневались в успехе этого мероприятия. Они считали, что поскольку фильм обвиняет всех немцев, им будет легко отмахнуться от него как от пропагандистской поделки. Что подчеркивание коллективной вины сводит к нулю роль борцов Сопротивления и дает повод нацистам и антинацистам сплотиться против союзников. Вместе с тезисом о коллективной вине, который и так никогда не находил должного понимания в обществе, в конце 1946 года из программы перевоспитания немцев Подразделения психологической войны был изъят и фильм «Мельницы смерти».

Американцы довольно точно определяли объем и содержание культурного воздействия. Более половины фильмов, которые вышли в прокат непосредственно после окончания войны, составляли комедии. От Фреда Астера они ожидали больший педагогический эффект, чем от Хамфри Богарта, который стал культовой фигурой в Германии лишь через двадцать лет. Фильмы о войне они сначала категорически отвергали. Советы же, напротив, пустили в кинопрокат такие фильмы, как «Зоя» и «Радуга», которые сочетали безжалостное освещение зверств СС с увлекательным и волнующим сюжетом[10]. А то, что они показывали и комедии, в том числе «Веселых ребят» — разудалую, чуть ли не дадаистскую кинокартину, которой бурно восторгались критики, — у многих вызывало удивление, ведь коммунисты обычно стремились подчеркнуть «культурные достижения» Советского Союза и при этом представить русскую культуру как «нераздельное господство содержания над формой».

В послевоенной Германии очень скоро разгорелись страсти и по поводу изобразительного искусства. Не успели открыться первые выставки, как вопросы стиля стали своеобразным тестом на политическую ориентацию. По вопросу, обязательно ли картина должна изображать нечто конкретное, разделились мнения не только отдельных людей, но и позиции разных политических лагерей, а потом и государств. Пресловутый «вопрос Гретхен»* относительно абстракции, кардинальный вопрос, имеет право светлое пятно на картине быть просто светлым пятном или оно обязано означать что-либо, указывать на нечто реальное за пределами картины, в буквальном смысле расколол мир. Ведь искусство превратилось в поле битвы холодной войны — абстракционизм стал художественным маяком Запада, а реализм — главным эстетическим принципом социализма. Однако, прежде чем это произошло, было пролито немало слез, сломано немало карьер, разразилось немало междоусобиц и даже шпионских страстей.

---

* «Вопрос Гретхен» — принципиальный и неудобный для собеседника вопрос; выражение восходит к эпизоду из «Фауста» Гёте, в котором Гретхен спрашивает Фауста о его религии. — *Прим. ред.*

Как абстрактное искусство подкрепило социальную рыночную экономику

Политическая заряженность искусства имела свою предысторию. На инициированной Йозефом Геббельсом выставке «Дегенеративное искусство», впервые показанной в 1937 году, посетителям продемонстрировали предметы искусства, объявленные уродливыми. Произведения Эмиля Нольде, Пауля Клее, Эрнста Людвига Кирхнера, Франка Марка, Аугуста Маке, Вилли Баумайстера и многих других были изъяты из немецких музеев, конфискованы и собраны в одном месте, чтобы, как пояснялось в путеводителе, «показать страшный заключительный этап культурного упадка», который переживали немцы до того, как фюрер в последний, критический, момент взял на себя руководство страной. Задача организаторов выставки состояла в том, чтобы продемонстрировать, как якобы больное общество Веймарской республики боготворило и культивировало уродство и неестественность. Посетители вели себя по-разному: были глупцы, как по команде начинавшие глумиться над картинами, но были и любители искусства, вдруг объявленного вне закона, которые радовались последней возможности увидеть эти произведения. На фотографиях с выставки можно заметить на удивление много задумчивых лиц людей, которые, судя по всему, находились под впечатлением от картин или недоумевали по поводу причин этой агрессивной кампании.

Через восемь лет произведения опальных художников можно было снова увидеть во дворце Шецлера в Аугсбурге, на экспозиции «Экстремальная живопись» в Штутгарте, на выставке «Освобожденное искусство» в Целле, в галерее «Розен» и на выставке «Через двенадцать лет» в Берлине. Как правило, это была «сборная солянка»: поздний экспрессионизм, предметный меланхолизм в духе Карла Хофера, сюрреалистические фантазии Мака Циммермана или абстрактные живописные симфонии Эрнста Вильгельма Ная. Все было доступно. Именно в галерее «Розен», которая сразу после окончания войны — и не без приключений — открылась на Курфюрстендамм, собралась неоднородная группа художников, охваченных жаждой творчества: Вернер Хельдт, Юро Кубичек, Жанна Маммен, Хайнц Трёкес и многие другие, которые, хоть и работали каждый в своей особой манере, были объединены общим желанием создавать настоящее искусство. Стиль имел для них второстепенное значение; главное — чтобы работы были яркими, талантливыми. Хайнц Трёкес, еще в 1946 году предвидевший грядущую борьбу за «правильные» школы, сказал в связи с открытием выставки в галерее «Розен»: «Давайте не будем бросаться из одной крайности в другую, от одного вида нетерпимости к другому. Мы сможем работать, освободившись от внутренних оков, скрытых где-то в глубине души. Но для этого нам нужна чертовски ясная голова. Война окончательно отмела прочь всю сентиментальность. Как теперь нужно писать? Как мы сами хотим писать? Я не хочу предлагать никакие программы, это все самообман. Давайте просто начнем работать»[11].

Организаторы выставки и галеристы тоже хотели сначала провести своего рода инвентаризацию искусства, которое во время диктатуры было под запретом, но продолжало тайную жизнь. Наиболее широкий обзор предложила в 1946 году «Всеобщая немецкая художественная выставка» в Дрездене, от которого мало что осталось. В бывшем Музее армии на Нордплац были выставлены 597 работ 250 художников и представлены почти все направления, кроме пропагандистского национал-социалистского натурализма. Выставка, инициированная Вилли Громанном, будущим лидером абстрактного модернизма, должна была положить начало реабилитации искусства, подвергнутого гонениям со стороны государства, и показать весь спектр художественных течений, которые собирались дать новому времени новый визуальный язык. Именно в этом состояла главная цель мероприятия.

Изобразительное искусство в большей мере, чем другие виды искусства, воспринималось как окно в будущее. Всюду постоянно шли разговоры о том, что оно отражает «действенные силы эпохи», что оно указывает «путь в будущее» или что оно является той «дорогой», по которой Германия двинется, покидая настоящее. Искусство служило своего рода кофейной гущей, на которой немецкое общество гадало в надежде разглядеть приметы своей дальнейшей судьбы.

Как правило, на художественных выставках посетители могли оставить отзывы об увиденном, заполнив разложенные повсюду анкеты. С одной стороны, они служили своего рода отдушинами для возбужденных умов, а с другой — помогли составить довольно четкое представление о вкусах населения после стольких лет диктатуры. Результаты анализа отзывов вызвали у соответствующих органов определенную тревогу. Более 65% посетителей дрезденской «Всеобщей немецкой художественной выставки» оставили негативные комментарии по поводу «засилья» современного искусства. Чем более традиционным был характер живописи или скульптуры, тем больше они вызывали положительных эмоций. С иностранными посетителями дело обстояло совершенно иначе: 82% из них высоко оценили как раз современное искусство[12]. Немцы же, напротив, язвительно насмехались над этим искусством. Особенно молодежь выказала полное равнодушие к нему, а у многих оно вызывало раздражение; раздавались даже призывы к его полному искоренению и к концентрационным лагерям как средству борьбы с подобными безобразиями. На аугсбургской выставке «Экстремальная живопись» враждебные выпады в адрес современного искусства приняли такие угрожающие формы, что Эрих Кестнер выступил с тревожной статьей о «вкусовой неграмотности» «воспитанных нацизмом юных варваров» и призвал общественность задуматься о необходимости действенного художественного воспитания[13].

Этим художественным воспитанием в значительной мере занялась пресса. Многие газеты принялись разъяснять дезориентированной публике различные течения современного искусства. Ведь оно вызывало не только отрицание; многие немцы понимали, что в течение двенадцати лет находились в изоляции от международной культуры, и теперь стремились наверстать упущенное. Наряду с активным неприятием современного искусства специалисты констатировали и жажду знаний и впечатлений, а также острый, живой интерес к проблемам культуры, который с точки зрения сегодняшних представлений, на фоне уже давно привычного для всех «anything goes»*, кажется чистой экзотикой. «Должно ли произведение искусства быть естественным?» — вопрошал иллюстрированный журнал Die Frau в 1947 году, комментируя опубликованную в номере репродукцию кубистского женского портрета Пикассо: «О том, что у женщины два лица, говорят часто, это привычная тема. Каждый воспринимает эти слова как метафору. Но стоит художнику и в самом деле отразить эту двуликость в своей картине — и дилетант в испуге шарахается от нее»[14]. В 1946 году историк искусств Отто Штельцер в журнале Der Standpunkt, ориентированном на «продвинутую» публику, объяснял особенности искусства экспрессионизма. Не стоит рассматривать его как единственно верное художественное направление, писал Штельцер, но назвать его дегенеративным, как это сделали национал-социалисты, никак нельзя: «Дегенеративным было и остается нечто совершенно другое, а именно — отношение к искусству

---

* «Все разрешено» — ироническая песня Коула Портера о падении нравов во время Великой депрессии, превращенная Полом Фейерабендом в либеральный слоган: все разрешено в любви, искусстве и познании. — *Прим. ред.*

широких слоев общества»[15]. В этих словах не было ни осуждения, ни высокомерия, в них выразились лишь печаль и тревога автора.

Деятелям культуры в то время были небезразличны предпочтения масс. Проникнутое тревогой внимание к восприятию искусства широких слоев населения было связано со значением, которое национал-социализм отводил эстетическим суждениям народа. Важной опорой «аккламационной диктатуры»[16] было умение внушить массам, будто это их вкус определяет эстетические параметры Третьего рейха. Культивируемое в средствах массовой информации мнение, что народ и элита единодушны в вопросах культуры, имело существенное значение для архитектуры народного государства.

После войны представители культурной жизни далеко не сразу освободились от этой ловко сфабрикованной иллюзии власти народа над искусством. Искусство было не игровой площадкой с аттракционами для инвесторов, а важной ареной для разрешения общественно-политических конфликтов и объектом целеполагания. С помощью анкетирования нужно было выяснить, каковы вкусы массовой публики и насколько показательны протесты посетителей выставок, которые гневной критикой и хулиганскими выходками выражали свое отвращение к «мазне сумасшедших». То есть понять, не сохранили ли большинство немцев глубокую симпатию к павшему нацистскому режиму.

Все эти скандалисты — вовсе не отъявленные нацисты, писал майор американской армии Ганс Хабе в 1945 году в Neue Zeitung. Они скандалят просто «потому, что им *позволено* скандалить. Демократия для них заключается в возможности беспрепятственно выражать свои положительные и отрицательные эмоции. Но демократия заключается вовсе не в этом. Демократия — это скорее уважение к чужому труду или творчеству, или просто к чужому вкусу, стремление понять, что волнует других…

Они сначала должны усвоить, что в условиях демократии все дурное исчезает в результате естественного отбора. Без всяких директив. Но и без улюлюканья и свиста»[17].

Такой миролюбивый тон дебатов был внедрен извне. Большинство немецких поборников модернизма вели полемику почти так же агрессивно, как и его противники. Например, по поводу открытия выставки в берлинской галерее «Розен» 9 августа 1945 года историк искусств Эдвин Редслоб заявил, что произведения современной живописи «будут освещать тот путь, по которому нашему народу суждено пойти»[18].

Однако народ, к счастью, пошел разными путями. Большинство немцев по-прежнему украшали стену над своими неуклюжими диванами картинами с излюбленным мотивом — трубящим оленем. Две трети граждан, согласно опросу Алленсбахского института 1956 года, предпочитали «настоящие картины маслом с пейзажами»; пользовались популярностью также религиозные сюжеты. Постепенно гостиные немцев оживили изображения грустных клоунов и классические модернистские голубые кони в виде гравюр. Абстрактное искусство выбирали лишь три процента опрошенных[19].

И все же искусство послевоенного времени на Западе было настолько широко представлено кляксами, облаками и штриховками Хайнцев Трёкесов, Вилли Баумайстеров, Фрицев Винтеров или Эмилей Шумахеров, что сегодня может показаться, будто на живописных полотнах того времени не было ничего, кроме этих беззаботных абстрактных мотивов. Абстрактное искусство стало настолько доминирующим элементом культуры Боннской республики, что многие его противники заклеймили его как новое государственное искусство. Художник-предметник Карл Хофер, который со своим меланхолично-негероическим реализмом был при нацистах таким же изгоем, как и деятели абстракционизма, считал декларативную популярность беспредметничества в средствах массовой информации глубоко

Вилли Баумейстер на обложке журнала Spiegel в октябре 1947 года. Его живопись определила визуальный облик ранней Федеративной Республики

удручающим явлением. «В своем слепом рвении эти борзописцы теряют всякое чувство соразмерности, — с горечью писал он в берлинской газете Tagesspiegel. — Все это печальным образом напоминает нацистское государство с его гауляйтерами и СС». Экспрессионист Оскар Кокошка, тоже чувствуя себя оттесненным на обочину искусства, изливал желчь на «кукловодов» и покровителей представителей абстракционизма, на галериста Вернера Хафтмана и художественного критика Вилли Громана: «Партия сторонников беспредметного искусства планирует в ближайшем будущем создание новой Имперской палаты культуры под руководством господина Хафтмана или Громана, которые успешно заменят доктора Геббельса»[20].

Высокая степень медийности конкурентов и в самом деле не могла не вызывать зависть у предметников. Особенно «фотогеничным» оказался Вилли Баумайстер. В 1947 году он появился на обложке журнала Spiegel. Снятый сверху, он стоял, широко расставив ноги и сунув руки в карманы, на лежащей на полу гигантской театральной декорации, созданной им для балетной постановки Вюртембергского государственного театра. Изящные иероглифы, образы пещерной живописи, разбегающиеся в разные стороны пиктограммы и крылатые каллиграфические мотивы словно парят у него под ногами. Художник предстает повелителем знаков — он не рисует творение, он сам занимает его место, как он самоуверенно отвечал своим критикам.

Через два года ему в связи с его шестидесятилетним юбилеем отвели целую полосу в Spiegel, на которой он изложил основные принципы своего творчества в своем фирменном стиле, с орфографическим радикализмом — полным отказом от заглавных букв, даже после точки. Редакция журнала проглотила это новшество, существенно затрудняющее чтение, и даже поместила текст в нарядную рамку. О такой чести Конрад Аденауэр мог только мечтать.

По материнской линии Вилли Баумайстер происходил из семьи, пять поколений которой были художниками-декораторами, и, прежде чем начать учиться живописи, он тоже окончил соответствующие курсы. Когда он сразу же после прихода к власти Гитлера, в 1933 году, лишился должности профессора в Штутгартской академии художеств и права на участие в выставках, он, как и другие художники-авангардисты, нашел работу на лакокрасочном заводе в Вуппертале, владельцем которого был любитель искусства и предприниматель Курт Хербертс. Официально он там занимался разработкой новых маскировочных окрасок, писал технические руководства, но между делом изготавливал и настенные росписи. В разных мастерских почти без внимания публики Баумайстер неутомимо продолжал работать. Он писал смелые по колориту и радикальные по содержанию беспредметные композиции, в которых уже тогда было все, что сделало его знаменитым после 1945 года. Параллельно

Вилли Баумайстер, «Монтури с красным и синим», 1953 год. При желании в его картинах можно увидеть подъем, переживаемый Федеративной Республикой. На них изображены оторванные от своих корней объекты, взаимодействие которых исполнено парадоксальной гармонии

он экспериментировал со своим языком форм, в значительной мере состоявшим из знаков, похожих на иероглифы неизвестного языка, теоретические основы которого он изложил в книге «Неизвестное в искусстве». Написанная в 1944-м, она вышла в свет в 1947 году.

Благодаря упорному труду в условиях полной изоляции Баумайстер сразу же после войны смог громко заявить о себе, представив на суд художественной общественности множество работ. Это позволило ему возглавить направление в искусстве, называемое лирическим абстракционизмом, ташизмом или неформальным искусством, которое вскоре определило визуальное самовосприятие молодой республики. Это искусство было более гармоничным и привлекательным, чем грубые, отталкивающие формы и образы, рождавшиеся у близких по духу художников из других западных стран. Несмотря на возмущение, которое его живопись вызывала то там, то тут, она все же была отмечена решительной волей к красоте, даже к декоративности. Она не всем нравилась, но у нее был потенциал. Критики, которые всегда видят в истории искусства непрекращающуюся борьбу храбрых героев с трусливыми ренегатами, позже осуждали немецкий послевоенный модерн за желание угодить публике. Их раздражал его декоративный характер, они говорили о «ручном авангарде», «драгоценном прикладном искусстве» и аполитичной жажде гармонии[21]. Но для завоевания симпатии поначалу очень скептично настроенной публики декоративный потенциал послевоенного искусства сыграл неоценимую роль.

К наиболее известным работам Баумайстера относится серия полотен «Монтури». Существует множество репродукций этих картин, на которых обычно доминирует некая черная форма, огромное неорганическое пятно, словно парящее в воздухе, в невесомости. Каким бы безобразным или зловещим оно ни казалось, в нем есть какая-то незавершенность, словно оно никак не может решиться, какую форму принять — круглую или угловатую. Местами оно «обрастает» бахромой, теряет отделившиеся от него элементы, которые вместе с другими цветными арабесками окружают его, как спутники. Эти живописные придатки тоже как будто парят в невесомости. Все это, мягко отталкиваясь друг от друга и снова сближаясь, находится в некоем зыбком, но радостно-светлом одномоментном состоянии, исполненном необыкновенной красоты.

Картины Баумайстера примиряли с хаосом; они состоят из оторванных от своих корней объектов, взаимодействие которых исполнено парадоксальной гармонии. *Displaced objects* на новой родине. Кто хотел, тот видел в этом подъем, переживаемый молодой республикой, и чувствовал уверенность в том, что скоро там найдется местечко и для него. Дитер Хониш —

с 1975 по 1997 год директор Берлинской национальной галереи — позже описывал серию «Монтури» так, словно речь шла о социальной рыночной экономике Людвига Эрхарда: «В этом непрерывном взаимообмене между всеми частями картины можно увидеть как в плане формы, так и в плане содержания некую солидарную общность, в которой каждый ведет свою игру не только за счет, но и в пользу других»[22].

Это был визуальный язык меньшинства, которое, однако, задавало тон. В данном случае — тон визуальный. Каждый начальник считал своим святым долгом украсить кабинет абстрактной живописью. Это было стильное искусство для стильных, респектабельных людей. На выставке «Documenta» можно было увидеть посетительниц в платьях, повторяющих мотивы картин, которые они рассматривали. Художественный рынок теперь желал точно знать, кто что покупает, и поручил Алленбахскому институту провести опрос. Выяснилось, что Вилли Баумайстера и его собратьев по ташистскому авангарду покупают люди, ориентированные на будущее: промышленники, инженеры-электрики, директора предприятий и менеджеры. Директора банков, профессора и адвокаты, то есть представители классической образованной буржуазии, напротив, предпочитали умеренный модернизм, то есть экспрессионизм и импрессионизм[23]. Уже очень скоро стал очевидным факт, что вкусы широких слоев населения и элиты опять разошлись. Искусство решило, что больше не нуждается в одобрении народа, а народ перестал узнавать себя на семейном портрете республики.

Совершенно иначе развивалось искусство в ГДР. Там стилистическому плюрализму, представленному на Дрезденской художественной выставке в 1946 году, вскоре пришел конец. Давление на художников, принуждение к отказу от «модернистских», «декадентских» и «формалистских» способов отображения действительности нарастало. Если они хотели вместе со всеми участвовать в создании достойного и человечного общества, им надлежало пользоваться близкими и понятными народу художественными формами. Огромную роль в разработке доктрины социалистического реализма сыграла статья, написанная руководителем отдела культуры советской военной администрации Александром Львовичем Дымшицем, которая была опубликована 19 ноября в Tägliche Rundschau, аналоге Neue Zeitung, который печатали русские. Это был очерк, посвященный «формалистскому направлению в немецкой живописи». Литературовед, историк искусств и политрук Красной армии Дымшиц подверг критике духовную пустоту современного искусства, которое, по его словам, предавалось «филистерской поэтизации страданий» и «декадентской эстетизации уродства и мерзости». Посмотрите, что стало с несчастным Пикассо, писал он: некогда многообещающий художник, столь близкий к народу, в конце концов скатился до больной, противоестественной, воспевающей убожество живописи.

Ссылаясь на идеалы Горького, Дымшиц проповедовал живопись, которая видит свою цель в «преодолении страданий, в победе человека над страхом перед жизнью и над страхом смерти»[24]. Критика самореферентных экспериментов была облечена в элегантную, вполне доброжелательную форму, поскольку автор призывал художников поучаствовать в создании лучшего, более гуманного, будущего и снискать благодарность истории, народа и партии. Текст произвел довольно сильное впечатление на читателей, потому что автор продемонстрировал знание и глубокое понимание немецкой художественной жизни. Статью повсеместно обсуждали и анализировали в советской оккупационной зоне, и ее тезисы постепенно, шаг за шагом превратились в догму социалистического реализма.

Так образовалась «художественная линия фронта» холодной войны. Чем больше немцы разделялись на восточных и западных, тем проще было абстрактному искусству на Западе утверждаться и занимать главенствующие позиции. Настойчивая приверженность предметной живописи в ГДР облегчала его задачу — стать эстетической системной альтернативой и ведущим средством транслирования западной культуры. Понимаемое как искусство свободы, абстрактное искусство приобрело ореол вероучения, сияющий еще более убедительно от того, что у этого искусства не было никакой необходимости в политической ангажированности. Оно представало веселым праздником бытия, воплощало чистую жизненную энергию, пульсирующую на больших полотнах. Щедрое и даже расточительное использование материалов в абстрактной живописи, наносимых толстыми слоями, пластами, изливаемых обильными струями, делало ее своеобразным олицетворением роскоши, апеллирующей в определенном смысле к более высокой форме благосостояния и в то же время отрицающей въевшуюся в душу привычку к экономии, которая в значительной мере определяла параметры послевоенной жизни.

Американские стратеги психологической войны быстро поняли, что с помощью искусства можно многого добиться в деле продвижения демократии. Они, как и Советы, распознали важную роль живописи для «post-war-nationbuilding»*, но им было труднее, чем Советам, направить искусство в нужном направлении. Абстрактное искусство было для них хорошей эстетической программой денацификации фантазии; еще больше оно подходило на роль эффективного инструмента противостояния Советам и формирования эстетической идентичности Западной Германии. С помощью абстрактной живописи американцы могли «выставить социалистический реализм еще более стилизованным, тупым и ограниченным, чем он есть на самом деле», говорил сотрудник американской разведки Дональд Джеймсон[25]. Поэтому американцы изо всех сил поощряли абстрактное искусство. Они учреждали стипендии для молодых художников,

* «Послевоенное национальное строительство» (англ.). — *Прим. пер.*

финансировали их выставки, не жалели денег на приобретение их картин. Причем частные инициативы шли рука об руку с государственными программами. Часто произведения искусства покупали высшие военные чины; они же рекомендовали художников различным благотворительным фондам. Для каждого художника было весьма полезным знакомство, например, с американской немкой Хиллой фон Ребау, директором фонда Гугенхайма в Нью-Йорке. Она прекрасно ориентировалась в немецкой художественной жизни и щедро снабжала художников и галеристов пакетами с гуманитарной помощью.

Первым художником, над которым американцы «взяли шефство», стал Юро Кубичек из круга берлинских фантастов, сотрудничавших с галереей Герда Розена. Родившийся в 1906 году художник с немецко-венгерско-чешскими корнями начал свою творческую карьеру в качестве оформителя витрин в Вертхайме, работал в области рекламы, оформителем выставок. В 1942 году был призван в вермахт и отправлен на Восточный фронт. У Герда Розена он выставлял абстрактные пейзажи, отмеченные влиянием основателя пуризма француза Амеде Озанфана. Под патронажем военного министерства и МИД он в декабре 1947 года, получив стипендию, отправился на полтора года в университет Луисвилля в Кентукки, где учил студентов основам искусства. В действительности же смысл его творческой командировки состоял в другом: в его собственной переподготовке. И Кубичек прошел ее вполне успешно: хотя он отчетливо почувствовал границы американской толерантности, когда его картина «Высокая негритянка» вызвала бурное возмущение членов пуританского дамского клуба Луисвилля, он все же вернулся летом 1949 года в Берлин убежденным поклонником США. В его работах теперь было отчетливо заметно влияние Джексона Поллока, с «живописью действия» которого он познакомился в Нью-Йорке.

В США живопись Кубичека окончательно утратила связь с предметностью. Он оставил свои обнаженные фигуры, пейзажи или деревья, вписанные в абстрактные образы, и полностью отказался от объектов реального мира. Линии, состоящие из капель, сливаются у него в напоминающие галактики формы, которые делают то, что им и надлежало делать по законам тогдашнего абстрактного искусства: они парят в невесомости. Растровые поверхности из фольги образуют в них изящные прозрачные тела, скользящие в пространстве картины. Поллок угадывается в этих композициях, но не доминирует, не глушит их. Кубичеку удалось опровергнуть тезис о том, что у Поллока невозможно учиться, сохраняя дистанцию, то есть не перенимая в конце концов полностью его манеру[26]. Кубичек, как и все остальные представители западногерманского неформального искусства, тяготел к декоративной мягкости. Если при виде полотен Поллока возникает чувство, будто он не наносит, а швыряет краски на холст и они резче воздействуют на сетчатку глаза, бросая вызов хорошему вкусу, то гармонично кружащиеся линии Кубичека рождают иллюзию целостности некоего чужого и непонятного, но все же упорядоченного мира.

Так же, как знаковые миры Вилли Баумайстера или Хайнца Трёкеса, картины Кубичека излучали настроение, вселявшее в зрителей чувство уверенности. Затраты американцев на этого художника оправдались уже хотя бы потому, что он был неутомимым тружеником. Вернувшись в Германию, он возглавил в только что открывшемся Доме Америки на Айнем-штрассе «Work and art studio»*, где бесплатно проводил учебные занятия по искусству, прикладной графике, дизайну тканей, мебели и украшений. Это сочетание искусства и ремесла по образцу Баухауса оказалось довольно удачным. Ученикам Кубичека даже удалось продать несколько проектов различным предприятиям дизайнерской и оформительской индустрии, которая переживала настоящий бум. В многочисленных витринах Дома Америки

* Студия работы и искусства (англ.). — *Прим. пер.*

были выставлены работы «Work and art studio», демонстрировавшие современный уровень дизайна. Заодно это способствовало развитию эстетического вкуса случайных прохожих.

Деятельность Кубичека весьма показательна для американской стратегии перевоспитания. Можно провести четкую линию от гения Джексона Поллока к берлинским детям, учившимся в Доме Америки в буквальном смысле свободно рисовать широкими, энергичными жестами. То, что в программе их обучения важную роль играл именно Джексон Поллок, отнюдь не случайно. Поллок (по прозвищу Джек Разбрызгиватель) как нельзя лучше подходил для того, чтобы своими огромными картинами, написанными в так называемой льющейся технике, демонстрировать лучшие стороны Америки. Он был настоящим ковбоем (этот мотив его биографии старательно раздували мифотворцы разных мастей), выросшим в штате Вайоминг, то есть не европеизированным выходцем с интеллигентного Восточного побережья, а носителем самобытного духа первопроходцев. Произведения его «капельной живописи» выглядели как реликты мощных извержений, результаты прометеевского хеппенинга, который поражал посетителей выставочных залов Венеции, Мюнхена или Касселя и давал европейцам представление о несокрушимой жизненной силе Соединенных Штатов Америки. Во всяком случае, об этом мечтали некоторые влиятельные политики США, которые вскоре активно и целеустремленно включились в международную выставочную жизнь.

Через абстрактный экспрессионизм, которому Поллок служил чем-то вроде фирменного знака-символа, американское искусство отмежевалось от своего великого образца — Парижа — и добилось успехов на международном художественном рынке, предложив миру свой собственный, самобытный «контент». За счет европейского ажиотажа вокруг таких имен, как Поллок, Роберт Мазервелл, Марк Ротко или Барнет Ньюмен, Америка разрушила стереотип — широко распространенное мнение о ее бескультурье. Это привело к парадоксальной ситуации: «Если это — искусство, то я — готтентот», — заявил президент Трумэн в 1947 году в Музее современного искусства в Нью-Йорке, и его слова были встречены бурными аплодисментами, потому что эту позицию разделяли большинство его сограждан. Что, однако, не помешало стратегам холодной войны и дальше рассматривать именно это искусство как лучшее средство самоутверждения Америки на международной арене. А поскольку они прекрасно знали, что Конгресс никогда не одобрит выделение необходимых денежных средств на экспорт этого искусства в Европу, они превратили абстрактный экспрессионизм в секретный проект. В итоге как раз те художники, которых в американском Конгрессе клеймили как кощунствующих пачкунов, были использованы генералами внешней политики США, специалистами по психологической войне, в качестве средства эстетической пропаганды. И хотя Ротко, Поллок и Мазервелл считали себя космополитами-радикалами и одинокими индивидуалистами, за границей они в результате целенаправленной выставочной политики стали идеальными представителями Америки.

Задача была настолько парадоксальной, что ее взяло на себя ЦРУ. Агент Том Брейден руководил отделом секретной службы с ничего не говорящим названием «International Organizations Division»*, который должен был вести холодную войну средствами искусства и культуры. Под девизом «Чтобы добиться открытости, мы должны действовать тайно»[27] он приступил к выполнению задания, заключавшегося в том, чтобы в условиях конкурентной борьбы двух великих держав за симпатии остального мира бросить на чашу весов художественный авангард. Ряд сотрудников ЦРУ переквалифицировались в арт-агентов, которые так рьяно принялись отправлять лучшие произведения американского экспрессионизма в выставочные турне, на биен-

---

* Отдел международных организаций (англ.). — *Прим. пер.*

нале и в другие музеи в рамках обмена, что залы нью-йоркского Музея современного искусства временами выглядели как общипанные курицы.

При этом Том Брейден, Майкл Джоссельсон и многие другие культурные агенты ЦРУ[28] работали в густой сети частных и государственных инициатив. Поэтому позже лишь в редких случаях удавалось выяснить, где кончались секретные операции и начиналась традиционная культурная политика министерства иностранных дел. Самым эффективным мероприятием ЦРУ в культурном секторе с замаскированными политическими целями был организованный Мелвином Ласки и Артуром Кёстлером «Конгресс за свободу культуры», в котором с 26 по 30 июля 1950 года приняли участие представители интеллигенции всего мира, чтобы создать манифест против любых проявлений тоталитаризма. Советская пропаганда тем временем успешно закрепила за собой понятие «мир». На всей планете «борцы за мир» сплоченно выступали под знаком белого голубя за запрет атомного оружия, которым в то время располагали только американцы. Этому советскому пропагандистскому успеху международный конгресс должен был решительно противопоставить вновь выдвинутое понятие «свобода».

Тон на конгрессе задавали бывшие коммунисты, которых отрезвил сталинизм, в том числе Джеймс Бёрнем, Артур Кёстлер, Иньяцио Силоне, Рихард Лёвенталь, Манес Шпербер и Франц Боркенау. Но были среди них и искушенные историки, такие как Хью Тревор-Ропер («Последние дни Гитлера») или Голо Манн, работавший на секретной американской военной радиостанции 1212, а позже вместе с Гансом Хабе создававший американскую прессу в Бад-Наухайме.

Среди множества предприимчивых участников конгресса был и русский композитор Николас Набоков, двоюродный брат знаменитого писателя Владимира Набокова. До эмиграции в 1933-м он жил в Берлине и вернулся в Германию сотрудником

Отдела психологической войны американской армии. Набоков был специалистом по допросам. Он сыграл важную роль в скором освобождении из-под ареста дирижера Вильгельма Фуртвенглера. Позже, с 1964 по 1967 год, Набоков руководил Берлинским фестивалем, на котором уже в 1950 году была, естественно, организована выставка американского искусства, представившая творчество Поллока, Мазервелла, Ротко и других художников. А кто отвечал за оформление «Конгресса за свободу культуры»? Юро Кубичек![29] Для конспирологов послевоенная активность ЦРУ в области культуры была неистощимой скатертью-самобранкой. Журналистка Фрэнсис Стонор Сондерс, глубже всех изучившая эту тему, даже утверждала: «После войны в Европе трудно было найти писателей, поэтов, художников, историков, ученых-естествоиспытателей или критиков, которые не были бы так или иначе связаны с этим секретным проектом».

ЦРУ решило превратить конгресс в долгосрочную структуру, то есть создать целую организацию со штаб-квартирой в Париже и филиалами во многих странах, задача которой состояла бы в том, чтобы вывести силы, критически настроенные в отношении капитализма, из-под русского влияния. Эта организация поддерживала прежде всего левую интеллигенцию, решительно выступавшую против сталинизма. Добровольно эти люди вряд ли взяли бы деньги от ЦРУ, поэтому финансовая поддержка оказывалась через третьи, маскировочные, учреждения, например через издательства и фонды. Но даже если бы они взяли деньги, открытая поддержка творческой интеллигенции и художников настолько скомпрометировала бы последних, что использование их секретными службами стало бы невозможным. Так многие стали объектами «благотворительности» ЦРУ, сами того не зная. Например, Генрих Бёлль — через секретные контакты своего издателя, Йозефа Каспара Витча, владельца издательства Kiepenheuer & Witsch, располагавшего широкими связями представителя «Конгресса за свободу культуры» в Кёльне[30].

Через «Конгресс за свободу культуры» ЦРУ финансировало целый ряд первоклассных интеллектуальных журналов, таких как основанный в 1948 году Мелвином Ласки Der Monat, авторами которого были Теодор В. Адорно, Ханна Арендт, Сол Беллоу, Артур Кёстлер и Томас Манн. Оно финансировало основанный Иньяцио Силоне Tempo Presente в Испании и Preuves во Франции, которым руководил Франсуа Бонди. Оно оплачивало переводы «Скотного двора» Джорджа Оруэлла и спонсировало его экранизацию*. Финансируя бесчисленные выставки абстрактного искусства в Германии, оно активно способствовало его распространению и в конце концов привело к его полному триумфу в 1959 году, организовав выставку «Documenta 2» в Касселе, на которой было представлено почти исключительно беспредметное искусство.

---

* Имеется в виду анимационный полный метр «Animal Farm» (режиссеры Джой Бетчелор и Джон Халас), вышедший на экраны в 1954 году. — *Прим. ред.*

О том, как столик «Почка» изменил мышление

Чтобы объяснить триумф абстрактного искусства после войны, не хватает еще одного последнего, но, возможно, самого важного мотива: никогда художественный авангард и промышленный дизайн не были так тесно связаны, как в то время. Многие люди критикуют абстрактное искусство, даже не подозревая, что давно уже впустили его в свое жилище в виде тканей. Лирическая абстракция через заднюю дверь вошла в гостиные и даже проникла в платяные шкафы. Драпировочные ткани и стены очень скоро стали похожи на витрину художественного рынка. Вилли Баумайстер и Юро Кубичек разрабатывали дизайн занавесок для компании Pausa AG, Фриц Винтер — дизайн скатертей для фирмы Göppinger Plastics, Хайнц Трёкес создавал рисунки для ковров, Ханн Трир и Ганс Хартунг — для декоративных тканей.

Некоторые из их проектов оказывались труднореализуемыми, потому что художники не разбирались в текстильном производстве, например не учитывали раппорт, ограниченную длину, на которой должен был повторяться рисунок, и создавали узоры, не вписывавшиеся в формат рулона ткани. Более успешно работали в этом плане профессиональные дизайнеры тканей, такие как Маргрет Хильдебранд или Теа Эрнст, использовавшие мотивы и формы абстрактной живописи в орнаментике тканей. Для квартир такие ткани подходили далеко не всегда, потому что крупноформатные красочные узоры требуют определенной дистанции для обзора и нейтральных, «спокойных» поверхностей вокруг. Им нужны огромные пространства современной шикарной виллы. Однако многим это не мешало украшать стены малогабаритной квартиры обоями с совершенно дикими узорами, что производило впечатление хаоса и вызывало клаустрофобию.

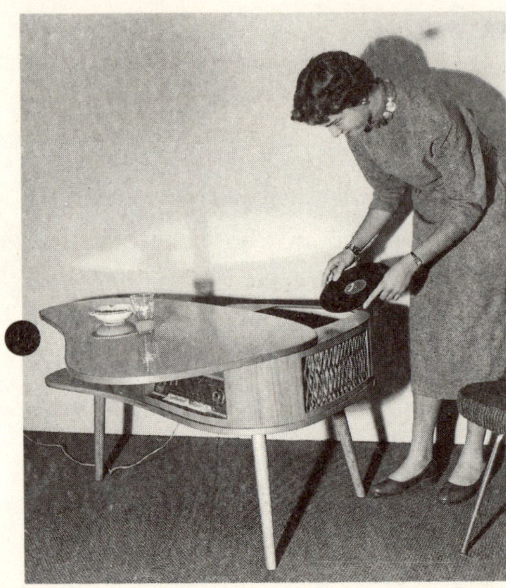

Стол «Почка» с вращающейся столешницей, проигрывателем пластинок и радиоприемником. Его тонкие растопыренные ножки заметно контрастировали с мебелью в рейхсканцелярском стиле из дубового массива

Можно, пожалуй, даже порадоваться тому, что полностью оформить квартиру в новом стиле простому смертному было не по карману. Авангардистский дизайн вошел в жизнь немцев в виде малых объектов: ваз, жардиньерок, чаш и прикроватных столиков. Бытовые аксессуары превратились в эффектные миниатюрные скульптуры. Позволено было все, кроме симметрии; все должно было быть круглым, выпуклым, сжатым, сплющенным, со скошенными углами. В моду вошли петлеобразный, чашеобразный, яйцевидный и трельяжный стили. «Стреноженные кинетические энергии с неповторимыми моментами объемного напряжения»[31] вышли на первый план. Биоморфизм торжествовал: вазы приняли формы бокалов, бутонов, лебединых шей. Фирменным знаком целой эпохи стал полукруглый столик в форме почки, который вселил отвращение следующему поколению[32].

Этот столик стал декоративным символом денацифицированного жилища. С растопыренными ножками он торчал посреди комнаты, излучая оптимизм, ассимметричный, уязвимый и легкомысленный — антоним тяжеловесного рейхсканцелярского стиля. В изящных латунных «башмачках», с золотистой накладкой по периметру и часто инкрустированный мозаикой в средиземноморском стиле, он выглядел как пародия на нормальный, солидный стол.

Солидность вышла из моды, уступив место легкости и мобильности. Одно из главных требований к вещам заключалось в том, чтобы их можно было быстро переставить или убрать. Даже рожковая люстра вынуждена была подчиниться закону изменчивости: подвижная арматура трехрожковой лампы позволяла менять угол освещения. Идеалом новой легкости люди отчасти были обязаны нужде и стесненности: в условиях послевоенных лишений частые перестановки и перепланировки жилища стали неизбежны. Пристрастие к циклопическим формам ушло; теперь повышенным спросом пользовалось все складное и компактное. Четыре человека в трех комнатах, спальня-кабинет — такое стало обычным явлением: «Рядом с тахтой стоит письменный стол. У стены, за занавеской, — полка с папками-регистраторами. Хозяйка спит на складной кровати, убирающейся в стенную нишу. Над нишей — полка для хранения туалетных принадлежностей. Кровать отделена от остального пространства занавеской, так что хозяин может принимать в комнате своих коллег или партнеров»[33].

Некоторые удобства немцы освоили поневоле. Американские солдаты просто отпиливали ножки у столов в реквизированных квартирах, чтобы удобнее было класть на них ноги. Позже вернувшиеся домой хозяева, оправившись от шока, вынуждены были признать, что это довольно удобно. Так в обиход вошли прикроватные столики. Бедность временных жилищ привела к новому жилищно-бытовому идеалу. Люди сооружали шкафы из пустых ящиков для фруктов и пивных бутылок, устанавливали кроватную решетку на кирпичи, обрабатывали щелочью поврежденную мебель и придавали ей грубо-импозантный вид. Возник ранний вариант «shabby chic»*, по поводу которого газеты и журналы не скупились на полезные советы: «Складные трехсекционные матрацы, естественно, тоже требуют творческого подхода. Моя тетушка, чья квартира не пострадала от бомбежек, разрешила мне покопаться в ее барахле. Это даже забавно — обтянуть все секции складного матраца разной тканью, а если материала не хватает, можно в крайнем случае на нижнюю часть пустить какую-нибудь уродливую тряпку — кто ее там увидит?»[34]

Этот новый стиль жизни влиял как на бедных, так и на богатых. Дорогие изящные полки фирмы Knoll International стали выпускать без боковых стоек, чтобы придать им легкость. Письменные столы встали на тонкие стальные ножки; выдвижные ящики словно парили в воздухе. Мир плюша и тяжелой дубовой мебели улетучился вместе с дымом от огня, в котором все это сгорело; в моду вошла эстетика воздушности, невесомости — изящных перил, смело выгнутого бетона, хрупкого стекла и волнистых стен. Пастельные краски, нежные линии, тампонированные или текучие узоры — среди всего этого лучше ходить в обуви на мягкой микропористой креповой подошве, в криперах**, ставших благодаря британским солдатам культовой обувью пятидесятых.

В 1948 году для архитектурного конкурса «Окрестности Берлинского зоопарка» Сергиус Рюгенберг разработал проект аэропорта на крохотном участке земли в непосредственной близости от станции городской железной дороги «Цоо» в Берлине с залом ожидания, который выглядел так, будто его построил себе в футуристском стиле летающий Роберт*** для своих полетов с зон-

---

* «Потертый шик» (англ.). — *Прим. пер.*

** Англ. *brothel creepers*, специфические замшевые туфли на толстой подошве. В СССР их называли «туфли на манной каше». — *Прим. ред.*

*** Герой популярного детского стихотворения (автор — Генрих Гофман), летавший на зонтике в бурю. — *Прим. ред.*

В поисках дизайна для новой эпохи архитектор Сергиус Рюгенберг спроектировал этот зал ожидания аэропорта для архитектурного конкурса «Окрестности Берлинского зоопарка», 1948 год

тиком. Это манерно-элегантное здание так и не было возведено, зато в том же 1948 году проект Рюгенберга послужил эскизом декорации для фильма Роберта А. Штеммле «Берлинская баллада» — знаменитой киноленты с эффектной ретроспективой из Берлина 2048 года на послевоенную разруху.

Это виртуально-невесомое формотворчество не исчерпывалось вкусовым чудачеством, каковым его объявили позже, когда оно попало под одну гребенку вместе с «Рыбаками Капри»*, вазами для печенья и дурацкими солнцезащитными оч-

* «Capri Fischer» — популярная серенада композитора Герхарда Винклера, написанная в 1940-х и стилизованная под итальянскую песню, в наши дни входит в репертуар Макса Раабе. — *Прим. ред.*

ками. Дизайнеры, скорее, стремились изменить мировоззрение и поэтому хотели «понять и преобразовать смысл и образ бытия в сегодняшней Германии», как объяснила архитектор Вера Майер-Вальдек в связи с выставкой «Новый стиль жизни» в Кёльне в 1949 году[35]. Поэтому характерный для пятидесятых годов дизайн отражал не эстетику всего общества, а лишь дух времени, резко диссонировавший с дубовым вкусом большинства, которое, по-видимому, все еще доминировало. И не только в количественном отношении. От этой дубовой эстетики освобождались постепенно, шаг за шагом, через фантазию, через устремленность вперед. Столик «Почка», возможно, и имел бледный вид, если выступал единственным свидетельством нового формотворчества на фоне мрачных монстров, украшающих остальную часть квартиры, но фантазия возвела его в ранг провозвестника нового, просторного жилища, полного света и воздуха. Столик «Почка» имел программный характер, воспринимался как своего рода обетование, символ более достойной жизни, которую вскоре можно будет себе позволить.

Через двадцать лет первый послевоенный шик пятидесятых годов многим показался фальшивым и устаревшим. И все же эта причудливая мебель однозначно сыграла определенную роль в духовном оздоровлении немцев. Многие преодолели прошлое через декор. Те, для кого единственный путь к денацификации ведет через разум, вряд ли в это поверят. Но ведь человек, наверное, может хотя бы немного измениться, преображая среду своего существования. Дизайн определяет сознание, и это не просто фигура речи. Многое говорит о том, что часть самовоспитания немцев шла через визуальное и гаптическое восприятие. Во всяком случае, переоформление среды обитания они провели настолько радикально, что дизайн в их воспоминаниях до сих пор остается самым важным реликтом пятидесятых.

Любой, даже крохотный, молочный бар ассоциировался в своей пастельной, оптимистической световой гамме со стилем жизни, который в строительном плане, пожалуй, наиболее ярко представлен берлинским Конгресс-центром. Построенное в 1956 году как часть Международной строительной выставки, это здание со своей ассимметричной крышей в форме раковины, бросившей вызов традиционным, солидным горизонтально-вертикальным формам, стало самой эффективной рекламой архитектуры пятидесятых годов и красноречивой эмблемой новой формы гражданского общества[36]. Там собирались люди, чтобы обменяться мнениями, — в помещениях, которые, несмотря на внушительные размеры, вызывали чувство душевного комфорта. Под округлой крышей за счет открытого членения фасадов каждый посетитель словно увеличивался в размерах, в отличие от архитектуры Третьего рейха, которая намеренно давила на человека, так что он чувствовал себя карликом. Здание, казалось, излучало непринужденность, располагающую к открытому и свободному изложению мыслей. Тем, кто страдает агорафобией, эта оптимистическая социальная пластика наверняка пошла бы на пользу.

Конгресс-центр был построен по проекту Хью Стаббинса и по инициативе Элеоноры Даллес, представителя Госдепартамента США в Берлине, в непосредственной близости от Берлинской стены. Главным мотивом данной инициативы была холодная война. Не последнюю роль при выборе места строительства сыграло и то обстоятельство, что этот район в центре города, как огромное залежное поле, олицетворял страшные последствия нацистской диктатуры. Посреди каменной пустыни Конгресс-центр выглядел как только что приземлившийся космический корабль из другой галактики.

Элеонора Даллес была сестрой не только американского министра иностранных дел Джона Форстера Даллеса, но и директора ЦРУ Аллена Даллеса, который во время войны был информатором и опорой противников нацизма; он поддерживал немецких борцов Сопротивления и координировал шпионаж.

Влияние Аллена Даллеса на американскую культурную политику в Германии трудно переоценить; оно определялось условиями холодной войны и в то же время борьбы с национал-социализмом.

В свете вышесказанного неудивительно, что первым мероприятием, прошедшим в Конгресс-центре после его открытия, стал «Конгресс за свободу культуры». В рамках дискуссии на тему «Музыка и изобразительное искусство» под руководством Мелвина Ласки, Теодора В. Адорно, Вилли Громана, Бориса Блахера и других модераторов участники конгресса говорили об абстрактном искусстве и атональной музыке. Это была одна из бесчисленных инициатив, с помощью которых американцы еще долго из-за кулис сопровождали и направляли судьбы Германии, так же как это делали по ту сторону границы Советы и отчасти французы и британцы. Опекаемые и направляемые, символически загнанные в русло американской и советской эстетики, в результате неустанной духовной интервенции победителей немцы постепенно усвоили образ жизни, который позже, во всяком случае на Западе, стал источником недоумения и даже изумления по поводу того, как такой приветливый, миролюбивый народ мог двенадцать лет терпеть нацистов и возложить на себя столь тяжкую вину.

Глава десятая

Звук вытеснения

Метр за метром Германия была завоевана. Первым пал Ахен на западе, в октябре 1944 года. За шесть месяцев армия США форсировала Рейн и пробилась до Магдебурга и Лейпцига. На востоке Красной армии понадобились три месяца, чтобы дойти до Берлина, после того как она преодолела линию Одер-Нейсе. На Зееловских высотах на Одере ей противостояли более 120 тысяч немецких солдат, которые отчаянно сражались, но это не помогло.

Самое удивительное заключается в том, что, когда закончилась битва, стрельба мгновенно стихла. Куда бы ни приходили союзники, везде царила полная тишина. Солдаты недоумевали: эти немцы, которые еще вчера стояли насмерть, несмотря на безнадежность положения, стали вдруг безобиднейшими агнцами, как только капитулировали. Фанатизм спал с них, как чешуя. Никакого сопротивления, никаких засад, никаких отрядов смертников. Время от времени наступающих союзников обстреливали разрозненные партизаны, но это были исключения. Такого союзники не ожидали. Что случилось с немцами? Их не могли сломить годы бомбежек. Еще недавно, в последние недели войны, они, отступая, безжалостно убили сотни тысяч заключенных и подневольных рабочих. Казалось бы, они должны были и после капитуляции с тем же пренебрежением к человеческой жизни уничтожать на своем пути все живое при малейшей возможности. Особенно победители опасались молодежи, которую, по их мнению, как молодых, брошенных на произвол судьбы хищников, можно было усмирить исключительно железным прутом и пистолетом[1].

Нацисты сами морально подготовили союзников к тому, что те встретят на своем пути диких зверей. «Рейхсфюрер СС» Генрих Гиммлер в октябре 1944 года объявил о готовящихся партизанских рейдах боевых подразделений «Вервольф». Геббельс за два месяца до конца войны призвал каждого немца сделать своим священным долгом смерть за отечество: для бойцов «Вервольф» «каждый большевик, каждый британец и американец на немецкой земле — законная цель. Где бы нам ни представилась возможность лишить их жизни, мы сделаем это с удовольствием и не думая о своей собственной жизни. Ненависть — наша молитва, и месть — наш воинский клич. „Вервольф“ сам вершит суд и властвует над жизнью и смертью».

Но ничего подобного не произошло. Немногочисленные акции «Вервольфа» осуществлялись под командованием кадровых армейских и эсэсовских офицеров и были направлены почти исключительно против уставших от войны немцев. Самой жестокой из них стала расправа над шестнадцатью мужчинами и женщинами в баварской деревне Пенцберг 28 апреля 1945 года. Их вина состояла в том, что они сместили нацистского бургомистра и попытались без боя сдать деревню американцам. Командовал операцией отряда «Вервольф Обербайерн» писатель, руководитель отдела культуры, бригадефюрер СА Ганс Цёберляйн.

Еще один пример террора против собственного народа — убийство ахенского бургомистра Франца Оппенхоффа 25 марта 1945 года, назначенного американцами. Его расстреляла группа эсэсовских десантников-парашютистов, приземлившаяся в тылу врага. После капитуляции подобные акты мести и устрашения почти полностью прекратились, как и всякие партизанские акции.

Казалось, будто фашизм в душах немцев вдруг бесследно растворился в воздухе. Вместо кровожадных хищников на обочинах стояли обычные люди, махавшие проезжавшим оккупантам, которые кормили их с руки шоколадом. Как это объяснить? Ведь ненависть, заставлявшая их в последние дни борьбы жертвовать даже школьниками, отнюдь не была наваждением, мимолетным умопомрачением.

Стефан Хайм, американский сержант, служивший в отделе пропаганды, рискнул в ноябре 1945 года явиться на футбольный стадион, одетый по полной американской форме, — и, к его удивлению, с ним ничего не случилось. Это был первый официальный матч после войны — играли команды Мюнхена и Нюрнберга. Американцев было всего трое на весь стадион. Они сидели в первом ряду, как на витрине. «Можно ли себе представить, чтобы трое солдат немецких оккупационных войск пришли на спортивное мероприятие, сидели среди двадцати тысяч югославов, или бельгийцев, или русских и остались целыми и невредимыми?»[2] — спрашивал себя сержант Хайм.

Куда они вдруг все делись — гордые сверхчеловеки, заявлявшие, что лучше умереть, чем смириться с любой формой иностранного господства? Этим вопросом задавались не только оккупанты, но и сами немцы. Большинство из них мгновенно забыли о верности фюреру. Отключили свои железные убеждения, словно по щелчку. А заодно отключили и прошлое. Иначе как можно объяснить, что не прошло и двух лет, как кто-то уже недоумевал, за что, собственно, немцев так не любят во всем мире? «Почему немцев нигде не любят?» — вопрошал в 1947 году журнал Der Standpunkt, словно не было никакой войны. «Жестокий ответ» дает сам автор статьи: «Германия — это трудный ребенок Европы, козел отпущения для всего мира. В семье народов все устроено так же, как в обычной, человеческой, семье: есть любимцы, как, например, Швейцария, этот баловень судьбы, а есть *enfant terrible** — эта роль уготована Германии. Случайность?

---

* «Ужасное дитя» (фр.). — *Прим. пер.*

Рок? Природой, историей, особенностями национального развития этого не объяснишь»[3].

Это и в самом деле трудно объяснить. То, что происходит в сознании человека, который почти сразу же после окончания захватнической войны, унесшей 60 миллионов жизней, ласково-снисходительно называет агрессора «трудным ребенком» и представляет его бедным «козлом отпущения», можно отнести к чудесам человеческой психики. Ведь автора никак не обвинишь в злой воле или наивности. Он в своей статье, естественно, говорит и о Гитлере, цитирует речь Томаса Манна о «Германии и немцах» и книгу Макса Пикара «Гитлер в нас самих». Он руководствовался благими намерениями, но был настолько дезориентирован, что его мысли кажутся нам сегодня, мягко выражаясь, абсурдными. Очевидно, потрясенный обсуждаемыми фактами и событиями, он увлеченно «куковал» на заданную тему.

Такой подход к непосредственно пережитому прошлому позже получил название «вытеснение». Это неточное, но очень красноречивое понятие. В случае со статьей в Standpunkt можно даже наблюдать парадоксальный процесс вытеснения, которое совпадает с объяснением. Ибо автор явно намерен честно разобраться с проклятием немецкого народа. Размышляя о его причинах, он смягчает то, что мы сегодня называем цивилизационным сломом, низводя его на уровень семейной ссоры.

Нетрудно представить себе автора молодой женщиной, которая гордится тем, что ей дали возможность написать глубокомысленное сочинение о том, как другие нации относятся к ее собственному народу. Интересная тема в контексте недавно закончившейся войны. Возможно, она накануне отстояла длинную очередь, чтобы отоварить свои продуктовые карточки, получив на них немного хлеба и маргарина. Или, как и все остальные, в очередной раз побывала на черном рынке, где ей пришлось основательно раскошелиться. А может, ей, как, например, ее коллеге, журналистке Рут Андреас-Фридрих, утром пришлось решать непростую задачу — куда вылить содержимое ночного горшка, потому что канализационные трубы опять замерзли. Не исключено, что она решила избавиться от своих «шлаков», как это тогда называли, отнеся их в развалины соседнего дома. И вот она карабкается по руинам со своим дерьмом в руке. Ей холодно. И все же на душе у нее весело, и она начинает обдумывать текст статьи. У нее есть работа, скоро все наладится. Она ощущает прилив моральных сил и вдохновение.

С той же деловитостью, с которой началось восстановление городов, был запущен процесс осмысления, интерпретации произошедшего. Обычно люди представляют себе вытеснение как некое бесшумное явление. Много писали о тишине после войны, о смолкнувших пушках и речах. В воспоминаниях послевоенные немцы видят себя великими молчунами, которым надо было сначала молча переварить случившееся. Однако все было как раз наоборот.

Возможно, многие и молчали, словно подписав личную капитуляцию. Но желание и готовность говорить никуда не исчезли. Напротив, немцы часто «проговаривались». Самые незначительные поводы выступить с речью, например юбилей клуба верховой езды или открытие школы, давали возможность затронуть тему «страшных испытаний немецкого народа, какие другим даже не снились». Одна статья об особых задачах педагога начиналась так: «За тяжким беспамятством, в которое немецкий народ впал в результате безумия, замешанного на лжи, и зверского террора дорвавшихся до власти недочеловеков, последовала неизбежная катастрофа, принесшая немцам самые чудовищные физические и душевные страдания, когда-либо выпадавшие на долю народа. Нет другого народа, душу которого судьба перепахивала бы чаще и глубже, и потому ни один народ на земле не достиг такой зрелости, чтобы воспринять великое семя нового духа, какую выстрадал немецкий народ»[4].

Прилагательные превосходной степени по поводу страданий немецкого народа, возвышающие его над другими народами мира, наводнили прессу и публицистическую литературу. Это было в буквальном смысле слова вытеснение: авторы так дружно и страстно говорили о страданиях, что для подлинных жертв не осталось ни места, ни мыслей.

Многие уже тогда, в роли побежденных, снова взгромоздились на вершину мирового духа и конструировали из своего и в самом деле уникального позора притязания на интеллектуальное лидерство. Один автор, ратовавший в 1947 году за поддержку общих ценностей среди европейской молодежи, писал: «Может, мы, немцы, лучше других народов понимаем трагизм эпохи, потому что ближе всех стояли к пропасти и поэтому ближе всех подошли к познанию суровой правды»[5].

Возникновению иллюзии «тишины» немало способствовала литература руин, ставшая символом послевоенного менталитета. Радикальный лаконизм ее языка, ее неприятие орнаментики идеологических фраз создали у следующих поколений впечатление, будто все послевоенное время было таким же скупым на слова. В действительности же литература руин жила в эстетической оппозиции к красноречию, которое уже давно снова заняло командные высоты.

Немцы, без сомнения, были глубоко потрясены. Они искали не только дрова. Они искали смысл. Руинные ландшафты населяли не только разбойники и охотники за углем, но и огромное количество аналитиков, пытавшихся найти определение произошедшему. «То, что произошло и происходит с немцами, — это не крушение, а рифтовый разлом», — писал в феврале 1946 года в Zeit анонимный фельетонист (предположительно, Йозеф Мюллер-Марайн). Он заимствовал это понятие из геологической терминологии, имея в виду отчасти тектонику растяжения, отчасти наносные земли Восточной Германии: «Мы знаем

Одербрух, Нетцебрух, Вартебрух*. Наши предки возделали эти земли, покорили их усердием земледельца. И вот — оказалось, что самые опасные трясины в результате упорного труда превратились в самые плодородные земли. Из фаустовских деяний родилось прекрасное будущее»[6].

Любые, даже совершенно дикие, мыслительные экзерсисы были хороши, если питали волю к жизни. Архитектор Ганс Швипперт, став главой Строительной комиссии оккупированного города Ахен в ноябре 1944 года, записал несколько мыслей. «Самым опасным духовным злом» он назвал «наследственную немецкую ошибку ложного разделения теории и практики»[7]. «Искаженное восприятие мироздания» повлекло за собой «ложное представление о созидании». Свою задачу при «первоначальной, предварительной, черновой и почти безнадежной расчистке» Ахена Швипперт видел в восстановлении изначального «достоинства созидательного труда». Тогда созидание «вернется из ссылки» и вновь обретет свои дом и достоинство.

Его коллега Отто Бартнинг после капитуляции считал «идеал чистого мастерства» последней базовой, сущностной компетенцией, которая еще осталась в активе у немцев, — «развитый в течение многих столетий и безоговорочно признанный другими народами талант»[8]. Он утверждал, что чистое мастерство есть «наша единственная сильная сторона по отношению к большим народам, богатым сырьевыми ресурсами и нацеленным на потребление. Оно дает нам возможность успешно заниматься обрабатывающей промышленностью».

Крах брутального государственного устройства вызвал у многих немцев бурный всплеск мыслительной активности.

---

* *Bruch* (нем.) — «разлом». Автор фельетона перечисляет болотистые приречные районы в Германии, которые в результате мелиорации были приспособлены к земледелию. — *Прим. ред.*

Хлеба не хватало, зато не было недостатка в идеях спасения. Все жадно искали слова, сулящие духовный порядок. Люди повсюду были погружены в дискуссии — так показалось вернувшемуся в 1949 году из эмиграции философу и социологу Теодору В. Адорно, который с изумлением делился своими впечатлениями по поводу духовной жизни в послевоенной Германии. Вдали от родины он был убежден, что нацистский режим не оставил после себя ничего, кроме варварства, и не ожидал увидеть «ничего, кроме тупости, невежества, циничного недоверия ко всякой духовности»[9]. Вместо этого его встретила «интеллектуальная страсть», какой не было и в Веймарской республике. «Вновь возрождались даже духовные формы, давно казавшиеся канувшими в Лету, например беседа, неудержимо стремящаяся в глубину, к самой сути вещей». Адорно подчеркивал, что «напряженная духовность» была характерна далеко не только для образованных кругов молодежи. «Серьезность, с которой в частных кругах обсуждались литературные новинки, двадцать лет назад невозможно было себе даже представить».

Правда, нашему философу и социологу стало не по себе от этой идиллии. Он, только что вернувшийся из американского мира развлекательной индустрии, увидел в этой всеобщей гипертрофированной мыслительной активности самовлюбленное мещанство, которое показалось ему зловещим. Эти забавы «наслаждающегося самим собой духа» напомнили ему зудермановское «Счастье в уголке»*, «опасные и двусмысленные утехи провинциального уюта»: «Во всей этой возбужденности и взволнованности меня часто одолевает ощущение какой-то призрачности, некой игры духа с самим собой, опасной стерильности»[10].

---

* Герман Зудерман (1857–1928) — популярный немецкий писатель и драматург с сентиментальным уклоном. Самое известное его произведение — «Путешествие в Тильзит», экранизированное Ф. В. Мурнау в 1927 году под названием «Восход солнца»; этот фильм многие киноведы считают немым фильмом номер один. — *Прим. ред.*

«Проехали! Сомкнуть ряды»

Была только одна центральная тема, которую упорно обходили стороной во всех дискуссиях о Германии и остальном мире: массовое убийство европейских евреев. О Холокосте в этом бурном, полноводном потоке речей на тему войны и «рифтовых разломов» не было сказано почти ни слова. Еврейская тема была табуирована.

Неспособность говорить о преследовании евреев одна эмигрантка, вернувшаяся, как и Адорно, в 1949 году из США (правда, всего на полгода), прочувствовала, так сказать, на собственной шкуре как отрицание ее существования. Философ Ханна Арендт, которой в 1933 году пришлось покинуть Германию из-за своей национальной принадлежности, работала[11] коммерческим директором в Jewish Cultural Reconstruction»* и писала для различных американских организаций о «последствиях нацистского режима»[12]. Если не считать города четырех оккупационных зон — Берлина, жители которого, по ее мнению, «до сих пор люто ненавидели Гитлера»[13] и в котором она отметила почти зашкаливающее свободомыслие при полном отсутствии неприязни к победителям, — ее привело в ужас ментальное состояние остальной части населения страны. Широко распространенное равнодушие, бесчувственность и бессердечность были «лишь самым заметным симптомом глубоко укоренившегося, упорного, а временами агрессивного нежелания смотреть суровой правде в лицо». На всю Европу легла тень глубокой скорби — только не на Германию, писала Ханна Арендт. Вместо этого здесь воцарилась лихорадочная, почти маниакальная деловитость как форма защиты от действительности. То, что психоаналитики Александр и Маргарете Митчерлих позже назовут «неспособ-

* «Еврейское культурное восстановление» (англ.). — *Прим. пер.*

ностью к скорби», делает немцев, по ее словам, «живыми призраками, которых уже невозможно тронуть ни словами, ни аргументами, ни взглядом, ни скорбью».

Это впечатление выглядело как страшный приговор, исключивший послевоенных немцев из семьи вменяемых народов и объявивший их нацией зомби. Можно представить себе ужас, который испытала Ханна Арендт в Германии среди этих мертвецов, охваченных жаждой деятельности, особенно в Мюнхене, «столице [нацистского] движения»[14].

Не легче ей было и с немецкими собеседниками. Она проникновенно описывала, как те мгновенно умолкали, узнав, что она еврейка, а «за короткой паузой смущения следовали не вопросы личного характера, например: „А куда вы отправились, покинув Германию?“ — не изъявления сочувствия, не попытки узнать о судьбе моей семьи, а подробные рассказы о том, какие страдания выпали на долю немцев»[15].

Молчание и здесь облечено в красноречие, в «поток рассказов». Вполне понятна горечь Ханны Арендт, которую она испытывала при виде неспособности немцев отдать собеседнице дань элементарной вежливости, проявив интерес к участи ее еврейской семьи. Впрочем, можно ведь и предположить, что за этой черствостью кроется не бессердечие, а стыд... Стыд, который еще долго затруднял общение евреев и немцев, сводя на нет возникающие в беседе нормальные человеческие импульсы.

Возможно, для немцев, с которыми общалась Ханна Арендт, преступления, совершённые в отношении евреев, и в самом деле были тем, чем они и были, — чем-то немыслимым, недоступным для разума. Разве это было бы более обнадеживающим знаком ментального состояния немцев, если бы они с той же готовностью продолжали бы беседовать о массовом истреблении евреев, с какой говорили о своих собственных страданиях? Тут они теряли дар речи, и на какое-то мгновение действительно воцарялась тишина. Беспомощное, оскорбительное молчание.

«Сожгите свои стихи, скажите голую правду», — писал поэт Вольфдитрих Шнурре. Если, по мнению Адорно, после Освенцима поэзия стала невозможна, какой же должна была стать «проза»? Говорить голую правду готовы были лишь очень немногие. Остальные болтали или молчали. Подходящие слова находили лишь единицы. Найти подходящие слова было почти невозможно.

Массовое убийство европейских евреев — это преступление, чудовищность которого не могла не отразиться на дальнейшей жизни каждого немца и которое мгновенно засасывало человека в какой-то страшный омут, стоило ему только подумать об этих злодеяниях. С этой точки зрения вполне понятно и, может быть, даже естественно, что большинство немцев сначала не могли признать свою вину. Они внутренне отворачивались, наглухо запирались, на первый взгляд безучастно, и с каким-то почти маниакальным упрямством, как заведенные, говорили на отвлеченные темы. «Я еще не видел ни одного нациста, если не считать нескольких почти трогательно жалких марионеток-негодяев старой закалки, — писал Адорно в конце 1949 года Томасу Манну из Франкфурта. — И это отнюдь не в том ироническом смысле, что все они дружно выдают себя за гуманистов, а в том гораздо более зловещем смысле, что они в это верят; что они вытесняют из сознания свою причастность к нацизму; более того — что они, получается, и в самом деле *не были* причастны к нему — постольку, поскольку ввиду всех ужасов диктатуры, не имеющих ничего общего с человечностью, она никогда и не усваивалась как гражданская система, а оставалась чем-то инородным, но допустимым, как злой шанс и надежда за пределами идентификации. И это им сейчас дьявольски помогает не испытывать никаких угрызений совести»[16].

Даже в «Штутгартской декларации вины евангелической церкви» от 19 октября 1945 года массовое убийство европейских евреев конкретно не упоминается, хотя некоторые священники на этом настаивали. Не упоминаются евреи и в аналогичном документе, принятом католической церковью на епископской конференции в Фульде в августе 1945 года, равно как и цыгане и гомосексуалы. В смелом признании «преступлений против свободы и достоинства» их лишь подразумевают и обходят молчанием: «Мы глубоко скорбим о том, что многие немцы, в том числе из наших рядов, соблазнились ложными учениями национал-социализма, стали равнодушными свидетелями преступлений против человеческой свободы и человеческого достоинства. Многие своей позицией содействовали этим преступлениям, а многие и сами стали преступниками». Даже за включение в текст слов «в том числе из наших рядов» некоторым епископам пришлось отчаянно бороться.

Стремление к психологическому комфорту боролось со стыдом и чаще всего выигрывало. В разглагольствованиях о прошлом открылось множество лазеек, через которые можно было уйти от ответственности. Одна из самых популярных заключалась в убеждении себя в том, что ты стал невольной жертвой национал-социализма, что он оглушил тебя, как наркоз. Люди признавали свою причастность к его злодеяниям лишь в качестве его жертвы. Нацизм воспринимался послевоенными немцами как своего рода наркотик, превративший их в слепое орудие зла. Часто можно было слышать, что «Гитлер вероломно использовал в своих целях немецкую способность воодушевляться». Это мнение давало возможность некогда восторженным поклонникам Гитлера чувствовать себя обманутыми, вместо того чтобы предаваться чувству вины. Этот наркотик имел несколько названий. Нередко его называли просто «злом» или «потенцированным злом, с невиданной силой и в невиданных доселе масштабах ворвавшимся в нашу эпоху»[17]. А кто-то страстно рассуждал о демонических силах, прорвавших «тонкий слой цивилизации» и высвободивших «стихию разрушения».

Подобные мифические толкования подчеркивали неизбежность судьбы, оправдывавшую немецкий народ. Ведь зло могло прорваться наружу где угодно, не только в Германии. С другой стороны, версия демонических сил по крайней мере указывала на масштабы совершённых немцами злодеяний.

«Наши боги превратились в чертей», — писали многие в своих дневниках. И это тоже было признание, имевшее под собой реальный опыт и придававшее утверждению, что все они стали жертвами Гитлера, субъективную очевидность. В самом деле — СС и гестапо на последнем этапе войны начали усиленную репрессивную политику в отношении своих граждан, выказывавших все меньше желания защищать отечество. Подростков и стариков угрозами загоняли в фольксштурм; самоназначенные судьи стихийных военно-полевых судов приговаривали более благоразумных людей к смерти как дезертиров. Эти впечатления от бесчинств опьяненных кровью и вооруженных до зубов безумцев, исполненных решимости унести с собой в могилу все, что людям дорого, наложили неизгладимый отпечаток на образ нацистского режима, который у многих сохранился до сегодняшнего дня. Однако в сопоставлении с продолжительностью режима это подчеркивание гестаповского террора дает искаженную картину, затушевывающую массовый характер национал-социализма. На самом деле Гитлеру было нужно не так уж много средств принуждения, особенно в начале правления, поскольку он пользовался поддержкой большей части народа. Только в конце нацизм редуцировался до самого своего ядра — сверхпрочного, пылающего ядра в виде кучки отпетых фашистов, развязавших направленный вовнутрь кровавый террор. Эта публика с черепами и костями в петлицах, можно сказать, с отвращением отвернулась от своего народа, который, в свою очередь, увидел в фанатичных «кризисных менеджерах» гитлеровской системы живодеров и бесов. Тирания нацистской элиты в последние военные месяцы сделала все для того, чтобы и масса былых сторонников режима смогла увидеть себя жертвами Гитлера.

Еще один способ оправдать себя за счет статуса жертвы состоял в том, чтобы объявить главным виновником катастрофы войну, преступная логика которой низвергла в пропасть нравственность всех участников конфликта. Мол, это чудовище, не пощадившее «простых людей ни на той, ни на другой стороне», делает второстепенным вопрос «кто начал?». Такая — чисто солдатская — логика была чрезвычайно популярна, потому что давала возможность подать руку победителям. В журнале Der Ruf, авторами которого стали сначала немецкие военнопленные из американских лагерей, писавшие под надзором американцев, нечто вроде будущей «Группы 47», Альфред Андерш мечтал о союзе людей, которые прежде — пусть даже будучи врагами — вместе «прошли через это дерьмо». «В разрушенном муравейнике Европы, посреди этой многомиллионной кишащей массы, уже собираются маленькие общины для нового труда: всем пессимистичным прогнозам назло образуются новые центры силы и воли. Новые мысли распространяются по Европе… Несмотря на преступления некоего меньшинства, наведение мостов между солдатами союзных войск, борцами европейского Сопротивления и немецкими фронтовиками, между политическими узниками концентрационных лагерей и бывшими членами Гитлерюгенда (которые таковыми давно уже не являются!) нам кажется вполне возможным»[18].

Текст этот был сомнительным во многих отношениях[19]; примечательно, однако, то, что Андерш, говоря о своем побратимском проекте, имел в виду только военных противников и совсем не упоминает жертв, что он говорит только о «политических» узниках концентрационных лагерей, не упоминая преследуемых по «расовому» признаку. Ирония истории заключается в том, что Андерш со своим текстом еще и оказался прав: через пять лет после окончания войны «наведение мостов» и в самом деле состоялось, когда ФРГ вместе с Бельгией, Францией, Италией и Нидерландами основала «Европейское объединение угля и стали», а еще через пять лет вступила в НАТО и снова вооружилась.

Картина послевоенных лет была бы неполной без тех многих немцев, которые не гордились своей «непоколебимой готовностью к самопожертвованию», упоминаемой Андершем, а оказались в серьезном конфликте со своей совестью и хотели начать демократизацию с самих себя. Писатель Вольфдитрих Шнурре, например, сделал вину своей главной темой. Он считал себя виновным в том, что, будучи солдатом, не восстал против преступных приказов, а беспрекословно выполнял их. Даже через три года после войны он все еще чувствовал в себе этого покорного, бесхребетного «вояку» — то, что позже назовут авторитарным характером: «Я замечаю его, когда общаюсь с другими людьми, вижу, как он прогибается, с какой рабской угодливостью позволяет прижать себя к стене, этот мерзавец. Из-за него я постоянно испытываю комплекс неполноценности. Я, например, не способен видеть в другом равноправного собеседника. Он всегда где-то в чем-то лучше, компетентнее, выше по званию — капрал, фельдфебель, офицер или что-то в этом роде. И мой бессмертный вояка, сидящий во мне, щелкает каблуками и вытягивает руки по швам»[20].

И покров молчания тоже не был таким уж непроницаемым, как это представляло себе следующее поколение. Неверно и то, что только поколение 1968 года ополчилось на своих родителей как на военных преступников. Некогда восторженные члены Гитлерюгенда, принадлежавшие к поколению помощников ПВО люфтваффе, тоже упрекали своих родителей в том, что те помогли Гитлеру захватить власть и погнать их на войну в качестве пушечного мяса. Многие считали себя жертвами не только Гитлера, но и собственных родителей. Так, например, 29-летний Ахим фон Бойст, соучредитель гамбургского отделения партии

«Христианско-демократический союз Германии», в ходе инициированной в 1947 году журналом Benjamin дискуссии на тему «Виноваты ли наши родители?» заявил: «Большинство наших родителей — не демократы и никогда ими не были, и в этом я вижу корень зла. Гитлеру удалось убедить немцев в их исключительности по отношению к другим народам. Большинство наших родителей приняли эту безумную идею, и произошло это не только из-за их легкомыслия или доверчивости, но и из-за бессовестности. Они, естественно, оказали влияние и на нас, своих детей, и тем самым возложили на себя тяжкую вину»[21].

Однако эта критика родителей носила не воинственный, а чуть ли не меланхолический характер. Что бы ни было причиной их бедствий — демонические силы, безумие, дьявол, капитал или их собственная алчность — большинство немцев решили про себя: «Проехали! Забыть, как кошмарный сон!» — и, пожав плечами, без всякого воодушевления сомкнули ряды. «У меня своих дел по горло», «С этого дня буду думать только о себе и своей семье», — приблизительно так многие формулировали свою позицию в отношении всего, что происходило вокруг. «Без меня!» — гласил исторический ответ отдельного, замкнувшегося в себе гражданина на девиз пресловутого народного единства — «Один за всех!». Теперь немцев связывала проникнутая недоверием и усталостью, редуцированная до абсолютного минимума солидарность, в которой можно было спрятать и похоронить чудовищные противоречия. Они досыта наобщались друг с другом в ходе решения каждодневных насущных проблем: обманывая друг друга на черном рынке, воюя друг с другом за крышу над головой, за хлеб и за уголь. В этой борьбе быстро стерлась разница между членами НСДАП и противниками нацизма, и на первый план выступила главная ценность послевоенной морали — оставаться более или менее порядочным человеком в условиях разрухи и сохранять хоть какое-то чувство меры в борьбе за выживание.

На Нюрнбергском процессе пробил звездный час синхронных переводчиков — это была их мировая премьера. В Нюрнберге работало более 400 переводчиков, но лишь немногие из них могли переводить синхронно

Хотя послевоенные немцы были уставшими, раздраженными и излечившимися от любых националистических эксцессов, их сплоченность и в этом отношении была отмечена постоянством и твердостью: они простили себе нацистские преступления. То, что немцы не пытались свести счеты друг с другом, стало вторым феноменом, поразившим победителей. Уж если они чувствуют себя жертвами, то почему не жаждут мести, не стремятся покарать своих мучителей? В первое время оккупационные власти опасались беспорядков, волны насилия, многочисленных актов мести противников нацизма своим преследователям. Готовились к этому и многие борцы Сопротивления. Но они «выпустили пар» в ходе борьбы за выживание, как записала Рут Андреас-Фридрих в октябре 1945 года в своем дневнике: «Староста блока, который издевался над нами, лагерный надсмотрщик, который избивал нас, доносчик, который выдал нас гестапо. Судьба обманула нас, лишив возможности свести личные счеты с врагами. Да, тогда, в феврале, в марте или в апреле, в последние недели войны, когда доносительство расцвело пышным цветом, когда даже самые глупые поняли, как подло их обманул нацизм, — тогда мы почувствовали, что созрели для мести. Три дня между крушением режима и установлением новой власти — и тысячи или десятки тысяч разуверившихся, оскорбленных, измученных нацизмом немцев разделались бы со своими врагами. Каждый уничтожил бы своего личного тирана. „Око за око“, клялись мы тогда. „Первый час после конца станет часом длинных ножей! “ Но судьба распорядилась иначе... Прежде чем успела наступить Варфоломеевская ночь, вчерашний кровопийца превратился в сегодняшнего товарища по несчастью. В соратника по борьбе с общей бедой»[22].

Мысль об упущенной возможности взбунтоваться звучит и в рассказе Ханны Арендт о ее посещении Германии: «Единственной альтернативой программы денацификации была бы революция — взрыв спонтанной злости немецкого народа по отношению ко всем, кто был известен как важный представитель нацистского режима. Каким бы неконтролируемым и кровавым это восстание ни было, оно наверняка установило бы более справедливые масштабы возмездия, чем это теперь происходит на бумаге. Но до революции дело не дошло. Не потому, что ее было бы трудно организовать на глазах у четырех армий. Причина, вероятно, заключалась лишь в том, что не потребовалось бы ни одного немецкого или оккупационного солдата, чтобы спасать от народного гнева подлинных виновников катастрофы. Потому что этого гнева сегодня просто нет и, очевидно, никогда и не было»[23].

Итак, «частное возмездие» не состоялось. Однако и государственное оставляло желать лучшего. С ноября 1945 по октябрь

1946 года в Нюрнберге шел судебный процесс международного военного трибунала. На скамье подсудимых оказались 24 «главных военных преступника», в том числе Герман Геринг, Альфред Йодль, Рудольф Гесс, Роберт Лей, Иоахим фон Риббентроп, Ялмар Шахт, Ганс Франк и Бальдур фон Ширах. Союзники создали свои рабочие группы для обработки материала, охватывавшего 43 толстых тома. Одна только американская группа состояла из 600 сотрудников. Международно-правовое значение процесса было огромным. Некоторые уголовно-правовые нормы применялись впервые, например «преступление против человечности» или «преступление против мира». Позже Ян Филипп Реемтсма резюмировал: «Принятие положения о том, что не каждое преступление может быть оправдано ссылкой на политическую подоплеку, является заслугой Нюрнбергского процесса, который по этой причине можно назвать цивилизационной интервенцией»[24].

Неудивительно, что к этому процессу было приковано внимание всей международной общественности. В Нюрнберг съехались репортеры из 20 стран, в зале суда им выделили 240 мест. Среди них были такие известные писатели, как Джон Дос Пассос, Эрнест Хемингуэй, Джон Стейнбек, Луи Арагон, Илья Эренбург и Константин Федин. Присутствовала в качестве зрителя и Марлен Дитрих. Для норвежской прессы события освещал Вилли Брандт, от лондонской газеты Evening Standard приехала Эрика Манн, дочь нобелевского лауреата. Ее репортажи вызывали особый интерес читателей, хотя надежда на то, что благодаря этой информации они смогут лучше понять немцев, едва ли оправдалась. Только в самой Германии царило равнодушие по отношению к процессу. Вильгельм Эмануэль Зюскинд, репортер Süddeutsche Zeitung и будущий ее главный редактор, сетовал: «Нам уже приходится выслушивать упреки иностранных журналистов в равнодушии и скептическом отношении среднестатистического немца к Нюрнбергскому

Окончание Нюрнбергского процесса 1 октября 1946 года. В машинописном зале Дворца правосудия остались лишь выдохшиеся переводчицы, секретарши и горы бумаг

процессу. К сожалению, это правда… По поводу другого наблюдения наших английских и американских критиков тоже трудно что-либо возразить; они говорят: немцы предпочли бы, чтобы союзники на Нюрнбергском процессе, грубо говоря, не разводили бы канитель, а просто взяли бы и повесили эту двадцатку. Так для них привычнее — как в гитлеровские времена. Печальный триумф до сих пор не выветрившегося духа военно-полевого и народного суда»[25].

Психологический расчет многомиллионной армии «попутчиков», «сочувствующих» был вполне понятен: скорая расправа над бандой нацистских главарей стала бы безболезненным завершением всей этой истории, и можно было бы наконец спокойно заняться решением насущных проблем, а их было больше чем достаточно. Даже обвиняемые придерживались этой же тактики, в самом начале сразу же объявив себя жертвами пропаганды Гитлера, Гиммлера и Геббельса, которые публичному наказанию практично предпочли самоубийство.

Альфред Дёблин тоже ожидал от Нюрнбергского процесса катарсического эффекта для большинства немцев. Разумеется, при условии, что они будут следить за его работой с вниманием и участием. И чтобы обеспечить это внимание и участие, он под псевдонимом Ганс Фиделер выпустил брошюру «Нюрнбергский процесс» тиражом 200 тысяч экземпляров, в которой из педагогических соображений освещал события с точки зрения обычного немца, а не эмигранта, прожившего двенадцать лет вдали от Германии. Нюрнбергский процесс, этот «мировой театр», как его называли многие репортеры, стал своего рода «первой манифестацией мировой совести», «восстановлением человечности»[26]. Позже Дёблин с горечью выразил предположение, что его брошюру покупали только ради фотоснимков обвиняемых[27].

Из 22 оставшихся преступников (двое умерли до окончания процесса) троих оправдали, семерых приговорили к большим срокам лишения свободы или пожизненному заключению. Только двенадцати вынесли смертный приговор. Их (кроме Геринга, за несколько часов до казни раскусившего капсулу с ядом) повесили 15 октября 1946 года. Остальных осужденных заставили произвести уборку на месте казни. Трупы повешенных увезли в Мюнхен, где они были сожжены, а пепел их тайно развеян, как сегодня известно, над речкой Конвенцбах, которая неподалеку от крематория Восточного кладбища впадает в Изар.

На этом сведение счетов с прошлым не закончилось. Позже перед судом предстали еще 185 представителей нацистской элиты — врачи концентрационных лагерей, юристы и промышленники. Это была лишь десятая или даже сотая доля от числа главных виновников. Делами огромного количества национал-социалистов занимались военные трибуналы, но прежде всего — комиссии по денацификации, состоявшие из немцев, народных заседателей, и работавшие под надзором союзников. Эти 545 народных судов рассмотрели дела 900 тысяч человек и установили различную степень причастности: главные виновники, активные и пассивные соучастники преступлений, косвенно причастные и непричастные. Осуждены были в итоге всего 25 тысяч активных национал-социалистов, в том числе 1667 «главных виновников».

Результат довольно жалкий. Хотя многие натерпелись страха, ведь предугадать вывод аттестационных комиссий было трудно. Но, как бы то ни было, в американской оккупационной зоне всем чиновникам, вступившим в НСДАП до 1937 года, пришлось покинуть свои рабочие места. Правда, в 1950 году треть из них снова заняли свои прежние должности, а позже — еще больше. В общей сложности было рассмотрено 3,7 миллиона дел, и только четвертая часть из них закончилась судебным процессом. Таким образом, более трех миллионов человек какое-то время жили в страхе и неизвестности[28].

Чтобы понять абсолютно безучастное и чуждое всякому пафосу «смыкание рядов» немцев в эти годы, нужно учесть одну особенность работы комиссий по денацификации: полный отказ от презумпции невиновности — не комиссия должна была предоставлять доказательства виновности аттестуемого, а он должен был доказывать свою невиновность. Оправдание ввиду отсутствия улик было теоретически исключено. Логическое обоснование такого подхода заключалось в следующем: член партии виновен уже хотя бы потому, что состоял в преступной организации, поэтому должен сам представить комиссии оправдательный материал, если таковой имеется.

Массовое стремление оправдаться перед комиссией по денацификации сблизило людей. Аттестуемые бегали по городу, собирая оправдательный материал на себя, выпрашивая у «благонадежных» сограждан, антинацистов и даже признанных жертв нацизма так называемую справку-детергент (*Persilscheine*), удостоверяющую, что они, хоть и состояли в партии, на практике не разделяли ее линию, например помогли старушке-еврейке перейти улицу или рассказывали анекдоты о гитлеровском режиме. Будущий депутат Бундестага Ойген Герстенмайер рассказывал, что ему часто приходилось выписывать такие «справки»: «Потому что люди рассуждали так: этот еще недавно сидел в тюрьме за участие в подготовке покушения на Гитлера — должно же это произвести впечатление на американцев и на их немецких уполномоченных? Во всяком случае, от желающих получить „справку-детергент" не было отбоя»[29].

Позже эти справки-характеристики признали одним из подлых приемов выгораживания нацистов, свидетельством лживости немцев в послевоенный период и символом, по сути, провалившейся, в значительной мере сфальсифицированной денацификации. Однако не все было так просто и с этими «справками». Не могло не отразиться определенным образом на сознании, если какой-нибудь бывший староста блока просил не запятнанного нацизмом или даже репрессированного соотечественника дать ему положительную характеристику. Приятного в этой процедуре, конечно, было мало, тем более что такая просьба многим давала повод для тайного злорадства, а иногда и явного выражения соответствующих чувств. К тому же не все и далеко не всё готовы были удостоверить в упомянутых характеристиках[30].

Чудом все обошлось благополучно

То, что немцы заключили своеобразное соглашение и стали считать себя жертвами Гитлера, невозможно оценить иначе, как нестерпимое высокомерие по отношению к миллионам убитых. С высоты исторической справедливости этот способ самооправдания — как и снисходительность в отношении преступников — возмутителен, а для установления демократии в Европе он, по-видимому, был подходящей и, предположительно, неизбежной предпосылкой, потому что создавал ментальную основу нового старта. Ибо убеждение в том, что ты — жертва Гитлера, давало возможность стряхнуть с себя последние остатки лояльности к рухнувшему режиму, не чувствуя себя подлецом, трусом и оппортунистом. Это было тем более привлекательно, что как на востоке, так и на западе немцы еще долгое время вынуждены были прибегать к защите бывших врагов. Обе конструкции дружбы — немецко-русская дружба народов на востоке и дружба ФРГ и западных союзников — функционировали лишь благодаря данной концепции жертвы, суть которой сводилась к тому, что немцев в 1945 году освободили.

С убеждением в том, что его обманули и использовали, в каждом нацисте, казалось, сразу же погасла последняя идеологическая искра, и он мог перейти на службу демократии с внутренней непредвзятостью, словно в результате суровой духовной работы над самим собой совершил чудо внутренней денацификации. Приписываемая себе участь жертвы, называемая в социологии самовиктимизацией, освободила большинство немцев от потребности осмыслить, осознать и осудить нацистские преступления, совершённые от их имени.

«Коммуникативное замалчивание» прошлого, как парадоксально назвал этот процесс в 1983 году философ Герман Люббе, позволило интегрировать десятки миллионов убежденных нацистов в общество, на законодательном и мировоззренческом уровне объявившее антифашизм аксиомой. Его определение этого молчания как «социально-психологического и политического средства превращения нашего послевоенного населения в граждан ФРГ»[31] было воспринято как продолжающееся оправдание вытеснения и вызвало резкую критику. Однако тезис о том, что «политическая амнистия и социальная реинтеграция огромной армии „сочувствующих“ были столь же необходимы, сколь неизбежны»[32], разделяют уже и историки, однозначно заинтересованные в скрупулезном анализе и осуждении нацистских преступлений и политики их отрицания.

Уже в своей первой речи в Бундестаге канцлер Конрад Аденауэр поднял вопрос об амнистии «некоторых ошибок и проступков», ставших результатом «суровых испытаний и искушений», которые принесли с собой «война и послевоенное безвременье»: «Если федеральное правительство исполнено решимости оставить прошлое позади — будучи убежденным в том, что многие уже искупили свою субъективно не самую тяжкую вину, — то оно, с другой стороны, твердо намерено также извлечь необходимые уроки из этого прошлого, касающиеся тех, кто покушается на основы нашего государства»[33].

Аденауэр, отважный противник национал-социализма, не раз подвергавшийся репрессиям и лишению свободы в Третьем рейхе, на практике воплотил в своем непосредственном окружении то, что понимал под амнистией, назначив на пост главы ведомства федерального канцлера юриста Ганса Глобке. Глобке как соавтор нюрнбергских расовых законов активно содействовал изоляции и преследованию евреев. Его возвращение на политический олимп уже в ФРГ вызвало в 1950 году ожесточенные парламентские дебаты; с ним же были связаны позорные государственные меры, направленные на его незаконную реабилитацию, и воспрепятствование осуществлению правосудия. В ответ на взрыв общественного возмущения по поводу назначения Глобке Аденауэр ответил: «Пока нет чистой воды, грязную не выливают».

Эта позиция Аденауэра поставила под сомнение нравственную целостность молодой Федеративной Республики Германия и вызвала ярость и отчаяние у многих демократов. ГДР подобные инциденты каждый раз давали лишний повод подчеркнуть «родственный характер Боннского режима» и нацистского государства. Эгон Бар, ставший позже видным политиком и вместе с Вилли Брандтом ратовавший за разрядку международной напряженности, а в то время — журналист, сотрудничавший с западноберлинским радио RIAS, тоже пришел в ужас от истории с назначением Глобке на пост главы ведомства канцлера, которая была лишь прелюдией к возвращению многих известных нацистских функционеров на руководящие должности. Органы юстиции, государственной безопасности, медицина и система высшего образования кишели вчерашними верными слугами фюрера, которые вновь заняли свои прежние посты и бодро устремились вверх по карьерной лестнице. Позже Бар существенно пересмотрел свое отношение к Аденауэру: «За прошедшие десятилетия мой взгляд на него смягчился, ведь старому Аденауэру нужно было решить почти неразрешимую задачу: ему досталось государство с шестью миллионами членов НСДАП и изгнанниками, среди которых едва ли было меньше нацистов. И он должен был руководить страной так, чтобы эта взрывоопасная смесь не детонировала. В этом и заключается искусство государственного управления»[34]. Далее Бар продолжает: «На мой взгляд, главное достижение Аденауэра — в том, что он вопреки всему сумел объединить государство; и Глобке стал инструментом, знаком или важным сигналом этого процесса»[35].

Как показывает дискуссия по поводу Глобке, замалчивание преступлений не было таким последовательным, каким его можно представить себе, исходя из хрестоматийной картины глухих пятидесятых. Поэтому более молодые историки, конкретизируя «коммуникативное замалчивание» Люббе, заменили понятие вытеснения понятием негласных «правил выразимости», регулирующих широкое поле между вспоминанием и забвением[36].

О вытеснении в глубоком психологическом смысле речь не может идти еще и потому, что общественность то и дело будоражили все новые и новые скандалы, связанные с правым радикализмом и не оставлявшие сомнений в том, что нацизм отнюдь не исчез бесследно и навсегда. Праворадикалы по-своему поддерживали память о нацистских преступлениях: 25 декабря 1949 года депутат Бундестага Вольфганг Хедлер, член праворадикальной «Немецкой партии», пристанища старых нацистов, посетовал на «слишком большую шумиху вокруг гитлеровского варварства в отношении еврейского народа. Можно по-разному относиться к вопросу о том, было ли массовое истребление евреев в газовых камерах правильным средством избавиться от них. Возможно, существовали и другие способы». Эти слова и тогда были восприняты с ужасом и возмущением; Хедлера привлекли к судебной ответственности, но он был оправдан тремя судьями, бывшими членами НСДАП, за отсутствием доказательств его вины. Чтобы восстановить справедливость, депутаты от СДПГ отлупили Хедлера, когда он, уже будучи лишенным мандата, пришел в Бундестаг. Из Немецкой партии его тоже вышвырнули — ведь она, как-никак, вместе с ХДС, ХСС и СДП входила в первую правительственную коалицию ФРГ.

Подобные инциденты вызывали тревогу не только в Германии, но и во всем мире и заставляли задуматься о том, насколько же еще жив и дееспособен национал-социализм в немецком обществе. Немцы по-прежнему оставались загадочным, проблемным народом. Правда, тогдашний нормативный антинацизм в ФРГ казался ничуть не слабее, чем сегодняшний; всем, кто открыто вступал с ним в конфликт, грозили

Брошюра американского военного правительства о степенях принадлежности к национал-социализму. Летом 1945 года в руки американской армии в Берлине попала картотека членов НСДАП — 10,7 млн карточек, по одной на каждого члена партии. Эта новость стала причиной бессонных ночей для множества немцев серьезные неприятности. Антисемитские выпады, которые еще можно было то и дело наблюдать, напоминавшие коллективный синдром Туретта, получали жесткий отпор со стороны просвещенного большинства. У «необучаемых» нацистов не было ни малейшего шанса, но что касается прошлого, то большинство немцев желали, чтобы оно поскорее кануло в Лету. Это желание было настолько сильным и общим, что Бундестаг сразу же после основания республики начал последовательно предпринимать шаги, направленные на отмену политических чисток со стороны союзников: «Федеральная амнистия» 1949 года, закон о возвращении на службу уволенных чиновников 1951 года и второй закон об амнистии 1954 года.

Самой значимой в этом плане была амнистия 1954 года, потому что она касалась так называемых финальных преступлений, совершённых с особой жестокостью в отношении дезертиров, лиц, уклонявшихся от воинского призыва, и иностранных рабочих. И хотя преступления, связанные с убийством, не подпадали под амнистию, дух закона — стремление подвести черту под прошлым — был очевиден. Закон позволял огульно квалифицировать эти преступления как «вынужденное исполнение противозаконных приказов». Это оказалось выгодным для 400 тысяч человек, из которых, впрочем, бóльшая часть была осуждена за мошенничество, грабеж и хищения. Но это не умаляло символическое значение закона — освобождение от судебной ответственности большинства нацистских преступников.

Сегодня, когда Холокост не вызывает никаких сомнений и разночтений, а воспоминание о преступлениях гитлеровского режима стало субстанциальным ядром немецкой культуры, уверенность и безапелляционность, с которой политические силы и общественность вставали на защиту даже самых отъявленных военных преступников, поистине ошарашивают и удручают[37].

Дело дошло даже до разговоров о «компенсациях для жертв денацификации» и о том, чтобы переквалифицировать находящихся в заключении военных преступников в «осужденных по делам, связанным с участием в войне». Так что «коллективный стыд», о котором в 1949 году говорил федеральный президент Теодор Хойс, не получил должного распространения. Он кончился как минимум на вопросе о праве на получение денежных пособий. Бывшие нацистские чиновники добились того, чтобы их деятельность в Третьем рейхе стала законным основанием для оформления пенсии. Даже офицеры СС получили за свой преступный ратный труд соответствующее пенсионное обеспечение. То, что союзники сначала отвергли их притязания на социальные выплаты, представители бывшей нацистской элиты восприняли как тяжкое оскорбление. Молодая Федеративная Республика Германия купила их лояльность, исправив это предполагаемое правосудие победителей. То воодушевление, с которым государство боролось за реинтеграцию нацистских преступников или даже за «компенсации» для них, а также широкая поддержка этой политики и сегодня вызывают сомнения в готовности и способности большинства тогдашнего населения к демократии. Однако политические представители этого государства не признавали подобные аргументы; для них призыв к амнистированию означал не непрерывность, не преемственность с нацистским режимом, а решительное желание начать все сначала. Поэтому для духа времени было неважно, откуда кто пришел; важно было, *куда он хотел идти*[38]. Но как узнать, куда идти, если ты не знаешь, откуда ты пришел? Разве любой новый старт не обречен на провал без ясности — в том числе и юридической — относительно прошлого?

Возможно — и это было бы самой благосклонной интерпретацией, — что громкие призывы к амнистированию нацистских преступников были обусловлены чувством собственной вины, чувством причастности к этим преступлениям, мыслью о том, что осужденные заодно отбывают наказание и за остальных, за большинство. В пользу такого подспудного чувства говорит тот факт, что принятие параграфа 131, регулировавшего восстановление в правах уволенных нацистских чиновников и служащих, отнюдь не приветствовалось как триумф коричневых идей. Интеграция «изобличенных» осуществлялась скорее в контексте негласной точки зрения, что их нацизм угас так же, как нацизм остальных, то есть большинства.

К счастью, до проверки этого на деле не дошло. Благодаря конформизму и благоприятной экономической ситуации удалось нейтрализовать даже самых опасных представителей старой нацистской элиты, хотя они постоянно выражали недовольство нормативной демократизацией.

Во всяком случае, большинство так энергично требовало амнистирования, что даже СДПГ чаще всего ограничивалось прагматичным молчанием. Денацификация и демократизация вели себя по отношению друг к другу как поссорившиеся сестры — и вместе плохо, и порознь невозможно. Будь на то воля большинства народа, денацификации — в чистом виде — не было бы совсем, однако без денацификации невозможно представить себе стабильную демократию, в которой воля народа находит свое соразмерное воплощение. Логический тупик, из которого без вытеснения Германия вряд ли нашла бы выход.

Послесловие: счастье

Пусть немецкое послевоенное общество упрекают в недостатке любви к правде, зато ему нельзя не отдать должное и не отметить следующее: оно дало такие результаты по вытеснению, что из них до сих пор извлекают огромную пользу потомки. То, что, несмотря на упорное нежелание дать объективную оценку прошлому и сделать соответствующие выводы, несмотря на массовое возвращение представителей нацистской элиты на прежние посты и должности, в обоих немецких государствах утвердилось очищенное от национал-социализма мировоззрение, — гораздо большее чудо, чем так называемое экономическое чудо. Почти такой же зловещей, как инфернальное прошлое Германии, кажется и та интуитивная уверенность, с которой она потом вновь обрела свое былое благонравие. Чудо потому и является чудом, что свершилось так незаметно. О «неприметной, благонравной, славной реальности» мечтал Альфред Дёблин, видевший в ней антипод заносчивой, антигражданской национал-социалистской тирании[1]. Он не мог и представить себе, что его мечта воплотится в жизнь в государстве среднего класса ФРГ и в частных идиллиях ГДР — в рае посредственности, который станет источником вдохновения карикатуристов и объектом регулярных насмешек. Целью данной книги была попытка понять причины, по которым большинство немцев при всем высокомерном отрицании индивидуальной вины в то же время избавились от ментальности, которая сделала нацистский режим возможным. Главную роль в этом сыграл шок радикального отрезвления, такой же сильный, как и предшествовавшая ему мания величия. Однако важными факторами стали и привлекательность более непринужденных форм жизни, олицетворением которых были союзники, горькие уроки социализации на черном рынке, тяготы изгнанничества и последующей интеграции, бурные баталии вокруг абстрактного искусства, удовольствие от нового дизайна. Все это способствовало смене ментальности, на основе которой политические рассуждения по поводу демократии постепенно принесли плоды.

Существенное значение для благополучного исхода послевоенного развития имел экономический подъем. Он позволил хоть как-то, хотя бы временно, пристроить 12 миллионов переселенцев, 10 миллионов демобилизованных солдат и как минимум столько же граждан, лишившихся жилья в результате бомбежек, и таким образом выдать им своего рода пропуск в будущее. Смогла ли бы ФРГ без «экономического чуда» достичь той легендарной политической стабильности, позволившей столь осторожно вырастить детей под лозунгом «Никаких экспериментов!», что они в шестидесятые годы смогли начать свою «культурную революцию», — большой вопрос, который, к счастью, так и останется всего лишь предметом спекуляций.

Это было совершенно незаслуженное счастье. То, что как восточные, так и западные немцы в течение всего лишь нескольких лет в экономическом плане сумели подняться на вершину соответствующих военно-политических блоков, не имеет ничего общего с исторической справедливостью. Широкое и действенное осуждение истребления миллионов людей ждало своего часа; оно началось лишь с освенцимскими процессами, продолжавшимися с 1963 по 1968 год. «Оптимистически заряженная фраза о том, что „жизнь продолжается“, на самом деле отражает проклятие мира: жизнь продолжается, потому что умолкла совесть», — писал Ганс Хабе в своем романе «Вход воспрещен» (1955), повествующем об оккупации Германии. Хабе, «перевоспитатель» на американской службе, отличался трезвым взглядом на приоритеты, которые определяет стремление выжить любой ценой. «Рождение и смерть, беременность и болезнь, бедность и труд, жилище, тепло и оплодотворение — даже в звездные часы человечества они остаются символами продолжающейся жизни, вокруг которых, как плющ, обвивается надежда, заглушая возмущение»[2].

Но возмущение не умирало; оно лишь казалось умершим. Вытеснение работает лишь какое-то время. Эстафету «преодоления прошлого» позже приняли потомки и связали его с историческим триумфом над родителями, который они в самые острые периоды обставляли как гражданскую войну. Нигде больше волна протестов 1968 года не могла быть так неумолимо связана с обвинением поколения родителей, как в ФРГ. Увидеть своих детей в роли самонадеянных, хотя иногда и близких к отчаянию, обвинителей — это испытание стало одним из запоздалых последствий вытеснения, которое немцы позволили себе после 1945 года. Так военное поколение в конце шестидесятых еще раз услышало упрек в коллективной вине — от своих близких, в своих собственных семьях. На одной листовке 1967 года было написано: «Объявим бойкот поколению нацистов! Покончим с этим зловонием, которым продолжают душить наше поколение оголтелые расисты, эти мясники, организаторы массовых убийств евреев, славян, социалистов! Выметем это нацистское дерьмо раз и навсегда из нашего общества! Наверстаем упущенное в 1945 году: выкурим нацистскую чуму! Проведем, наконец, настоящую денацификацию!».[3]

Однако на практике за этими взрывами ярости не последовала кропотливая работа. Детальное изучение и анализ нацистского прошлого их родителей, в сущности, мало интересовали и «поколение 1968 года». Они предпочитали разрабатывать теории фашизма, в которых капитализм предстает как прелюдия к диктатуре, и доказывать фашистскую суть репрессий, которым сами подвергались. Бывший удачливый спекулянт, прошедший высшую школу черного рынка, Ганс Магнус Энценсбергер теперь тоже перешел на новую идеологическую валюту — гротескную интерпретацию политической ситуации ФРГ, позволяющую сгладить опасность национал-социализма. «Новый фашизм паразитирует на результатах экономического чуда... — писал он в 1968 году. — Он не решается мобилизовать массы, он должен держать их в страхе, в напряжении. Его опорой является центр общества — те интегрированные элементы, что мертвой хваткой вцепились в свое благополучие. Этот новый фашизм — не угроза, он давно уже стал реальностью; это будничный, однодомный, глубоко укоренившийся, институционально защищенный, замаскированный фашизм»[4].

Только около двух десятилетий назад утвердилось понимание того, в какой огромной мере национал-социализм разделяли «совершенно обычные немцы», и в то же время сложился просветительский этос, который позволяет посредством кропотливой, скрупулезной работы доказать укорененность режима в массах и таким образом дифференцированно определить вину каждого отдельного человека, что особенно убедительно проделал Гётц Али в своей книге «Народное государство Гитлера».

Параллельно среди более поздних поколений росло недовольство «состоянием культуры памяти», принимающее более чем странные черты. На одном интернет-сайте Федерального центра политического образования говорится следующее: «Объединенная Германия самое позднее в 2005 году достигла уровня своего рода ретроспективного государства-победителя во Второй мировой войне. Немецкому канцлеру Герхарду Шрёдеру и его делегации не нужно было больше прятаться во время празднеств по случаю 60-летней годовщины „Дня Д“, означавшего победу над „Третьим рейхом Гитлера“. Благополучно сформировавшуюся немецкую демократию, образно выражаясь, возвели в дворянское достоинство, приняв представителей ее правительства в кругу бывших союзников антигитлеровской коалиции»[5]. Соответственно во многих высказываниях наших политических деятелей слышится официозная гордость за достигнутые результаты в преодолении прошлого, самодовольно намекающая на моральное превосходство Германии над другими нациями и инакомыслящими. Германия позиционирует себя как «чемпион по экспорту в области преодоления прошлого»[6], хотя часто формальные, клишированные речи о Холокосте и порой истеричные реакции на безобидные проявления политической некорректности свидетельствуют об остром недостатке суверенитета и внутренней твердости и служат для праворадикалов, как те полагают, подтверждением их параноидального представления о действующей диктатуре, подавляющей всякое инакомыслие.

Возможности проверить в условиях реального экзистенциального кризиса, насколько немецкая демократия на самом деле стабильна и способна к диалогу, еще не было. Философ Карл Ясперс в 1946 году предварил сборник своих лекций на тему вины изложением своего рода правил ведения дискуссии. Он был уверен, что самый эффективный способ очищения немцев должен заключаться в существенном изменении их полемического поведения: «Германия может прийти в себя, только если мы, немцы, через общение пробьемся друг к другу»*. Отправной точкой для этого должна была стать беспощадная честность. Ясперс знал, что посредством искусной релятивизации можно увернуться от любого долга, от любой ответственности, и все же категорически требовал: «Давайте научимся говорить друг с другом. То есть давайте не только повторять свое мнение, а слушать, что думает другой. Давайте не только утверждать, но и связно рассуждать, прислушиваться к доводам, быть готовыми

---

* *Ясперс К.* Вопрос о виновности. О политической ответственности Германии / пер. с нем. С. Апта. М.: Альпина Паблишер, 2023. С. 29. — *Прим. ред.*

посмотреть на вещи по-новому. Давайте попробуем мысленно становиться на точку зрения другого. Более того, давайте прямо-таки выискивать все, что противоречит нашему мнению. Уловить общее в противоречащем важнее, чем поспешно отметить исключающие друг друга позиции, при которых уже нет смысла продолжать разговор»*.

Сегодня много говорят об угрозе раскола общества. Пусть же каждый задумается, усвоила ли наша страна уроки Ясперса.

* Там же. С. 17–18. — *Прим. ред.*

Примечания

ГЛАВА ПЕРВАЯ.
«ЧАС НОЛЬ»?

1 *Luft F.* Berlin vor einem Jahr // Die Neue Zeitung. 10.05.1946.

2 Решение считать 8 мая, 23:01, официальной датой окончания войны — довольно неоднозначный компромисс: США отмечают VE-Day (День победы в Европе) 8 мая; в Советском Союзе, как и в ГДР, День Победы праздновали 9 мая. У других стран были свои даты окончания войны: например, в Нидерландах — 5 мая, в Дании — 4 мая.

3 О Вальтере Айлинге писал Эгон Джеймсон в Neue Zeitung от 14.7.1949 в статье под названием «Освободите, наконец, последнюю жертву гестапо!» («Setzt endlich die letzten Opfer der Gestapo frei!»).

4 Следует упомянуть всестороннее исследование Уты Герхардт, которая представила радикальную смену режимов — от диктатуры фюрера до парламентской демократии, введенной после временного полного отказа от суверенитета в пользу союзников, — достаточно радикально, чтобы говорить о «часе ноль» не образно, а в буквальном смысле: «Временна́я динамика предпринимаемых мер включала в себя нулевую фазу. Нужно признать, что „час ноль“ — не просто метафора. „Час ноль“ был адекватным описанием политической модели для всех областей общественной жизни» (*Gerhardt U.* Soziologie der Stunde Null. Zur Gesellschaftskonzeption des amerikanischen Besatzungsregimes in Deutschland 1944–1945/46. Frankfurt am Main, 2005. S. 18).

5 *Andreas-Friedrich R.* Der Schattenmann. Tagebuchaufzeichnungen 1938–1948. Berlin, 2000. S. 303.

6 *Anonyma.* Eine Frau in Berlin. Tagebuchaufzeichnungen vom 20. April bis 22. Juni 1945. Frankfurt am Main, 2003. S. 158.

7 *Andreas-Friedrich.* Loc. cit. S. 366.

8 *Lowe K.* Der wilde Kontinent. Europa in den Jahren der Anarchie 1943–1950. Stuttgart, 2014. S. 33. Из этой книги также взяты приведенные выше цифры и сопоставление численности жертв в Гамбурге и во всей Европе.

9 *Borchert W.* Das Gesamtwerk. Hamburg, 1959. S. 59.

10 Гельмут Шельски писал: «Это поколение в своем социаль-

ном сознании и самосознании более критично, скептично, недоверчиво, атеистично — во всяком случае более свободно от иллюзий, — чем все предыдущие поколения молодежи, оно более толерантно, если называть толерантностью принятие собственных и чужих слабостей; оно свободно от пафоса, программ и лозунгов. Такое духовное отрезвление обусловливает необычную для молодежи жизненную активность. Это поколение в личном и социальном поведении более гибко, более доступно, более адаптивно и более целеустремленно, чем какое бы то ни было другое поколение молодежи. Оно строит жизнь, принимая ее в той банальности, в которой она предстает человеку, и гордится этим». См.: *Schelsky H.* Die skeptische Generation. Eine Soziologie der deutschen Jugend. Düsseldorf, Köln, 1957. S. 488.

11 *Anonyma.* Loc. cit. S. 193.

ГЛАВА ВТОРАЯ СРЕДИ РАЗВАЛИН

1 *Ruhl K.-J.* (Hg.) Deutschland 1945. Alltag zwischen Krieg und Frieden. Neuwied, 1984. S. 166.

2 *Treber L.* Mythos Trümmerfrauen. Von der Trümmerbeseitigung in der Kriegs- und Nachkriegszeit und der Entstehung eines deutschen Erinnerungsortes. Essen, 2014. S. 84.

3 Ср.: *Manthey J.* Hans Fallada. Reinbek bei Hamburg, 1963. S. 145.

4 Ср.: *Treber.* Loc. cit. S. 82.

5 Леони Требер доказывает, что немецкие военнопленные были предоставлены коммунальным службам, на примере Фрайбурга, Нюрнберга и Киля. Ibid. S. 97.

6 *Felsmann B., Gröschner A., Meyer G.* (Hg.) Backfisch im Bombenkrieg. Notizen in Steno. Berlin, 2013. S. 286.

7 В Западной Германии тоже проводились гражданские мероприятия по расчистке завалов — стоит упомянуть, например, знаменитое движение «Рама Дама» в Мюнхене (от баварского Rama dama, «Мы прибираемся!». — *Прим. пер.*) — и в этих мероприятиях также принимали участие женщины. Точные данные об этом можно найти в диссертации Леони Требер.

8 Ср.: *Krauss M.* Trümmerfrauen. Visuelles Konstrukt und Realität // Paul G. (Hg.). Das Jahrhundert der Bilder. 1900–1949. Göttingen, 2009.

9 Цит. по: *Treber.* Loc. cit. S. 218.

10 Эрих Кестнер посетил свой родной город Дрезден в сентябре 1946 года. Площадь разрушений в центре города была сопоставима с некоторыми полностью разрушенными городами. «Ты идешь, словно во сне, по Гоморре и Содому. Сквозь этот сон время от времени с перезвоном проезжают трамваи. В этой каменной пустыне человеку делать нечего, разве что просто

пересечь ее. Пройти от одного берега жизни к другому… Где-то по краям этой пустыни развалины еще едва заметно дышат жизнью. Там все выглядит как в других разрушенных городах». *Kästner E.* …und dann fuhr ich nach Dresden // Die Neue Zeitung. 30.09.1946.

11 См.: *Ander R.* «Ich war auch eine Trümmerfrau». Enttrümmerung und Abrisswahn in Dresden 1945–1989. Dresden, 2010. S. 179.

12 См. на тему франкфуртской стратегии расчистки завалов: *Bendix W.* Die Hauptstadt des Wirtschaftswunders. Frankfurt am Main 1945–1956. Studien zur Frankfurter Wirtschaftsgeschichte. Bd. 49. Frankfurt am Main, 2002. S. 208 и далее.

13 Цит. по: *Treber.* Loc. cit. S. 160.

14 *Worig K.* Und über uns der Himmel. Filmpost. Nr. 157, 1947.

15 Привычное для сегодняшних немцев слово *Böse*, «зло», в молитве «Отче наш» в этом фильме иногда ненамеренно заменяется на более расплывчатое *Übel* (прибл. «дурное») — может показаться, что это сделано нарочно, чтобы хотя бы частично освободить немцев от навалившейся на них вины. Раньше немцы всегда молились об избавлении от *Übel*, но с 1971 года *Böse* было закреплено в официальной версии «Отче наш».

16 *Bartning O.* Mensch ohne Raum. Baukunst und Werkform, 1948. Цит. по: *Conrads U.* (Hg.). Die Städte himmeloffen. Reden über den Wiederaufbau des Untergegangenen und die Wiederkehr des Neuen Bauens 1948/49. Basel, 2002. S. 23.

17 Цит. по диссертации Сильвии Цигнер: *Ziegner S.* Der Bildband «Dresden — eine Kamera klagt an» von Richard Peter senior. Teil der Erinnerungskultur Dresdens, Marburg, 2010. URL: http://archiv.ub.uni-marburg.de/diss/z2012/0083/pdf/dsz.pdf. (Здесь же содержится информация о скульптуре «Bonitas».)

18 Hessische/Niedersächsische Allgemeine. 19.1.2011.

19 Вступительное слово Франца А. Хойера к книге: *Claasen H.* Gesang im Feuerofen. Überreste einer alten deutschen Stadt. Düsseldorf, 1947. 2. Auflage, 1949. S. 10.

20 Ibid.

21 *Hempel E.* Ruinenschönheit // Zeitschrift für Kunst. 1. Jg. 1948. Heft 2. S. 76.

22 Цит. по: *Kil W.* Mondlandschaften, Baugrundstücke // So weit kein Auge reicht. Berliner Panoramafotografien aus den Jahren 1949–1952. Aufgenommen vom Fotografen Tiedemann, rekonstruiert und interpretiert von Arwed Messmer. Ausstellungskatalog der Berlinischen Galerie. Berlin, 2008. S. 116.

23 Цит. по: 60 Jahre Kriegsende. Wiederaufbaupläne der Städte. Bundeszentrale für politische Bildung. URL: http://www.bpb.de/

geschichte/deutsche-geschichte/wiederaufbau-der-staedte, дата обращения: 27.02.2018.

24 Цит. по *Grisebach L.* (Hg.). Werner Heldt. Ausstellungskatalog der Berlinischen Galerie. Berlin, 1989. S. 33.

25 Военная служба во Франции тоже стала одним из немногих этапов жизни Хельдта, когда его депрессии как рукой снимало. Из Франции он, обычно очень чувствительный художник, не питавший к нацистам ни малейшей симпатии, писал летом 1941 года: «Мы прилежно стреляем по англичанам, и это должно служить утешением по поводу непродуктивного состояния».

26 Цит. по: *Grisebach.* Loc. cit. S. 49.

27 Возможно, это было в галерее Бремера — точно установить это не представляется возможным, поскольку его персональные выставки проходили в обеих галереях.

28 Цит. по: *Grisebach.* Loc. cit. S. 54.

ГЛАВА ТРЕТЬЯ ВЕЛИКОЕ ПЕРЕСЕЛЕНИЕ НАРОДОВ

1 По поводу цифр см.: *Herbert U.* Geschichte Deutschlands im 20. Jahrhundert. S. 551 и далее, а также *Wehler H.-U.* Deutsche Gesellschaftsgeschichte. Vom Beginn des Ersten Weltkriegs bis zur Gründung der beiden deutschen Staaten 1914–1949. München, 2003. S. 942 и далее.

2 *Kardorff, U. von.* Berliner Aufzeichnungen 1942–1945. München, 1992. S. 351.

3 См.: *Prinz F., Krauss M.* (Hg.). Trümmerleben. Texte, Dokumente, Bilder aus den Münchner Nachkriegsjahren. München, 1985. S. 55.

4 «Кётцшенброда-экспресс» — довольно остроумная «пересадка» песни Мака Гордона и Гарри Уоррена на немецкую послевоенную почву. В «Chattanooga Choo Choo» речь идет о поездке на паровозе из Нью-Йорка в Чаттанугу, Теннесси, и в версии Гленна Миллера эта песня 1941 года несколько недель занимала первое место в списке американских хитов. «Pardon me Boy, is that the Chattanooga Choo Choo?» (англ. «Прости, парнишка, это поезд в Чаттанугу?». — *Прим. пер.)* превратилось у Билли Булана в «Простите, сударь, этот поезд идет в Кётцшенброда?» Кётцшенброда был после войны единственным действующим вокзалом под Дрезденом. Бóльшую известность, чем кавер-версия Билли Булана, приобрела только песня Удо Линденберга «Поезд на Панкóв»: «Извините, это спецпоезд на Панков?»

5 *Habe H.* Off Limits. Roman von der Besatzung Deutschlands. München, 1955 (цит. по изданию Heyne Verlag, München, 1985. S. 24).

6 Согласно широко распространенному определению Вольфганга Якобмайера, автора фундамен-

тального труда о *displaced persons*, сохранившего свою актуальность до сегодняшнего дня, речь идет «об этно- и трудополитическом наследии национал-социалистической диктатуры во время Второй мировой войны, об огромных массах подневольных рабочих и иностранных граждан, угнанных на работы в Германию, преимущественно из Восточной Европы». См.: *Jacobmeyer W.* Vom Zwangsarbeiter zum Heimatlosen Ausländer. Die Displaced Persons in Westdeutschland 1945–1951. Göttingen, 1985. S. 15.

7 Ср. у Ульриха Херберта: «Повсюду в Германии в марте и апреле прокатилась волна массовых убийств иностранцев. Часто это были финальные акции гестапо или полиции, которые, прежде чем выбросить свои мундиры, спешили уничтожить группы иностранных рабочих, ждавших где-нибудь на окраинах городов, в лесах или среди развалин прихода союзников антигитлеровской коалиции» (*Herbert U.* Geschichte Deutschlands im 20. Jahrhundert. München, 2014. S. 540).

8 Ibid. S. 541.

9 «Для послевоенной преступности характерны прежде всего убийства, совершаемые вооруженными бандами. В 1945–1946 гг. этот вид преступлений был доминирующим. Жертвами таких нападений чаще всего становились отдаленные хутора и поместья, например Мюлен... Совершали их главным образом иностранцы, объединявшиеся в группы для воровства, грабежа и разбоя». Так оценивал ситуацию юрист Карл С. Бадер, противник нацизма, которого французская военная администрация назначила главным прокурором Фрайбурга. То, что значительную часть преступников составляли *displaced persons*, Бадер считал положительным моментом, поскольку как местное население, так и правоохранительные органы могли исходить из того, что по мере репатриации иностранных рабочих проблема скоро решится сама по себе. Гораздо бо́льшую тревогу вызывали преступления, совершавшиеся немцами. См.: *Bader K. S.* Soziologie der deutschen Nachkriegskriminalität. Tübingen, 1949. S. 28.

10 Ср.: *Jacobmeyer.* Loc. cit. S. 47: «Очень характерно для глубокой десоциализации DP во время их жизни в Германии в качестве подневольных рабочих то, что после их освобождения не наступает автоматический возврат к правовым нормам, как, например, присущий любому цивилизованному обществу абсолютный запрет на убийство».

11 Ibid. S. 262.

12 Ibid. S. 39.

13 *Forrest W.* «You will standfast and not move» // London News

Chronicle. 11.04.1945. Цит. по: *Jakobmeyer*. Loc. cit. S. 37.

14 *Jacobmeyer*. Loc. cit. S. 29.

15 Своими мыслями о «расчеловечивании» и огрублении в лагере делился французский писатель и педагог Жорж Иверно. Он пять лет провел в немецком плену и мог из своего лагеря наблюдать за русскими военнопленными в соседнем лагере, с которыми обращались намного хуже, чем с французами. В своей опубликованной в 1949 году книге «Кожа и кости» он писал: «Русский лагерь расположен в трехстах метрах от нашего. В то лето мы коротали время, наблюдая, как русские хоронят своих солагерников. Необыкновенно монотонная работа: прикатить тележку с трупами к широкой траншее, сгрузить трупы на землю, сбросить их в ров — потом все сначала. И так целый день. Целый день возиться с мертвецами. На этой песчаной равнине, залитой солнцем. Целый день таскаться туда-сюда с дребезжащей тележкой — от лагеря ко рву и обратно. Хоронившие своих товарищей по несчастью были сами ненамного живее трупов: в них оставалось ровно столько жизни, сколько требовалось, чтобы ходить, возить тележки, нагружать и разгружать их. Люди с потухшими глазами, обтянутые кожей скелеты, отрешенные от внешнего мира. И два лениво насвистывающих какие-то песенки солдата, охраняющих этих живых скелетов. Два мужлана, которым на все наплевать... Время от времени они грозно облаивали своих подопечных. Дубасили прикладами тех, кто подворачивался под руку. Не от злости, а просто потому, что это была их работа. И потому что жили как у Христа за пазухой. Кстати, удары и оскорбления отскакивают от русских как от стенки горох. Да, они такие. Иногда поневоле задаешь себе вопрос: чем их вообще можно пронять? Они монотонно переставляют ноги, шагают, выполняют какие-то манипуляции. Но они уже давно по ту сторону вещей» (*Hyvernaud G.* Haut und Knochen. Berlin, 2010. S. 95).

16 В виде факсимиле доступно на сайте: https://www.eisenhower.archives.gov/research/online_documents/holocaust/Report_Harrison.pdf.

17 Ibid.

18 Ср.: *Wetzel J.* «Mir szeinen doh». München und Umgebung als Zuflucht von Überlebenden des Holocaust 1945–1948 // *Broszat M., Henke K.-D., Woller H.* (Hg.). Von Stalingrad zur Währungsreform. Zur Sozialgeschichte des Umbruchs in Deutschland. München, 1988. S. 341.

19 Ср.: *Lewinsky T.* Jüdische Displaced Persons im Nachkriegsmünchen // Münchner Beiträge zur jüdischen Geschichte und Kultur. Heft 1. 2010. S. 19.

Варшавская улица Налевки в коллективной памяти евреев осталась объектом ностальгии. И не только потому, что с некоторых крыш этой улицы раздались первые выстрелы восстания Варшавского гетто. Улица Налевки была культурным и экономическим центром повседневной еврейской жизни. «Такие авторы, как Моше Цонсцайн, Авраам Тайтельбаум, Бернхард Зингер и многие другие, запечатлели картины повседневной жизни на Налевки, шум и толкотню, воров-карманников и мелких жуликов, школьные дни, торговлю и обмен, построенные на своих собственных правилах, которых нет в школьных учебниках», — пишет Катрин Штеффен в книге «Энциклопедия еврейской истории и культуры» (Enzyklopädie jüdischer Geschichte und Kultur. Hrsg. von Dan Diner, Band 4. Stuttgart, 2013. S. 307).

20 Цит. по каталогу выставки Еврейского музея Хоэнемса: Displaced Persons. Jüdische Flüchtlinge nach 1945 in Hohenems und Bregenz / Hrsg. von Esther Haber. Innsbruck, 1998. S. 66.

21 Цит. по: *Lewinsky*. Loc. cit. S. 20.

22 Ibid. S. 21.

23 Ibid. S. 335.

24 Дан Динер говорит о «в конечном счете драматических вопросах еврейской принадлежности», за которыми стоит конфликт, связанный с притязаниями на собственность убитых, после которых не осталось наследников. «Так, наряду с бойкотом желающих остаться в Германии евреев, напоминающим проклятие, возникло противоречие с инстанцией „еврейского суда“ как правопреемника убитых, с коллективом, частью которого они сами были и принадлежать к которому стремились при любых условиях» (*Diner D.* Skizze zu einer jüdischen Geschichte der Juden in Deutschland nach ’45 // Münchner Beiträge zur jüdischen Geschichte und Kultur. Heft 1. 2010. S. 13).

25 *Königseder A., Wetzel J.* Lebensmut im Wartesaal. Die jüdischen DPs im Nachkriegsdeutschland. Frankfurt, 1994. S. 101.

26 Ibid. S. 127.

27 Важной фигурой был педагог Якоб Олейски из Литвы, который учился в Халле, а потом руководил профессионально-технической школой в Литве. После освобождения из концентрационного лагеря Дахау он принимал участие в создании системы профтехобразования для всех еврейских лагерей в американской зоне. Творческая работа должна была помочь выжившим во время войны вновь обрести смысл жизни, как только те немного оправятся от перенесенных физических страданий в концентрационных лагерях. Он был убежден, что «люди должны всюду чувствовать пульс актив-

ной жизни», чтобы избежать «дальнейшей деморализации и мыслительной и эмоциональной деградации». Но воля к возрождению была ориентирована исключительно на Палестину. В одной речи в Фёренвальде Олейски сказал: «Нам предстоит огромная работа по восстановлению. Эрец-Исраэль ждет телесно и духовно здоровых людей, которые смогут претворить свою мышечную силу в целесообразный и творческий труд» (цит. по: *Königseder, Wetzel.* Loc. cit. S. 115).

28 Ibid. S. 167.

29 *Vida J.* From Doom to Dawn. A Jewish Chaplain's Story of Displaced Persons. New York, 1967 (цит. по: *Königseder, Wetzel.* Loc. cit. S. 167).

30 *Jacobmeyer.* Loc. cit. S. 122.

31 Вольфганг Якобмайер, опубликовавший в 1985 году первое и до сегодняшнего дня актуальное фундаментальное исследование, посвященное почти не изученной судьбе DP, видел в отчасти положительном, отчасти недоверчивом отношении к ним признак того, что их продолжают воспринимать как чужаков. «Упорное нежелание оставшихся DP расставаться с лагерным существованием можно объяснить лишь их апатией» (*Jacobmeyer.* Loc. cit. S. 255).

32 Из американского военного журнала Stars and Stripes, цит. по: *Jacobmeyer.* Loc. cit. S. 134.

33 *Andreas-Friedrich.* Loc. cit. S. 349.

34 Ibid. S. 450.

35 См.: *Völklein U.* «Mitleid war von niemandem zu erwarten». Das Schicksal der deutschen Vertriebenen. München, 2005. S. 79 и далее. В книге приводятся четырнадцать реальных историй о разных судьбах.

36 Ibid. S. 91.

37 Цит. по: *Kossert A.* Kalte Heimat. Die Geschichte der deutschen Vertriebenen nach 1945. München, 2008. S. 63.

38 К выражению «беженцы» (*Flüchtlinge*) репатрианты обычно относились крайне отрицательно, опасаясь, что этот статус лишит их права на возвращение или возмещение ущерба, поскольку из этого выражения могло следовать, что они добровольно покинули родину. Позже понятие «бегство» *(Flucht)*, вполне отражающее суть явления, стали употреблять и в значении «изгнание».

39 *Kolbenhoff W.* Ein kleines oberbayrisches Dorf // Die Neue Zeitung. 20.12.1946.

40 Цит. по: *Kossert.* Loc. cit. S. 73. Автор цитирует также фленсбургского ландрата Иоганнеса Тидье: «...Мы, северные немцы и шлезвиг-голштинцы, ведем свою собственную жизнь и не хотим приносить ее в жертву каким-то мулатам, как это произошло с восточными пруссаками» (Ibid.).

41 Цит. по: *Kossert.* Loc. cit. S. 75.

42 Следует отметить, что жестокосердие местных жителей представляет собой лишь одну сторону действительности. Было много людей, которые радушно встречали переселенцев и помогали им чем могли. Некоторые семьи в Бранденбурге выходили на дороги, по которым шли беженцы, с большими кастрюлями и угощали их супом. Они поступали так, пока их собственные запасы еды не истощились. Часто бывшие беженцы рассказывают, что это были, как правило, бедные люди, а зажиточные держали двери и кошельки на замке. Насколько этот клишированный взгляд на те события соответствует действительности и была ли жадность в самом деле присуща только зажиточным, сказать трудно.

43 *Erker P.* Landbevölkerung und Flüchtlingszustrom // *Broszat M., Henke K.-D., Woller H.* Loc. cit. S. 398.

44 Цит. по: *Kossert.* Loc. cit. S. 82.

45 Der Spiegel. 1947. №16.

46 Цит. по: *Kossert.* Loc. cit. S. 82.

47 Цит. по: *Scherpe K. R.* (Hg.). In Deutschland unterwegs. 1945–1948. Reportagen, Skizzen, Berichte. Stuttgart, 1982. S. 287.

48 Ср.: Der Spiegel. 1977. №15. S. 41.

49 Переселенцы нередко перестраивали бывшие лагеря для иностранных рабочих в маленькие города, которые быстро расцветали, как, например, Эспелькамп в Освестфалене на территории бывшего ружейного завода или Нойгаблонц в Баварии. Из старого Габлонца на р. Нейсе (сегодня Яблонец-над-Нисоу в Чехии) были изгнаны 18 тысяч человек. Многие из них остались вместе и поселились неподалеку от Кауфбойрена на территории бывшего завода взрывчатых веществ акционерного общества Dinamit Nobel. Экономическим сердцем города стало изготовление украшений, которым габлонцы всегда славились еще у себя на старой родине. До сегодняшнего дня габлонская бижутерия, производимая на множестве небольших фабрик, относится к важнейшим экономическим факторам Альгоя и конкурирует с чешским экспортом бижутерии. Самый преуспевающий потомок габлонской индустрии украшений — Swarowski AG — обосновался в Австрии.

50 Мау-Мау — восстание народов Кении против британского колониализма в 1950-е годы. В конце десятилетия восстание было подавлено, однако после продолжительных беспорядков в 1963 году англичанам пришлось предоставить Кении независимость.

51 *Prinz, Krauss.* Loc. cit. S. 13. Там же, далее (с. 13): «Это почти чудо, что „общественный договор“ сработал и народ сам себя не растерзал. Какую роль в этом сыграли постоянно контролировавшие положение оккупацион-

ные власти, пока сказать трудно; во всяком случае, гражданской войны мы благополучно избежали».

52 *Habe.* Loc. cit. S. 42.

53 *Borchert W.* Stadt, Stadt: Mutter zwischen Himmel und Erde // *Borchert W.* Das Gesamtwerk. Hamburg, 1949. S. 72.

54 Ibid. S. 97.

55 Цит. по: *Arnold H. L.* (Hg.). Die deutsche Literatur 1945–1960. Bd. 1. München, 1995. S. 39.

56 Ibid. S. 94.

57 URL: https://www.youtube.com/watch?v=4Vq3HTLyo4Y, дата обращения: 04.03.2018.

58 *Andrees Elten, J.* Zwischen Bahnhof und Messe. Hannover. Цит. по: *Scherpe.* Loc. cit. S. 84.

59 *Prinz, Krauss.* Loc. cit. S. 51.

60 *Kardorff, von.* Loc. cit. S. 351.

61 Neue Illustrierte. 1947. Juli.

ГЛАВА ЧЕТВЕРТАЯ ТАНЦЕВАЛЬНАЯ МАНИЯ

1 *Prinz, Krauss.* Loc. cit. S. 56.

2 *Felsmann, Gröschner, Meyer.* Loc. cit. S. 280–311. Следующие цитаты оттуда же.

3 Цит. по: *Prinz, Krauss.* Loc. cit. S. 56 и далее. Следующие цитаты оттуда же.

4 *Borchert.* Loc. cit. S. 309.

5 Цит. по: *Schwedt H., Schedt E.* Leben in Trümmern. Alltag, Bräuche, Feste — Zur Volkskultur // *Heyen F.-J., Keim A. M.* (Hg.). Auf der Suche nach neuer Identität. Kultur in Rheinland-Pfalz im Nachkriegsjahrzehnt. Mainz, 1996. S. 23.

6 *Keim A.* M. 11 mal politischer Karneval. Weltgeschichte aus der Bütt. Geschichte der demokratischen Narrentradition vom Rhein. Mainz, 1981. S. 216.

7 Ibid.

8 *Schwedt.* Loc. cit. S. 24.

9 Цит. по: *Keim.* Loc. cit. S. 218.

10 Цит. по: *Heinen A.* Narrenschau. Karneval als Zeitzeuge // *Dillmann E., Dülmen, R. van* (Hg.). Lebenserfahrungen an der Saar. Studien zur Alltagskultur 1945–1955. St. Ingbert, 1996. S. 303.

11 Газетная заметка, цит. по: *Euler-Schmidt M., Leifeld M.* (Hg.). Die Prinzen-Garde Köln. Eine Geschichte mit Rang und Namen 1906–2006. Köln, 2005. S. 121.

12 Цит. по: *Schwedt.* Loc. cit. S. 26. Spiegel так описывал карнавальную процессию в Кёльне: «Члены карнавального клуба „Кёльнская искра“ прошли по разрушенным улицам до дома бургомистра, сопровождаемые тысячами горожан в карнавальных костюмах и слонами из цирка „Вильямс“. Оркестр играл „Верного гусара“ и главный шлягер этого карнавала „Если бы сейчас пришли домовые“. К своему 125-летнему юбилею „Кёльнская искра“ исполнила традиционный танец в красно-белых тужурках, и военной администрации нечего было возразить против этой воинствующей иносказательности, как и против фридерицианских остроконечных шляп, деревянных ружей и приведения

к присяге рекрутов» (Der Spiegel. 1948. №7).

13 Коричневое прошлое Лиссема позже было релятивизировано со ссылкой на так называемый Бунт дураков. Ему удалось в 1934 году предотвратить узурпацию карнавального движения национал-социалистской организацией «Сила через радость». Однако в идейном плане он никоим образом не воспользовался его формальной независимостью. Напротив: до прекращения этой традиции после начала войны карнавал становился всё более антисемитским. Участники карнавалов охотно пели циничную песню «Евреи уезжают». Правда, потом кёльнцы утверждали, что обходили холодным молчанием тогдашний антисемитский «сумасшедший понедельник». В действительности же нацистам удалось во время председательства Лессема устранить почти все нелояльные по отношению к режиму традиции карнавала и превратить его в антисемитское народное гулянье под девизом «Не брюзжи и не ной! Приходи к нам, веселись и пой!».

14 А дела шли хорошо. В карнавальный сезон 1947 года Spiegel писал: «Кёльнская гильдия шутов снова на повестке дня. Хотя депутаты городского совета 28 декабря единогласно решили отменить карнавал, хотя главный комитет через две недели после этого сообщал о невообразимых страданиях голодающего и мерзнущего населения, от десяти карнавальных клубов поступили заявки на проведение в период с 15 января по 17 февраля („сумасшедший понедельник“) 32 закрытых, но масштабных мероприятий. Возникает логичный вопрос: найдется ли еще в Кёльне помещение, где могли бы пройти такие празднества с их известным во всем мире кёльнским размахом? Половина всех заседаний состоятся в „Атлантик“» (Der Spiegel. 1947. №5).

15 По мундирам Гвардии принцев было хорошо видно, кто до какого звания дослужился, вернее, доспонсировался. «Вы думаете, нужно просто идти в колонне и откалывать всякие клоунские номера? — ответил Лиссем одному из критиков на вопрос о степени спонтанности этого веселья. — Ничего подобного! Дисциплина и порядок — вот что главное. Даже на карнавале. Более того — на карнавале особенно!» Цит. по: *Euler-Schmidt, Leifeld.* Loc. cit. S. 139.

16 Ibid. S. 125. На фоне разрухи и нищеты суммы, потраченные на карнавал, были и в самом деле запредельными. Spiegel в репортаже, посвященном предыдущему карнавалу 1948 года, описывал веселье в Мюнхене. Там «десять дней подряд с восьми до восьми праздновали и танцевали в 1200 отелях, ресторанах и клубах. Не считая бесчис-

ленных частных вечеринок… На вечеринках в художественных мастерских в Швабинге… посреди изображений обнаженных женщин и визжащих граммофонов, где гостям — иногда до 200 человек, как в прежние времена, — приходилось выкладывать по 500 марок. Правда, на 500 марок можно было есть и пить весь вечер, что душа пожелает» (Der Spiegel. 1948. №7).

17 Цит. по электронной публикации фонда Аденауэра: https://www.konrad-adenauer.de/dokumente/pressekonferenzen/1950-04-19-pressekonferenz-berlin.

18 Когда в 1950 году Аденауэр после своей речи в берлинском дворце «Титания» предложил публике спеть будущий национальный гимн (предварительно на всякий случай приказав разложить на зрительских местах листовки с текстом, — типичная аденауэровская уловка), СДПГ заговорила о «путче». Федеральный президент Теодор Хойс, который был еще не готов принять окончательное решение о гимне для новой республики, — лично ему импонировал гимн Германа Ройтера «Страна веры, немецкая страна, страна отцов и их наследников» — уступил Аденауэру лишь в 1952 году. Официально, на законодательном уровне, новый гимн, начинающийся словами «Общность, право и свобода», так и не был утвержден. Федеральное ведомство печати просто опубликовало переписку Аденауэра с Хойсом, который в конце концов согласился, и гимн стал считаться законным. Нельзя не признать, что молодое государство выбирало весьма оригинальные пути для укрепления своей государственности.

19 Цит. по: *Arnold.* Loc. cit. S. 79.

20 *Klausner.* Loc. cit. S. 311.

21 Der Spiegel. 1947. №8.

22 Цит. по: *Schoeller.* Loc. cit. S. 333 и далее.

23 Для «Ванны» Хельдт написал монолог «Св. Ленхен», содержащий вокальные пассажи на мелодию «Ла Палома» («Голубка»). На сцену выходила актриса и на фоне хельдтовских декораций в виде качающихся фасадов домов пела: «Я — святая Ленхен, я не проститутка, я это делаю даром, потому что мне это нравится. Своей любовью я борюсь с вами, которые мне всё запрещают, потому что сами слишком трусливы, чтобы брать».

24 *Prinz, Krauss.* Loc. cit. S. 9.

ГЛАВА ПЯТАЯ
ЛЮБОВЬ ’47

1 Своего рода прототипом стал «возвращенец» Бекманн из знаменитой пьесы Вольфганга Борхерта «На улице перед дверью», образчика так называемой драмы возвращенчества, которая в определенном смысле представляет собой особый жанр. Речь в пьесе идет, как это явствует из пролога, о «мужчине,

вернувшемся в Германию, одном из многих. Одном из тех, что вернулись домой, но оказались бездомными, потому что дома у них больше не было».

2 *Meyer S., Schulze E.* Von Liebe sprach damals keiner. Familienalltag in der Nachkriegszeit. München, 1985. S. 128.

3 Ср.: Ibid. S. 161–206. Следующие цитаты оттуда же.

4 Der Spiegel. 1953. №41.

5 *Meyer, Schulze.* Loc. cit. S. 204.

6 *Anonyma.* Loc. cit. S. 51.

7 Цит. по: *Schoeller W. E.* Diese merkwürdige Zeit. Leben nach der Stunde Null. Ein Textbuch aus der «Neuen Zeitung». Frankfurt am Main, 2005. S. 52.

8 Цитата сокращена, вот второй ее абзац: «180 марок заработной платы — это ненамного больше, чем ничего. Раньше г-н Мюллер за эти деньги мог чего-то „требовать“ от своей жены (и требовал). Теперь же он должен помалкивать в тряпочку. Уже три года муж и жена борются со страшной нуждой. Муж бросает этой нужде вызов в виде 180 марок. И он погиб бы, если бы жена не противопоставила нужде более эффективное оружие: всю свою сильную, несгибаемую натуру, свое инстинктивное чутье в отношении практической стороны жизни, свою ловкость рук, умение „без нот“ играть свою партию в музыкальной пьесе домашнего хозяйства, изощренное, за столетия доведенное до совершенства искусство решения будничных проблем. Из деградации мужчины, судя по всему, рождается непобедимая и неиссякаемая сила женщины. И это признак более здорового пола. Хотя на нее возлагают все новые, тяжкие, неудобоносимые бремена, телесные силы женщины сохраняются лучше, чем силы мужчины, который, согласно медицинским исследованиям, находится в состоянии стремительного физического распада (истощение!)» (Constanze — die Zeitschrift für die Frau und für jedermann. 1948. Jg. 1. №2).

9 *Kuhn A.* (Hg.). Frauen in der deutschen Nachkriegszeit. Bd. 2. Düsseldorf, 1986. S. 158.

10 Ср.: *Möding N.* Die Stunde der Frauen? // *Broszat M., Henke K.-D., Woller H.* Loc. cit. S. 623 и далее.

11 В гражданском законодательстве ФРГ существуют многочисленные положения, противоречащие конституционному Закону о равенстве. Так, параграф 1354 — «За мужчиной закрепляется преимущественное право принимать решения во всех делах, касающихся совместной супружеской жизни» — было отменен только в 1958 году. В ГДР женщина с самого начала получила те же права, что и мужчина. Однако процент женщин, участвующих в работе высших политических органов, был так же низок, как и в ФРГ.

12 Цит. по: *Domentat T.* Hallo Fräulein. Deutsche Frauen und amerikanische Soldaten. Berlin, 1998. S. 162.

13 Такова точка зрения Фреда Гелера. Он писал, что этот фильм — «одно из ярчайших достижений немецкого послевоенного кино». По словам Гелера, Петер Певас умело обошел поставленную перед ним задачу снять просветительский фильм, создав вместо этого «аутентичный образ послевоенного молодого поколения во всей его беспомощности и растерянности. Оно алчет жизни и жаждет любви. Драматическая конструкция фильма удивительно прозрачна: история и лица появляются и снова исчезают. Это своего рода охотничий рейд по душевным ландшафтам». *Gehler F.* Straßenbekanntschaft // Film und Fernsehen. Berlin. 1991. №5. S. 15.

14 *Weyrauch W.* (Hg.). Tausend Gramm. Ein deutsches Bekenntnis in dreißig Geschichten aus dem Jahr 1949. Reinbek bei Hamburg, 1989. S. 86. Цитата несколько сокращена.

15 Историк Александер фон Плато для архива «Немецкая память» взял интервью у одного мужчины, который вернулся из русского плена к своей жене и обнаружил, что в доме кроме нее и овдовевшего тестя поселилась еще одна семья, лишившаяся жилья в результате бомбежки: мать и сын с невесткой. Возвращенец так описывал эти сложные жилищные условия: «Это была квартира в мансарде, там всегда было тесно. Поэтому сын той матери, — ну, тех, которых разбомбили, — переехал на второй этаж к моей жене. Там он теперь и жил. Ну, и так получилось, что он стал ужинать с моей женой и так далее. А мой тесть по вечерам тоже начал ходить наверх, потому что жена того парня была на пять лет старше своего мужа. Понимаете? Короче, старик вечером — к ней, а в это время ее муж спал с моей женой...» Ср.: *Plato, A. von, Leh A.* «Ein unglaublicher Frühling». Erfahrene Geschichte im Nachkriegsdeutschland 1945–1948. Bonn, 1997. S. 240.

16 Constanze. 1948. Jg. 1. №11.

17 Ср.: *Wehler H.-U.* Deutsche Gesellschaftsgeschichte. Bd. 4. Vom Beginn des Ersten Weltkrieges bis zur Gründung der beiden deutschen Staaten 1914–1949. München, 2003. S. 945 и далее.

18 Фильм Роберта А. Штеммле — это сатирическая музыкальная комедия, «фильм-кабаре», который, несмотря на скудость художественного оформления — словно перекликающуюся с невероятной худобой самого Фрёбе, — благодаря множеству стилистических сломов и экспериментов стал одной из интереснейших кинокартин тех лет. В нем есть сюрреалистические сцены; в нем рассказывается

о Берлине 2048 года с оглядкой на послевоенное время. Для показа Берлина будущего Штеммле использовал модели, созданные для архитектурного конкурса 1948 года.

19 «В газете написали, что женщин там — как грязи. / Бимбо, падкий на любовь, / не на шутку размечтался. / По статистике на него одного / приходилось аж две дамы. / Но теория обманула: / на практике ни одна на него не клюнула. / Ни одна не захотела его целовать. / Бимбо, мигом отрезвев, / почувствовал себя в этом женском царстве лишним. / Статистика — еще не всё, / цифры — не самое важное, / кое-что значит и сердце!» (Constanze. 1949. Jg. 2. №8).

20 Цит. по: *Böke K., Liedtke F., Wengeler M.* Politische Leitvokabeln in der Adenauer-Ära. Berlin, 1996. S. 214.

21 Кристина Тюрмер-Рор в: *Hirsch H.* Endlich wieder leben. Die fünfziger Jahre im Rückblick von Frauen. Berlin, 2012. S. 14.

22 Ср.: *Willenbacher B.* Die Nachkriegsfamilie // *Broszat M., Henke K.-D., Woller H.* Loc. cit. S. 599.

23 Ibid. S. 604.

24 Ср.: *Naimark N. M.* Die Russen in Deutschland. Die sowjetische Besatzungszone 1945–1949. Berlin, 1997; *Kowalczuk I.-S., Wolle S.* Roter Stern über Deutschland. Sowjetische Truppen in der DDR. Berlin, 2010; *Jacobs I.* Freiwild. Das Schicksal deutscher Frauen 1945. Berlin, 2008.

25 *Boveri.* Loc. cit. S. 116.

26 Йенс Биски, редактор Süddeutsche Zeitung, вскоре после переиздания дневника в выпускаемой Гансом Магнусом книжной серии «Другая библиотека» раскрыл идентичность автора (Süddeutsche Zeitung, выпуск от 24.9.2003). По этому поводу, а также по поводу критических замечаний Биски относительно ценности дневника как исторического документа разгорелась ожесточенная дискуссия. Биски справедливо заметил, что деятельность автора как журналиста имеет значение для оценки и классификации дневника, и указал на то, что первоначальный текст, судя по всему, был отредактирован и переработан ее близким другом, коллегой и издателем Куртом Мареком, более известным как К. В. Керам. С филологической точки зрения вполне оправданны критические замечания, касающиеся оценки русских в целом, вопросов вины, дистанцирования от нацистского режима задним числом и т. д. Однако они не дают основания подвергать сомнению сами описания изнасилований и способов преодоления этого травматического опыта. Поэтому дневник и был здесь процитирован, несмотря на неоднозначное отношение к данному источнику.

27 В своей речи перед 200 генералами вермахта 30.03.1941 в рейхсканцелярии.

28 Цит. по: *Lowe.* Loc. cit. S. 104.

29 Шарлотта Вагнер, цит. по: *Meyer S., Schulze E.* Wie wir das alles geschafft haben. Alleinstehende Frauen berichten über ihr Leben nach 1945. München, 1984. S. 51.

30 *Andreas-Friedrich.* Loc. cit. S. 332.

31 В номере журнала Ja. Zeitschrift der jungen Generation за июнь 1947 года проблема супружеских пар после волны изнасилований была облечена в стихотворную форму. Этот коротенький текст, подписанный народным учителем и писателем Дитрихом Варнезиусом, называется «Возвращение домой»: «Ночь. / Оба не спят. / „Ты… ты можешь мне это не рассказывать, Мария…“/ Глубокий вздох. / „Да“, — отвечает жена. / Тишина. / Не слышно даже дыхания. / Проходят годы. / „Мария… может… нам… все сначала?..“ / Глубокий выдох. / „Да“, — отвечает жена».

32 Tagesspiegel. 6.12.1959, цит. по: *Sträßner M.* «Erzähl mir vom Krieg!». Ruth Andreas-Friedrich, Ursula von Kardorff, Margret Boveri und Anonyma: Wie vier Journalistinnen 1945 ihre Berliner Tagebücher schreiben. Würzburg, 2014. S. 181.

33 Лутц Нитхаммер ссылался на политику обоих немецких государств в отношении прошлого, которые совершали свои покаянные ритуалы в «страстном разделении труда» и были подвержены разным видам слепоты: «ГДР, этот худосочный плод, родившийся из добродетели и изнасилования, почивала на своей былой, жертвенной и самоуверенной морали», и ее память иссохла во все более бессмысленных ритуалах. ФРГ же, живая, энергичная шалопайка, сотканная из множества продажных связей, вначале отрицала все, что не было выжато из нее в виде признаний, но потом, во время midlife-crisis (англ. «кризис среднего возраста». — *Прим. пер.*), начала ностальгировать по вытесненному, ушла в себя, принялась раскапывать свое постыдное прошлое и открыто, публично, с возрастающим упрямством настаивать на этом самом дурном из всех ее истоков» (*Niethammer L.* Schwierigkeiten beim Schreiben einer deutschen Nationalgeschichte // *Niethammer L.* Deutschland danach. Postfaschistische Gesellschaft und nationales Gedächtnis. Bonn, 1999. S. 441).

34 *Weiss W.* A Nazi Childhood. Santa Barbara, 1983. S. 173.

35 Ibid. S. 171.

36 Ср.: *Faltin T.* Drei furchtbare Tage im April. Das Ende des Zweiten Weltkriegs in Stuttgart // Stuttgarter Zeitung. 18.04.2015. Историк Норман М. Наймарк пишет: «В плане низкой дисциплины и мародерства с советскими солдатами на западе

могли сравниться лишь французские марокканцы; женщины в Бадене и Вюртемберге все без разбора становились жертвами сексуального насилия со стороны оккупационных солдат, как в восточной зоне, особенно в начале оккупации. Однако, несмотря на эту оговорку, факт остается фактом: феномен изнасилований, несопоставимый с подобными явлениями в западных секторах, стал частью социальной истории советской оккупационной зоны» (*Naimark*. Loc. cit. S. 137).

37 Ср.: *Förschler A.* Stuttgart, 1945. Kriegsende und Neubeginn. Gudensberg-Gleichen, 2004. S. 8 и далее.

38 Такое сопоставление попыталась сделать историк Мириам Гебхардт в книге «Когда пришли солдаты». Она основательно изучила преступления солдат западных оккупационных войск на сексуальной почве, но, к сожалению, не устояла перед соблазном сделать из результатов своего исследования сенсацию, поставив знак равенства между поведением западных союзников и Красной армии. Это можно сделать, лишь отмахнувшись от бесчисленных романов немок с американскими солдатами как от «подслащенных шоколадом изнасилований» и просто проигнорировав другие, противоречащие данному взгляду, исследования на тему «фройляйн», в том числе и с феминистской точки зрения. Клаусу-Дитмару Хенке обсуждение книги во Frankfurter Allgemeine напомнило геббельсовское сравнение «еврейско-плутократической солдатни генерала Эйзенхауэра» с «большевистскими ордами из азиатских степей» (*Gebhardt M.* Als die Soldaten kamen. Die Vergewaltigung deutscher Frauen am Ende des Zweiten Weltkriegs. München, 2015).

39 Цит. по: *Ruhl.* Loc. cit. S. 92 и далее.

40 «Ведь это же какие-то салонные, игрушечные солдаты!» — писала школьница Махи Лоре Э. в своем дневнике. Она возмущалась, что в них нет «ни силы, ни опрятности», что при виде этого «расслабленного сброда» она поневоле вспоминала «наших бравых ребят». Ведь эти американцы «вообще не похожи на солдат и даже представления не имеют о настоящей солдатской выправке». Цит. по: *Möckel B.* Erfahrungsbruch und Generationsbehauptung. Die Kriegsjugendgeneration in den beiden deutschen Nachkriegsgesellschaften. Göttingen, 2014. S. 197.

41 В июле 1945 года британцы и американцы заняли свои сектора, отведенные им в феврале 1945 года на Ялтинской конференции. Французы заняли свой сектор несколько позже. Великобритания, США и Советский Союз заранее договорились

разделить Германию на зоны оккупации; Берлин же, бывшую столицу Третьего рейха, определить как особую зону коллективной ответственности. Когда французов приняли в число государств-победителей, Берлин стал городом, разделенным на четыре сектора.

42 Spiegel писал об этом 15.02.1947. Автор, очевидно, сам побывал на месте событий. «Они из разных социальных слоев, а некоторые, американизированные с головы до ног, от лака для ногтей до языка, утверждают, что обручены с американцем, и пытаются дистанцироваться от других, которым „просто нужен пропуск на танцы“ и которые „не собираются делать ничего запрещенного“. Большинство девушек видят в пропуске возможность побыть со своими друзьями в приятной обстановке. Кое-кто из них, посещая клуб, хочет укрепить и углубить свое пока что поверхностное соприкосновение с американскими гражданами и продуктами. Кого-то приглашают американки, с которыми они вместе работают. Введением общественных паспортов американский сектор в Берлине следовал примеру других городов американской оккупационной зоны, где уже несколько месяцев практиковали такую организацию общественной жизни с немцами... До нынешнего времени заявку на получение такого паспорта подали 600 берлинок в возрасте от 18 до 47 лет. Средний возраст кандидаток 19–20 лет. Заявления от замужних женщин не принимаются» (Der Spiegel. 1947. №7. S. 6).

43 *Brauerhoch A.* «Fräuleins» und GIs. Geschichte und Filmgeschichte. Frankfurt am Main, Basel, 2006.

44 Цит. по американскому оригиналу (Ibid. S. 102). Немецкий перевод, опубликованный в 1957 году издательством Paul List Verlag, несколько откровеннее, чем оригинал.

45 *Domentat T.* «Hallo Fräulein». Deutsche Frauen und amerikanische Soldaten. Berlin, 1998. S. 73.

46 Ibid. S. 77.

47 Ibid. S. 190.

48 Антиавторитарный потенциал солдатских невест не играет никакой роли в историографии и самовосприятии «поколения 1968 года». Возможно, чувство позора, испытанного их отцами, продолжало жить и двадцать лет спустя. Кроме того, возмущение по поводу войны во Вьетнаме люди перенесли и на солдат, размещенных в ФРГ. За связь с каким-нибудь хиппи из Сан-Франциско женщину никто бы не осудил, но девушку, которая в семидесятых крутит любовь с американским солдатом, дислоцированным в Бамберге, не считали за человека, и особенно этим отличались левые.

В связи с этим уже по одним только политическим причинам академические исследования послевоенного времени весьма далеки от симпатии к подружкам американских солдат.

49 Дело доходило до рукоприкладства и беспорядков. Один член «Общества добровольного самоконтроля», большинством голосов одобрившего прокат кинокартины, в знак протеста вышел из организации. Священники призывали к демонстрациям, срывали со своими сторонниками киносеансы, за что их по доносам владельцев кинотеатров привлекали к суду. Spiegel целыми страницами цитировал сценарий, критика возмущалась «так называемым искусством и эстетическими ужимками», которым прикрывался «неопроституционизм». Однако очереди в кинокассы от этого только росли.

ГЛАВА ШЕСТАЯ. ГРАБЕЖИ, РАЦИОНИРОВАНИЕ ПРОДУКТОВ, ЧЕРНЫЙ РЫНОК — ПЕРВЫЕ УРОКИ РЫНОЧНОЙ ЭКОНОМИКИ

1 См: *Gries R.* Die Rationengesellschaft. Versorgungskampf und Vergleichsmentalität: Leipzig, München und Köln nach dem Kriege. Münster, 1991. S. 148.

2 *Felsmann, Gröschner, Meyer.* Loc. cit. S. 268 и далее.

3 Süddeutsche Zeitung. 30.04.1946.

4 *Leonhard W.* Die Revolution entlässt ihre Kinder, цит. по: *Glaser H.* 1945. Beginn einer Zukunft. Bericht und Dokumentation. Frankfurt am Main, 2005. S. 194.

5 Ср.: *Ruhl.* Loc. cit. S. 161.

6 Ibid. S. 178.

7 Ср.: *Ruhl.* Loc. cit. S. 161.

8 Rheinische Zeitung. 18.12.1946.

9 *Gries.* Loc. cit. S. 290.

10 Цит. по: *Kuhn A.* (Hg.) / Frauen in der deutschen Nachkriegszeit. Bd. 2: Frauenpolitik 1945–1949. Quellen und Materialien. Düsseldorf, 1989. S. 198.

11 Цит. по: *Ruhl.* Loc. cit. S. 138.

12 Представить себе, насколько серьезным было положение, можно на примере Аденауэра, который, будучи председателем фракции ХДС в ландтаге Северного Рейна-Вестфалии, в приведенном здесь письме о политической ситуации не забывает попросить еще одну посылку с гуманитарной помощью для себя лично: «Не знаю, найдете ли Вы возможным прислать нам еще одну посылку. Я был бы Вам очень благодарен, если бы Вы смогли прислать прежде всего продукты питания для моей жены и Георга, а для меня кофе. Лучше, конечно, Nestle. Я всегда беру его с собой в свои многочисленные поездки. Он хорошо подкрепляет меня на всевозможных собраниях и конференциях, на которых мне приходится председатель-

ствовать. Тем самым Вы поддержите и ХДС, цели которого Вам наверняка импонируют!» (цит. по URL: www.konrad-adenauer.de/dokumente/briefe/1946-12-10-brief-silverberg).

13 Цит. по: *Trittel G. J.* Hunger und Politik. Die Ernährungskrise in der Bizone 1945–1949. Frankfurt, New York, 1990. S. 47.

14 Цит. по: *Trittel.* Loc. cit. S. 285.

15 Ср.: *Gries.* Loc. cit. S. 305.

16 *Boveri.* Loc. cit. S. 93.

17 Ibid. S. 124.

18 Цит. по: *Schäfke W.* Kölns schwarzer Markt 1939 bis 1949. Ein Jahrzehnt asoziale Marktwirtschaft. Köln, 2014. S. 65 и далее.

19 Ср.: *Ander.* Loc. cit. S. 182.

20 Ср.: *Mörchen S.* Schwarzer Markt. Kriminalität, Ordnung und Moral in Bremen 1939–1949. Frankfurt am Main, 2011. Этот том содержит множество подобных высказываний, в том числе фрагменты воспоминаний исследовательского проекта «Жизнь в 1945–1949 гг.» в Архиве фольклористики в музее Фокке.

21 Газета Ja. Die Zeitung der jungen Generation выходила в Берлине два раза в месяц с 1947 по 1948 год и издавалась Х. Кильгастом и Х. Койлем.

22 *Böll H.* Heimat und keine. Schriften und Reden 1964–1968. München, 1985. S. 112. Далее там же говорится: «У каждого осталась лишь его жизнь и то, что ему попадалось под руку, — уголь, дрова, книги, строительный материал… Каждый, кто не замерз в разрушенном городе, однозначно воровал дрова или уголь, а кто не умер от голода, добывал себе пропитание каким-нибудь незаконным способом».

23 *Kromer K.* (Hg.). Schwarzmarkt, Tausch- und Schleichhandel. In Frage und Antwort mit 500 Beispielen (Recht für jeden 1). Hamburg, 1947.

24 *Hentig, H. von.* Die Kriminalität des Zusammenbruchs // Schweizerische Zeitschrift für Strafrecht. 62. 1947. S. 337.

25 *Andreas-Friedrich.* Loc. cit. S. 338.

26 *Kusenberg K.* Nichts ist selbstverständlich // *Schoeller.* Loc. cit. S. 445 и далее.

27 *Hentig, von.* Loc. cit. S. 340.

28 *Andreas-Friedrich.* Loc. cit. S. 408.

29 *Lau J.* Hans Magnus Enzensberger. Ein öffentliches Leben. Berlin, 1999. S. 20.

30 Ганс Магнус Энценсбергер всегда гордился своей коммерческой ловкостью, которую доказал и в качестве автора. Те, кто хотел, чтобы он выступил на каком-нибудь мероприятии, должны были быть готовы к долгим препирательствам по поводу его гонорара. В интервью 2008 года Spiegel спросил его, когда он понял, как работает капитализм. Энценбергер: «Думаю, после войны, на черном рынке. Как и многие другие, я тогда торговал сигаретами, маслом и нацистским оружием, которые американцы приобретали как трофеи.

Это был краткий интенсивный курс по увеличению капитала. Но как карьера или цель жизни мне это показалось слишком примитивным, и я вскоре распрощался с торговлей». Spiegel: «Будь вы сегодня банкиром, вам бы очень пригодился ваш коммерческий талант». Энценбергер: «Возможно. По тогдашним масштабам я некоторое время был довольно богат… У меня в подвале хранилось 40 тысяч сигарет. Каждая пачка стоила 200 рейхсмарок. То есть я был в то время на верном пути к статусу миллионера. Но я не горел желанием прожить свою жизнь как какой-нибудь Скрудж Макдак. Деньги — это хорошо, но скучновато» (Der Spiegel. 2008. №45).

31 Стихотворение, давшее название сборнику, — «Защита ягнят от волков» — представляет собой резкое, провокационное осуждение безмолвного большинства, армию равнодушных и сочувствующих, которые из-за своей рабской покорности становятся причастными к преступлениям власть имущих. Но эти «ягнята», всегда чувствующие себя жертвами, «не желающие учиться, уступившие право мышления волкам», сами во всем виноваты. Последние две строфы гласят: «Жабоподобные овцы, / как вы друг с другом грызетесь, как вы друг друга морочите! Братство царит средь волков, / в крепко сколоченных стаях. / Слава разбойникам! Вы же, когда вас хотят изнасиловать, покорно ложитесь / на постель послушания. / Скуля, вы по-прежнему лжете: / вам нравится быть растерзанными. / Нет, вы не измените мир» (*Enzensberger H. M.* Gedichte 1950–1955. Frankfurt am Main, 1996. S. 11 (пер. Льва Гинзбурга. — *Прим. пер.*)).

32 *Lau.* Loc. cit. S. 20.

33 Ср.: *Schäfke.* Loc. cit. S. 69.

34 Ср.: *Zierenberg M.* Stadt der Schieber. Der Berliner Schwarzmarkt 1939–1950. Göttingen, 2008. В этом с этнологической точки зрения очень серьезном исследовании автор основательно анализирует обменные центры — от логики распределения и способов обмена до поз и дресс-кода участников процесса.

35 *Lenz S.* Lehmanns Erzählungen oder So schön war mein Markt. Hamburg, 1964. S. 35.

36 Ср. Ibid. S. 317.

37 Миф о послевоенном окурке жив до сих пор. Последний пример тому — роман Уве Тимма «Икария», в котором представлен особенно трогательный вариант этого мифа: немецкий мальчик поднимает с земли брошенный американским офицером окурок и бежит за ним, чтобы отдать его ему, полагая, что тот его потерял (*Timm U.* Ikarien. Köln, 2017. S. 38).

38 *Zierenberg.* Loc. cit. S. 287: «Черный рынок был символом и местом сосредоточения опыта невыносимого беззакония и событийного общения. Это был несправедливый перераспределитель, который вознаграждал ловких и наказывал слабых, место творческого приложения сил после нескольких месяцев заключительной борьбы».

39 *Boelcke W.* A. Der Schwarzmarkt 1945–1948. Vom Überleben nach dem Kriege. Braunschweig, 1986. S. 6.

40 *Lenz.* Loc. cit. S. 35, 59, 67.

ГЛАВА СЕДЬМАЯ. ПОКОЛЕНИЕ «ФОЛЬКСВАГЕН ЖУК» ЗАНИМАЕТ СВОЕ МЕСТО В СТРОЮ

1 Крис Хауленд рассказал эту историю в документальном телесериале «Hamburg damals» («Гамбург в те дни») (фильм 1, 1945–1949, режиссер Кристиан Мангельс, первый показ: NDR, 25.04.2009). Хауленд — «Мистер Памперникель» — позже стал одним из любимейших шоуменов молодой ФРГ. Его первая пластинка вышла в 1958 году. «Фройляйн» воспевала любовь между немецкими женщинами и оккупационными солдатами: «Ты верен и трудолюбив, / Ты прекрасно целуешься — я это знаю, / Я, маленькая фройляйн с Изара и Рейна». Самым большим его успехом стала радиопередача западногерманского радио «Музыка из студии Б».

2 *Herbert.* Loc. cit. S. 596.

3 Цит. по: *Schäfke.* Loc. cit. S. 43.

4 Ср.: *Abelshauser W.* Deutsche Wirtschaftsgeschichte. Von 1945 bis zur Gegenwart. München, 2011. S. 123. В литературе встречаются разные количественные оценки.

5 *Herbert.* Loc. cit. S. 598.

6 «Ни одно событие не врезалось в сознание западногерманского населения так глубоко, как денежная реформа 20 июля 1948 года. Это единственное событие после 1945 года, которое стало привычной точкой отсчета для датировки других событий; ни одно событие не дает вам в разговоре с кем бы то ни было такой уверенности, что ваш собеседник знает его и адекватно оценивает его значение», — писал Лутц Нитхаммер, основываясь на своих многочисленных интервью, которые брал у современников. Ср.: *Niethammer.* Loc. cit. S. 79.

7 Цит. по: *Gries.* Loc. cit. S. 331.

8 Ibid. S. 332.

9 Подпись к иллюстрации — тривиальный стишок, поставивший эту девушку с обложки в контекст огромных забот и надежд: «Эта милая дама, / имя которой неизвестно, / без западных и восточных денег, / без счета в банке или талонов на питание, / без удостоверения личности, / без вида на жительство, / без свидетельства о денацифика-

ции, / без квоты на подушную подать, / без старых и новых банкнот. / Ах, камера ошибается: не может быть, что это лето сорок восьмого!»

10 Вероятно, первые три послевоенных года, несмотря на необыкновенную насыщенность событиями, еще и потому остались более труднодоступными для коллективной памяти, что оказались как бы зажаты между двумя эффектными повествованиями о новом старте ФРГ и ГДР. Благодаря историческому перелому денежной реформы они приобрели туманный статус некой доисторической эпохи, которая делает их еще более мрачными на фоне все более лучезарного экономического чуда.

11 Для сравнения, Ганс-Ульрих Велер писал: «Уравняв всех получателей заработной платы и жалования в некой псевдоэгалитарной форме — в виде одинаковой мизерной нормы, равной 60 немецким маркам, — обесценив все сбережения в пропорции 10:1, но поставив при этом в выгодное положение предприятия и владельцев материальных ценностей, она [денежная реформа] приобрела радужный ореол нового старта, распахнувшего дверь к экономическому возрождению» (*Wehler.* Loc. cit. S. 971).

12 *Stölzl C.* Die Wolfsburg-Saga. Stuttgart, 2008. S. 197.

13 Каталог мемориала, посвященного подневольному труду на заводе Volkswagen, изданный исторической комиссией акционерного общества Volkswagen (Katalog der Erinnerungsstätte an die Zwangsarbeit auf dem Gelände des Volkswagenwerks, hrsg. von der Historischen Kommunikation der Volkswagen AG, Ausgabe 2014, Wolfsburg 1999, S. 58). Каталог детально знакомит с условиями жизни разных групп иностранных рабочих. Он основан на подробном изучении нацистского прошлого данного концерна, выполненном Гансом Моммзеном по заказу завода в середине 90-х годов. См.: *Mommsen H.* Das Volkswagenwerk und seine Arbeiter im Dritten Reich. Düsseldorf, 1996.

14 Katalog der Erinnerungsstätte. S. 153. Цитата из расшифровки магнитофонной записи была слегка отредактирована автором с целью облегчить читателю восприятие.

15 *Mönnich H.* Die Autostadt. Abenteuer einer technischen Idee. Zitiert nach der Neufassung, München, 1958. S. 245.

16 Ibid.

17 Один американский офицер, командир роты, рассказывал, что вольфсбургские иностранные рабочие добыли оружие, взломав оружейный склад. Празднуя свое освобождение, многие из них напились допьяна, устроили салют на дамбе и стреляли в воздух, пока их не разоружили его солдаты.

18 Для автора американцы, англичане и немцы были естественными союзниками, поскольку их объединяла общая задача: скорое возобновление производства. Важно было лишь добиться от западных партнеров согласия не демонтировать завод в рамках репарации. Характерна для точки зрения Мённиха сцена, в которой назначенный американцами немецкий начальник убеждает американского генерала защитить немцев и удалить из вольфсбургских лагерей «displaced persons», мотивируя свою просьбу тем, что лагерь — это «раковая опухоль завода» и что «пока она не будет удалена, на заводе не будет порядка и нормальных условий труда» (*Mönnich.* Loc. cit. S. 246.

19 Этот эпизод с гимном Чикаго не так уж экзотичен. Некоторые сотрудники завода Volkswagen раньше работали у Форда в Детройте. Поэтому теоретически вполне возможно, что кто-то из инженеров мог наизусть процитировать стихотворение Карла Сэндберга: «Чикаго! Забойщик свиней для всего мира, инструментальщик, зерноторговец, железнодорожник и гений логистики — неистовый, хриплый, шумный, широкоплечий город!» (Ibid. S. 249).

20 Ibid. S. 305.

21 Цит. по: *Riederer G.* Die Barackenstadt. Wolfsburg und seine Lager nach 1945 // Deutschlandarchiv 2013. Bundeszentrale für politische Bildung. Bonn, 2013. S. 112.

22 Ibid. S. 112.

23 Цит. по: Der Spiegel. 1950. №22.

24 Der Spiegel. 1949. №11.

25 Ср.: *Mommsen H.* Das Volkswagenwerk und die «Stunde Null»: Kontinuität und Diskontinuität // *Beier R.* (Hg.). Aufbau West — Aufbau Ost. Die Planstädte Wolfsburg und Eisenhüttenstadt in der Nachkriegszeit. Buch zur Ausstellung des Deutschen Historischen Museums. Ostfildern-Ruit, 1997. S. 136.

26 *Böttcher K. W., Proske R.* Präriestädte in Deutschland // Frankfurter Hefte. Zeitschrift für Kultur und Politik. 5. Jahrgang. 1950. S. 503.

27 *Edelmann H.* «König Nordhoff» und die «Wirtschaftswunderzeit» // *Beier.* Loc. cit. S. 184.

28 Цит. по: *Beier.* Loc. cit. S. 184. Тайный сговор между руководством предприятия и производственным советом позже принес весьма странные плоды — например широкомасштабное и незаконное финансирование интимных услуг за счет предприятия, включая полеты первым классом в Бразилию. Кроме того, очевидна и коррупционная связь государства с предприятием, сохранившаяся до сегодняшних дней, включая тот факт, что одна из реформ красно-зеленой повестки 2010 года Hartz IV была названа именем шефа

отдела по работе с персоналом Volkswagen Петера Хартца.

29 Ср.: *Herlyn U., Tessin W., Harth A., Scheller G.* Faszination Wolfsburg 1938–2012. Wiesbaden, 2012. S. 20.

30 Ср. Stölzl. Loc. cit. S. 104: «То, что из „разношерстной толпы" в „интеграционной машине" Вольфсбурга получились индустриальные граждане нового типа, стало предпосылкой превращения завода Volkswagen в прототип социальной рыночной экономики. Его руководитель Генрих Нордхоф воплощал в себе переход от традиционного собственника-предпринимателя к новому типу социального инженера, самостоятельно принимающего решения, но демонстративно аргументирующего их с позиции общей пользы, — идеальный образ ФРГ на ее пути примирения капитала и труда. То, что переживала вся страна, — социально-государственным образом укрощенная форма современного индустриализма — в Вольфсбурге очень рано проявилось в виде произведения, основанного на синтезе искусств.

31 Исключением стала лишь забастовка итальянских рабочих Volkswagen в 1962 году.

32 Цит. по: Der Spiegel. 1955. №33 (главная статья, посвященная выпуску миллионного автомобиля «Фольксваген»).

33 Это число, которое означает доход в размере 64 тысяч рейхсмарок, назвала Ута ван Стеен: *Steen, U. van.* Liebesperlen. Beate Uhse — eine deutsche Karriere. Hamburg, 2003. S. 101. По другим источникам, тираж вначале был немного меньше.

34 Цифры на 2015 год (оборот) и 2017 год. Следует отметить, что цифровизация доставляет немало хлопот и рынку эротических товаров и услуг. В декабре 2017 года холдинговая компания Beate Uhse AG сама затребовала процедуру банкротства.

35 Цит.по: *Steinbacher S.* Wie der Sex nach Deutschland kam. Der Kampf um Sittlichkeit und Anstand in der frühen Bundesrepublik. Berlin, 2011. S. 247.

36 Цит. по: *Plato, A. von, Leh A.* «Ein unglaublicher Frühling». Erfahrene Geschichte im Nachkriegsdeutschland 1945–1948. Bonn, 1997. S. 238.

37 Ср. *Steen, van.* Loc. cit. S. 129.

38 Цит. по: *Steinbacher.* Loc. cit. S. 259.

39 Lau M. Nachruf auf Beate Uhse // Die Welt. 19.07.2001.

40 *Steen, van.* Loc. cit. S. 130.

41 Ibid. S. 250.

42 Ср. *Steinbacher.* Loc. cit. S. 255.

43 Эти и подобные резкие выпады в адрес комиксов можно найти в статье Бьорна Лазера: *Laser B.* Heftchenflut und Bildersturm — Die westdeutsche Comic-Debatte in den 50ern // *Bollenbeck G., Kaiser G.* Die janusköpfigen 50er Jahre. Kulturelle Moderne und bildungsbürgerliche Semantik III. Wiesbaden, 2000. S. 63 и далее.

44 Ibid. S. 78.

45 *Seidel H.* Jugendgefährdung heute. Hamburg, 1953, цит. по: *Ubbelohde J.* Der Umgang mit jugendlichen Normverstößen // *Herbert U.* (Hg.). Wandlungsprozesse in Westdeutschland 1945–1980. Göttingen, 2002. S. 404.

46 Ibid. S. 404.

47 *Engels H.* Jugendschutz // Jugendschutz. №1. Heft 7–8. 1956, цит. по: *Ubbelohde.* Loc. cit. S. 404.

48 *Mitscherlich A.* Aktuelles zum Problem der Verwahrlosung; впервые опубликовано в: Psyche. 1. 1947/48, цит. по: *Mitscherlich A.* Gesammelte Schriften. Bd. 6. Frankfurt, 1986. S. 618.

49 *Mitscherlich A.* Jugend ohne Bilder, впервые опубликовано в: Du. Schweizer Monatsschrift. 1947. №4, цит. по: *Mitscherlich A.* Gesammelte Schriften. Bd. 6. S. 609.

50 Ср.: *Gehltomholt E., Hering S.* Das verwahrloste Mädchen. Diagnostik und Fürsorge in der Jugendhilfe zwischen Kriegsende und Reform (1945–1965). Opladen, 2006.

51 Правда, мальчики тоже становились жертвами демонизации половых инстинктов. Например, в Bildhefte der Jugend был опубликован рисунок под названием «Блуд разрушает». На нем изображен — в стиле кошмарных видений Гойи — обнаженный великан, охваченный диким отчаянием, которого изнутри раздирают фурии. Текст к рисунку гласит: «Блуд ослепляет. Задерживает развитие. Разрушает. Отнимает радость жизни. Целомудрие же и чувство меры устраняют все препятствия на пути. Подумай об этом вовремя. Пока еще не поздно. Ты знаешь о многих молодых людях, превратившихся в пустыню, выжженную развратом, похотью, блудом… И вот ты чувствуешь, что и в тебе самом ширится голая степь, начинают размножаться бактерии всеобщей чумы. Что ты намерен делать? Спасаться бегством из действительности в опьянение кино, алкоголем, сексуальным буйством? Знай: за опьянением неизменно следует горькое похмелье. И что тогда? С волками жить — по-волчьи выть? Компромисс с чумой? Знай: в один прекрасный день эти волки тебя разорвут. А еще раньше начнется разложение». Цит. по онлайн-коллекции Йорга Бона «Музей экономических чудес» (Internet-Sammlung «Wirtschaftswundermuseum.de» von Jörg Bohn).

52 Цит. по: *Gehltomholt.* Loc. cit. S. 41.

53 Ср.: *Steinbacher.* Loc. cit. S. 252.

54 Ср.: *Schenk D.* Auf dem rechten Auge blind. Die braunen Wurzeln des BK A. Köln, 2001.

55 Die Zeit. 25.09.1952.

56 Der Spiegel. 1952. №42, статья о политической ситуации во Франции, которая характерным образом начинается с протеста против введения «Закона о целомудрии».

57 Цит. по: *Steinbacher.* Loc. cit. S. 110.

58 Ibid. S. 115.

ГЛАВА ВОСЬМАЯ. ПЕРЕВОСПИТАТЕЛИ

1 *Habe H.* Im Jahre Null. Ein Beitrag zur Geschichte der deutschen Presse. München, 1966. S. 10.

2 Руководство под названием «Post Hostilities Planning Handbook on Policy and Procedure for the Military Occupation of Western Europe and Norway Following the Surrender of Germany» (англ. «Руководство по планированию политики и процедуры военной оккупации Западной Европы и Норвегии после завершения военных действий и капитуляции Германии». — *Прим. ред.*) было издано в виде книги по приказу от 9 сентября 1945 года. Цит. по: *Gerhardt U.* Soziologie der Stunde Null. Zur Gesellschaftskonzeption des amerikanischen Besatzungsregimes in Deutschland 1944–1945/46. Frankfurt am Main, 2005. S. 150 и далее.

3 Ibid. S. 150 и далее.

4 Ср.: *Merkel I.* Kapitulation im Kino: Zur Kultur der Besatzung im Jahr 1945. Berlin, 2016. S. 79.

5 Ibid. S. 79.

6 Хильдегард Хамм-Брюхер в интервью Марите Краусс (2002), цит. по: *Krauss M.* Deutsch-amerikanische Kultur- und Presseoffiziere // *Bauerkämper A., Jarausch K. H., Payk M. M.* (Hg.). Demokratiewunder. Transatlantische Mittler und die kulturelle Öffnung Westdeutschlands 1945–1970. Göttingen, 2005. S. 149.

7 Многие немцы опасались, что после войны на весь немецкий народ ляжет коллективная ответственность за преступления нацистов. Одной из причин этого страха был среди прочего и обнародованный в сентябре 1944 года план министра финансов США Генри Моргентау, заключавшийся в том, что Германию необходимо превратить в аграрную страну, чтобы из нее больше никогда не могла исходить опасность захватнической войны. Однако президент Франклин Д. Рузвельт решительно отклонил этот план. Подпитывали этот страх коллективного наказания и развешенные повсюду в американской оккупационной зоне летом 1945 года плакаты с шокирующими снимками концлагеря Берген-Бельзен. Под заголовком «Эти злодеяния — ваша вина» было написано: «Вы спокойно смотрели на все это и молча мирились с этим. Почему вы не разбудили немецкую совесть ни единым словом протеста, ни единым криком возмущения? Эта ваша великая вина. Вы причастны к этим чудовищным злодеяниям» (ср.: *Ruhl K.-J.* Die Besatzer und die Deutschen. Amerikanische Zone 1945–48. Bindlach/Düsseldorf, 1989). Здесь речь однозначно идет о коллективной ответственности. Однако в юридической, международно-правовой и политической плоскости вопрос о коллективной

вине союзниками антигитлеровской коалиции никогда всерьез не обсуждался. Ни на одном судебном процессе по военным преступлениям не отказывались от доказательств индивидуальной вины. Приписываемый американцам тезис о коллективной вине скорее служил многим немцам, действительно причастным к военным преступлениям, средством дезавуировать меры, направленные на денацификацию, как «правосудие победителей».

8 Die Neue Zeitung. 25.10.1945.

9 Die Neue Zeitung. 4.11.1945. Однако понятие вины у Ясперса существенно сложнее; узкие рамки газетной статьи не позволяли развернуть это понятие в полном объеме. В январе и феврале он читал лекции о «политической ответственности Германии», в которой юридически не установимая, но явственно ощутимая каждым отдельным человеком коллективная вина играла большую роль. В 1946 году они были опубликованы в книге «Вопрос о виновности», в которой автор признавал: «Я чувствую себя рационально уже никак не объяснимым и даже неприемлемым образом причастным к тому, что немцы совершают или совершили. Я чувствую себя более близким к тем немцам, которые тоже так чувствуют, и более далеким от тех, чья душа, кажется, отрицает такую связь. И близость эта означает прежде всего общую, окрыляющую задачу — не быть такими немцами, какие уж мы есть, а стать такими немцами, какими мы еще не сделались, но должны быть, такими, какими призывают нас быть наши великие предки, а не история национальных идолов» (*Jaspers K.* Die Schuldfrage. München, 2012. S. 60f).

10 Цит. по: *Hajdu M.* «Du hast einen anderen Geist als wir!» Die «große Kontroverse» um Thomas Mann 1945–1949. Dissertation. Gießen, 2002. S. 15.

11 Ibid. S. 20.

12 Цит. по: *Schoeller.* Loc. cit. S. 50.

13 *Döblin A.* Ausgewählte Werke in Einzelbänden. Bd. 19. Olten, 1980. S. 497.

14 *Weisenborn G.* Döblins Rückkehr, цит. по: *Jähner H., Tebbe K.* (Hg.). Alfred Döblin zum Beispiel. Stadt und Literatur. Berlin, 1987. S. 132.

15 Neues Deutschland. 19.11.1949.

16 *Liebmann I.* Wäre es schön? Es wäre schön. Mein Vater Rudolf Herrnstadt. Berlin, 2008. S. 398.

17 Ibid. S. 320, 322, 358.

18 Der Stern. 1952. №25, цит. по: *Tolsdorff T.* Von der Sternschnuppe zum Fixstern: Zwei deutsche Illustrierte und ihre gemeinsame Geschichte vor und nach 1945. Köln, 2014. S. 415.

19 Особой подлостью отличается название статьи Наннена «Вышвырнуть негодяя из Германии!». Оно почти на сто процентов совпадает со словами Карла

Крауса, которыми тот «выпроводил» из Австрии отца Хабе, Имре Бекеши: «Вышвырнуть негодяя из Вены!» Бекеши, издателя венской дневной газеты Die Stimme, заподозрили в том, что он получает взятки от тех, кто желает быть упомянутым в его газете или, наоборот, хочет предотвратить это. Говорили, будто он предъявлял своим жертвам разоблачительные тексты и выражал готовность отправить эти тексты в корзину для бумаг за определенное вознаграждение. Его сыну Яношу пришлось перенести позор, обрушившийся на их семью, и временно вместе с родными уехать назад в Венгрию. Позже, вернувшись в Австрию, он предпочел изменить фамилию, сконструировав ее из «Ха» (Ханс, немецкое соответствие имени Янош) и «бе» (Бекеши). Так получился псевдоним Ганс Хабе. Это уже стало их семейной традицией: Имре Бекеши тоже изменил свое имя в молодости (его отца звали Майер Фридлебер).

20 Ср.: *Schreiber H.* Henri Nannen. Drei Leben. München, 1999.

21 Цит. по: *Martin M.* «Die einzigen Wellen, auf denen ich reite, sind die des Lago Maggiore». Wer war Hans Habe? Eine Spurensuche. URL: http://www.oeko-net.de/kommune/kommune1-98/K H A BE.html.

22 Der Spiegel. 1954. №44.

23 Ibid.

24 Ср.: *Martin M.* Hans Habe — konservativer «Extremist der Mitte» // Die Welt. 12.02.2011.

25 Цит. по: *Martin M.* «Die einzigen Wellen, auf denen ich reite, sind die des Lago Maggiore». Wer war Hans Habe? Eine Spurensuche. URL: http://www.oeko-net.de/kommune/kommune1-98/K H A BE.html.

26 От немецких властей он после многолетних мытарств получил 28 тысяч марок (выплаченных несколькими траншами) в качестве компенсации за «моральный и материальный ущерб», как теперь на бюрократическом языке называлась вынужденная эмиграция. Ср.: *Schoeller.* Loc. cit. S. 782.

27 Ibid.

28 *Döblin A.* Schicksalsreise // *Döblin A.* Autobiographische Schriften und letzte Aufzeichnungen. Olten, Freiburg im Breisgau, 1977. S. 376.

29 *Marcuse L.* Gebt Döblin den Nobelpreis // Aufbau. 04.09.1953, цит. по: Jähner, Tebbe. Loc. cit. S. 139.

30 Цит. по: *Jähner, Tebbe.* Loc. cit. S. 142.

ГЛАВА ДЕВЯТАЯ. ХОЛОДНАЯ ВОЙНА ИСКУССТВА И ДИЗАЙН ДЕМОКРАТИИ

1 Один из множества примеров: «Нам можно не стыдиться слез, пролитых на тех первых послевоенных концертах. В голых,

холодных залах, в разбомбленных церквях, когда мы в первый раз снова слушали Бетховена или Моцарта, например в исполнении квартета Вильгельма Штроса, или „Зимний путь“ в исполнении Фишер-Дискау. Многие тогда, потрясенные, поняли, что теперь, в сущности, осталась только одна потребность: заново начать жизнь изнутри» (Густав Рудольф Зелльнер, цит. по: *Friedrich H.* (Hg.). Mein Kopfgeld — Rückblicke nach vier Jahrzehnten. München, 1988. S. 111).

2 Слово *Tangojüngling* («юноша из танго») в эпоху национал-социализма было популярным обозначением всего, что недостаточно мужественно. Например, в романе Хельмута Хёфлинга «Бегство в жизнь. Роман о соблазненной юности» есть следующая фраза: «Он был больше похож на оловянного солдатика, чем на настоящего солдата — юноша из танго среди фронтовых свиней».

3 Ср.: *Ritschbieter H.* Bühnenhunger // *Glaser H., Pufendorf, L. von, Schöneich M.* (Hg.). So viel Anfang war nie. Deutsche Städte 1945–1949. Berlin, 1989. S. 226.

4 *Andreas-Friedrich.* Loc. cit. S. 385.

5 Цит. по: *Merkel.* Loc. cit. S. 250.

6 Цит. по: *Kadritzke N.* Führer befiel, wir lachen! // Süddeutsche Zeitung. 19.05.2010.

7 Ibid.

8 Цит. по: *Brandlmeier T.* Von Hitler zu Adenauer. Deutsche Trümmerfilme // Deutsches Filmmuseum (Hg.). Zwischen Gestern und Morgen. Westdeutscher Nachkriegsfilm 1946–1962. S. 44.

9 Наиболее основательную попытку узнать это предприняла Ульрике Веккель в виде «качественного изучения исторической рецепции»: *Weckel U.* Zeichen der Scham. Reaktionen auf alliierte *atrocity*-Filme im Nachkriegsdeutschland // Mittelweg. 36. Heft 1. 2014. S. 3 и далее.

10 Ср.: *Merkel.* Loc. cit. S. 262 и далее.

11 Цит. по: *Krause M.* Galerie Gerd Rosen. Die Avantgarde in Berlin 1945–1950. Berlin, 1995. S. 42.

12 Ср.: *Schröter K.* Kunst zwischen den Systemen. Die Allgemeine Deutsche Kunstausstellung 1946 in Dresden // *Doll N., Heftrig R., Peters O., Rehm U.* Kunstgeschichte nach 1945. Kontinuität und Neubeginn in Deutschland. Köln, Weimar, Wien, 2006. S. 229.

13 Ср.: *Glaser, Pufendorf, von, Schöneich.* Loc. cit. S. 61.

14 Die Frau — Ihr Kleid, ihre Arbeit, ihre Freude. 1946. №4.

15 Der Standpunkt — Die Zeitschrift für die Gegenwart. 1946.

16 «Аккламационная диктатура» — центральное понятие из обширных исследований Гётца Али, посвященных массовому характеру национал-социалистического государства, которое пользовалось широкой поддержкой населения, балуя его соци-

альными благодеяниями за счет ограбленных евреев и оккупированных стран (*Aly G.* Hitlers Volksstaat. Raub, Rassenkrieg und nationaler Sozialismus. Frankfurt am Main, 2005).

17 *Habe H.* Freiheit des Geschmacks // Die Neue Zeitung. 17.12.1945.

18 Цит. по: *Krause.* Loc. cit. S. 41.

19 Ср.: *Borngräber C.* Nierentisch und Schrippendale. Hinweise auf Architektur und Design // *Bänsch D.* (Hg.). Die fünfziger Jahre. Beiträge zu Politik und Kultur. Tübingen, 1985. S. 222.

20 Цит. по: *Nemeczek A.* Der Ursprung der Abstraktion. Der große Bilderstreit // art — das Kunstmagazin. 2002. №5.

21 Ср.: *Breuer G.* Die Zähmung der Avantgarde. Zur Rezeption der Moderne in den 50er Jahren. Frankfurt, 1997.

22 *Honisch D.* Der Beitrag Willi Baumeisters zur Neubestimmung der Kunst in Deutschland // *Schneider A.* (Hg.). Willi Baumeister. Katalog zur Ausstellung in der Nationalgalerie Berlin. Staatliche Museen Preußischer Kulturbesitz. Berlin, 1989. S. 82.

23 Ср.: *Warnke M.* Von der Gegenständlichkeit und der Ausbreitung der Abstrakten // *Bänsch.* Loc. cit. S. 214.

24 *Dymschitz A.* Über die formalistische Richtung in der deutschen Malerei. Bemerkungen eines Außenstehenden // Tägliche Rundschau. 19.11.1948. S. 11. Своеобразная смесь из точного знания художественной жизни, литературного таланта, умения все тонко подметить и блестяще сформулировать в сочетании с воинственным догматизмом отчетливо проявляются в том фрагменте, где Дымшиц комментирует кризис, который переживал художник Карл Хофер (с июля 1945 года — директор Берлинской академии художеств) в результате все более ощутимого — уже с 1947 года — доминирования абстрактного искусства на Западе: «Отказ от реализма ведет к безграничному обеднению художественного творчества. В этом можно легко убедиться на примере произведений такого мастера, как профессор Карл Хофер. Достаточно посмотреть на его картины и рисунки, представленные на последних выставках, чтобы понять, что формалистские взгляды завели этого выдающегося художника в тупик трагического кризиса. Мир и человек — главный, важнейший объект отражения искусства — у него невероятнейшим образом обедняются, выхолащиваются, потому что он работает в одной и той же, повторяющейся и монотонной, манере. Многослойное богатство мира упрощается, многообразие человеческих характеров вытесняется определенными, то и дело используемыми масками, которые художник проводит через пеструю палитру эмоций. Вместо

живой жизни в картинах профессора Хофера нам открывается своего рода театр масок, маскарад страстей, так сказать, гофманиада в живописи. Но какой действительно живущий, причем живущий в ногу со временем человек, глядя на трагические маски Хофера, узнает себя на этом карнавале уродов? Упорство, с которым этот художник культивирует выдуманные им формы искажения действительности, есть доказательство того, что он в своем искусстве отвернулся от жизни и ушел в мир фантазий, которые, как любая субъективистская фантазия, не выдерживают испытание жизнью».

25 Цит. по: *Saunders F. S.* Wer die Zeche zahlt… Der CIA und die Kultur im Kalten Krieg. Berlin, 2001. S. 250.

26 Ср.: *Becker N.* Juro Kubicek. Metamorphosen der Linie. Dissertation an der FU Berlin. Berlin, 2007.

27 Ср.: *Saunders F. S.* Loc. cit. S. 240.

28 Вполне убедительно знакомит с культурными интервенциями ЦРУ книга Фрэнсис Стонор Сондерс.

29 Насколько важной фигурой холодной войны стал Кубичек, можно понять по тому, что, если не считать Карла Хофера и Пабло Пикассо, он — единственный художник, которого Александр Дымшиц в статье о формализме в немецком искусстве в ноябре 1948 года называет конкретно, по имени, хотя тот и не принадлежал к числу самых знаменитых немецких художников. Очевидно, от Советов не укрылась ангажированность Кубичека, «американский след» в его карьере. Поэтому Дымшиц не отказал себе в удовольствии заодно «укусить» западных союзников в связи с их стилем ведения войны: «Большинство его [Кубичека] картин — это полное отрицание реальности, неистовый произвол фантазии, игра пустыми формами и художественными конструкциями. И даже там, где Кубичек хотя бы пытается приблизиться к материалу действительности, он мгновенно разрушает правду жизни и выдает свои субъективные представления о ней за действительность. Это касается, например, одной из его картин, изображающей руины после бомбардировки: формалист Кубичек абстрагирует свое изображение от реальности и вносит в хаос некий композиционный порядок, словно англо-американские летчики до своего участия в налетах на Берлин были педантичными учителями геометрии (*Dymschitz A.* Über die formalistische Richtung in der deutschen Malerei. Bemerkungen eines Außenstehenden // Tägliche Rundschau. 19.11.1948).

30 Ср.: *Möller F.* Das Buch Witsch. Das schwindelerregende Leben des

Verlegers Joseph Caspar Witsch. Köln, 2014.

31 *Borngräber*. Loc. cit. S. 241.

32 «Его органоидная форма в своей редуцированной до двух измерений плоскости представляет собой синтез приспособленчества (никаких углов — чтобы никого не задевать), динамического подъема (утрированный оптимизм) и псевдооткрытости (форма и растопыренные ножки открывают вид на — чистый — пол, мол, нам нечего скрывать)», — язвительно пишет Кристиан де Нуйс-Хенкельманн (*Nuys-Henkelmann, C. de.* Im milden Licht der Tütenlampe // *Hoffmann H. / Klotz H.* (Hg.). Die Kultur unseres Jahrhunderts 1945–1960. Düsseldorf, Wien, New York, 1991. S. 194).

33 *Koch A.* Die Wohnung für mich. Stuttgart 1952. Цит. по: *Maenz P.* Die 50er Jahre. Köln, 1984. S. 130.

34 Die Frau — Ihr Kleid, ihre Arbeit, ihre Freude. 1946.

35 Цит. по: *Beder J.* Zwischen Blümchen und Picasso. Textildesign der fünfziger Jahre in Westdeutschland. Münster, 2002. S. 20.

36 Всему этому соответствует и посвящение внутри здания, изречение Бенджамина Франклина: «Дай Бог, чтобы все народы мира прониклись не только любовью к свободе, но и глубоким осознанием прав человека — так, чтобы философ, на какую землю бы он ни ступил, мог сказать: „Это мое отечество“».

ГЛАВА ДЕСЯТАЯ. ЗВУК ВЫТЕСНЕНИЯ

1 Ср.: *Zuckmayer C.* Deutschlandbericht für das Kriegsministerium der Vereinigten Staaten. Göttingen, 2004. S. 228.

2 *Heym S.* Nachruf. Berlin, 1990. S. 388.

3 *Neuhäußer E.* Was ist deutsch? Das deutsche Problem und die Welt // Der Standpunkt. Die Zeitschrift für die Gegenwart. Heft 1. Jg. 2. 1947.

4 *Schacht H.* Vom neuen Geist des Lehramts // Der Standpunkt. Die Zeitschrift für die Gegenwart. Heft 2. Jg. 1. 1946.

5 *Rothermel W.* Ist es noch zu früh // Der Standpunkt. Die Zeitschrift für die Gegenwart. Heft 6/7. Jg. 2. 1947.

6 Wo stehen wir heute? // Die Zeit. 28.02.1946.

7 *Schwippert H.* Theorie und Praxis // Die Städte himmeloffen. Reden und Reflexionen über den Wiederaufbau des Untergegangenen und die Wiederkehr des Neuen Bauens. 1948/49. Ausgewählt aus den ersten beiden Heften der Vierteljahreshefte «Baukunst und Werkform» von Ulrich Conrads. Basel, 2002. S. 15.

8 Ibid. S. 23.

9 *Adorno T. W.* Auferstehung der Kultur in Deutschland? // Frankfurter Hefte. Zeitschrift für Kultur und Politik. №5. Jahrgang.

Heft 5. Mai 1950. S. 469–472. Оттуда же следующие цитаты.

10 Напряженная духовная жизнь его студентов даже напомнила Адорно жизнь убитых евреев. В письме Томасу Манну в конце декабря 1949 года он писал, что в своем франкфуртском семинаре порой чувствует себя как в школе талмудистов: «Иногда у меня возникает такое ощущение, будто духи убитых евреев вселились в немецких интеллектуалов» (*Adorno T. W., Mann T.* Briefwechsel 1943–1955. Frankfurt am Main, 2002. S. 46). Это впечатление казалось довольно зловещим и самому Адорно. Вскоре после этого он писал Лео Лёвенталю о своем письме Томасу Манну: «Я писал… что иногда у меня возникает такое ощущение, будто духи убитых еврейских интеллектуалов вселились в немецких студентов. Жутковато от этой мысли. А с другой стороны, в чисто фрейдистском смысле это кажется чем-то очень знакомым». Цит. по: *Martins A.* Adorno und die Kabbala. Potsdam, 2016. S. 52.

11 Задача Ханны Арендт как сотрудницы организации Jewish Cultural Reconstruction заключалась в сохранении остатков уничтоженной еврейской культуры. Она должна была искать похищенное нацистами еврейское культурное наследие, размещенное в библиотечных архивах и музейных фондах, чтобы потом начать переговоры о передаче этих объектов международным еврейским культурным организациям. Во многих случаях речь шла уже не о «возврате», а именно о передаче, поскольку бывшие владельцы этого имущества были убиты или пропали без вести. Ханна Арендт, как и большинство евреев во всем мире, была убеждена, что оставшееся в Германии присвоенное нацистами еврейское культурное наследие, особенно собственность, не имеющая наследников, была достоянием еврейского народа, интересы которого в том числе представлял Международный еврейский конгресс. Остатки еврейских общин в Германии, разумеется, были другого мнения и претендовали на все или на значительную часть похищенного культурного наследия. На этой почве возник болезненный конфликт, причиной которого были не столько материальные ценности, сколько вопросы самоутверждения, еврейской идентичности и будущего еврейских общин в Германии. Последнее Ханна Арендт считала невозможным после Холокоста; до какой степени для нее это было делом чести, можно оценить по ее суровому осуждению уцелевших евреев, твердо решивших остаться в Германии. С большинством евреев, с которыми она была раньше близко знакома, у нее сохранились хорошие отношения, о чем

она писала своему мужу Генриху Блюхеру в Нью-Йорк: «Они мне доверяют, я еще говорю на их языке. Ужасны только так называемые немецкие евреи, их общины — это разбойничьи сообщества, одичавшие и отличающиеся вульгарностью и подлостью. Когда у меня кончаются моральные силы, я ищу прибежища в американских еврейских организациях» (*Arendt H., Blücher H.* Briefe 1936–1968. München, Zürich, 1996. S. 185).

12 Это явствует из немецкого перевода очерка «Aftermath of the Nazi Rule. Report from Germany» (англ. «Отголосок нацистского правления. Репортаж из Германии». — *Прим. ред.*), опубликованного в 1950 году в США и только 36 лет спустя — в Германии под названием «Поездка в Германию».

13 *Arendt H.* Besuch in Deutschland // *Arendt H.* Zur Zeit. Politische Essays, Berlin, 1986. S. 44–52. Оттуда же следующие цитаты.

14 Образ «живых призраков» у Ханны Арендт — своеобразное эхо ее описания мира «живых трупов» в концентрационных лагерях. В книге «Истоки тоталитаризма», вышедшей в 1951 году в Нью-Йорке, она описывает, как людей убивали, хотя иногда они физически продолжали жить. В итоге она видела «неодушевленных людей, то есть людей, которых психологически понять уже невозможно, чье возвращение в психологически или как-то иначе понятный человеческий мир очень напоминает воскресение Лазаря» (здесь и далее цит. по: *Арендт Х.* Истоки тоталитаризма / пер. с англ. И. В. Борисовой, Ю. А. Кимелева, А. Д. Ковалева, Ю. Б. Мишкенене и Л. А. Седова. М., 1996. С. 572. — *Прим. пер.*). «Действительный ужас лагерей концентрации и уничтожения связан с тем фактом, что узники, даже если им посчастливилось выжить, оказываются более эффективно отрезанными от мира живых, чем в том случае, если бы они умерли» (там же, с. 575). В другом месте она анализирует систематическое «расчеловечивание» заключенных, которое предшествовало их уничтожению. Она пишет о «подготовке живых трупов», предварявшей «безумное массовое производство трупов», то есть о первичном лишении миллионов людей родины, государства, прав, о превращении их в лишние и нежелательные в экономическом и социальном плане человеческие единицы (там же, с. 580). А расчеловечивание жертв не может не отражаться на сущности исполнителей. Они в свою очередь становятся нелюдьми.

15 *Arendt.* Besuch in Deutschland. S. 44.

16 *Adorno T. W., Mann T.* Briefwechsel 1943–1955. Frankfurt am Main, 2002. S. 45. Подсознательное стремление к вытес-

нению Адорно чувствовал даже в себе: «Парадоксальное последствие того, что произошедшее находится за пределами всякого опыта, заключается в том, что мне и самому едва ли по силам преодолеть его. Я должен честно признаться: мне каждый раз требуется определенное усилие над собой, чтобы вспомнить, скажем, в трамвае, что сидящий рядом человек вполне мог быть палачом» (Ibid.).

17 В качестве примера для многих — работа Эриха Мюллера-Ганглоффа «Формы проявления зла» (*Müller-Gangloff E.* Die Erscheinungsformen des Bösen // Merkur. №3. 1949. S. 1182).

18 Сокр. цитата из: *Kießling F.* Die undeutschen Deutschen. Eine ideengeschichtliche Archäologie der alten Bundesrepublik. Paderborn, 2012. S. 87. Для облегчения восприятия был опущен следующий пассаж: «Новые мысли распространяются по Европе. Носители этого европейского пробуждения — как правило, молодые, неизвестные люди. Они пришли не со студенческой скамьи и не из рабочих кабинетов — на это у них не было времени, — а непосредственно из суровых военных будней, после вооруженной борьбы за Европу. Отсюда через бездну протянулся тонкий, ненадежный канат к другой группе молодых людей, которые в последние годы тоже беззаветно боролись, не жалея сил. Мы имеем в виду молодую Германию. Она стояла за неправое дело. Но она стояла».

19 Сомнительным он был начиная с изображения Европы как «муравейника» и солдатского презрения к кабинетам и кончая солдатской же солидарностью как общим свойством, позволяющим вчерашним врагам уважать друг как друга как товарищей по несчастью.

20 *Schnurre W.* Unterm Fallbeil der Freiheit // Neue Zeitung. 09.01.1948.

21 Цит. по: *Möckel B.* Erfahrungsbruch und Generationsbehauptung. Die «Kriegsjugendgeneration» in den beiden deutschen Nachkriegsgesellschaften. Göttingen, 2014. S. 330.

22 *Andreas-Friedrich.* Loc. cit. S. 399.

23 *Arendt.* Besuch in Deutschland. S. 60.

24 *Reemtsma J. P.* 200 Tage und ein Jahrhundert, цит. по: *Radlmaier S.* (Hg.). Der Nürnberger Lernprozess. Von Kriegsverbrechern und Starreportern. Frankfurt am Main, 2001.

25 Süddeutsche Zeitung. 30.11.1945, цит. по: *Scherpe.* Loc. cit. S. 308.

26 *Fiedeler H.* (d.i. Alfred Döblin). Der Nürnberger Lehrprozess. Baden-Baden, 1946, цит. по: *Radlmaier.* Loc. cit. S. 47.

27 Ср.: *Döblin A.* Journal 1952/53, в книге: Schriften zu Leben und Werk. Olten und Freiburg im Breisgau, 1986. S. 386.

28 Историк Ульрих Херберт оценивает результат денацификации как неоднозначный, то есть гораздо выше, чем это было принято в последующие десятилетия: «При всех — ввиду грандиозного масштаба этого охватывающего все общество процесса — неизбежных недоработках и несправедливостях он (процесс денацификации. — *Прим. авт.*) все же существенно способствовал определению меры ответственности немецкого общества и его политической элиты за политику национал-социалистической Германии, выявлению и изоляции активных нацистов, а также тех, кто был причастен к злодеяниям гитлеровского фашизма, и хотя бы временному запрету для них занимать руководящие посты и оказывать общественное влияние. Так собственный опыт большинства немцев, следственно-розыскные мероприятия союзников, денацификация или просто политический адаптационный инстинкт привели если не к проклятию, то во всяком случае к своеобразному табуированию национал-социализма как системы власти. Хотя часть идеологического и политического наследия диктатуры продолжала жить» (*Herbert.* Loc. cit. S. 571).

29 Цит. по: *Broszat u. a.* (Hg.). Deutschlands Weg in die Diktatur. Internationale Konferenz zur nationalsozialistischen Machtübernahme im Reichstagsgebäude zu Berlin. Referate und Diskussionen. Ein Protokoll. Berlin, 1983. S. 351.

30 См. размышления молодого историка Ханне Лесау во время Международного конгресса по изучению Холокоста в Берлине: «Меня, например, прежде всего интересовало, как это все происходило. Ведь ничего подобного еще никогда не случалось. Как эти люди приходили к другим за такой справкой? Как они просили об этом? Как все выглядело на практике? Как вообще просят такую справку? И это вообще очень интересно, потому что очень многие расхожие предрассудки — и я именно поэтому не называю такой документ отмывающей справкой — просто не подтверждаются. Это сложно для людей. Это неприятно — просить о таком одолжении. И существует много пределов „подтверждаемого“, как я это называю. А есть еще абсолютный предел для того, что человек готов сказать в защиту другого. И это просто не соответствует расхожему стереотипу о массовом характере обмена, торговли и лжи. Мне кажется, тут нужен дифференцированный подход». Ханне Лесау, аудиоинтервью впередаче «Как быть с преступлениями послевоенного времени» на радио Deutschlandfunk с Беттиной Миттельштрасс

29.01.2015 (URL: http://www.deutschlandfunk.de/konferenz-umgang-mit-den-ns-verbrechen-inder-nachkriegszeit.1148.de.html?dram:article_id=310158).

31 *Lübbe H.* Der Nationalsozialismus im politischen Bewußtsein der Gegenwart. Abschlußvortrag // *Broszat u. a.* Loc. cit. S. 334.

32 *Frei N.* Vergangenheitspolitik. Die Anfänge der Bundesrepublik und die NS-Vergangenheit. München, 1996. S. 15.

33 Речь Конрада Аденауэра в немецком Бундестаге 20 сентября 1949 года. В книге: Stenographische Berichte. №1. Wahlperiode. 5. Sitzung. S. 27.

34 Эгон Бар в интервью с Томасом Шмидом и Жаком Шустером: «У нас были кое-какие другие дела», опубликованном в Die Welt, 29.10.2010.

35 Цит. по: *Behling K.* Die Kriminalgeschichte der DDR. Berlin, 2017.

36 Здесь прежде всего следует назвать Беньмина Мёккеля, который, исходя из концепции «социального устройства молчания» («Social Construction of Silence»), предложенной Джеем Уинтером, описывает социальные переговорные процессы, стоявшие за индивидуальным и коллективным послевоенным молчанием. С результатами исследований на эту тему можно ознакомиться в работе Филиппа Гассерта: *Gassert P.* Zwischen ‹Beschweigen› und ‹Bewältigen›: Die Auseinandersetzung mit dem Nationalsozialismus der Ära Adenauer // *Hochgeschwender M.* Epoche im Widerspruch. Ideelle und kulturelle Umbrüche der Adenauerzeit. Bonn, 2011.

37 Ср.: *Frei.* Loc. cit. S. 16.

38 Подобной формулировкой пользовался и Герман Люббе.

ПОСЛЕСЛОВИЕ: СЧАСТЬЕ

1 Ср.: *Schoeller.* Loc. cit. S. 656.

2 *Habe.* Loc. cit. S. 153.

3 Листовка из собрания Ханнеса Швенгера, цит. по: *Ott U., Pfäfflin F.* (Hg.). Protest! Literatur um 1968. Marbacher Kataloge. №51. Marbach am Neckar, 1998. S. 43.

4 *Enzensberger H. M.* Berliner Gemeinplätze II. Kursbuch 13. Frankfurt am Main. 1968. S. 191.

5 *Wolfrum E.* Geschichte der Erinnerungskultur in der BRD und DDR. См.: Dossier Geschichte und Erinnerung der Bundeszentrale für politische Bildung, 2008. URL: https://www.bpb.de/geschichte/zeitgeschichte/geschichte-und-erinnerung/39814/geschichte-der-erinnerungskultur?p=all.

6 Ibid.

Список литературы

Abelshauser W. Deutsche Wirtschaftsgeschichte. Von 1945 bis zur Gegenwart. München, 2011.

Adorno T. W. Auferstehung der Kultur in Deutschland? // Frankfurter Hefte. Zeitschrift für Kultur und Politik. 5. Jahrgang. Heft 5. Mai 1950.

Adorno T. W., Mann T. Briefwechsel 1943–1955. Frankfurt am Main, 2002.

Aly G. Hitlers Volksstaat. Raub, Rassenkrieg und nationaler Sozialismus. Frankfurt am Main, 2005.

Aly G. Volk ohne Mitte. Die Deutschen zwischen Freiheitsangst und Kollektivismus. Frankfurt am Main, 2015.

Ander R. «Ich war auch eine Trümmerfrau, darum bin ich verärgert». Enttrümmerung und Abrisswahn in Dresden 1945–1989. Ein Beitrag zur ostdeutschen Baugeschichte. Dresden, 2010.

Andreas-Friedrich R. Der Schattenmann. Tagebuchaufzeichnungen 1938–1948. Berlin, 2000.

Anonyma. Eine Frau in Berlin. Tagebuchaufzeichnungen vom 20. April bis 22. Juni 1945. Frankfurt am Main, 2003.

Arendt H. Elemente und Ursprünge totaler Herrschaft. München, 1986. (Русскоязычное издание: Арендт Х. Истоки тоталитаризма. М.: Скрипториум, 2020. — *Прим. ред.*)

Arendt H. Zur Zeit. Politische Essays. Berlin, 1986.

Arendt H, Blücher H. Briefe 1936–1968. München, Zürich, 1996.

Arnold H. L. (Hg.). Die deutsche Literatur 1945–1960. Bd. 1. München, 1995.

Bader K. S. Soziologie der deutschen Nachkriegskriminalität. Tübingen, 1949.

Bänsch D. (Hg.). Die fünfziger Jahre. Beiträge zu Politik und Kultur. Tübingen, 1985.

Bauerkämper A., Jarausch K. H., Payk M. M. (Hg.). Demokratiewunder. Transatlantische Mittler und die kulturelle Öffnung Westdeutschlands 1945–1970. Göttingen, 2005.

Baumeister W. Das Unbekannte in der Kunst. Köln, 1988.

Baumeister W. Werke 1945–1955. Katalog zur Ausstellung des Kunstvereins Göttingen. Göttingen, 2000.

Becker N. Juro Kubicek. Metamorphosen der Linie. Dissertation an der FU Berlin. Berlin, 2007.

Beder J. Zwischen Blümchen und Picasso. Textildesign der fünfziger Jahre in Westdeutschland. Münster, 2002.

Behling K. Die Kriminalgeschichte der DDR. Berlin, 2017.

Beier R. (Hg.). Aufbau West — Aufbau Ost. Die Planstädte Wolfsburg und Eisenhüttenstadt in der Nachkriegszeit. Buch zur Ausstellung des Deutschen Historischen Museums. Ostfildern-Ruit, 1997.

Beil R. (Hg.). Wolfsburg unlimited. Eine Stadt als Weltlabor. Kunstmuseum Wolfsburg. Stuttgart, 2016.

Bendix W. Die Hauptstadt des Wirtschaftswunders. Frankfurt am Main 1945–1956 (Studien zur Frankfurter Geschichte 49). Frankfurt am Main, 2002.

Bessen U. Trümmer und Träume. Nachkriegszeit und fünfziger Jahre auf Zelluloid. Deutsche Spielfilme als Zeugnisse ihrer Zeit. Eine Dokumentation. Bochum, 1989.

Bienert R., Grieger M., Urban S. Nachkriegswege nach Volkswagen. Jüdische Überlebende zwischen Befreiung und neuer Identität. Schriften zur Unternehmensgeschichte von Volkswagen. Bd. 5. Wolfsburg, 2014.

Boehling R., Urban S., Bienert R. (Hg.). Freilegungen. Überlebende — Erinnerungen — Transformationen. Göttingen, 2013.

Boelcke W. A. Der Schwarzmarkt 1945–1948. Vom Überleben nach dem Kriege. Braunschweig, 1986.

Böke K., Liedtke F., Wengeler M. Politische Leitvokabeln in der Adenauer-Ära. Berlin, 1996.

Böll H. Heimat und keine. Schriften und Reden 1964–1968. München, 1985.

Bollenbeck G., Kaiser G. (Hg.). Die janusköpfigen 50er Jahre (Kulturelle Moderne und bildungsbürgerliche Semantik III). Wiesbaden, 2000.

Bommarius C. Das Grundgesetz. Eine Biographie. Berlin, 2009.

Borchert W. Das Gesamtwerk. Hamburg, 1959.

Borngräber C. Stil novo. Design in den 50er Jahren. Phantasie und Phantastik. Frankfurt am Main, 1979.

Boveri M. Tage des Überlebens. Berlin 1945. München, Zürich, 1968.

Brauerhoch A. «Fräuleins» und GIs. Geschichte und Filmgeschichte. Frankfurt am Main, Basel, 2006.

Breuer G. Die Zähmung der Avantgarde. Zur Rezeption der Moderne in den 50er Jahren. Frankfurt am Main, 1997.

Broszat M. u. a. (Hg.). Deutschlands Weg in die Diktatur. Internationale Konferenz zur nationalsozialistischen Machtübernahme im Reichstagsgebäude zu Berlin. Referate und Diskussionen. Ein Protokoll. Berlin, 1983.

Broszat M., Henke K.-D., Woller H. (Hg.). Von Stalingrad zur Währungsreform. Zur Sozialgeschichte des Umbruchs in Deutschland. München, 1988.

Burk H. Fremde Heimat. Das Schicksal der Vertriebenen nach 1945. Bonn, 2011.

Buruma Ian. '45. Die Welt am Wendepunkt. München, 2015.

Claasen H. Gesang im Feuerofen. Überreste einer alten deutschen Stadt. Düsseldorf, 1947. 2. Auflage 1949.

Conrads U. (Hg.). Die Städte himmeloffen. Reden über den Wiederaufbau des Untergegangenen und die Wiederkehr des Neuen Bauens 1948/49. Basel, 2002.

Dillmann C., Möller O. (Hg.). Geliebt und verdrängt. Das Kino der jungen Bundesrepublik von 1949 bis 1963. Frankfurt am Main, 2016.

Diner D. Rituelle Distanz. Israels deutsche Frage. München, 2015.

Diner D. Skizze zu einer jüdischen Geschichte der Juden in Deutschland nach '45 // Münchner Beiträge zur jüdischen Geschichte und Kultur. Heft 1. 2010.

Diner D. (Hg.). Enzyklopädie jüdischer Geschichte und Kultur. Bd. 4. Stuttgart, 2013.

Diner D. (Hg.). Zivilisationsbruch. Denken nach Auschwitz. Frankfurt am Main, 1988.

Döblin A. Schicksalsreise // Döblin A. Autobiographische Schriften und letzte Aufzeichnungen. Olten, Freiburg im Breisgau, 1977.

Doll N. u. a. Kunstgeschichte nach 1945. Kontinuität und Neubeginn in Deutschland. Köln, Weimar, Wien, 2006.

Domentat T. «Hallo Fräulein». Deutsche Frauen und amerikanische Soldaten. Berlin, 1998.

Ebner F., Müller U. (Hg.). So weit kein Auge reicht.

Berliner Panoramafotografien aus den Jahren 1949–1952, aufgenommen vom Fotografen Tiedemann, rekonstruiert und interpretiert von Arwed Messmer. Ausstellungskatalog der Berlinischen Galerie. Berlin, 2008.

Enzensberger H. M. Berliner Gemeinplätze II // Kursbuch. 1968. №13.

Enzensberger H. M. Gedichte 1950–1955. Frankfurt am Main, 1996.

Euler-Schmidt M., Leifeld M. Der Kölner Rosenmontagszug. 2 Bde. Köln, 2007, 2009.

Felsmann B., Gröschner A., Meyer G. (Hg.). Backfisch im Bombenkrieg. Notizen in Steno. Berlin, 2013.

Förschler A. Stuttgart 1945. Kriegsende und Neubeginn. Gudensberg, 2004.

Frei N. Vergangenheitspolitik. Die Anfänge der Bundesrepublik und die NS-Vergangenheit. München, 1996.

Friedrich H. (Hg.). Mein Kopfgeld — Rückblicke nach vier Jahrzehnten. München, 1988.

Gebhardt M. Als die Soldaten kamen. Die Vergewaltigung deutscher Frauen am Ende des Zweiten Weltkriegs. München, 2015.

Gehltomholt E., Hering S. Das verwahrloste Mädchen. Diagnostik und Fürsorge in der Jugendhilfe zwischen Kriegsende und Reform (1945–1965). Opladen, 2006.

Gerhardt U. Soziologie der Stunde Null. Zur Gesellschaftskonzeption des amerikanischen Besatzungsregimes in Deutschland 1944–1945/46. Frankfurt am Main, 2005.

Glaser H. 1945. Beginn einer Zukunft. Bericht und Dokumentation. Frankfurt am Main, 2005.

Glaser H., Pufendorf, L. von, Schöneich M. (Hg.). So viel Anfang war nie. Deutsche Städte 1945–1949. Berlin, 1989.

Greven M. Th. Politisches Denken in Deutschland nach 1945. Erfahrungen und Umgang mit der Kontingenz in der unmittelbaren Nachkriegszeit. Opladen, 2007.

Gries R. Die Rationengesellschaft. Versorgungskampf und Vergleichsmentalität: Leipzig, München und Köln nach dem Kriege. Münster, 1991.

Grisebach L. (Hg.). Werner Heldt. Ausstellungskatalog der Berlinischen Galerie. Berlin, 1989.

Grohmann W. Willi Baumeister. Stuttgart, 1952.

Habe H. Ich stelle mich. Wien, München, Basel, 1954.

Habe H. Im Jahre Null. Ein Beitrag zur Geschichte der deutschen Presse. München, 1966.

Habe H. Off Limits. Roman von der Besatzung Deutschlands. München, 1955.

Haber E. (Hg.). Displaced Persons. Jüdische Flüchtlinge nach 1945 in Hohenems und Bregenz. Innsbruck, 1998.

Hajdu M. «Du hast einen anderen Geist als wir!» Die «große Kontroverse» um Thomas Mann 1945–1949. Dissertation. Gießen, 2002.

Hein V. Werner Heldt (1904–1954). Leben und Werk. München, 2016.

Henkel A.-K., Rahe T. Publizistik in jüdischen Displaced-Persons-Camps im Nachkriegsdeutschland. Charakteristika, Medientypen und bibliothekarische Überlieferung. Frankfurt am Main, 2014.

Hentig, H. von. Die Kriminalität des Zusammenbruchs // Schweizerische Zeitschrift für Strafrecht. №62. 1947.

Herbert U. Geschichte Deutschlands im 20. Jahrhundert. München, 2014.

Herbert U. (Hg.). Wandlungsprozesse in Westdeutschland 1945–1980. Göttingen, 2002.

Herlyn U. u. a. Faszination Wolfsburg 1938–2012. Wiesbaden, 2012.

Hermlin S. Bestimmungsorte. Fünf Erzählungen. Berlin, 1985.

Heukenkamp U. Unterm Notdach. Nachkriegsliteratur in Berlin 1945–1949. Berlin, 1996.

Heyen F.-J., Keim A. M. (Hg.). Auf der Suche nach neuer Identität. Kultur in Rheinland-Pfalz im Nachkriegsjahrzehnt. Mainz, 1996.

Heym S. Nachruf. Berlin, 1990.

Hirsch H. Endlich wieder leben. Die fünfziger Jahre im Rückblick von Frauen. Berlin, 2012.

Hobrecht J. Beate Uhse. Chronik eines Lebens. Flensburg, 2003.

Hochgeschwender M. (Hg.). Epoche im Widerspruch. Ideelle und kulturelle Umbrüche der Adenauerzeit (Rhöndorfer Gespräche 25). Bonn, 2011.

Höfling H. Flucht ins Leben. Roman einer verführten Jugend. E-Book Kindle, 2014.

Hyvernaud G. Haut und Knochen. Berlin, 2010.

Jacobmeyer W. Vom Zwangsarbeiter zum Heimatlosen Ausländer. Die Displaced Persons in Westdeutschland 1945–1951. Göttingen, 1985.

Jacobs I. Freiwild. Das Schicksal deutscher Frauen 1945. Berlin, 2008.

Jarausch K., Siegrist H. (Hg.). Amerikanisierung und Sowjetisierung in Deutschland 1945–1970. Frankfurt am Main, New York, 1997.

Jaspers K. Die Schuldfrage. München, 2012. (*Ясперс К.* Вопрос о виновности. О политической ответственности Германии / пер. с нем. С. Апта. М.: Альпина Паблишер, 2023. — *Прим. ред.*)

Judt T. Geschichte Europas von 1945 bis zur Gegenwart. München, 2006.

Kardorff, U. von. Berliner Aufzeichnungen 1942–1945. München, 1992.

Kästner E. Notabene 45. Ein Tagebuch. Hamburg, 2012.

Kießling F. Die undeutschen Deutschen. Eine ideengeschichtliche Archäologie der alten Bundesrepublik. Paderborn, 2012.

Klausner H. Kölner Karneval zwischen Uniform und Lebensform. Münster, 2007.

Knef H. Der geschenkte Gaul. Bericht aus einem Leben. Wien, München, Zürich, 1970.

Koeppen W. Tauben im Gras. Frankfurt am Main, 1974.

Königseder A., Wetzel J. Lebensmut im Wartesaal. Die jüdischen DPs im Nachkriegsdeutschland. Frankfurt am Main, 1994.

Koop V. Tagebuch der Berliner Blockade. Von Schwarzmarkt und Rollkommandos, Bergbau und Bienenzucht. Bonn, 1999.

Koop V. Besetzt. Amerikanische Besatzungspolitik in Deutschland. Berlin, 2006.

Kossert A. Kalte Heimat. Die Geschichte der deutschen Vertriebenen nach 1945. München, 2008.

Kowalczuk I.-S., Wolle S. Roter Stern über Deutschland. Sowjetische Truppen in der DDR. Berlin, 2010.

Krause M. Galerie Gerd Rosen. Die Avantgarde in Berlin 1945–1950. Berlin, 1995.

Krauss M. Heimkehr in ein fremdes Land. Geschichte der Remigration nach 1945. München, 2001.

Krauss M. Trümmerfrauen. Visuelles Konstrukt und Realität // Gerhard Paul (Hg.). Das Jahrhundert der Bilder 1900–1949. Göttingen, 2009.

Kromer K (Hg.). Schwarzmarkt, Tausch- und Schleichhandel. In Frage und Antwort mit 500 Beispielen (Recht für jeden 1). Hamburg, 1947.

Kuhn A. (Hg.). Frauen in der deutschen Nachkriegszeit. Bd. 2. Düsseldorf, 1986.

Lau J. Hans Magnus Enzensberger. Ein öffentliches Leben. Berlin, 1999.

Lenz S. Lehmanns Erzählungen oder So schön war mein Markt. Hamburg, 1964.

Lewinsky T. Jüdische Displaced Persons im Nachkriegsmünchen // Münchner Beiträge zur jüdischen Geschichte und Kultur. Heft 1. 2010.

Liebmann I. Wäre es schön? Es wäre schön. Mein Vater Rudolf Herrnstadt. Berlin, 2008.

Link A. «Schrottelzeit» — Nachkriegsalltag in Mainz. Ein Beitrag zur subjektorientierten Betrachtung lokaler Vergangenheit (Studien zur Volkskultur in Rheinland-Pfalz 8). Mainz, 1990.

Lowe K. Der wilde Kontinent. Europa in den Jahren der Anarchie 1943–1950. Stuttgart, 2014.

Lübbe H. Der Nationalsozialismus im politischen Bewusstsein der Gegenwart // Martin Broszat u. a. (Hg.). Deutschlands Weg in die Diktatur. Internationale Konferenz zur nationalsozialistischen Machtübernahme. Berlin, 1983.

Lüdtke A., Marßolek I., Saldern, A. von. Amerikanisierung. Traum und Albtraum im Deutschland des 20. Jahrhunderts. Stuttgart, 1996.

Maenz P. Die 50er Jahre. Köln, 1984.

Manthey J. Hans Fallada. Reinbek bei Hamburg, 1963.

Martin M. «Die einzigen Wellen, auf denen ich reite, sind die des Lago Maggiore». Wer war Hans Habe? Eine Spurensuche. URL: http://www.oeko-net.de/kommune/kommune1-98/KHABE.html (дата обращения: 09.12.2017).

Martins A. Adorno und die Kabbala. Potsdam, 2016.

McGovern J. Fräulein. Roman eines deutschen Mädchens. München, 1957.

Merkel I. Kapitulation im Kino: Zur Kultur der Besatzung im Jahr, 1945. Berlin, 2016.

Meyer S., Schulze E. Von Liebe sprach damals keiner. Familienalltag in der Nachkriegszeit. München, 1985.

Meyer S., Schulze E. Wie wir das alles geschafft haben. Alleinstehende Frauen berichten über ihr Leben nach 1945. München, 1984.

Mitscherlich A. Gesammelte Schriften. Bd. 6. Frankfurt am Main, 1986.

Mitscherlich A., Mitscherlich M. Die Unfähigkeit zu trauern. Grundlagen kollektiven Verhaltens. München, 1977.

Möckel B. Erfahrungsbruch und Generationsbehauptung. Die Kriegsjugendgeneration in den beiden deutschen Nachkriegsgesellschaften. Göttingen, 2014.

Möller F. Das Buch Witsch. Das schwindelerregende Leben des Verlegers Joseph Caspar Witsch. Köln, 2014.

Mommsen H. Das Volkswagenwerk und seine Arbeiter im Dritten Reich. Düsseldorf, 1996.

Mönnich H. Die Autostadt. Abenteuer einer technischen Idee. München, 1958.

Mörchen S. Schwarzer Markt. Kriminalität, Ordnung und Moral in Bremen 1939–1949. Frankfurt am Main, 2011.

Müller-Enbergs Helmut. Der Fall Rudolf Herrnstadt. Tauwetterpolitik vor dem 17. Juni. Berlin, 1991.

Naimark N. M. Die Russen in Deutschland. Die sowjetische Besatzungszone 1945–1949. Berlin, 1997.

Nemeczek A. Der Ursprung der Abstraktion. Der große Bilderstreit // art — das Kunstmagazin. 2002. №5.

Niethammer L. «Hinterher merkt man, daß es richtig war,

daß es schiefgegangen ist». Nachkriegserfahrungen im Ruhrgebiet. Berlin, Bonn, 1983.

Niethammer Lutz. Deutschland danach. Postfaschistische Gesellschaft und nationales Gedächtnis, hg. von Ulrich Herbert und Dirk van Laak. Bonn, 1999.

Nuys-Henkelmann, Ch. de. Im milden Licht der Tütenlampe // *Hoffmann H., Klotz H.* (Hg.). Die Kultur unseres Jahrhunderts 1945–1960. Düsseldorf, Wien, New York, 1991.

Osses D. Zwischen Ungewissheit und Zuversicht. Kultur und Alltag polnischer Displaced Persons in Deutschland 1945–1955. Essen, 2016.

Ott U., Pfäfflin F. (Hg.). Protest! Literatur um 1968 (Marbacher Kataloge 51). Marbach am Neckar, 1998.

Plato, A. von, Leh A. «Ein unglaublicher Frühling». Erfahrene Geschichte im Nachkriegsdeutschland 1945–1948. Bundeszentrale für politische Bildung. Bonn, 1997.

Pletzing Ch. Velke M. (Hg.). Lager — Repatriierung — Integration. Beiträge zur Displaced Persons-Forschung. Leipzig, 2016.

Prinz F., Krauss M. (Hg.). Trümmerleben. Texte, Dokumente, Bilder aus den Münchner Nachkriegsjahren. München, 1985.

Radlmaier S. (Hg.). Der Nürnberger Lernprozess. Von Kriegsverbrechern und Starreportern. Frankfurt am Main, 2001.

Rathke Ch. Die 50er Jahre. Aspekte und Tendenzen. Kunst- und Museumsverein Wuppertal. Wuppertal, 1977.

Reese B. (Hg.). Befreite Moderne. Kunst in Deutschland 1945 bis 1949, anlässlich der gleichnamigen Ausstellung im Kunstmuseum Mülheim an der Ruhr. Berlin, München, 2015.

Riederer G. Die Barackenstadt. Wolfsburg und seine Lager nach 1945 // Deutschland Archiv. Bundeszentrale für politische Bildung. Bonn, 2013.

Roesler J. Momente deutsch-deutscher Wirtschafts- und Sozialgeschichte 1945–1990. Leipzig, 2006.

Ruhl K.-J. (Hg.). Deutschland 1945. Alltag zwischen Krieg und Frieden. Neuwied, 1984.

Ruhl K.-J. Die Besatzer und die Deutschen. Amerikanische Zone 1945–1948. Bindlach, Düsseldorf, 1989.

Schäfke W. Kölns schwarzer Markt 1939 bis 1949. Ein Jahrzehnt asoziale Marktwirtschaft. Köln, 2014.

Schelsky H. Die skeptische Generation. Eine Soziologie der deutschen Jugend. Düsseldorf, Köln, 1957.

Schelsky H. Auf der Suche nach Wirklichkeit. Köln, 1965.

Schenk D. Auf dem rechten Auge blind. Die braunen Wurzeln des BKA. Köln, 2001.

Scherpe K. R. (Hg.). In Deutschland unterwegs 1945–1948. Reportagen, Skizzen, Berichte. Stuttgart, 1982.

Schildt A. Moderne Zeiten. Freizeit, Massenmedien und «Zeitgeist» in der Bundesrepublik der 50er Jahre. Hamburg, 1995.

Schneider A. (Hg.). Willi Baumeister. Katalog zur Ausstellung in der Nationalgalerie Berlin, Staatliche Museen Preußischer Kulturbesitz. Berlin, 1989.

Schoeller W. F. (Hg.). Diese merkwürdige Zeit. Leben nach der Stunde Null. Ein Textbuch aus der «Neuen Zeitung». Frankfurt am Main, 2005.

Schoeller W. F. Döblin. Eine Biographie. München, 2011.

Schörken R. Jugend 1945. Politisches Denken und Lebensgeschichte. Frankfurt am Main, 1990.

Schörken R. Die Niederlage als Generationserfahrung. Jugendliche nach dem Zusammenbruch der NS-Herrschaft. Weinheim, 2004.

Schreiber H. Henri Nannen. Drei Leben. München, 1999.

Schulz B. Grauzonen Farbwelten — Kunst und Zeitbilder 1945–1955. Berlin, 1983.

Seidl C. Der deutsche Film der fünfziger Jahre. München, 1987.

Sieburg F. Abmarsch in die Barbarei. Stuttgart, 1983.

Steen, U. van. Liebesperlen. Beate Uhse — eine deutsche Karriere. Hamburg, 2003.

Steinbacher S. Wie der Sex nach Deutschland kam. Der Kampf um Sittlichkeit und Anstand in der frühen Bundesrepublik. Berlin, 2011.

Stölzl Ch. (Hg.). Die Wolfsburg-Saga. Stuttgart, 2008.

Stonor Saunders F. Wer die Zeche zahlt... Der CIA und die Kultur im Kalten Krieg. Berlin, 2001.

Sträßner M. «Erzähl mir vom Krieg!». Ruth Andreas-Friedrich, Ursula von Kardorff, Margret Boveri und Anonyma. Wie vier Journalistinnen 1945 ihre Berliner Tagebücher schreiben. Würzburg, 2014.

Strelka J. P. Hans Habe. Autor der Menschlichkeit. Tübingen, 2017.

Tebbe K., Jähner H. (Hg.). Alfred Döblin zum Beispiel. Stadt und Literatur. Berlin, 1987.

Tewes F. 125 Jahre Große Kölner. 125 Jahre Karnevalsgeschichte. Köln, 2007.

Timm U. Ikarien. Köln, 2017.

Tischler C. Flucht in die Verfolgung. Deutsche Emigranten im sowjetischen Exil 1933 bis 1945. Münster, 1996.

Tolsdorff T. Von der Sternschnuppe zum Fixstern: Zwei deutsche Illustrierte und ihre gemeinsame Geschichte vor und nach 1945. Köln, 2014.

Treber L. Mythos Trümmerfrauen. Von der Trümmerbeseitigung in der Kriegs- und Nachkriegszeit und der Entstehung eines deutschen Erinnerungsortes. Essen, 2014.

Trittel G. J. Hunger und Politik. Die Ernährungskrise in der Bizone 1945–1949. Frankfurt am Main, New York, 1990.

Uhse B. (unter Mitarbeit von Ilonka Kunow). Lustvoll in den Markt. Strategien für schwierige Märkte. Planegg, 2000.

Völklein U. «Mitleid war von niemandem zu erwarten». Das Schicksal der deutschen Vertriebenen. München, 2005.

Weckel U. Zeichen der Scham. Reaktionen auf alliierte atrocity-Filme im Nachkriegsdeutschland // Mittelweg. 2014. №36. Heft 1.

Wehler H.-U. Deutsche Gesellschaftsgeschichte. Vom Beginn des Ersten Weltkriegs bis zur Gründung der beiden deutschen Staaten 1914–1949. München, 2003.

Weiss W. A Nazi Childhood. Santa Barbara, 1983.

Weyrauch W. (Hg.). Tausend Gramm. Ein deutsches Bekenntnis in dreißig Geschichten aus dem Jahr 1949. Reinbek bei Hamburg, 1989.

Wolfrum E. Geschichte der Erinnerungskultur in der BRD und DDR // Dossier Geschichte und Erinnerung der Bundeszentrale für politische Bildung, 26.08.2008. URL: https://www.bpb.de/geschichte/zeitgeschichte/geschichte-und-erinnerung/39814/geschichte-der-erinnerungskultur?p=all (дата обращения: 21.9.2018).

Ziegner S. Der Bildband «Dresden — eine Kamera klagt an» von Richard Peter senior. Teil der Erinnerungskultur Dresdens. Marburg, 2010.

Zierenberg M. Stadt der Schieber. Der Berliner Schwarzmarkt 1939–1950. Göttingen, 2008.

Zuckmayer C. Deutschlandbericht für das Kriegsministerium der Vereinigten Staaten. Göttingen, 2004.

Периодика

Bildhefte der Jugend, 1950.

Constanze — die Zeitschrift für die Frau und für jedermann. 1948–1952.

Der Regenbogen. Zeitschrift für die Frau. 1946–1952.

Der Spiegel. 1947–1955.

Der Standpunkt. Zeitschrift für die Gegenwart. 1946–1948.

Die Frau — Ihr Kleid, ihre Arbeit, ihre Freude. 1946–1949.

Die Wandlung. 1945–1949.

Die Zeit. 1946–1955.

DND — Die Neue Demokratie. Illustrierte Wochenschrift in der französischen Zone. 1946–1948.

Ende und Anfang. Zeitung der jungen Generation. 1946–1949.

Er — Die Zeitschrift für den Herrn. 1950–1955.

Filmpost. 1947.

Frankfurter Hefte. Zeitschrift für Kultur und Politik. 1946–1950.

Ja — Zeitung der jungen Generation. 1947–1948.

Lilith — Zeitschrift für junge Mädchen und Frauen. 1946–1947.

Magnum — Die Zeitschrift für das moderne Leben. 1954–1959.

Merkur. 1949. №3.

Neue Berliner Illustrierte. 1945–1955.

Neue Illustrierte. 1946–1955.

Sie. 1946.

Zeitschrift für Kunst. 1948.

Указатель имен

Список изображений

373 Berlinische Galerie / Sergius Ruegenberg.

393 National Archives, College Park / MD, USA.

396 Bundesarchiv, Bild 183-V00197-3.

404 Office of Military Government for Germany, US (OMGUS) / Haus der Geschichte, Bonn.

Харальд Йенер 16+
Волчье время. Германия и немцы: 1945-1955

Издатель: Феликс Сандалов
Исполнительный директор: Дмитрий Протопопов
Главный редактор: Алексей Киселев
Арт-директор: Максим Балабин
Переводчик: Роман Эйвадис
Редактор: Виктор Зацепин
Выпускающий редактор: Олег Бочарников
Корректоры: Маргарита Багаева, Вера Вересиянова, Сергей Гуков
Верстка: Ильяс Лочинов
Директор по правам: Евгения Нестерова
Менеджер по продажам: Павел Иванов
Директор по маркетингу: Никита Голованов
PR-менеджер: Наталья Носова
Принт-менеджер: Татьяна Шуткова

Все книги издательства Individuum
вы можете найти на нашем сайте individuum.ru

ООО «Индивидуум Принт»
individuum.ru • info@individuum.ru
t.me/individuumbooks • vk.com/individuumbooks

Подписано в печать 17.10.24.
Бумага офсетная. Формат 60x90/16.
Доп. тираж 4000 экз. Заказ №9202.

Отпечатано с готовых файлов заказчика
в АО «Первая Образцовая типография»,
филиал «Ульяновский Дом печати».
432980, г. Ульяновск, ул. Гончарова, д. 14.